中国公路学会计算机应用分会

2008年学术年会论文集

中国公路学会计算机应用分会

人民交通出版社

内容提要

本书为中国公路学会计算机应用分会2008年学术年会论文集，内容包括道路工程、桥隧工程和信息管理三部分，共收录论文52篇。该论文集所收录的论文较系统地反映了公路建设领域计算机应用技术的最新发展情况和IT技术的应用经验。

本书可供公路勘察设计单位技术与管理人员及计算机软件开发技术人员阅读学习，也可供大中专院校师生学习参考。

图书在版编目(CIP)数据

中国公路学会计算机应用分会2008年学术年会论文集/中国公路学会计算机应用分会主编. —北京：人民交通出版社，2008.8

ISBN 978-7-114-07335-9

Ⅰ. 中… Ⅱ. 中… Ⅲ. 计算机应用－道路工程－设计－中国－2008－文集 Ⅳ. U412.6-53

中国版本图书馆CIP数据核字(2008)第127206号

书　　名：中国公路学会计算机应用分会2008年学术年会论文集
著 作 者：中国公路学会计算机应用分会
责任编辑：丁润铎
出版发行：人民交通出版社
地　　址：(100011)北京市朝阳区安定门外外馆斜街3号
网　　址：http://www.ccpress.com.cn
销售电话：(010)59757969，59757973
总 经 销：北京中交盛世书刊有限公司
经　　销：各地新华书店
印　　刷：北京密东印刷有限公司
开　　本：880×1230　1/16
印　　张：15.5
字　　数：482千
版　　次：2008年8月　第1版
印　　次：2008年8月　第1次印刷
书　　号：ISBN 978-7-114-07335-9
定　　价：50.00元

(图书如有印刷、装订质量问题由本社负责调换)

《中国公路学会计算机应用分会 2008 年学术年会论文集》

编审委员会

主　　任：赵喜安

副 主 任：杨季湘　邓　涛

委　　员：赵喜安　杨季湘　邓　涛　刘东升

庄稼丰　吴　强　高凡丁

目 录

第一部分 道 路 工 程

第二部分 桥 隧 工 程

第三部分　信　息　管　理

第一部分　道 路 工 程

激光雷达 LIDAR 技术的发展及应用

王丽园　陈楚江　余绍淮　张　霄

（中交第二公路勘察设计研究院有限公司　武汉　430056）

摘　要：本文介绍了激光扫描系统 LIDAR 的起源及其发展技术特点，对近几年来 LIDAR 系统在国内的国土资源、电力、城市规划、交通等领域取得的应用成果及应用现状作了简要的回顾；并针对 LIDAR 在高密度、高精度地形测量中的突出特点，对其在公路勘察设计领域的应用前景进行展望。

关键词：机载 LIDAR　发展　公路　勘察设计

1　前言

激光雷达 LIDAR(Light Detection and Ranging，激光探测和测距)，始于 20 世纪 70 年代后期，是一种集激光、全球定位系统(GPS)和惯性导航系统(INS)三种技术于一身的系统。它能快速获取地表点三维数据，相比航拍数据和二维矢量数据，有着更高的高程精度，在获取高精度 DEM 尤其是大比例尺的高精度 DEM 方面独具优势。

LIDAR 系统根据载体的不同，分为机载 LIDAR 和地面 LIDAR 两种模式。其中机载 LIDAR 多用于大比例尺地形测量，如地形图绘制等；而地面 LIDAR 适合更精细、更高精度的复杂地物量测，如古建筑三维模型重建、复杂场馆量测等。

LIDAR 的数据获取特性，使其在“数字城市”建设、城市规划、反恐等多个领域有了应用机会；同时，为森林、沙滩等传统航测费时、费力且很难获得高精度 DEM 的困难地区、野外高精度地形工程勘测资料获取等领域，也提供了高效、高精度的全新勘测手段[1]。

2　LIDAR 的技术发展

3S(GPS 、RS、GIS)技术的发展，使得空间数据的需求日益增长，但常规的数据获取方式远远不能满足信息可视化的需要。三维激光扫描系统作为一种国际领先的数据获取系统，将使客观目标得到活化并可操作，其经济效益及社会影响极为深远。

LIDAR 诞生初期由于没有高效的航空 GPS 和高精度 INS(Inertial Navigation System，惯性导航系统)，很难确定原始激光数据的精确地理坐标，因此其应用受到了限制。到 20 世纪 80～90 年代，通过一系列的研究项目，如：USA、Australia(1980～1988 年)的 Diverse feasibility studies；德国 Prof. Ackermann 教授领衔研制的在 Stuttgart 大学诞生的世界上第一个激光断面测量系统(1989～1990 年)：SFB “High Precision Navigation”-First Laserprofiling at University of Stuttgart；德国 TopScan(1993 年)：First commecial applications in Germany TopScan ALTM1020 等。激光扫描技术已经得到了普及和大规模使用，至 2004 年全球已经有超过 30 类不同型号的激光扫描系统投放市场[1]。

随着技术的成熟，激光雷达的应用领域和深度也日益拓宽和加深。美国、加拿大、澳大利亚、瑞典等国为浅海地形测量发展的低空机载系统，使用了机载测距设备、全球定位系统(GPS)、陀螺稳定平台等设备，飞行高度 500～600m，直接测距与定位，最终得到浅海地形(或 DEM)。美国 NASA 在 1994 年和 1997 年两次将航天激光测高仪(Shuttle Lasser Altimeter，SLA)安装在航天飞机上，用以建立基于 SLA 的全球控制点数据库，激光脚点间隔750m，光斑大小为100m，每秒10个脉冲；随后又提出了地学激光测高系统(GLAS)计划，并于2002年12月19日将该卫星IICESAT(Cloud and Land Elevation Satellite)发射上天。该卫星装有激光测距系统、GPS接收机和恒星跟踪姿态测定系统。该系统发射近红外光(1 064nm)和可见绿光(532nm)的短脉冲(4ns)。激光脉冲频率为40次/s，激光点大小实地为70m，间隔为170m，其高程精度可望达到m级。NASA的下一步计划是要在2015年之前使星载激光雷达系统的激光测高精度达到分米和厘米级。

从市场份额看，1995年开始至今，LIDAR在测绘市场的市场份额从5%增长到12%，年平均增长率为7.1%。目前投入商业运行的激光雷达系统主要有：TopScan、Optech、TopSys以及Leica公司的Leica ALS50等。

2004年初，美国劳动部把地球空间信息技术与纳米和生物技术一起列为当今最具发展潜力的三大技术，其产值到2005年可达600亿美金。作为空间信息采集新技术的激光雷达技术在市场中的份额不断扩大，今后其必将随着空间信息产业的发展而不断发展[2]。

3　LIDAR技术的特点

机载激光雷达系统与机载GPS、惯性导航系统INS及CCD相机相结合，能够进行精确的空间定位(图1)。由于采用激光测距方式，与常规的航空摄影测量相比，其数据获取条件具有独特优势。

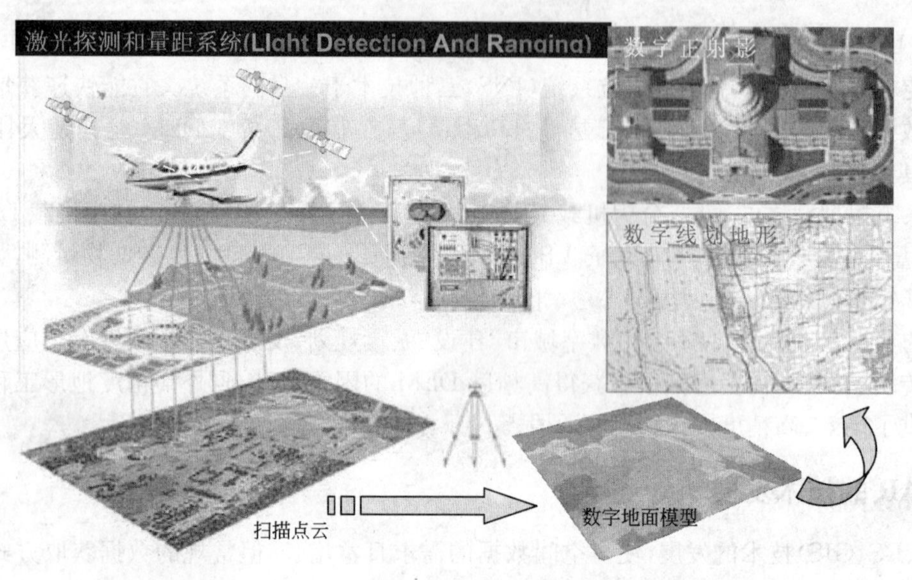

图1　机载LIDAR数据产品

3.1　数据密度高

激光点云的地表测量采集间距在0.8～1.2m间，甚至更小，数据密度极大，非常有利于真实地面高程模型的模拟。

3.2　植被穿透能力强

由于其多次回波特性，任一束激光穿越植被空隙时，可返回叶面、枝桠、地面等多个高程数据，有效克服植被影响，更接近地面真实高程。

3.3　不受阴影和太阳高度角影响

以主动测量方式采用激光测距方法，不依赖自然光；因太阳高度角、植被、山岭等影响传统航测方式往往无能为力的阴影地区，其获取数据的精度完全不受影响。

3.4　人工野外作业量少

采集的每个地面点都带有真实三维坐标，仅需布设极少量野外地面控制点；由于能同时获取 0.2m 的高分辨率 DOM(Digital Ortho Map，数字正射影像)，三维 DLG(Digital Line Graph，数字线划图)生产作业量更少。

3.5　高程精度不受航高限制

由于采用激光回波探测原理，LIDAR 数据的高程精度和比例尺，与测量时的航高无关。

3.6　产品更多样

高密度、高精度数据成果，使航测制图如生成 DSM(Digital Surface Model，数字表面模型)、DEM、等高线和特征地物要素的提取更快捷，同时大大提高了正射影像纠正精度，能生成内容更为丰富的各类专题图。

LIDAR 是为综合航摄影像和空中数据定位而设计的，其独特性在于能快速为数字制图和 GIS 应用提供精确的地面模型数据。LIDAR 系统在工作时通常都配有 CCD 相机，工作时沿测区设计航线采集地面点三维数据，数据获取完毕后可处理得到测区正射影像和地面高程模型 DEM。实测时，系统可根据飞行姿态自动调节航带宽度，使其与航摄宽度精确匹配。通常情况下，LIDAR 数据的平面精度可以达到 0.5m，高程精度可达到 30cm。

4　国内技术发展及应用状况

4.1　在国内的主流设备及应用处理软件

LIDAR 引入国内的时间主要集中在 2004～2005 年。截至目前，国内有多家单位和公司分别购买了国外不同厂商的数套商用激光雷达设备，目前占据市场的 LIDAR 系统型号主要有美国 Leica 的 ALS40 和 ALS50、ALS50II 代，德国 IGI 的 LiteMapper 2800 和 LiteMapper 5600、加拿大 Optech ALTM3100 等[3]。由于 LIDAR 点云数据在分类处理时需要准确掌握地表的地物类型，机载 LIDAR 上通常都同时加载了 CCD 相机以获取和制作正射影像，在辅助数据处理的同时也为用户提供了更丰富的产品类型。

随着 DGPS(差分 GPS)技术、数据传输技术、计算机技术和图形图像处理技术的发展，现代 LIDAR 数据经过相关软件数据处理后，可以生成高精度的数字地面模型 DEM、等高线图及正射影像图。国外目前 LIDAR 数据处理的商业软件，主要有微软 Windows2000TM 和 Microstation SE/JTM 平台下的芬兰 Terrasolid 公司的 TerraModelerTM、TerraScanTM 和 TerraPhotoTM 等，用于处理三维坐标数据和影像数据。

LIDAR 技术的引入和使用，不仅使人们对 LIDAR 技术的掌握和应用能力得到了增强，而且提高了国内测绘行业的水平。由于国内尚无自主版权的整套 LIDAR 数据处理软件，而 LIDAR 数据处理主要还是依赖国外配套软件，如芬兰的 Terrasolid；同时，LIDAR 的数据特性要求数据处理团队具备一定的软件工具研发能力，这也导致一些拥有 LIDAR 设备的公司如太原通用航空公司，因数据处理能力较低而被市场淘汰。

4.2　LIDAR 在国内的应用现状

当前，国内的空中对地测量仍以传统的航空摄影测量为主，地面数据的获取方式不像机载激光雷达系统采集的每个点都带有真实的三维坐标，可以直接生成 DSM。后续的数据处理不仅时间短，而且数据承载的信息精度高、内容丰富，大大提高了测量效率。在国外的电力、公路等行业，LIDAR 技术测量已非常成熟，在工程中的应用也极常见；国内也已有多家单位将机载或地面 LIDAR 测量系统应用到国土资源、电力、交通等不同领域中，并取得了不同的成就，其最终生产成果几乎均包括 DEM、DOM、DLG 三类产品。

4.2.1　电力行业

电力线的特点是沿带状分布，且带幅较窄，非常适合于机载 LIDAR 带状扫描的数据采集方式；同时，由于电力线排杆对地表测量的高程精度要求相对较低等原因，电力行业几乎成为机载 LIDAR 引入国内之初的首个应用领域。

2005年9月，广西电力设计院首次在国内就电力线设计项目——“广西钦防500kV送变电设计项目”，利用LIDAR系统对“南宁变—邕州变、防城港电厂—久隆变、钦州电厂—久隆变、久隆变—玉林变”等四段线路进行激光和数码影像数据获取的生产性实验并进行DEM、DOM、DSM等产品处理和生产，累计测量面积1 700余平方公里，成图比例尺为1∶5 000，高程精度误差在20cm左右，成果达到了电力设计线的数据精度要求。

2007年3月22日，华北电网超高压公司的电力巡线项目顺利完工。该项目线路全长308km，由于突遇50年不遇的暴风雪造成超高压输电线路的大面积放电，直接影响到首都北京的用电安全。当时既不能拉闸断电量测出线距要求在5cm精度的准确距离，又不能应用传统航拍技术获取所需数据，因此在国内首次利用直升飞机加装设备，快速获取了相关数据，并在最短的时间内向客户提供了高质量数据成果。该项目的成功实施证实了新飞行平台在激光雷达应用的可行性，为我国在激光雷达应用方面的探索做了实质性的推进。

随后，在广东电力500kV电力选线(1∶5 000)等工程项目中，由于具有快速、精确、直观的特点，并且大大降低了人工野外地面作业的工作量，缩短了工作和数据生产周期，机载LIDAR的数据采集能力和成果得到了广泛认可，LIDAR在电力行业的应用就此全面展开，并在多个项目中得到应用。

4.2.2 城市规划、资源调查领域

机载LIDAR三维激光扫描系统在数据采集时同步获取的目标范围的三维坐标数据和数码照片，可用于快速获取大型实体或实景等目标的三维立体信息。由于数据处理周期短，地物及属性信息获取方便，且能客观再现事物实时的、变化的、真实的形态特性，因此它为“数字城市”等逆向三维建模领域的空间数据提供了非常快捷、准确、可靠的数据来源，同时也为国土资源调查数据的获取提供了有效手段。

2006年3月起，河北省基础地理信息中心在长城资源调查中，利用机载LIDAR和地面LIDAR技术完成了长城源头秦皇岛—唐山段明长城的测绘工作，其中机载LIDAR主要用于整体建模，而地面LIDAR则用于对重点部位和较复杂部位进行更详细的测量。“数字长城”工程建立了该区域1m分辨率的三维模型，并获取了翔实的数据资料，为该段明长城的保护与修缮事业提供了可靠的测绘保障。在该工程的一期成果鉴定中，机载LIDAR测量手段得到了较高评价，现在二期工作正在开展中。

与传统航空测量相比，LIDAR技术在资源调查方面，也毫不逊色。秦皇岛市国土资源局组织实施了《航测秦皇岛市沿海地区1∶2 000 DEM、DOM、DLG项目》。项目全部采用机载LIDAR测量手段，对秦皇岛市沿海地区总面积为1 424km^{2}的航测区域进行了1∶2 000大比例尺的地形图绘制，生成了彩色正射影像、数字线划图等测绘产品，通过了河北省测绘产品质量监督检验站的检测验收。

在江苏省沿海滩涂1∶1万基础测绘数字高程模型项目中，测区范围较大且地形特殊，不仅人工施测困难，外业工作量也较大。工程采用机载LIDAR技术，并综合运用精化大地水准面成果等技术，不仅完成了江苏省沿海滩涂和海岛礁高精度、高分辨率测绘，而且开创了我国在该领域高精度测图技术的新途径，并取得了较高质量的数据成果。

在促进京、津、冀地区的数字化建设中，同样利用LIDAR激光数码和DCS数码航摄系统完成了天津城区(1∶500～1∶2 000)的地形测量工作；此外，机载LIDAR系统先后完成了南京、常州、无锡、上海等城市的数码城市方面的数据采集工程，并被应用到三峡库区地质灾害调查的数据采集项目。全国范围内，LIDAR系统在该领域内总共完成的任务已超数千平方公里[3]。

LIDAR系统在快速获取地表信息方面，已远远超过传统的航空摄影测量方式。其高密度和精确的三维空间坐标、极少量的野外工作量和大大缩短的数据处理周期，成为在城市规划、资源调查等需要大范围施测领域得到广泛应用的重要原因。

4.2.3 公路等交通领域

公路、铁路等交通也属于带状交通，同样非常适合机载LIDAR测量。

由于其高程精度能达到20cm以内，且无需上路测量、中断交通，目前，机载LIDAR在国内公路交通方面都有应用，但多见于高速公路的改扩建，如广东莞—深高速公路旧路改造(1∶2 000)、深—汕高速公路旧路改造(1∶2 000)、广清高速公路旧路改造(1∶2 000)等。在新公路的勘察设计,即公路设计带状区域的地形高精度测量中,机载 LIDAR 的应用还较少见。

我公司于 2007 年 7 月进行了困难、复杂地区公路机载 LIDAR 三维勘测设计方法研究,研究的依托工程赣州至大余(茅店～三益段)高速公路新建工程位于江西省赣南山区,全长约 43.7km。当地地表植被茂盛,工程现场部分山岭过于陡峭;同时,受天气影响,传统航空摄影测量与人工地面测量的开展均十分困难,工程测量进度缓慢,工期严重滞后。

本研究采用德国 REIGL 公司 LiteMapper5600 型号的 LIDAR 设备进行了工程地形的高精度、快速三维测量。在整个路线施测范围,仅布设 GPS 基站一个,野外地面控制点 8 个(含大地水准高转换用),地表高程采集的格网间距约为 1.14m,共设计航线 17 条。经野外验证,测量精度基本满足平面精度误差不大于 0.5m、高程精度误差不大于 0.2m 的要求(图 2),一次施测即可满足项目设计的初测、详测需要,且已直接应用于项目的施工图文件设计[4]。

图 2 采集获取的高分辨率地表影像

4.2.4 其他领域

国内部分高校如首都师范大学、武汉大学、中国地质大学等,对地面和机载 LIDAR 技术在空间数据的自动提取、城市建筑的自动三维建模、重大地质自然灾害应急监测与快速处理等应用领域也分别展开了技术专项研究和应用。如 2008 年汶川大地震抗震救灾工作中,武汉大学利用 ALS50II 型号机载 LIDAR 设备,不仅准确获取了唐家山堰塞湖三维地形图,而且利用地面光谱反射信息,精确圈定了失事直升机的坠落地点,极大缩短了搜救时间。

机载激光在海洋测深方面也大有可为。它利用机载激光发射和接收设备,通过发射大功率脉冲激光,进行海洋水底探测的先进技术;利用 LIDAR 的回波特征,还可以对海水中的成分进行检测,在海洋监测管理、大陆架和海洋地质信息、海洋灾害预测预报减灾等信息管理系统中,成为新的数据提供手段。

LIDAR 系统快速提供实时、动态的城市空间信息和丰富的地表属性信息数据的能力,为城市反恐安全同样提供了新的技术支持。

5 结论与展望

机载 LIDAR 系统是测绘领域的又一个技术革命。该技术在国外已相当成熟,并广泛应用于公路设计,水利,洪水和雪崩的预报,城市三维模型的构建,高压线监测,地面和大坝的变形测量,森林和树木高度的测量等领域中。同时,地面 LIDAR 系统同样得到了快速发展,并用于文物、建筑、桥梁、铁塔、矿井等的三维测量、建模和监测。

目前国内 LIDAR 技术行业在技术掌握和应用管理上,仍然存在一定的问题,如稻田、水塘等地表水体的激光能量吸收情况严重,造成此部分地表数据的缺失需人工补测、数据处理主要依赖于国外软件系统、数据采集和生产费用至今尚无统一的国家标准等;同时,其多重回波,高密度、高精度的海量数据,精度控制等方面的相关技术,尚未得到更深入的研究和推动。

机载 LIDAR 获取的 DEM 具有极高的数据密度和精度,无需构网即可生成横断面数据,从而为路线设计提供可靠、精确的高程信息;同时施测周期短、数据精度高,且省去了野外横断面施测环节,极大改善了当前公路设计领域的作业模式。随着 LIDAR 技术在国内日趋成熟,该技术在公路领域必将有大的作为。

参考文献

[1] 隋立春,张宝印. LIDAR 遥感基本原理及其发展. 测绘科学技术学报,2006,23(2):127-129.

[2] 国内外激光雷达设备应用和市场现状. http://www. tianyablog. com.

[3] 杨洪,兀伟,马聪丽. 机载 LIDAR 的特点及其用于西南高山峡谷地区大比例尺测绘工作的可行性探讨. 四川测绘,2007,30(2):60-66.

[4] 王丽园,陈楚江,余绍淮,等. 困难复杂地区公路机载 LIDAR 三维勘测设计//第四届全国公路科技创新高层论坛论文集[上卷]. 北京:人民交通出版社,2008:386-389.

浅议路基土石方量的计算方法

崔 玮

（甘肃省交通规划勘察设计院有限责任公司 兰州 730030）

摘 要：本文介绍了道路工程中土石方数量计算的方法，说明了如何灵活应用计算机技术计算土石方量，将传统算法与计算机计算做了对比分析，论述了应用计算机技术及合理选择方法计算土石方量的优点。

关键词：路基 土石方 计算机 合理化

1 土石方计算

在道路工程中，土石方工程量的计算贯穿可行性研究、勘测设计、施工管理的各个阶段。路基土石方数量是公路工程的一项主要工程量，在公路路线的方案比较中是评价公路测设质量的主要经济技术指标之一。由于公路工程建设中的土石方数量巨大，土石方的数量影响着建设项目的工程量、所需劳动力、机具设备和施工工期等因素，其工程费用占整个公路工程造价很大的比例，因此在公路设计中，土石方工程数量计算是否合理、准确，对整个工程造价具有较大的影响。

在计算机已广泛普及的现代社会，公路设计采用了计算机辅助设计，用计算机处理土石方工程数据，具有准确、便捷、速度快、效率高等优点，极大提高了运算工程数量的能力，但决定公路路基土石方数量的合理性主要取决于横断面设计的准确度和根据沿线道路情况所采用的不同路基计算方法，因此，应尽可能使路基土石方工程数量更接近实际工程数量和更合理。

2 理论依据

2.1 计算各个断面的面积

传统手工算法中通常采用积距法（图 1）和混合法。

2.1.1 积距法

积距法是以 1cm 的等间距将填、挖断面横向切割成许多三角形和梯形，用两脚规或毫米格纸，量取被切割图形的平均高度，求和得到填、挖断面面积。

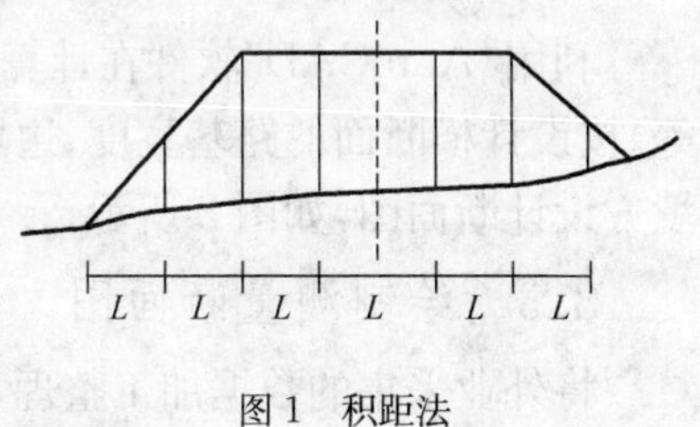

图 1 积距法

2.1.2 混合法

对于面积较大的断面，可将填、挖断面分成几个几何图形，量取每个图形的关键尺寸，用公式计算几何图形的面积，其余部分用积距法计算，然后按填、挖断面分别求和得到断面面积。

应用计算机的“AutoCAD”绘图软件将所测断面绘出，并直接测量出各断面面积进行下一步计算。

2.2 计算土石方体积

土石方体积的计算方法较多，大多数情况下采用平均断面法，假定两相邻断面间土体为一个棱柱体，高度即两横断面间距，计算体积的公式为：

$$V=\frac{A_1+A_2}{2}\times L \tag{1}$$

式中：V——填方或挖方体积；

A_1、A_2——相邻两断面的填方或挖方面积；

L——两相邻断面间的距离。

此公式为两相邻断面面积相差较小、变化缓和连续的断面普遍采用的计算方法，但当公路经过地面起伏较大路段时，会出现半填半挖横断面，需要分别计算填方体积和挖方体积，这时每个断面的填、挖方面积也比较大，用以上公式计算出的误差是比较大的。因此，对部分复杂路段进行了平均横断面法的公式改进，改进的公式以似棱体为模型，设 A_m 为似棱体的中间断面面积，A_1 和 A_2 为端部断面积，相邻间距为 L，则棱柱体积为：

$$V_{棱} = \frac{1}{6}(A_1 + 4A_m + A_2) \times L \tag{2}$$

该式计算较为烦琐，由于似棱体相邻横断面之间为平行三角形，由三角形间相互平行及等比关系对该公式进行推导，限于篇幅在此不进行一一推证，得出公式如下：

$$V = \frac{1}{4}(A_1 + 2\sqrt{A_1A_2} + A_m) \tag{3}$$

此式为横断面为三角形时推导出的计算公式，当横断面为其他形式也适用，最后得到计算公式如下：

$$V = \frac{1}{3}(A_1 + \sqrt{A_1A_2} + A_2) \times L \tag{4}$$

理论证明，在一定的精度条件下，当两相邻横断面间的面积相差较小时应采用平均断面公式(1)，反之宜采用平均横断面法改进公式(4)，在实际工作中应相互结合，灵活应用，可大大提高土石方运算的准确度。

3　平均横断面法的计算方法

平均横断面法是通过测量路基横断面各高程变化点的数据，绘制出实测横断面图，并与设计断面图以该断面道路等高程中线点为参照点合并绘制在一起，形成横断面图，俗称“戴帽图法”。这种方法主要应用在勘测设计阶段计算土石方填挖工程量中。

3.1　数据采集

使用全站仪测量道路中线上断面点的坐标，计算出该道路断面点的桩号(精确到米)，如 K52＋981，计算出该断面在道路中线上的设计坐标，准确放样出该点，然后测量中点及该断面各高程变化点的坐标。

3.2　绘制设计断面图

利用“AutoCAD”软件在计算机上按设计要求绘制路基横断面图。利用软件命令(如“直线、画圆、剪切”等)按设计横断面的路基宽度、边坡、边沟尺寸和平曲线加宽、超高等要素绘制设计断面图，如 K52＋981 的填方设计断面图，如图 2 所示。

3.3　绘制测量断面图

将外业采集的数据加工整理，利用实测现状断面点的三维坐标数据绘制现状断面图，现状断面图的路线中线点为 B，如图 3 所示。

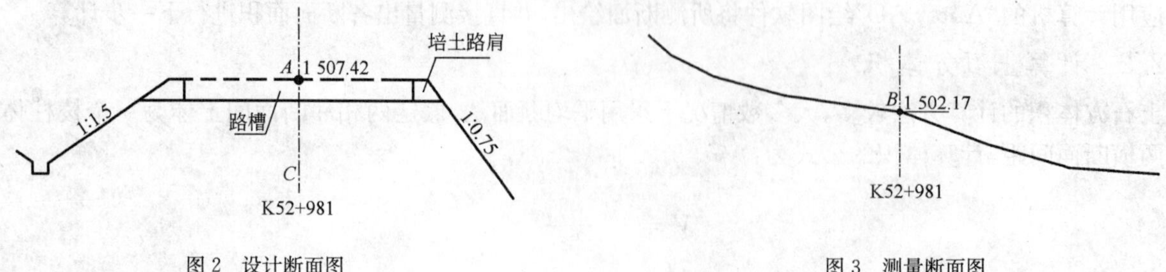

图 2　设计断面图　　　　图 3　测量断面图

3.4 绘制戴帽图并计算断面面积

计算该断面实测点与设计高程的高差 h，使用“AutoCAD”制图软件绘制以该设计断面道路中心点 A 为圆心、h 为半径的圆，再用图形修剪命令确定直线 AC 上与 A 点相距 h 的实测断面中线的中心点 B，以中心点 A 为基点将实测断面图移动至 B 点，以实测断面图为基础修剪实测断面图，形成“戴帽图”，如图 4 所示。

在“AutoCAD”软件中，利用“area”面积计算命令，例如从一个折点 B 开始，沿任一方向逐个点取戴帽图中的折点，直至闭合于 B 点，在软件下部命令栏显示的数据即为该断面的面积，用该方法可较快得出填挖方的横断面积。

图 4 戴帽图

3.5 土石方量计算

利用“Microsoft EXCEL”表格软件制作如图 5 所示的表格，在 A 至 R 列中分别输入计算所得数据与对应的项目，在 G、H、I、J、K 等列可编写相应的公式进行计算。

以图 5 所列表格第五行为例介绍具体计算方法：F 列“距离”为相邻两桩号之差，利用公式“=E4－E3”计算；G、H 列“面积”为在“AutoCAD”软件中计算出的填、挖方的断面面积值，对应相应桩号填入即可；I 列“填方量”利用公式“=(G4+G5)/2 * F5”或公式“=(1/3) * [G4+(G4 * G5)^(1/2)+G5]”，可根据实际情况灵活应用；J、K 列“挖方量”算法同上，然后再进行本桩利用、借方、弃方等计算及土石方调配平衡计算，最后可得出结果。

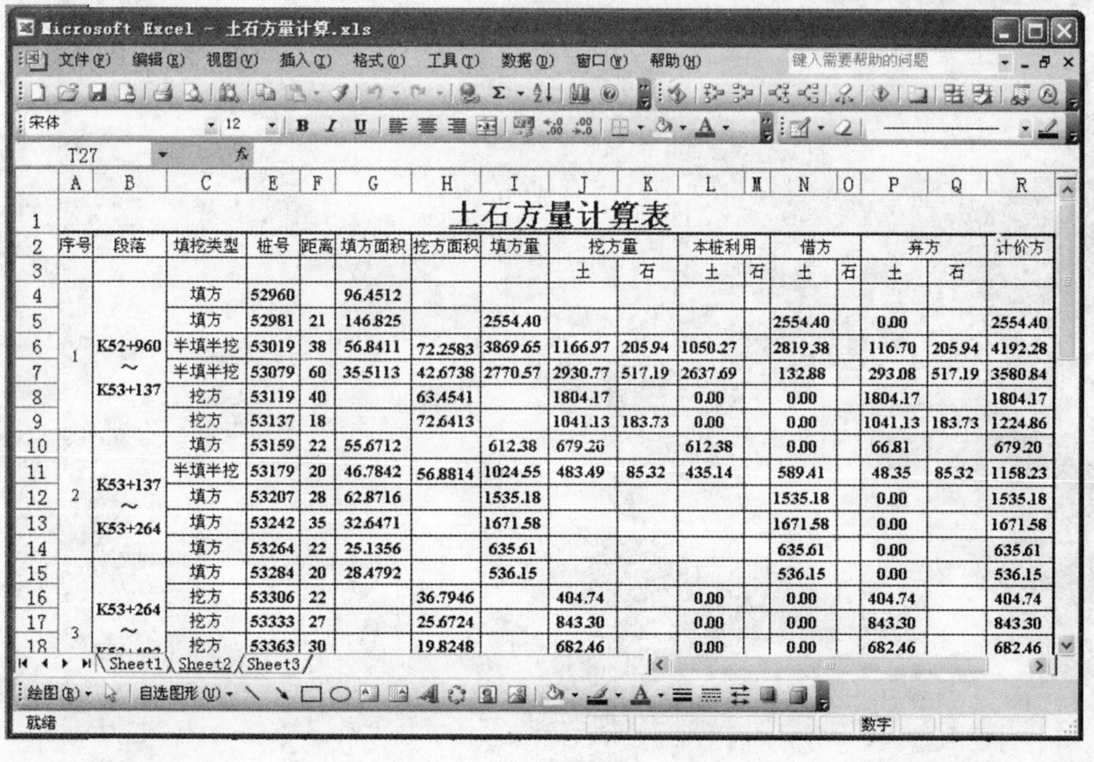

土石方量计算表

	A	B	C	E	F	G	H	I	J	K	L	M	N	O	P	Q	R
2	序号	段落	填挖类型	桩号	距离	填方面积	挖方面积	填方量	挖方量		本桩利用		借方		弃方		计价方
3									土	石	土	石	土	石	土	石	
4	1	K52+960 ~ K53+137	填方	52960		96.4512											
5			填方	52981	21	146.825		2554.40					2554.40		0.00		2554.40
6			半填半挖	53019	38	56.8411	72.2583	3869.65	1166.97	205.94	1050.27		2819.38		116.70	205.94	4192.28
7			半填半挖	53079	60	35.5113	42.6738	2770.57	2930.77	517.19	2637.69		132.88		293.08	517.19	3580.84
8			挖方	53119	40		63.4541		1804.17		0.00		0.00		1804.17		1804.17
9			挖方	53137	18		72.6413		1041.13	183.73	0.00		0.00		1041.13	183.73	1224.86
10	2	K53+137 ~ K53+264	填方	53159	22	55.6712		612.38	679.20		612.38		0.00		66.81		679.20
11			半填半挖	53179	20	46.7842	56.8814	1024.55	483.49	85.32	435.14		589.41		48.35	85.32	1158.23
12			填方	53207	28	62.8716		1535.18					1535.18		0.00		1535.18
13			填方	53242	35	32.6471		1671.58					1671.58		0.00		1671.58
14			填方	53264	22	25.1356		635.61					635.61		0.00		635.61
15	3	K53+264 ~	填方	53284	20	28.4792		536.15					536.15		0.00		536.15
16			挖方	53306	22		36.7946		404.74		0.00		0.00		404.74		404.74
17			挖方	53333	27		25.6724		843.30		0.00		0.00		843.30		843.30
18			挖方	53363	30		19.8248		682.46		0.00		0.00		682.46		682.46

图 5 土石方量计算表

3.6 其他说明

以上计算过程着重说明了填方路段的计算过程，对于挖方路段同样适用，对于半填半挖路段，只需要分别测量出填方断面与挖方断面面积，即可求得填挖方工程数量。

4 结语

运用计算机计算土石方量，比传统计算方法优点多，不仅效率高、速度快，而且大大提高了运算准确度，在地面起伏大、地形复杂的条件下，大大降低了运算中产生的误差。此外，在运算过程中能够反复使用图形和数据，使计算工作更加便捷。经过实践表明，与传统算法相比，运用计算机选用合理的方式计算的路基土石方量更贴近实际工程数量。

参考文献

[1] 廖正环.公路施工与管理.北京:人民交通出版社,1999.
[2] 李青岳.工程测量学.北京:测绘出版社,2004.

基于公路横断面模型的道路建模研究

王志斌　张　成　王艳军

（吉林省公路勘测设计院　长春　130021）

摘　要：本文以公路设计数据为基础，讨论了公路、地形及其构造物的三维模型的建立方法。针对公路呈线性分布的特点，采用动态分段技术来组织管理路面三角形数据及道路属性数据，并在三维环境下，对经典的二维线性参照系统进行扩展，使之能满足公路附属设施三维模型的定位及其位置查询，并在具体项目中得到验证。

关键词：公路　三维模型　建模

目前，公路管理 GIS 系统（包括路面、桥梁、附属设施等）基本上是基于二维的，因此，真实的三维空间内的许多现象依靠现有的 2D GIS 得不到很好的解决。公路三维模型的数据来源有多种，如从影像中提取的道路特征数据、采用 GPS 或全站仪野外测量的离散点数据、公路设计数据等。本文主要从公路设计数据着手来讨论公路及其构造物等三维模型的建立方法。

1　公路三维模型的建立

公路三维模型的建立包括地形模型、路面及构造物模型和道路附属设施模型等。

1.1　地形模型的建立

地形的表达在三维公路景观模型中不可缺少。对于地形模型的数字描述，国内外的学者进行了大量和广泛的研究，其中比较有代表性的有基于格网结构（grid）和基于三角网结构（TIN）两类。从可视化的角度考虑，TIN 具有更好的表达效果，DEM 是表达地形最常用的方法，而 TIN 是目前表达 DEM 最理想的方法。考虑到带状地形特征和路面的限制条件，系统选择 TIN 来表达地形。对于三维公路表达，除了点状地物（如路灯等）外，所有地物模型只要是与地形模型相交的，都应该被镶嵌在地形模型中，成为地形模型中的一部分或一层，这样才能在三维显示时取得正确的表达效果。因此，路面及其构造物必须镶嵌在地形模型中，应该用道路模型替换地形模型中属于此范围的三角形，使得地面模型和道路模型无缝地集成在一起。

1.2　路面及构造物模型

路面及其构造物模型是道路附属设施模型空间定位的载体，是三维公路 GIS 空间分析的主要工具。TIN 面是道路模型最好的表达方式。公路设计数据主要有平面和纵、横断面数据，纵断面一般以里程桩号表示；横断面设计数据包括桩号、偏距、高程和编码等。编码说明点的类型（如路边、水沟、边坡等），通过编码可以确定相邻断面之间点的连接关系。根据纵、横断面信息，可求出所有横断面上各点的三维坐标，按顺序存入顶点坐标数组。

计算公式为：

$$x=x_0+d\cdot\cos A,\ y=y_0+d\cdot\sin A \tag{1}$$

式中：x_0、y_0——中心线桩号点坐标；

A——横断面方位角。

由于路面和构造物都是采用三角网来表达，其三角形部分方法基本一样。以路面为例，相邻横断面编号为 1 和 99（或 1 和 100）的点按逆时针顺序组成多边形，一般为四边形（如 11，991，992，12），也有三角形的(如两点重合)；然后对多边形进行三角形剖分。路面及各构造物具有各自的材质和纹理特征，同一构造物的不同侧面有时也具有各自的材质和纹理特征，如排水沟，两个侧面的材质、纹理特征与沟底面不同，因此进行三角形剖分后，还需分开对三角形进行管理。路面模型构建好后，镶嵌到地面模型成为一个整体。

1.3 道路附属设施三维模型的建立

在三维应用中，有时需要在某些位置上叠加特定的模型。公路附属设施的三维模型是公路三维表达很重要的组成部分，包括绿化设施(行道树、隔离绿化带等)、交通安全设施(防护栏、照明、隔离带、标志标线等)、公路沿线设施(服务区、养护房屋、收费站等)。这类模型的几何形状和表面材质与纹理特征具有一般性，并可以重复使用，包括点状模型、线状模型、面状模型和纹理模式等。

2 三维公路、地形与服务区集成建模

三维公路中涉及多种地物模型如:公路模型、地形、建筑物等，而地形模型是其中必不可少的一类特殊的模型类别，在本研究中，主要研究地上的三维地物模型如:建筑物、桥梁等地物对象。由于地形表面在空间上是一个连续的空间曲面。而建筑物模型的底面(与地面接触的面)在理论上是一个平面。对于坐落在地面上的建筑物模型不作任何的处理，则建筑物的底面与地形表面相交的部分在空间上存在一定的重叠，因此在空间上存在一定的缝隙，对于其他地物模型也存在类似的情况。为了保证地形表面与建筑物模型以及其他地物模型叠加后的模型在空间上无缝隙，必须对和建筑物底面或其他地物面、地形表面相交的部分作特殊处理，否则，不但会引起整体模型在空间上的缝隙，而且影响可视化的效果。

2.1 地形模型

无论在 GIS 的运用还是在 VR 的运用中，地形模型都扮演了十分重要的角色，它是空间延续信息表达的一个基本的工具，是其他地物的载体和几何定位的依据。

对于数字道路模型而言，地形模型是必不可少的，它是其他地物模型定位的载体，也是空间分析和交互操作的基础，它的合理表达不但关系到可视化的效果、速度，而且影响数据的存储、检索、查询等方面。因此，对于地形模型的表达方式的选择，必须同时兼顾数据量的存储和表达效果两个方面。所以，地形模型的表达方式必须在内存(存储空间)和表达效果(时间)之间作出平衡的选择，确定其合理结果的存储表达方式。

2.2 地形模型和建筑物模型的集成

根据上面的分析，格网模型和三角网模型都具有各自的优点和不足，从可视化的角度考虑，三角网模型具有更好的表达效果，但是由于其占用的空间太多，一定程度上影响了可视化和交互操作的效率。因此，作者采用基于格网和三角网集成的混合模型(图 1)，用于描述和操作数字道路模型中的各种地物模型，它是建立多分辨率几何模型的基础。该模型继承了格网模型的数据结构简单和存储空间小的优点和三角形模型所具备的能够精细描述特殊地物的细节特性的长处，因而具备高效的内存存储结构和精细的几何描述特性，能够满足三维表达和空间分析的需要。

在数字道路模型的三维空间中，各种地物模型，如:道路、建筑物、水系等地物模型都具有自己的边界特性，每一个闭合的边界都形成一个复杂的多边形区域。在构造实际的混合数据结构的模型时，必须保留这些地物的边界特性，从而保证集成后的混合数据模型的正确性。由于初始的地形模型是基于标准的格网模型，因此，对于地物模型的集成，相当于把这些需要集成地物的边界点插入到地形表面中去，同时需要保留其边界特性。根据上述分析，对于地形与地物模型的集成，使用三角形构造算法是一种行之有效的算法。因此，该集成算法的主要过程是基于约束边内插的 Delaunay 三角形构造。根据三维对象模型的数据模型，可以知道这些对象在空间上均占据一定的空间范围，根据该模型的数据结构，可以推知其与地形表面相接触的面，假设该面为 S_0，根据三维对象的数据结构可知 $S_0=\bigcup_{i=1}^{n} f_i$，因此可以很容易的求得该面的最小外接矩形，同时求得该面所有的边界边对象集合。对于该对象的最小外接矩形，可以推知其在地形表面的位置(即其与地形表面相交的范围)，下面介绍该算法的主要步骤。

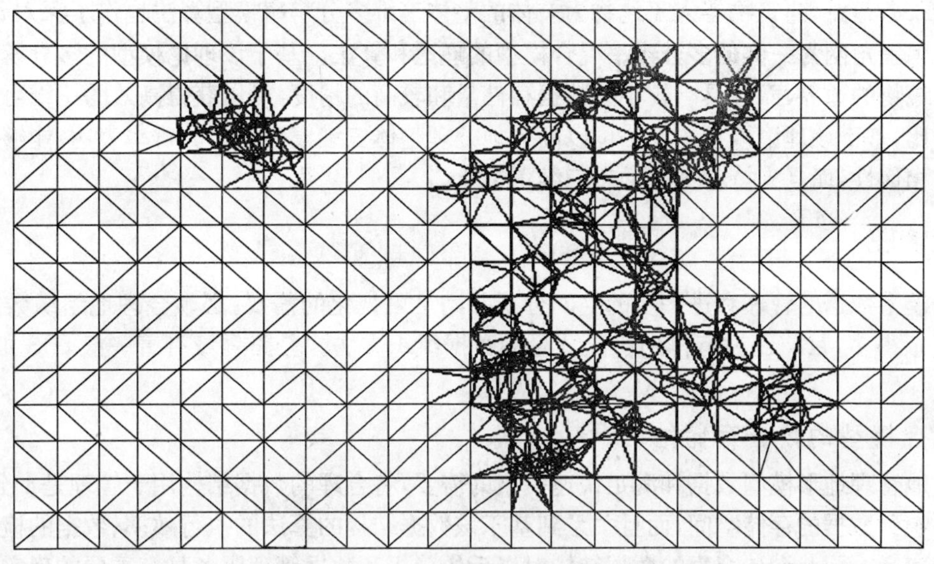

图 1 格网和三角网集成的混合模型

假设地物模型为 M_0，地形模型为 T_0，M_0 与 T_0 相交的面为 S_0，即 $T_0 \cap M_0 = S_0$。

步骤 1：根据地物模型的数据结构可以求出的最小外接矩形 MinBox，以及所有的边界边集合 $\{Edge_i\}$。根据 MinBox 的范围可以确定该最小外接矩形覆盖的地形表面的范围，假定其所在的地形表面的位置为(row1，col1)和(row2，col2)。

步骤 2：根据其所在的地形表面的(row1，col1)和(row2，col2)，求出其所在的地形格网范围内所有的格网点。

步骤 3：根据点在多边形内的算法，判断地形格网点中落在该地物边界多边形之内的点，对于落在该地物多边形之内的点予以删除，不参与三角形的构造。

步骤 4：根据 Delaunay 的算法把地物的边界点逐个插入地形的格网点中，同时内插这些插入点的高程值，直到所有的点插入完毕。

步骤 5：根据约束算法，把边界集合 $\{Edge_i\}$ 中所有的边逐条插入，构造约束的三角形集合。

步骤 6：结束。

基于上述算法可以把所有的地物模型集成到地形模型中去，对于大量的地物模型存在的情况，可以先把地形模型划分成一些地形子块，对每个地形子块进行集成，从而构造完整的混合模型。在实际的处理过程中，首先把初始的地形模型划分成一系列大小相同的子块，在集成过程中，根据地物落在哪个子块中再进行集成。图 2 描述了实际操作过程中基于三角形内插算法进行建筑物和地形相互集成的结果。

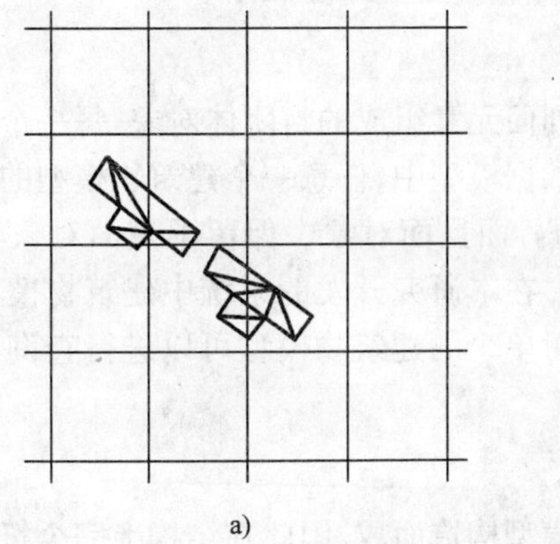

a)

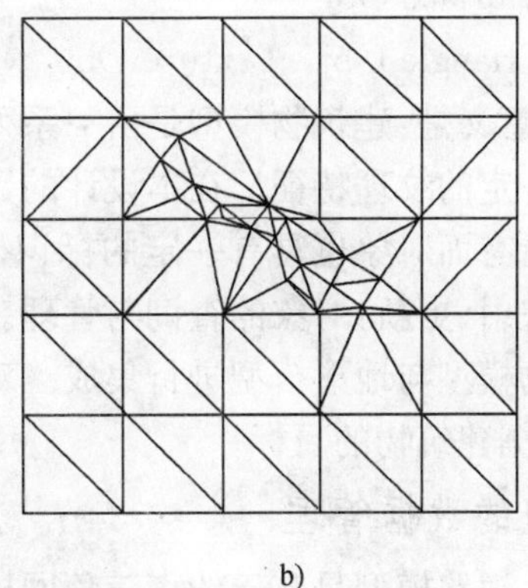

b)

图 2 建筑物模型与地形模型的集成

对于集DEM、道路、建筑物等人工地物为一体的整体三维多分辨率模型算法也作了深入研究，并提出了集格网和不规则三角网为一体的多分辨率混合模型的理论和算法。基于该理论模型的多分辨率表达可以很好地保留人工地物的边界，而且具有较小的数据存储量和较高的精度，可以获得高效的三维可视化速度。和现有的算法相比，基于该理论模型的算法可以高效地处理整体三维模型的多分辨率表达，能够保持与原始模型间的极大的相似性，而且支持相关的动态三维可视化。

3 数据管理

为了便于模型数据的管理和进一步的空间分析并满足可视化的需要，必须合理地组织数据。三维数据组织较二维复杂得多，目前还没有得到广泛认可的数据组织方法。公路领域有着一般GIS的共性，但也有自己的特点。

3.1 混合模型的数据存储结构

为了有效地管理地形模型数据和满足快速检索的需要，将合理的数据结构用于管理是十分必要的，因为其不但严重影响到数据的存储空间，而且关系到基于该数据结构的算法的执行效率、数据的检索效率和三维表达时显示的速度。因此设计合理的数据结构对以后的分析和数据管理服务具有重要的现实意义。下面将介绍该混合数据模型的存储结构。

由上面的分析可以知道，该混合模型可以被描述成如下的形式：

$M=(M_1,M_2,M_3,\cdots,M_n)$，$M_i=(V, F)$，$V=(v_1,v_2,\cdots,v_n)$，$F=(f_1,f_2,f_3,\cdots)$。其中$M_1$表示地形模型的某一子块，$f_i$是地形子块中一最小的描述单元，其可以是三角形或格网单元，且$M_1 \cup M_2 \cup M_3 \cdots \cup M_n=S$(整个地形模型)。对于该混合结构的地形模型，其最小的存储单元是三角形或格网结构，由于它们几何结构上的不同，因此必须采用不同的方式对待。格网模型由于其简单的数据结构和拓扑关系，其存储结构相对简单，其存储的一个关键问题是格网点高程值的压缩，该方面的研究已趋于成熟，在此不再介绍。

3.2 三角网的存储结构

三角网模型因为其边、三角形、点之间的复杂拓扑关系，其存储结构和存储的数据量都要相对复杂一些。

为了减少数据的存储空间，作者采用了基于面结构的存储方法用于存储三角网模型，即使用最小的三角形面作为存储单元，而且三角形的三个点按逆时针方向存储，在面结构中使用索引值表示该三角形中三条边的定向信息，对于边的定向值使用0～2表示该边在三角形中的序号。为了进一步减少数据的存储空间，当三个指针指向相邻的三个三角形时，为了保存其相邻边的信息，使用指针的低两位作为边的定向信息。

3.3 建筑物模型的数据管理

根据前面的讨论知道，建筑物模型的数据结构可以使用面向对象的三维目标数据模型进行表示，建筑物模型可以被描述为如下的形式：

Building Obj = Surface Obj

Surface Obj = Triangle Obj, Texture Obj

上面描述的几何意义是：建筑物模型是由一系列面元素组成的封闭体对象，每一个面元素由一些三角形元素构成，同时具备一定的纹理特征。在本设计的数据模型中，任意一个建筑物模型的对象都具有不同的标识码，构成建筑物的所有面对象也具有一定的标识码，而且面对象中保留了该面对象与纹理属性关联的标志，因此便于纹理的映射、更新，对象的查询与管理。在本研究开发的系统中建筑物模型被作为单独的一类对象进行管理，建筑物模型与地形模型进行集成。对单个的建筑物模型可以进行查询、更新等操作，从而保证数据在管理上是根据建筑物的目标。

3.4 道路模型的数据管理

根据前面的讨论，道路模型是基于约束三角网模型构造而成，因此在结构上完全符合数据结构要求。对于道路模型的构造，可以根据需要描述的详细程度，构造不同精度描述的道路模型，因此在道路模型的三维表达方面作者采用多级别的描述方式。对于道路模型的三维描述，首先建立基本道路表面的三维描述，其次是道路两旁的三维描述,再次是道路中心线的描述等,对于每一级别的三维表达模型都可以指定一定的纹理作为该对象的属性特征。从而建立复杂道路网络的三维表达结构,其描述的具体形式如下:

Road = <Road1, Road2,…,Roadn>

Roadi = <Triangle,Texturei>

上面描述的几何意义是:复杂的道路模型是由许多的部分组成,每一部分都是由一系列三角形对象集合组成,而且都具有一定的纹理属性特征。在数据管理方面,道路模型的每一部分都被作为一个单独的对象予以管理和表达。对于和地面模型的集成,根据前面讨论的三角网内插算法进行集成。至于道路网络上的附属设施如:路灯、标志等模型,使用点状地物模型予以构造,为了减少几何数据存储量,在实际建模过程中,使用一个三维的点坐标(x,y,z)和一定的图像信息进行表达,即采用图像信息弥补复杂的几何数据。根据三维几何对象的数据模型,道路模型存储的数据结构全部采用三角形结构予以存储和表达。

4 附属设施的定位特点及方法

公路在几何上呈线性,附属设施是按线性特征分布的,线性参照系统(linear referencing systems ,LRS)是目前解决这种线性特征定位问题的最好方法,在交通地理信息领域使用非常广泛。LRS 的核心技术是线性参照基准的建立和动态分段技术。最基本的线性参照方法是里程点法(milepoint) 和参照点法(reference point),其他基本上都是在这两种方法基础上扩展的。里程点法由标准的道路标志和一系列里程点组成,需要指定一个起始点作为起算点,一般选道路的起点。以线性参照方法表示的位置信息在进行图形表达时必须转换到图形坐标系。对于模型的三维表达,从三维可视化表现的真实感与计算效率考虑,将三维模型分为三类。这里从定位角度考虑,把第一类模型再细分为无方向模型和方向模型。与二维不同的是,三维模型在实现里程与坐标系之间的相互转换时,需要考虑高程和方向参数。具体操作时,高程可通过在路面 TIN 模型上内插获得,方向参数由模型自身坐标系及其所在位置的道路中心线的切线方向决定。

5 研究与开发

根据上述公路建模和数据组织方法,本文以 VC++ 6.0 和 OpenGL 作为开发工具,为吉林省公路勘测设计院开发了一个公路三维景观可视化系统,系统的公路数据是以设计数据为依据,附属设施(如服务区)是自己模拟的。整个系统采用分层的方式组织数据,而道路数据通过分段组织,因此,每一层都可以根据实际情况,对不同的段设置不同的材质和纹理。

在本系统中,以公路附属设施的三维模型定位及位置查询为例,对扩展的线性参照方法的可行性进行了试验,取得了较好的效果。然而,不管是数据结构还是数据模型,三维比二维都要复杂得多,本文只是交通地理信息系统和三维可视化相结合的一个初步尝试,本文仅对点事件的定位方法和简单的位置查询进行了讨论,对线和面事件在三维环境下的定位及属性表达没有涉及,这有待于进一步研究。

公路工程地基计算程序新思路

吴连山　孙　霞　周容生　董英杰

（辽宁省交通勘测设计院　沈阳　110005）

摘　要：地基处理是影响公路工程质量、造价和工期的重要问题，也是公路建设部门、设计单位和施工单位经常遇到的难点问题之一。本文通过采用编写计算机公路工程地基计算程序的手段，力求简明实用、条理清晰、方便读者使用等特点，结合规范及工程实践阐明了地基处理是一个需要不断完善的复杂领域，在改造地基土的工程性质时，一定要因地制宜，综合考虑各种因素以确定最佳的地基处理方案。

关键词：承载力　特征值　换填垫层　振冲　高压喷射注浆　置换率

1　引言

公路工程地基计算程序是按照上部结构的要求，对地基土进行必要的加固或改善，提高地基土的承载力，保证地基的稳定，减少地基的不均匀沉降，消除湿性黄土的湿陷性，提高抗液化能力等。随着建设事业的发展与对软弱土地基的充分利用，传统的地基计算方法日益完善，新的地基计算方法不断涌现。本文以新的思路介绍公路工程地基计算程序的功能和地基计算方法。

2　程序功能概述

公路工程地基计算程序适用于公路设计行业，是针对软弱土进行地基处理的设计软件。软件可以完成复合地基的如下常规计算内容：包括地基承载力计算、软弱下卧层验算、沉降计算、稳定滑坡计算和挡土墙计算等。同时软件计算完成后还可以输出如下的计算结果：原始数据、中间计算结果及最终计算结果，地基应力分布简图，沉降分布简图和计算书等。

3　地基计算方法

公路工程地基处理方法有很多种，例如：换填垫层、振冲桩、高压喷射注浆、土或灰土挤密桩、砂石桩、石灰桩、水泥土深层搅拌桩、夯实水泥土桩、CFG 桩、桩锤冲扩桩、（桩体）复合地基等方法。地基处理方法的不同，其目的意义和技术手段也不尽相同，地基处理是一个十分复杂的过程，需要结合规范及工程实践并且需要不断完善。在改造地基土的工程性质时，一定要因地制宜，综合考虑各种因素以确定最佳方案，保证整体结构的安全可靠、经济合理的同时，还要对地基处理提出最科学的方法。在此，结合公路工程地基计算软件，以图文并茂的形式介绍以下几种地基处理方法。

3.1　换填垫层法

换填垫层法（图 1）是公路工程地基处理方法中比较常用的一种方法，就是挖去软弱土而换填强度较大的材料，垫层材料可用砂、碎石、素土、灰土等，换置后的垫层因强度较高可作为基础的持力层，基底的附加应力通过垫层向下扩散，以减少作用在垫层底下软弱下卧层土的附加应力，适用于软弱地基的浅层处理。

3.1.1　地基承载力计算

对垫层的承载力进行修正时按规范《建筑地基处理技术规范》（JGJ 79—2002）进行计算。

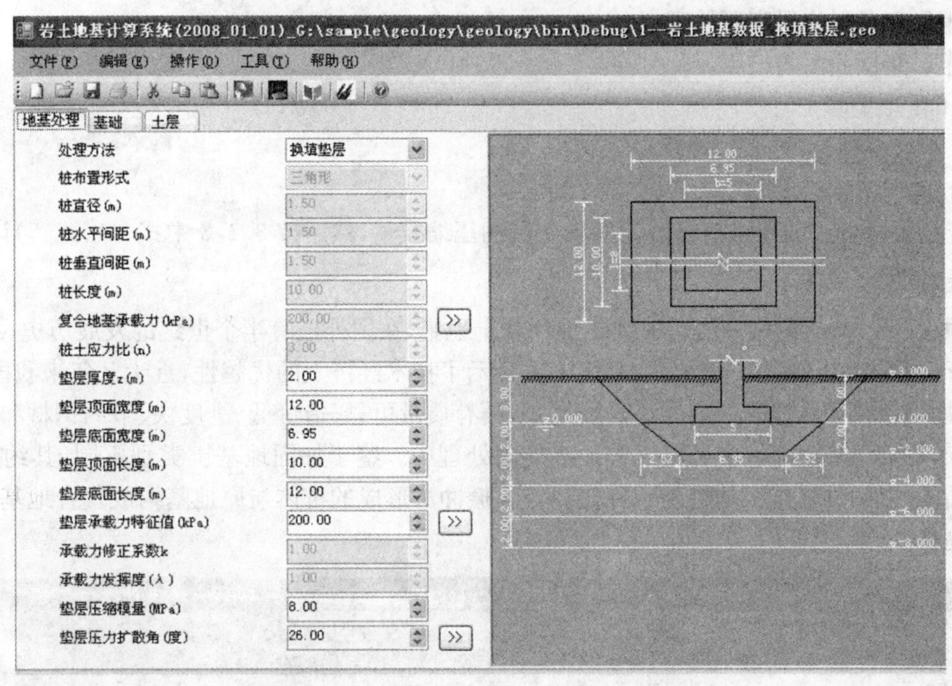

图 1

3.1.2 垫层底面处的承载力的验算

垫层底面处的承载力应符合如下公式的要求：

$$p_z + p_{cz} \leqslant f_z \tag{1}$$

(1)条形基础

$$f_z = \frac{b(p_k - p_c)}{b + 2z\tan\theta} \tag{2}$$

(2)矩形基础

$$f_z = \frac{bl(p_k - p_c)}{(b + 2z\tan\theta)(l + 2z\tan\theta)} \tag{3}$$

式中：b——矩形基础或条形基础底面的宽度，m；

l——矩形基础底面的长度，m；

p_k——相应于荷载效应标准组合基础底面处的平均压力值，kPa；

p_c——基础底面处土的自重压力，kPa；

z——基础底面下垫层的厚度，m；

θ——垫层的压力扩散角，°。

注意：程序计算时，每层土取不同的值进行计算。

3.1.3 垫层宽度验算

(1)条形基础

垫层底面的宽度应满足基础底面应力扩散的要求，即：

$$b' \geqslant b + 2z\tan\theta \tag{4}$$

垫层顶面的宽度应满足构造要求，即顶面每边超出基础底边不宜小于0.3m。

(2)矩形基础

垫层底面的宽度除应满足条形基础计算公式要求外，其长度方向也应该满足基础底面应力扩散的要求，即：

$$l' \geqslant l + 2z\tan\theta \tag{5}$$

垫层顶面的长度与宽度均应满足构造要求，即顶面每边超出基础底边不宜小于0.3m。

式中：b'——矩形和条形垫层底面的宽度，m；

l'——矩形垫层底面的长度，m。

3.1.4　下卧层验算

按 3.1.2 中公式(1)、(2)、(3)计算。

3.1.5　沉降计算

对换填土垫层部分土的压缩模量改为换填垫层的压缩模量，然后按 3.1.3 中式(4)、式(5)计算。

3.2　振冲法

振动水冲法(图 2)(简称振冲法)，加固砂土和软土地基，在国外已有半个世纪的发展历史，20 世纪 30 年代在德国先行试验，40 年代引入美国，50 年代该法显示了技术经济上的优越性，近十几年来我国也广泛推广应用，证明其加固效果十分显著。振冲法加固地基，具有质量可靠、造价低、进度快、节约钢材和水泥、经济效益显著等特点，目前已广泛应用在公路工程地基加固处理中。鉴于加固地基土类别不同，其约束力各异，则桩径也就不同，所以振冲法施工的桩是一种变径桩。振冲法形成的桩体与原地基构成复合地基，承载力与原地基相比可提高 2～3 倍。

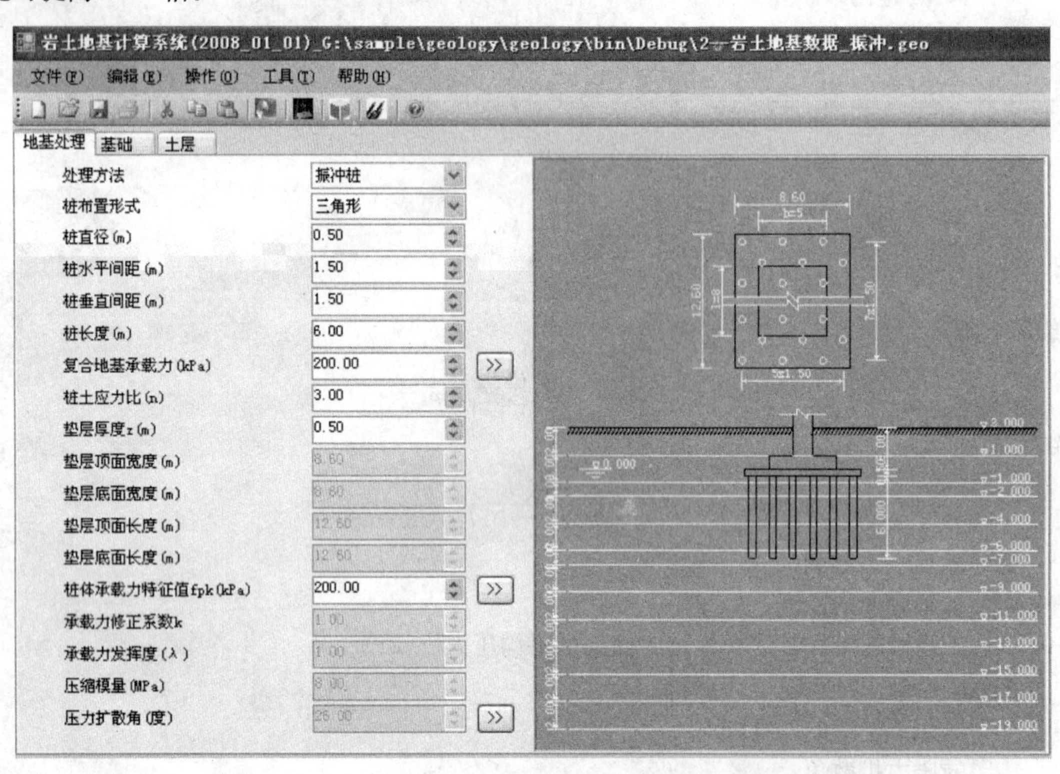

图　2

3.2.1　复合地基承载力特征值的计算

振冲桩复合地基承载力特征值应通过现场复合地基荷载试验确定，初步设计时也可用单桩和处理后桩间土承载力特征值按下式计算：

$$f_{\mathrm{spk}} = mf_{\mathrm{pk}} + (1-m)f_{\mathrm{sk}} \tag{6}$$

对于小型工程的黏土地基如无现场复合地基荷载试验资料，初步设计时复合地基上的承载力特征值按下式计算：

$$f_{\mathrm{spk}} = [1+m+(n-1)]f_{\mathrm{sk}} \tag{7}$$

$$f_{\mathrm{sk}} = k_{\mathrm{f}} f_{\mathrm{k}} \tag{8}$$

$$m = \frac{A_{\mathrm{p}}}{A} \tag{9}$$

$$A_{\mathrm{p}}=\frac{\pi d^{2}}{4} \tag{10}$$

三角形布置[图 3a)]：

$$A=2d_{x}d_{y} \tag{11}$$

矩形布置[图 3b)]：

$$A=d_{x}d_{y} \tag{12}$$

式中：f_{spk}——振冲桩复合地基的承载力特征值，kPa；

f_{pk}——桩体的承载力特征值，kPa；

f_{sk}——振后桩间土的承载力特征值，kPa；

k_{f}——桩间土承载力提高系数；

f_{k}——桩间土的地基承载力，kPa；

n——桩土应力比，无实测资料时可取 2～4，原土强度低时取大值，原土强度高时取小值；

m——复合地基的桩土面积置换率；

A_{p}——桩体截面面积，m²；

d——桩体的直径，m；

A——对应的加固面积，m²；

d_x——水平桩间距，m，如图 3 所示；

d_y——竖向间距，m，如图 3 所示。

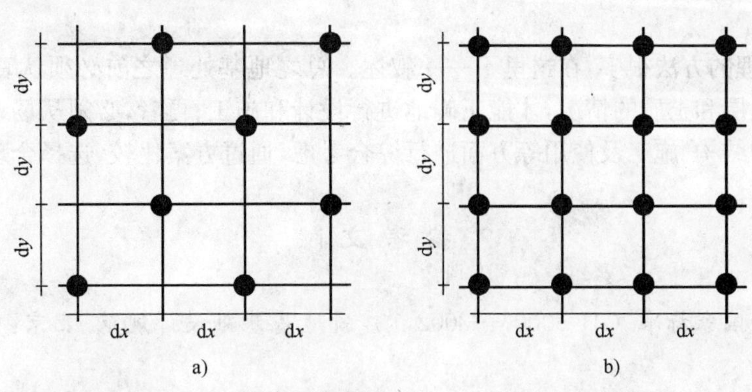

图 3

a)三角形布桩；b)矩形布桩

注意：本程序为了能计算非规则的正三角形及矩形，采用了通过桩的水平和竖向间距计算复合地基桩土面积置换率的方法。

3.2.2 复合地基承载力修正

对桩底的承载力进行修正时按《建筑地基处理技术规范》(JGJ 79—2002)的 3.0.4 条考虑，即 $\eta_{\mathrm{b}}=0$，$\eta_{\mathrm{d}}=1$。

3.2.3 复合地基承载力验算

复合地基承载力应符合如下公式的要求：

$$p_{\mathrm{z}}+p_{\mathrm{cz}}\leqslant f_{\mathrm{z}} \tag{13}$$

(1)条形基础

$$f_{\mathrm{z}}=\frac{b(p_{\mathrm{k}}-p_{\mathrm{c}})}{b+2z\tan\theta} \tag{14}$$

(2)矩形基础

$$f_{\mathrm{z}}=\frac{bl(p_{\mathrm{k}}-p_{\mathrm{c}})}{(b+2z\tan\theta)(l+2z\tan\theta)} \tag{15}$$

式中：b——矩形基础或条形基础底面的宽度，m；

l——矩形基础底面的长度，m；

p_k——相应于荷载效应标准组合基础底面处的平均压力值，kPa；

p_c——基础底面处土的自重压力，kPa；

z——基础底面下垫层的厚度，m；

θ——垫层的压力扩散角，°。

注意：z 的取值，程序计算时为结构垫层的厚度和桩长度之和。

3.2.4　软弱下卧层验算

按《建筑地基处理技术规范》(JGJ 79—2002)进行计算。

3.2.5　沉降计算

对复合地基处理深度范围内的土层的压缩模量，按下面公式进行修正计算：

$$E_{spi}=[1+m(n-1)]E_{si} \tag{16}$$

式中：E_{spi}——复合地基处理范围内第 i 层土修正后的压缩模量，MPa；

E_{si}——复合地基处理范围内第 i 层土原始的压缩模量，MPa；

m——复合地基的桩土面积置换率；

n——桩土应力比。

注意：结构垫层处的压缩模量按复合地基修正后的模量取值。

4　结语

公路工程地基处理的方法很多，在这里不一一叙述。总之地基处理之前必须认真进行工程地质勘察和土工试验，只有查清土层和土质的情况，才能正确地进行设计和施工；再者，必须从场地的土层和土质的特点出发，对地基与基础的结构、施工及使用等方面进行综合考虑，通过方案比较，选择合理的地基处理方案。

参 考 文 献

[1]　中华人民共和国国家标准 GB 50007—2002　建筑地基基础设计规范. 北京：中国建筑工业出版社，2002.

[2]　中华人民共和国行业标准 JGJ 79—2002　建筑地基处理技术规范. 北京：中国建筑工业出版社，2002.

[3]　中华人民共和国行业标准 JTG D63—2007　公路桥涵地基与基础设计规范. 北京：人民交通出版社，2007.

基于运行速度 v_{85} 的公路安全性评价 CAD 模块开发

卢卓君

(湖南省交通规划勘察设计院 长沙 410008)

摘 要:运行车速是检验公路线形设计质量的重要指标,基于运行车速的线形安全性检验越来越受到设计部门的重视,但是与之配套的CAD软件还比较欠缺。本文采用《公路项目安全性评价指南》(JTG/T B05—2004)推荐的运行车速计算模型,利用ObjectARX开发了相应的CAD软件,实现了运行车速安全性检验与公路设计系统的结合,并在高速公路路线中成功应用。

关键词:公路 安全检验 CAD 运行车速

随着我国公路建设的发展,公路设计理念不断提升,质量要求不断提高,道路安全问题日益引起重视,许多高校及研究部门针对道路安全问题进行了深入的研究,并取得了一些成果。但这些研究偏重于道路安全评价,与道路设计结合的不够紧密。为了将公路安全评价方法与设计部门的公路设计软件紧密结合起来,本文利用ObjectARX编程工具,采用《公路项目全性评价指南》(以下简称,《指南》)《指南》中推荐的运行车速计算模型,实现了基于运行车速的公路线形安全性检验。运行车速的计算方法可分为以下三个步骤:(1)线路单元划分;(2)各单元运行车速的计算;(3)运行车速评价结果输出。

1 线路单元划分

1.1 线路单元划分原则

《指南》中对于单元划分的原则可以概括为以下5点:

(1)平面

直线段(半径大于或等于1 000m);曲线段(半径小于1 000m)。

(2)直线段

(考虑纵坡的影响)分为直线段和纵坡段(坡度大于或等于3%,坡长大于300m)。

(3)曲线段

(考虑纵坡的影响)分为小半径曲线段和弯坡组合段(坡度大于或等于2%,小于或等于6%)。

(4)缓和曲线

和对应的圆曲线一起考虑。

(5)小于200m的直线段

为匀速,车辆在此路段上的运行速度保持不变。

1.2 不完整缓和曲线单元划分方法

由于公路设计中常用到不完整缓和曲线,在线路单元划分的时候,不完整缓和曲线究竟是与前圆曲线合并还是和后圆曲线合并,《指南》中对此问题没有说明。

根据线路单元划分的原则,完整的缓和曲线和对应的圆曲线一起考虑,即缓和曲线应该划分在曲率小的分段内,依此类推,在处理不完整缓和曲线的时候,应将不完整缓和曲线和半径小的圆曲线合并。

2 各单元运行车速的计算

2.1 系统的结构化设计

系统采用结构化设计,绘制数据流图和程序流程图,画图和完善图形的过程同时也是程序设计完善的过程，可以在写代码之前发现设计中的结构缺陷，降低因为系统结构的改变而重写大量代码的风险。图 1 为系统的顶层数据流图。

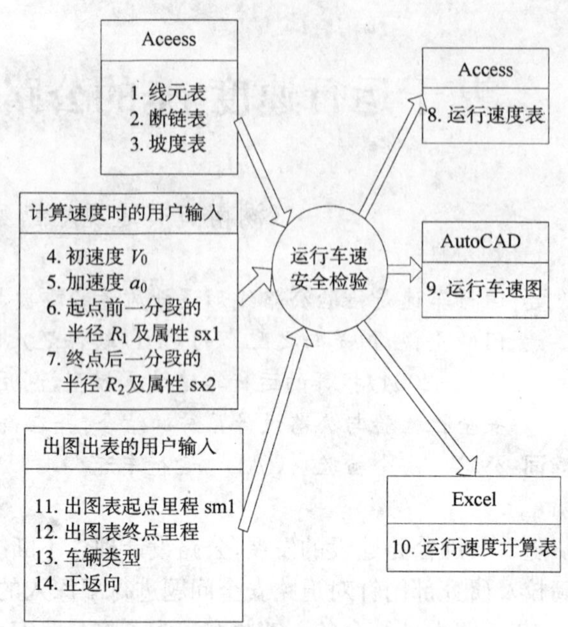

图 1　运行车速安全检验系统顶层图

2.2　运行车速计算的实现

系统最核心的部分是运行车速的计算，本文采用《指南》中的运行车速计算模型，利用 VC++实现了运行车速的计算。各种类型的单元运行速度采用《指南》中提供的相关公式进行计算，其流程如图 2 所示。

图中：属性 1——该单元为直线段；

属性 2——该单元为纵坡段；

属性 3——该单元为小半径曲线段；

属性 4——该单元为弯坡组合段；

F——单元长度；

L——计算长度；

pd——单元当前纵坡坡度；

v_{mid}——每单元中点的运行速度，m/s；

v_{end}——每单元终点的运行速度，m/s；

v_0——路段的初始运行速度，m/s。

2.3　针对《指南》中大货车运行车速计算方法中不明确地方的探讨

在《指南》中，关于大货车纵坡段上坡时运行速度的计算，并没有给出确定的计算模型和公式，只给用户提供了"速度折减量与坡长的关系曲线图"，但是实际的应用过程中无法直接利用该图进行计算和编制相关的计算程序。本文根据参考文献[5]，采用运行速度纵坡模型（式 1），利用牛顿迭代法解方程计算坡段终点速度。

$$g\left(\frac{v_2+v_1}{2}\right)\left[\left(\frac{1+\delta}{g}\right)\left(\frac{v_2^2-v_1^2}{2S}\right)+f\pm i/100+\frac{13KF\left(\frac{v_2+v_1}{2}\right)^2}{m}\right]-p=0 \tag{1}$$

式中：v_1——坡底运行速度，m/s；

v_2——坡顶运行速度，m/s；

S——坡长，m；

K——风阻系数，小客车取 0.002 5，大货车取 0.003 5；

F——迎风面积，小客车取 2.0，大货车取 6.2，m^2；

δ——惯性阻力系数，取 0.01；

f——摩擦阻力系数；

i——纵坡坡度；

g——重力加速度，取 9.8m/s^2；

m——车辆总质量，小客车取 1 500kg，大货车取 15 000kg；

p——车辆的功率质量比，w/kg，按 $p=1.579i+0.102V-4\ 874$ 计算；

v——驶入上坡段的速度，即坡底的运行速度。

3　基于 ObjectARX 的运行车速评价结果输出

为了满足最新《公路工程基本建设项目设计文件编制办法》（2007 年 10 月 1 日执行）中关于初步设计文

件中提交运行速度图和运行速度计算表的要求，本文采用 AutoCAD 功能强大的二次开发工具 ObjectARX 来实现运行速度图和运行速度计算表的输出。

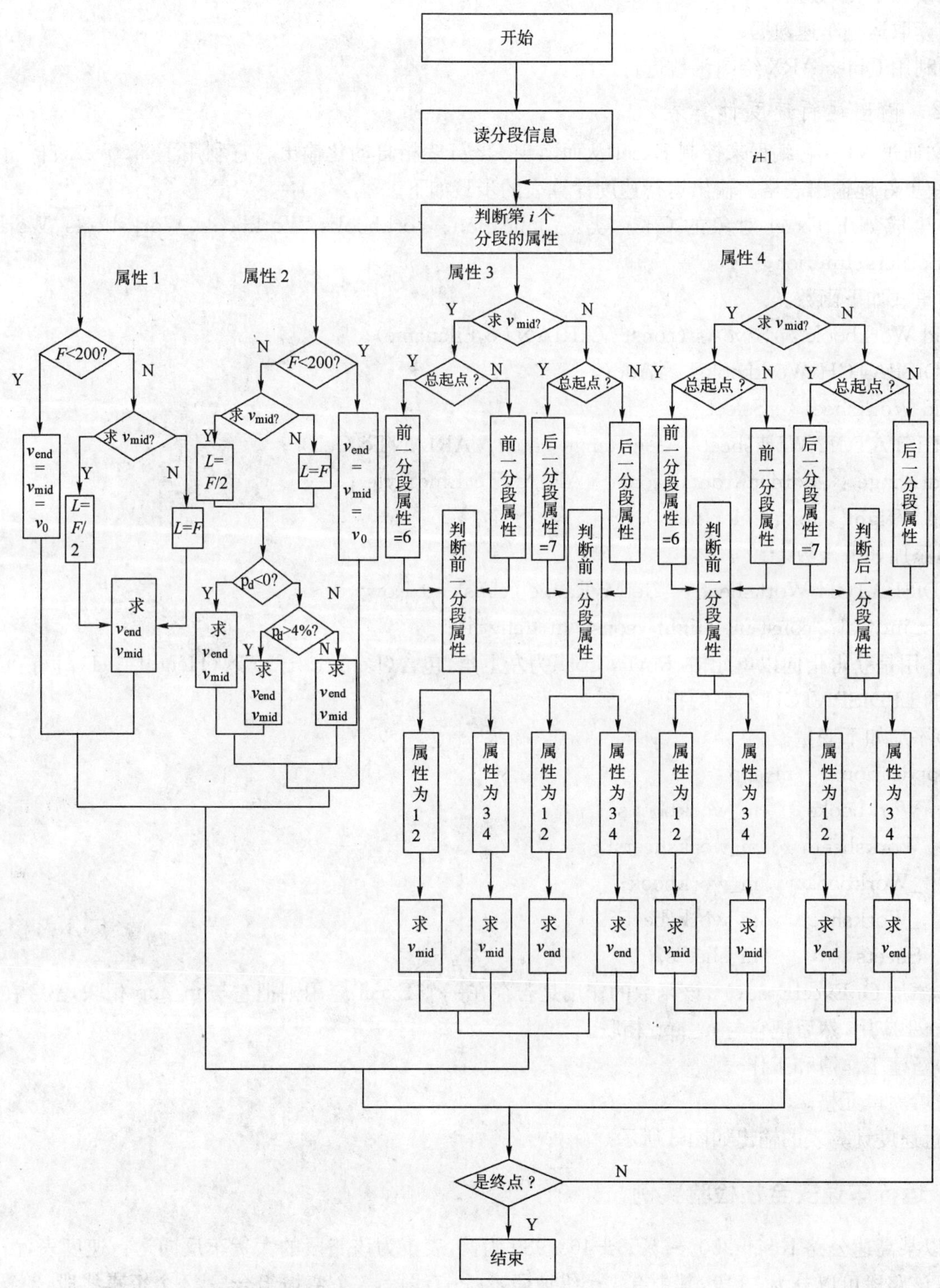

图 2　运行车速计算流程图

3.1 绘制运行速度图

绘制运行速度图的实现步骤为：

(1)读取平、纵数据；

(2)读取运行车速数据；

(3)利用ObjectARX绘图函数进行绘图。

3.2 输出运行速度计算表

本文通过VC++编程来控制Excel从而实现Excel表格自动化输出。它利用了ActiveX自动化技术，可以更快更好地输出表格。输出运行速度计算表的步骤如下。

(1)生成如下Excel对象的C++类：Application、Workbooks、Workbook、Worksheets、Worksheet、Range、Borders、Interior。

(2)重载如下函数。

```
Void Workbook ::SaveAs (const VARIANT& Filename);
LPDISPATCH Workbooks ::Add() ;
Void Worksheet ::Select ();
LPDISPATCH Worksheet ::GetRange(const VARIANT& Cell) ;
void Range ::BorderAround(const VARIANT& LineStyle ;
long Weight , long ColorIndex) ;
```

(3)添加如下函数。

```
LPDISPATCH Worksheet ::GetMyRange (const int Row ,
const int Col , const int Hight ,const int Length);
```

其作用是获得指向以单元格(Row , Col)为左上角，包含(Length + 1) ×(Height + 1)个单元格的矩形区域的LPDISPATCH类型的指针。

(4)添加如下变量。

```
_Application    m_app
    Workbooks     m_workbooks;
    Worksheets    m_worksheets;
    _Workbook     m_workbook;
    _Worksheet    m_worksheet;
    Sheets        m_sheets;
```

(5)添加OnExcelLoad()，该函数的作用是若存在一个Excel应用则把它与m_app相联，不存在则创建一个Excel应用，然后把它与m_app相联。

(6)新建工作簿和工作表。

(7)填写单元格。

运行速度计算表的输出如图3所示。

4 运行车速安全性检验实例

现以某高速公路K64+200 ～ K58+468.989为例，表1为该路段的大货车反向运行速度表，由表1可以看出，该路段可以分为13段，其中有1个纵坡段，2个直线段，6个弯坡组合段，2个短直线段，2个小半径曲线段。

第一，评价运行速度协调性，由表中的运行速度差一栏可以看出：K64+200～ K59+259.469段的运行速度差值都小于10km/h，说明该段的运行速度协调性好；K59+259.469～ K58+468.989段为一直线段，其最终的运行速度可以达到期望运行速度75km/h，它和前一段的运行速度差值为20.201km/h，大于20km/h，说明该段的运行速度协调性不良。分析认为,驾驶员处在曲线与直线相邻地段,从曲线进入直线的时候,人容易放松,导致主动加速过度,造成安全隐患。故应根据指南中的方法对两相邻路段的平、纵设计进行调整。

Microsoft Excel - 2-运行速度表格

文件(F) 编辑(E) 视图(V) 插入(I) 格式(O) 工具(T) 数据(D) 窗口(W) 帮助(H)

E5　-0.04

运行速度表(大货车反向)

编号	起点桩号	终点桩号	半径R(m)	修正坡度i(%)	修正坡长(m)	车道宽度(m)	路肩宽度(m)	路缘宽	类型	运行速度(km/h)	运行速度△85(km/	速度梯度(km/h/100m)
		K113+065								75		
1	K113+065	K112+000	860	0	1065	7.5	2.5	0.5	小半径曲线	68.928	-6.072	0.005699
2	K112+000	K111+300	860	-0.04	700	7.5	2.5	0.5	弯坡组合段	64.141	-4.787	0.006839
3	K111+300	K111+034	860	-0.028	266	7.5	4.5	0.5	弯坡组合段	60.267	-3.874	0.014586
4	K111+034	K110+800	910	-0.028	234	7.5	4.5	0.5	弯坡组合段	56.976	-3.291	0.01404
5	K110+800	K110+325	910	-0.048	474	7.5	4.5	0.5	弯坡组合段	59.055	2.079	-0.00438
6	K110+325	K110+200	0	0	126	7.5	4.5	0.5	短夹直线段	59.055	0	0
7	K110+200	K109+650	0	0	550	7.5	4.5	0.5	直线段	75	15.945	-0.02899
8	K109+650	K109+505	0	0	145	7.5	4.5	0.5	短夹直线段	75	0	0
9	K109+505	K108+924	850	-0.04	581	7.5	4.5	0.5	弯坡组合段	68.768	-6.232	0.01072
10	K108+924	K108+750	900	-0.04	174	7.5	4.5	0.5	弯坡组合段	63.887	-4.881	0.028045
11	K108+750	K108+450	900	-0.028	300	7.5	4.5	0.5	弯坡组合段	59.952	-3.935	0.013117
12	K108+450	K108+266	900	-0.048	184	7.5	4.5	0.5	弯坡组合段	56.736	-3.216	0.017526

图 3　运行车速计算表的自动输出

第二,评价运行速度和设计速度的协调性,由表中速度差一栏可以看出,K64＋200～ K61＋004.146 段以及最后一个分段的速度差值小于 20km/h,说明该路段的运行速度与设计速度协调性良好;K61＋004.146～K59＋259.469 段的速度差值都大于 20km/h,故应按《指南》中的规定对该路段的相关技术指标进行安全性验算。

由以上两种评价方法得出的结论可知,其运行速度协调性好的路段,并不一定安全性就好,还应综合考虑同一路段运行速度与设计速度之间的协调性。因为在运行速度协调性的评价中,考虑的是相邻两路段的速度协调性,而同一路段的速度协调性应通过运行速度与设计速度之间的差值来考虑,这样才可以综合考虑整条线路的运行速度协调性,从宏观上来评价整条线路的安全性。

运行速度评价表　　表 1

起点里程	终点里程	半径(m)	坡度	坡长(m)	单元类型	运行速度(km/h)	速度差(km/h)	运行速度差(km/h)
K64＋200	K63＋300	0	－0.037	900	纵坡段	75	5	0
K63＋300	K62＋789.374	0	0	511	直线段	75	5	0
K62＋789.374	K62＋500	830	－0.028	289	弯坡组合段	68.802	11.198	－6.198
K62＋500	K62＋317.426	830	－0.039	183	弯坡组合段	64.145	15.855	－4.657
K62＋317.426	K61＋780	900	－0.039	537	弯坡组合段	60.133	19.867	－4.012
K61＋780	K61＋207.523	900	－0.026	572	弯坡组合段	61.494	18.506	1.361
K61＋207.523	K61＋100	0	0	108	短夹直线段	61.494	18.506	0
K61＋100	K61＋004.146	0	0	95.9	短夹直线段	61.494	18.506	0
K61＋004.146	K60＋200	700	－0.04	804	弯坡组合段	59.494	20.506	－2
K60＋200	K60＋004.738	700	0	195	小半径曲线段	55.329	24.671	－4.165
K60＋004.738	K59＋450	750	0	555	小半径曲线段	51.677	28.323	－3.652
K59＋450	K59＋259.469	750	0.03	191	弯坡组合段	54.799	25.201	3.122
K59＋259.469	K58＋468.989	0	0	790	直线段	75	5	20.201

5 结语

本文采用《公路项目安全性评价指南》(JTG/T B05—2004)的基本原理和方法，利用 ObjectARX 开发了相应的 CAD 软件，并应用到工程实例当中。本文实现了以下几点：

(1)实现了运行车速的计算程序的编制。

(2)利用 ObjectARX 实现了运行车速评价结果的图表自动输出。

(3)实现了线型安全评价与道路 CAD 软件的集成。

(4)在软件开发和应用当中发现了《指南》中的一些不明确的地方，对此进行了探讨和研究，并提出了解决方法。

参考文献

[1] 中华人民共和国行业标准 JTG D20—2006 公路路线设计规范. 北京：人民交通出版社，2006.

[2] 中华人民共和国行业标准 JTG/T B05—2004 公路项目安全性评价指南. 北京：人民交通出版社，2004.

[3] 范振宇. 运行车速及在公路设计中的应用. 上海：同济大学，1999.

[4] 蒲浩. 现代路线 CAD 系统关键技术研究与应用. 长沙：中南大学，1999.

[5] 廖明军、王杨. 高速公路纵坡自由流运行速度特性及模型. 北京：北华大学学报，2005.

[6] 张仁根、陈建荣. 公路线形设计的运行车速安全性检验. 长沙：中外公路，2002.

[7] 高建平、郭忠印. 基于运行车速的公路线形设计质量评价. 上海：同济大学学报，2004.

虚拟现实技术在高速公路中的应用

赵连钧

(甘肃省交通规划勘察设计院有限责任公司 兰州 730030)

摘 要:本文通过虚拟现实技术在康临高速公路中的实际应用,阐述应用三维虚拟现实技术在高速公路的设计、施工、管理等方面的作用和价值;并简要讲述了公路虚拟现实的具体制作流程和方法。

关键词:虚拟现实 数字地面模型(DTM)

1 虚拟现实技术的应用前景和科学意义

随着我省高等级公路建设的不断发展,高速公路已不仅仅局限于结构强度和道路安全性能方面的要求,公路线性美学、公路景观、数字化公路日益成为高速公路建设的重要指标,这就对高速公路的规划设计、施工控制和评价提出了更高的要求。与此同时,随着信息技术、计算机技术、GIS、GPS、数字摄影测量技术与土木工程的交叉发展,高等级公路交通系统虚拟现实技术也得到了应用和发展。

虚拟现实(Virtual Reality)是一种可以创建和体验虚拟世界的计算机系统,它利用计算机技术生成一个逼真的,具有视、听、触等多种感知的虚拟环境,用户通过使用各种交互设备,同虚拟环境中的实体相互作用,使之产生身临其境感觉的交互式视景仿真和信息交流,是一种先进的数字化人机接口技术。与传统的三维动画技术相比,其主要特征是:操作者能够真正进入一个由计算机生成的交互式三维虚拟环境中,与之产生互动,进行交流。通过参与者与仿真环境的相互作用,并借助人本身对所接触事物的感知和认知能力,帮助启发参与者的思维,以全方位地获取虚拟环境所蕴涵的各种空间信息和逻辑信息。

我们依托康家崖至临夏高速公路建设项目、运用虚拟现实技术对高速公路线性的合理性、沿线桥涵构造物设计的合理性和必要性作出评价;通过模拟拟建公路的地形实体,对建设征地拆迁进行有效地指导和评价;对公路设计、施工管理和外场监控等方面起到很大的作用。

2 虚拟现实技术在高速公路中的应用

2.1 虚拟现实技术在衡量公路线形指标中的应用

首先,将三维虚拟现实技术与路线平纵横设计结合使用,使三维虚拟现实技术能贯穿整个路线设计过程的始终,每一次路线方案的调整,均能根据调整后的横断面设计成果实时呈现三维仿真成果,更能模拟出汽车行驶时驾驶员的动态视觉映像,如舒适感、美感、疲劳感与安全感等,从而使路线设计由静态设计转换为动态设计,显著提高设计质量与设计效率。最后,通过三维虚拟现实技术,对公路沿线景观设计进行模拟和多角度鸟瞰,从而有一个直观的了解,再对其与沿线自然环境的协调性进行分析评价。

2.2 虚拟现实技术在构造物设计中的应用

通过虚拟现实技术的应用,对高速公路沿线的桥涵构造物的合理性和必要性作出判别分析,可以做到优化设计的目的,提高设计的准确性和合理性。高速公路一直是对全新的可视化技术需求最为迫切的领域之一,虚拟现实技术可以广泛地应用在道路规划的各个方面,并带来切实可观的利益。近年来,虚拟现实技术在高速公路与沿线构造物布设等方面得到了广泛的应用。可通过后台连接稳定的数据库信息,对各项技术指标进行实时的查询,周边再辅以多种媒体信息,如工程背景介绍、标段概况、技术数据、截面等、电子地图、声音、图像、动画,并与核心的虚拟技术产生交互,从而实现演示场景中的导航、定位与背景信息介绍等诸多实用、便捷的功能。虚拟现实技术表现手段与传统三维动画的比较动画演示在一定程度上弥补了静止画面的不足之处，声音与动画同步播放，生动细致。而通过虚拟现实技术可以对虚拟空间中的任意地点、任意时间进行观察，地点与时间都是无限的。

2.3 虚拟现实技术在公路征地拆迁中的应用研究

高速公路建设前期的征地拆迁是项目建设顺利实施的关键，同时关系到当地百姓民生和资源使用。运用三维虚拟现实技术，通过数字地面模型和影像图叠加结合实际占地拆迁范围模拟征地区域实体情况，建立征地拆迁数据库，动态显示占用拆迁范围和占用拆迁的详细情况，用户可以在漫游过程中随时点击拆迁建筑物、查询拆迁的详细资料，使拆迁情况一目了然，对征地拆迁工作具有很大的实用价值。

2.4 虚拟现实技术在公路施工管理中的应用

运用三维虚拟现实技术，形成公路施工信息化管理，同时可以运用该项技术形成场外监控，对建设项目实施有效、科学地管理。该项研究填补了国内外这方面研究空白，不仅可有效指导高速公路的设计与施工，而且还会形成高速公路建设的数字化和信息化，有明显的实用价值，经济与社会效益显著，而且在学科上有重要的理论意义，影响深远。

3 虚拟现实系统制作流程及方法

3.1 三维数字地面模型及三维数字道路模型的建立

本项目地形数据采用航测获得，前期采用德国 IB&T 公司的 card/1 软件，先将航测数据导入 card/1 软件，形成数字地面模型(DTM)；然后利用平面设计、纵面设计、横断面设计模块进行平、纵、横的设计；再通过横断面开发文件进行逐桩“戴帽子”设计，由两相邻的路基横断面设计线构建道路模型；之后再将道路模型与地面模型(DTM)进行拼合得到最终的数字地面模型；最后将此模型输出成 cad 格式文件，导入 3ds max 软件进行构造物建模。下一步通过 card/1 软件输出，全线连续的路基横断面、路面、标线、土路肩等文件也导入到 3ds max 中，形成最终的地面基础模型。

3.2 桥涵构造物模型的建立

我们先从 card/1 中分别输出桥梁、立交主线、匝道、隧道等相应的中心线，然后在 cad 中按 1∶1 大小精确绘出每个大桥、隧道的横断面，并将其导入到 3ds max 中作为放样截面，再用前面 card/1 中输出的中心线作为路径，通过放样制作出大桥、隧道模型，之后参照设计图建出桥梁细节模型及隧道洞口模型、桥墩模型。这样我们就完成了大桥、隧道模型的制作，在大桥、立交模型中需要注意的是在放样时要调节横断面的重心位置。涵洞、通道等构造物主要通过将其各个立面示图导入 3ds max，再利用多边形建模方法制作。

3.3 其他设施模型的建立

波形护栏的建模方法和前面桥梁的建模方法相似，主要通过路径放样完成，边沟、护坡土路肩、中央分隔带、标线等可直接从 card/1 中输出，然后导入场景。这些模型一般不需要做大量改动，其重点主要是下一步材质的制作。沿线标志标牌主要参考设计图纸完成后，合并进场景，并放置在相应的位置。沿线近处的建筑需要参照实地拍来的照片建模，远处的建筑采用贴图方式表现，一般不需要建模。

3.4 材质的制作

材质的制作是很重要的一部分，材质处理的好坏、直接影响到最终产品的视觉效果和逼真度，所以材质的制作上要下很大功夫。材质的来源主要是通过现场踏勘所拍的一些照片，我们先将现场拍的照片，进行细致的分类，比如沿线的树木、植被、建筑等按统一规则命名并分类建立材质库。下面就以植物的材质为例，简要说明具体材质的做法：我们先将树木正面的照片用 photoshop 软件逐个打开，抠出树木的形状，将其余背景全部删除，并将抠出的部分保存为带通道的 tga 格式的图片，然后打开 3ds max，选择一个空白材质球，在其表面色通道和透明度通道中分别贴入这张图片，这样树木的材质制作就完成了。

对于大片的森林，我们采用3ds max的一个外挂插件forset来制作。forset是一款可以在短时间内做出大面积树木、草丛、人群的插件，而且渲染速度奇快。安装好forset插件后，打开3ds max系统，选择几何体创建面板，在下拉列表中我们可以看到itoo software选项，选择后出现forst por面板。我们将所有要创建树木的区域用封闭线条勾出来，然后再勾出不需要创建树木的区域，点击forset por按钮，设置树木的高度和宽度，通过include下的pick按钮选择创建树木的区域，这时我们看到在这个区域已经有许多树木了，再通过exclude下的pick按钮选择排除区域，这时我们看到不需要创建树木的地方的树被排除掉了，接下来使用multi/sub-object选择前面编辑好的树木的图片作为树木材质，最后对树木进行优化，使所有的树木都朝向摄像机并去除摄像机中看不见的树木，这样就完成了树木的制作。

隧道的材质制作过程比较简单，我们在photoshop中做好一张隧道内壁的图片，然后直接赋予隧道模型。需要注意的是，隧道模型在赋予材质之前不要进行塌陷处理，根据隧道长度调节平铺次数，这里需要反复调节测试，以达到最佳效果。

3.5 完成场景

将所有的模型制作完成之后，全部合并进场景文件，并将所有树木及用贴图表现的建筑加入billboard帮助物体中。这里需要用到一个插件，就是虚拟现实软件3DVRI for max插件，在这个插件安装完成后，在3ds max创建帮助面板中，就会出现3dvri object选项，打开之后就会找到billboard帮助物体。这样我们所加入的树木、建筑等物体就会随摄像机的视角改变角度，始终面向摄像机。下一步就是仔细调节材质和灯光，使整个场景色调更加协调，然后加入摄像机，并调节角度。因为我们设计虚拟现实后期用两个角度，可自动漫游和手动漫游，我们在这里布设两个摄像机，一个为自动漫游摄像机，为其设置路径动画，另一个为自由摄像机，用户用来自由漫游，我们只需要设置好摄像机的初始视角位置就可以了，这样所有的场景就全部制作完成了。接下来一步就是材质的烘焙，烘焙贴图(Render to texture)是虚拟现实场景制作过程最常用的一种方法，它可以基于对象在渲染场景中的外观，将对象所受到的光照效果(如高光、阴影等)创建成纹理贴图，然后再反贴回场景中。在烘焙模型之前对场景中使用相同贴图的模型进行塌陷，否则会影响将来漫游速度，具体的烘焙方法可以参考相关书籍。这里需要注意的是，贴图的分辨率对漫游速度影响很大，为了提高漫游速度，一般都设置在1024*1024以下。

3.6 虚拟现实系统制作

虚拟现实的制作我们采用了3dvir软件作为开发平台，先将前面完成的场景导入3dvir软件；然后设置相机高度、漫游步长、碰撞距离等参数，再调节材质的参数，使整个场景比较协调逼真，之后保存。接下来就开始虚拟现实发布制作，这里我们选用neobook多媒体制作软件，首先需要安装3dvri for neobook插件；然后在neobook中设计好运行界面，并将前面保存的ive文件载入系统，设置好各项参数，这样虚拟现实系统大体框架就完成了；接下来为场景制作一个导航图及控制按钮；再建立各种信息数据库，并将其与场景中物体关联，这样当我们漫游到一个地方，可以随时点击各种构造物、建筑及植物，以查看其详细资料(如构造物桩号、结构；植物的种类以及选用此种植物的设计依据等信息)，然后编译发布为可执行文件，这样虚拟现实系统就全部完成了。

4 结论

虚拟现实技术是可视化最有效的应用，它克服了传统三维动画的不可交互性。用户可以在虚拟空间任意地点、任意角度进行观察，并可以通过“所见即所得”查询各种资料，如“身临其境”，还可以通过鸟瞰或模拟驾驶员行驶，为设计人员提供检验线形指标的模拟环境，极大地提高道路线形分析的直观性和准确性。虚拟现实技术还可从任意角度查看构造物模型，分析构造物布设的合理性和必要性。系统建立了各种信息数据库，可供管理人员在场景中随时点击实物查询所需资料，对公路管理也起到了很好的辅助作用。

参考文献

[1] 吴夯,张颖.CARD/1应用教程.兰州:兰州大学出版社,2002.

[2] 王琦.3ds max-5白金手册(上、中、下).北京:科海电子出版社,王琦工作室,2003.

[3] 王琦.3ds max插件风暴III.北京:科海电子出版社,王琦工作室,2003.

[4] 刘晓艳,林珲,张宏.虚拟城市建设原理与方法.北京:科学出版社,2004.

特殊环境下公路工程地质灾害的遥感勘察与选线

余绍淮　陈楚江　张　霄　王丽园

（中交第二公路勘察设计研究院有限公司　武汉　430056）

摘　要：本文基于 Landsat-5/TM、IRS P6/LISS4、QuickBird 等多源和多尺度遥感卫星图像，进行地质灾害的多级遥感勘察，实现了青海省沿黄公路共和至大河家段勘察区域滑坡、崩塌、泥石流等地质灾害的遥感分析与遥感信息数字采集，科学、合理地确定了公路工程方案。

关键词：地质灾害　高分辨率卫星　遥感　沿黄公路

1　引言

由于特殊环境下地理位置独特、自然环境恶劣、地形地貌复杂、地质灾害种类繁多等，可靠、翔实、准确并可用于工程设计的地质灾害资料的获取是十分困难的。遥感技术具有周期短，覆盖面广，实时性、宏观性、综合性强等特点，且不受视域、交通、地形等条件的限制，已成为我国地质灾害调查与防治工作中不可缺少的先进技术[1]。高分辨率遥感卫星图像能对滑坡、崩塌、泥石流等地质灾害进行更准确、更全面的调查和分析，具有无比的优越性、实用性和经济性[2]，已经成为当今遥感地质灾害研究的重要发展趋势，非常适合特殊环境下公路工程地质灾害的遥感勘察。

青海省沿黄公路共和至大河家段地处青海省东南部黄河龙羊峡—积石峡段，是青海省第一条沿黄河公路。工程起点位于共和县龙羊峡水电站附近，路线方案顺黄河而下，经贵南县、尖扎县、化隆县、循化县等地，到达终点积石峡峡谷出口，路线方案全长约 225.35km。工程整体位于青海拉脊山断裂带南侧。拉脊山位于青藏高原东北部边缘，是青藏高原腹地与黄土高原之间地貌梯级带的分界线。拉脊山断裂带为晚更新世活动断裂，是分隔拉脊山南北两侧的西宁—民和盆地和循化—化隆盆地等多个晚新生代断陷盆地的重要边界断裂[3],[4]。受拉脊山断裂带的控制作用，并随着青藏高原的急剧抬升和黄河不断下切，工程勘察区域地形地貌复杂多样，滑坡、崩塌、泥石流等地质灾害十分发育，沿黄公路工程的勘察设计特别困难。

为此，作者利用 Landsat-5/TM、IRS P6/LISS4、QuickBird 等多源、多尺度、多时相遥感影像数据，基于多级地质灾害遥感分析技术对路线走廊的地质灾害进行遥感勘察，从遥感地质的角度对沿黄公路的路线方案进行评价与工程选线。

2　地质灾害遥感勘察机理

遥感图像真实、客观、全面、宏观地反映了地表的综合景观特征和各种地物、地质体、地质现象等个体特征及个体之间的相互关系。根据地质学原理和地物光谱特性，能快速、准确、大范围地对勘察区域的滑坡、崩塌、泥石流等地质灾害进行宏观与微观的遥感勘察，突破常规地面地质调查方法受视域、交通、地形、生存条件、原始森林覆盖等的局限，获取公路工程建设所需的地质灾害资料。

采用遥感图像信息处理和目视经验判别相结合的人机交互解译并辅以实地验证的地质灾害遥感勘察方法，结合遥感卫星图像的形态、色调或色彩、水系分析、地貌形态等地质灾害遥感解译标志，运用不良地质现象分析评价的方法体系，将遥感地质构造信息与工程地质、山地灾害地质紧密结合进行综合分析和评价，进行地质灾害的遥感解译，确定勘察区域的地质灾害现象及规模、性质与成因机理。

采用的 30m Landsat-5/TM、5.8m IRS P6/LISS4、2.44m/0.61m QuickBird 等多源（多传感器）、多时相、多尺度（多分辨率）遥感影像数据，形成了工程勘察区域的影像金字塔序列。这些不同类型的大量遥感数据，彼此间既具有互补性，又存在极大的冗余性。通过遥感信息融合处理，能最大程度地利用多种遥感数据的不同特性，使融合后的图像同时具有较高的光谱分辨率和空间分辨率，获得比各个独立遥感图像信息源更加全面、更少冗余、更加实用的分析处理结果，从而提高图像的几何精度与视觉效果，并有利于提高地质灾害的图像特征识别的精度和分类精度。

基于 Landsat-5/TM、IRS P6/LISS4、QuickBird 等多源、多尺度遥感信息，建立基于 ArcGIS 地理信息系统平台的多层次、多阶段的识别模型，实现地质灾害的由宏观至微观、由粗至精、由定性至半定量的多级遥感勘察识别与全数字化信息采集。遥感识别的灾害地质体大小为实地分布 10m 以上，灾害地质体的定位与识别的空间信息处理满足 1：10 000 以上的精度要求，满足了公路工程地质灾害勘察初勘阶段的地质体定位精度。

3 地质灾害的遥感识别

3.1 泥石流

沿黄公路工程勘察区域地形陡峭，具有泥石流发生的地形、地貌条件，并存在大量松散堆积物为泥石流的形成提供了丰富的物源，导致该地区泥石流灾害发育。其中贵德段的泥石流分布密度高、活动性强、破坏力大，最为典型。

在遥感卫星图像上，工程勘察区域的泥石流影像特征明显并极为典型，特别是在高分辨率 QuickBird 遥感卫星图像上，大多数泥石流流域可清楚地分辨其形成区（泥石流物源区）、流通区（泥石流沟）与堆积区（泥石流扇）（图 1）。利用高分辨率卫星图像还能对泥石流灾害的规模、活动性进行评价。

3.2 滑坡

工程勘察区域的滑坡往往有着明显的地貌形态特征，利用高分辨率遥感卫星图像能有效地对滑坡的形态要素进行识别，对滑坡体的规模大小、稳定性、危害性进行定性—半定量分析。尖扎至循化段滑坡数量最多，分布最密集，对工程的影响最大。

工程勘察区域的滑坡主要为黄土滑坡（图 2）。滑坡体表面植被稀疏，滑坡体上部为黄土覆盖，下部由第三系砂岩、泥岩、黏土岩等组成。滑坡后壁平直，滑坡平面分布呈“鸭梨”或“舌”状。滑坡体顶部呈台阶状，分布有小冲沟，一般处于较稳定状态，但分布于水库岸坡的黄土滑坡的前缘因库水击岸作用容易形成再次崩塌现象。

图 1 QuickBird 卫星图像上的泥石流扇

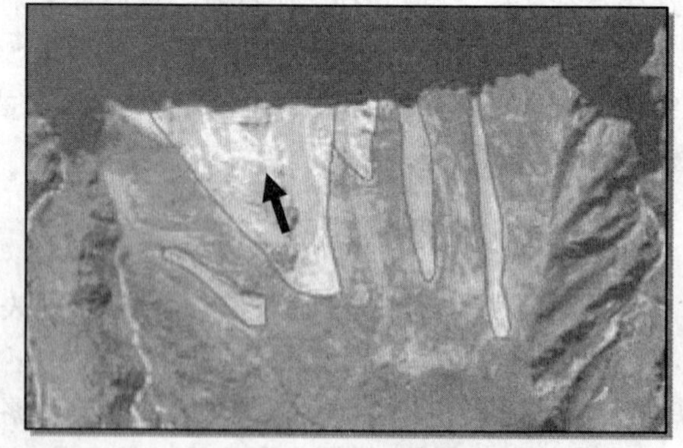

图 2 QuickBird 卫星图像上的滑坡

3.3 崩塌

工程勘察区域的岩土类型、地质构造、地形地貌等条件有利于崩塌体的发育。区域内崩塌、撒落、坠石等地质现象十分发育，特别是第三系砂岩、泥岩分布地区的边坡陡坎，崩塌等地质灾害更为发育。以龙羊峡峡谷段的崩塌体发育最为密集。

根据崩塌体的影像特征、平面形态标志及其周边的地形地貌条件，利用高分辨率 QuickBird 卫星图像，能很好地对崩塌进行遥感解译识别(图 3),确定崩塌堆积体的存在、估算其规模、推断其性质、评估其危害程度。

4 基于地质灾害遥感勘察的公路选线

利用 Landsat-5/TM、IRS P6/LISS4、QuickBird 等多源、多尺度、多时相遥感卫星图像,基于多级地质灾害遥感分析技术对路线走廊的地质灾害进行遥感勘察。在工程勘察区域内共发现地质灾害 331 处,其中滑坡 221 处、崩塌 58 处、泥石流 52 处,为公路工程设计及下阶段的现场地质调查提供了指导资料。工程勘察区域的地质灾害在空间上的分布具有典型的地域特征:龙羊峡峡谷段主要为崩塌体发育;贵德段主要为泥石流发育;尖扎至循化段主要为滑坡体发育。

青海沿黄公路共和至大河家段路线方案较好地适应了自然地形、地貌条件,绕避了大部分滑坡、崩塌、泥石流等地质灾害。推荐路线方案主要有以下地质灾害可能影响到公路工程安全:(1) 在 K35+320 隧道出洞口处与一条规模巨大的活动断层相遇,沿断层发育有众多的滑坡、崩塌等不良地质现象,严重威胁隧道工程及路基安全;(2) 在 K77+300～K93+120 段泥石流异常发育,各个泥石流均处于活跃时期,规模大、破坏力强,对公路安全构成极大威胁;(3) 在 K161+800～K162+320 段发育有两处古滑坡体,滑坡体前缘部位发育有多个规模较大的崩塌体,对公路安全构成较大威胁;(4) 在 K182+600 以南约 1 800m 处有一巨型滑坡体堵塞河流形成堰塞湖,湖泊溃决可能摧毁公路。

通过地质灾害遥感研究,对路线方案进行了工程选线与优化设计:(1)K35+320 处的隧道工程采取"晚出洞"措施,以避开活动断裂构造对隧道工程的危害,同时也绕避了附近的滑坡、崩塌等一系列地质灾害;(2) K77+300～K93+120 段修建泄洪道和导流堤,减少泥石流灾害对公路工程的危害;(3) K161+800～K162+320 段路线方案往高处适当抬升,从而避免工程开挖引起古滑坡复活并形成新的地质灾害;(4) K182+600 处修建中桥,以减轻湖泊溃决对公路工程的威胁。

5 结语

基于 Landsat-5/TM、IRS P6/LISS4、QuickBird 等多源、多尺度遥感影像数据,在对遥感卫星图像进行计算机增强与信息融合处理基础上,实现了工程勘察区域的滑坡、崩塌、泥石流等地质灾害的多级遥感解译识别与遥感信息数字采集及危险性评估。青海省沿黄公路共和至大河家段的地质灾害遥感勘察,不仅有效地克服了传统野外踏勘受地形地貌、交通条件等限制以及工作量大、工作效率低的缺陷,而且使地质灾害的勘察更加全面、准确,使工程方案更加科学、合理,避免了地质灾害对工程的影响,起到了防灾减灾的作用,也使工程的经济、社会、环境效益更加显著。

参 考 文 献

[1] 王治华. 中国滑坡遥感. 国土资源遥感,2005,63(1):1-7.

[2] 邓辉,巨能攀,向喜琼. 高分辨率卫星遥感数据在白衣庵滑坡调查研究中的应用. 地球与环境,2005,33(4):92-96.

[3] 袁道阳,张培震,雷中生,等. 青海拉脊山断裂带新活动特征的初步研究. 中国地震,2005,21(1):93-102.

[4] 杨巍然,邓清禄,吴秀玲. 拉脊山造山带断裂作用特征及与火山岩、蛇绿岩套的关系. 地质科技情报,2000,19(2):5-10.

基于FLAC模拟的改进边坡失稳判据及应用

王永刚 王增运 雷振武 庞小冲 秦晓明

（甘肃省交通规划勘察设计院有限责任公司 兰州 730030）

摘 要：本文基于数值计算中现有的边坡失稳判据及其存在的问题的分析，考虑到边坡失稳时临界滑移面上的点从极限平衡状态到塑性屈服后的剪切流动状态存在剪应变发生突变的实质，提出了基于强度折减的改进边坡失稳判据：在边坡体内塑性区贯通的基础上，以滑移面上关键点塑性剪应变随强度折减系数的变化率为研究对象，当塑性剪应变的变化率发生突变时所对应的状态为边坡的临界失稳状态，相应的强度折减系数即为边坡的临界安全系数。通过实例分析，验证了改进的边坡失稳判据是可行的。

关键词：岩土工程 边坡稳定 失稳判据 强度折减

1 引言

目前，判断边坡临界失稳的方法主要有三类：其一根据坡体的变形特征进行判断，如广义剪应变法、关键点位移法等[1,2]；其二是根据坡体的应力分布状态进行判断，如以坡体内是否存在连通的塑性区作为判断原则等[3]；其三根据数值计算是否收敛作为判断的准则[4,5]。不同的研究者采用的方法不尽相同，目前还没有形成统一的标准。

以上三类方法都或多或少的存在一些问题。实际中广义剪应变既包括弹性应变，也包括塑性应变，因此根据这些物理量的大小判断塑性区及剪切破坏区的开展是不够合理和准确的。关键点位移法以关键点位移随强度折减系数的变化过程曲线作为分析对象，以位移变化率发生转折部位的强度折减系数作为滑坡开始破坏的标志[6]。这种方法中有两个突出的问题需要解决，即①关键点的位移变化率随折减系数的变化可能随时都会增加，究竟以多大的位移变化作为标准并不十分确定；②位移与强度折减系数的变化曲线会由于最大位移的不同而呈现不同的变化效果，究竟计算到多大的折减系数，也是不十分明确的问题；坡体内塑性区贯通是坡体破坏的必要条件，但不是充分条件，还要看是否产生很大且无限发展的塑性变形和位移[7]。岩土体在进入塑性后也可能仍然具备一定的承载能力，故单纯以塑性区的贯通作为判断条件是不合理的；以数值计算不收敛作为坡体临界失稳的判断标准与数值计算技术本身和所建立模型的质量及收敛的标准关系密切，有限元计算有时可能会受到坡体局部安全系数最小化的控制，而计算是否收敛的标准也值得探讨。

考虑到岩土体的塑性破坏与塑性区出现、扩展及其分布紧密相关，而塑性剪应变能够记忆和描绘塑性区发展与破坏演化的过程，因此本文基于强度折减的有限差分数值方法，以塑性区贯通后塑性剪应变随强度折减系数的变化率为研究对象，提出改进的边坡失稳判据，对边坡的稳定性进行评价。

2 基于强度折减的安全系数定义

强度折减法是利用数值计算技术求解边坡安全系数的较好方法，目前得到了越来越多的应用。1975年Zienkiewicz等首次在土工弹塑性有限元数值分析中提出了抗剪强度折减系数概念[8]，由此所确定的强度储备安全系数与Bishop在极限平衡法中所给出的稳定安全系数在概念上是一致的。基于强度折减法所算得的安全系数与基于较严格满足平衡条件的极限平衡法所算得的安全系数非常接近[9,10]，这两者的临界滑裂面也非常一致[11]。

基于强度折减的有限差分数值计算中，对于区域内的某一点，假定在某个剪切面上岩土体中正应力与剪

应力分别为 σ、τ，则按照 Bishop 在极限平衡法中给出的安全系数定义，同时考虑到该点的抗剪强度，可用 Mohr-Coulomb 强度准则表示为：

$$\tau_f = c + \sigma\tan\varphi \tag{1}$$

则该点岩土体在这个预定剪切面上的安全系数为：

$$F_s = \frac{\tau_f}{\tau} = \frac{c + \sigma\tan\varphi}{\tau} \tag{2}$$

假如此时岩土体中没有发生剪切破坏，岩土体中的剪应力与实际中得以发挥的抗剪强度相等，即：

$$\tau = \frac{\tau_f}{F_s} = \frac{c + \sigma\tan\varphi}{F_s} = c_l + \sigma\tan\varphi_l \tag{3}$$

由此可知实际中得以发挥的抗剪强度相当于折减以后的抗剪强度指标：

$$c_l = \frac{c}{F_s}, \varphi_l = \arctan\left(\frac{\tan\varphi}{F_s}\right) \tag{4}$$

从这个意义上 F_s 可以看作强度折减系数，即边坡强度储备安全系数。

3 改进的边坡失稳判据及其优点[12]

在对现有失稳判据分析的基础上，此处将剪应变法和应力状态法综合起来提出改进的边坡失稳判据：首先判断坡体中有无贯通的塑性区域，因为塑性区的贯通是坡体失稳的一个必要条件，坡体的失稳滑动必然需要一个连续的滑面，而贯通的塑性区是坡体内抗剪强度最低的区域，为滑体的运动提供了条件，故在判断坡体是否处于临界状态时，应首先看其是否具备了这个必要条件；其次，以滑移面上关键点的塑性剪应变随强度折减系数的变化率为研究对象，当塑性剪应变的变化率发生突变，即出现较为明显的转折点时所对应的状态为边坡的临界失稳状态，相应的强度折减系数即为边坡的临界安全系数。

假设：(x', y') 分别为滑移面以下临近滑移面的点；(x, y) 分别为滑移面上的监测点；u'_x、u'_y、u'_x、u'_y 分别为测点的位移；t 为两点距离，且满足：$t_x \leqslant 1$、$t_y \leqslant 1$；令 $k = \Delta u_y\ \Delta u_x$，$\Delta u_x$、$\Delta u_y$ 分别为测点的位移增量。

根据剪应变的定义：

$$\begin{aligned}\Delta\varepsilon_{xy} &= \Delta\left(\frac{\partial u_x}{\partial y} + \frac{\partial u_y}{\partial x}\right) \approx \Delta\left(\frac{u_x - u'_x}{t_y} + \frac{u_y - u'_y}{t_x}\right) \\ &= \frac{\Delta u_x - \Delta u'_x}{t_y} + \frac{\Delta u_y - \Delta u'_y}{t_x} \approx \frac{\Delta u_x}{t_y} + \frac{\Delta u_y}{t_x} \\ &= \left(\frac{1}{t_y} + \frac{k}{t_x}\right)\Delta u_x \geqslant (1+k)\Delta u_x\end{aligned} \tag{5}$$

由于 (x', y') 分别为滑移面以下临近滑移面的点，$\Delta u'_x$、$\Delta u'_y$ 相对很小，可忽略不计。由式(5)可见，按照塑性区连通后滑移面上关键点剪应变的变化率发生突变作为边坡的失稳判据，比采用滑移面上关键点位移的变化率发生突变作为边坡的失稳判据，其突变值扩大 $1+k$ 倍，效果更明显，并且可以有效地避免位移变化率的渐变影响。因而，本文提出的改进的边坡失稳判据更符合实际情况。

对于一般整体滑动而言，滑移面上的关键点一般选择在主剖面滑坡剪出口及其附近区域，剪应变应从塑性区域刚刚贯通时算起。改进的失稳判据与前述几种常用失稳判据相比，具有以下特点：

(1)改进的失稳判据充分考虑了临界滑移面上的点从极限平衡状态到剪切流动状态(边坡整体失稳破坏的临界状态)存在剪应变发生突变的实质，使得判断标准中的不确定性大大减小，而且不用考虑究竟折减到多大的系数才能满足要求，随着折减系数的增加，只要关键点塑性剪应变的变化率出现较为明显的转折即可作出判断；否则在塑性区不断扩展的过程中，塑性应变和位移变化率常常会出现多个拐点，安全系数确定的主观随意性太大。

(2)以塑性区的连通作为判断的前提条件,满足坡体产生滑移失稳的基本条件;同时又以此后关键点塑性剪应变的变化率为研究对象进行临界状态的判断,充分考虑了坡体出现塑性后的抗滑潜力。

(3)滑移面上关键点的选取避免了一定的盲目性,由于以塑性区贯通后塑性剪应变的变化率为研究对象,故可根据塑性区连通的具体情况选择一个或多个关键点进行监测判断。

(4)以塑性区的连通作为判断标准是本文方法的一个特例,即相当于塑性区贯通后关键点的塑性剪应变立即发生突变的情况,塑性区贯通时的强度折减系数恰为塑性剪应变的变化率出现转折点时对应的折减系数,此时塑性区的连通意味着坡体临界失稳状态的出现。

4　实例分析

4.1　数值计算模型的建立

本文以襄十高速公路某滑坡为研究对象,通过基于强度折减的有限差分数值方法结合前文提出的改进的边坡失稳判据对滑坡在自然状态下的稳定状态及其应力变形特征进行分析。

根据勘测资料,选取主剖面(I-I)进行分析,在 FLAC3D 中通过控制模型前后两个方向变形建立平面应变模型,计算采用 Mohr-Coulomb 屈服准则,非关联流动法则,剪胀角视为零,岩土体材料视为不抗拉材料。数值计算模型如图 1、图 2 所示,滑坡共分为 9 322 个单元、3 188 个节点,水平方向长 420m,为 x 方向,滑坡体高度方向为 y 方向,沿边坡走向为 z 方向,模型的底部为固定边界,其余边界为相应方向的位移约束。根据物理力学试验得出的各岩土层物理力学参数如表 1 所示。

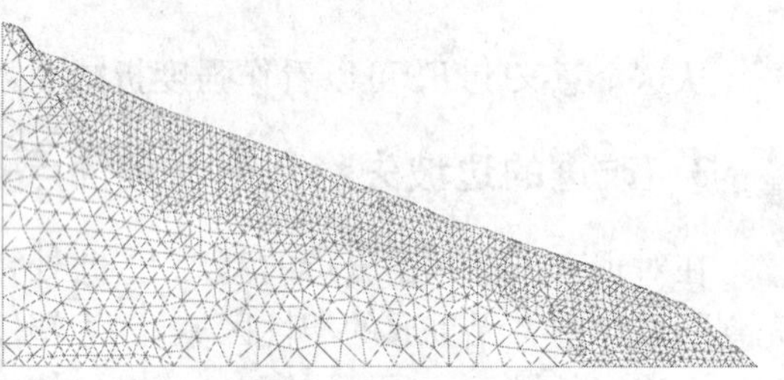

图 1　滑坡数值计算网格模型

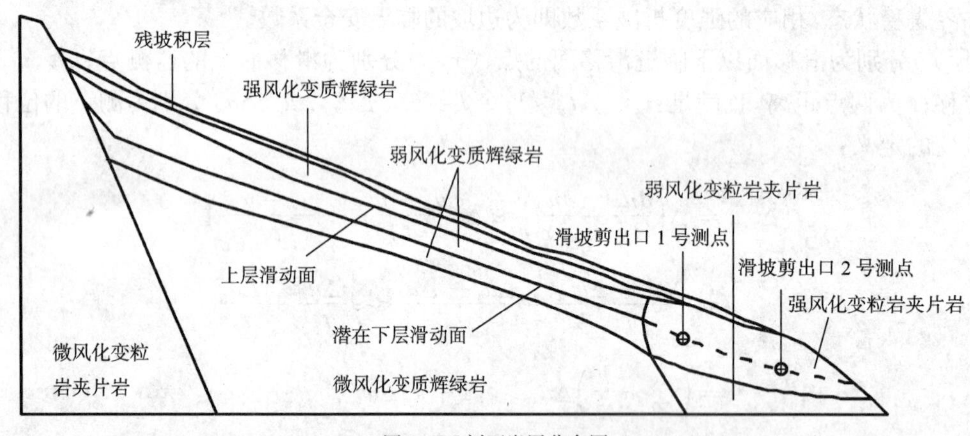

图 2　I-I 剖面岩层分布图

岩土层物理力学参数　　表 1

岩土层类别	饱水重度(kN/m³)	内聚力 c(kPa)	内摩擦角 φ(°)	弹性模量 E(GPa)	柏松比 μ
残坡积层	21.2	18	9	0.006	0.2
强风化变质辉绿岩	23.2	70	20	2.4	0.245
弱风化变质辉绿岩	29.3	100	22	6.87	0.261
微风化变质辉绿岩	29.7	150	25	17.6	0.283
微风化变粒岩夹片岩	27.3	100	22	12.2	0.21
弱风化变粒岩夹片岩	25	70	21	8.35	0.185
强风化变粒岩夹片岩	22	50	20	3.32	0.175

4.2 自然状态下坡体的稳定性分析

根据改进的失稳判据，当滑体中出现贯通的塑性区域时，取变粒岩夹片岩地层中剪出口附近滑移面上的1号、2号点位作为滑移面上的关键点，分析其塑性剪应变随强度折减系数的变化率，从而对滑坡体的稳定性进行判断。选取以上两点主要基于以下考虑：从剪应变率云图（图4）和位移矢量图（图3）上看，滑坡的剪出口在滑坡前缘，这两个关键点均位于滑动面上，尤其是2号关键点，位于滑坡最主要的抗滑段亦在滑坡整体滑移的剪出口附近，该点剪应变的突变将意味着滑坡体最后抗滑段的失稳和滑动破坏。

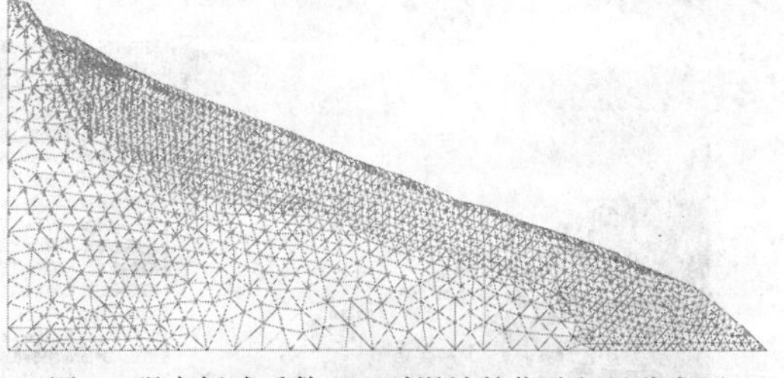

图3 强度折减系数1.0时滑坡的位移矢量分布图

利用一系列强度折减系数对应的抗剪强度参数对滑坡体进行数值计算，可得相应折减系数下坡体的应力、应变及变形情况。

图3是自然状态下滑坡体位移矢量分布图，从图中可知，滑坡后缘变粒岩夹片岩地层与双层滑体的分界面附近区域位移较大，双层滑体产生缓慢的蠕动变形，对前缘变粒岩层产生下滑推力作用。

从图4可知，当强度折减系数达到1.18时，坡体下层滑动面的单元全部处于塑性状态，即此时恰好形成贯通的塑性区域，坡体具备了滑移破坏的必要条件；从位移矢量图5可以看出，变形较大的区域主要集中在滑坡后缘岩层分界面处和前缘坡脚陡倾顺层结构的变粒岩层部位，在后缘形成拉裂破坏，双层滑体沿滑动面向下缓慢蠕滑，在双层滑体剩余下滑推力的作用下，滑坡前缘陡倾顺层结构的变粒岩层不断产生反翘弯曲变形，从而使前缘变粒岩层不断产生屈服破坏，坡体不断向下滑移，直至整个滑坡体出现大范围的塑性贯通区域，变粒岩层中滑动面扩展至完全贯通。

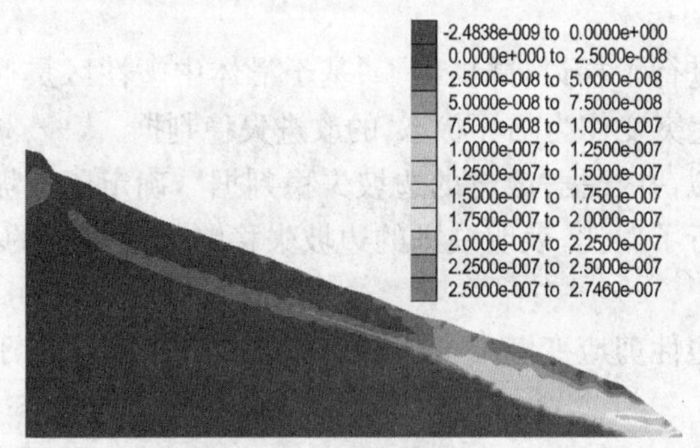

图4 塑性区贯通时滑坡剪应变率云图（$F_s=1.18$）

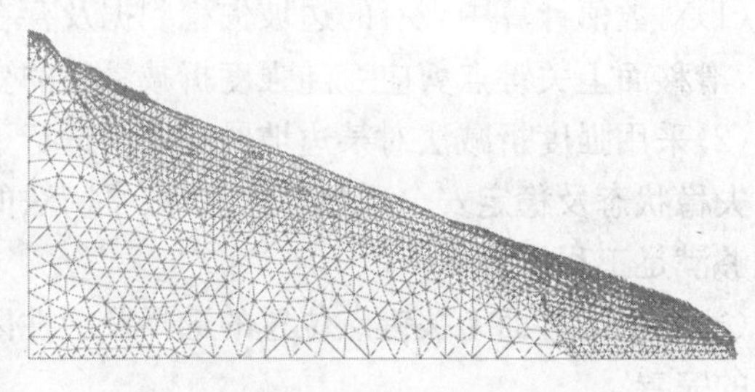

图5 塑性区贯通时滑坡位移矢量分布图（$F_s=1.18$）

对两个关键点在塑性区贯通后剪应变的变化率进行分析，如图6所示。从塑性剪应变随强度折减系数的变化曲线可以看出，当折减系数为1.20时，关键点的塑性剪应变出现较为明显的转折点，可将其作为安全系数，即达到临界失稳状态，这样充分考虑了滑坡岩土体的抗滑承载潜力。

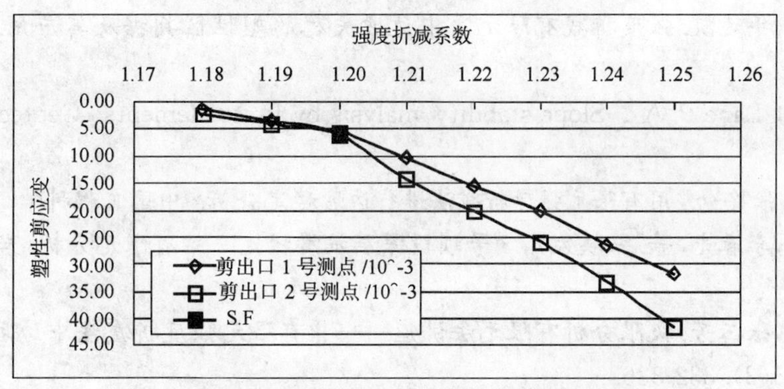

图6 滑移面关键位置塑性剪应变随强度折减系数的变化曲线

根据滑坡处于临界失稳状态时($F_s=1.20$)的剪应变率云图 7 和位移矢量图 8 可以看出，下层滑动面以上的岩层发生整体的向下滑动，剩余下滑推力作用于滑坡前缘陡倾顺层结构的变粒岩层上，使得前缘变粒岩层产生较大的反翘弯曲变形，其变形从地表向下逐渐减少。

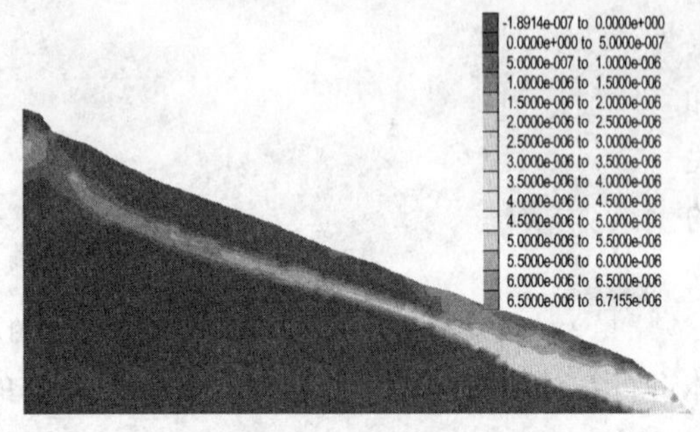

图 7　临界状态时滑坡剪应变率云图($F_s=1.20$)

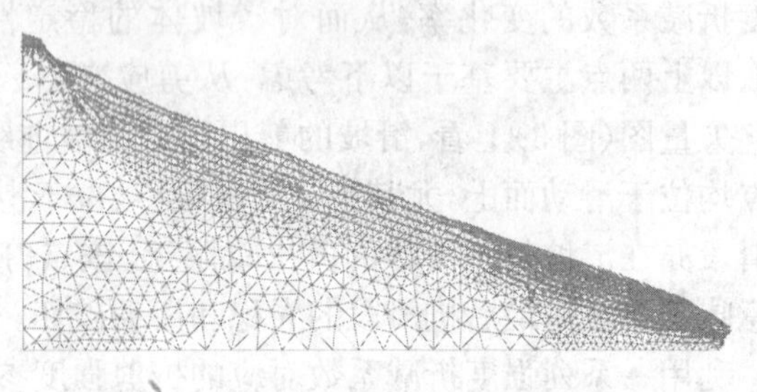

图 8　临界状态时滑坡位移矢量分布图($F_s=1.20$)

当滑坡体处于临界失稳状态时，滑坡前缘变粒岩层已处于屈服破坏的临界状态，从剪出口附近的 2 号监测点的塑性剪应变的变化曲线可以看出，此时塑性剪应变发生突然增大，其原因是由于滑坡体从极限平衡状态过渡到屈服后的塑性剪切流动状态导致的，下层滑动面以上滑体产生大位移的剪切滑动破坏。

根据滑坡临界状态的剪应变率云图确定出的滑动面情况，采用极限平衡法进行计算，Morgenstern-Price 法的稳定安全系数为 1.143，与采用本文失稳判据的数值计算结果相差 4.75%。可见，本文提出的失稳判据是合理可行的，基本满足工程需要。

5　结语

(1)对数值计算中现有的边坡失稳判据及存在的问题进行了探讨，并提出了“基于滑体中塑性区贯通情况下，滑移面上关键点剪应变随强度折减系数的变化率发生突变作为临界状态”的改进失稳判据。

(2)采用强度折减法对某边坡的稳定性进行了数值模拟，并根据“改进的边坡失稳判据”，确定了滑坡的临界失稳状态及稳定安全系数，并与极限平衡法的结果进行了对比，表明改进的边坡失稳判据是可行的，基本能够满足工程需要。

(3)对于滑移面上关键点位置的选择及塑性区贯通后塑性剪应变随强度折减系数的变化规律有待于进一步的完善。

参 考 文 献

[1]　连镇营.基坑工程三维有限元数值分析中若干问题的研究. 大连:大连理工大学博士学位论文,2001.

[2]　郑宏,李春光,李焯芬,等.求解安全系数的有限元法.岩土工程学报,2002,24(5):323-328.

[3]　栾茂田,武亚军,年廷凯.强度折减有限元法中边坡失稳的塑性区判据及其应用.防灾减灾工程学报,2003,23(3):1-8.

[4]　Griffiths D. V. , Lane P. A. . Slope stability analysis by finite elements. Geotechnique, 1999,49(3): 387-403.

[5]　郑颖人,赵尚毅,张鲁渝. 用有限元强度折减法进行边坡稳定分析. 中国工程科学,2002,4(10):57-61,78.

[6]　葛修润,任建喜,李春光,等.三峡左厂 3 号坝段深层抗滑稳定三维有限元分析.岩土工程学报,2003,25(4):389-394.

[7]　赵尚毅,郑颖人,张玉芳.极限分析有限元法讲座——Ⅱ有限元强度折减法中边坡失稳的判据探讨.岩土力学,2005,26(2):332-336.

[8]　Zienkiewicz O C. Humpheson C and Lewis R W. Associated and Non-Associated Visco-Plasticity and

Plasticity in Soil Mechanics. Geoteehnique,1975,25(4):671-689.

[9] Matsui T,San K C. Finite element slope stability analysis by shear strength reduction technique. Soils and Foundations,1992,32(1):59-70.

[10] Dawson E M,Roth W H,Drescher A. Slope stability analysis by strength reduction . Grotechnique,1999,49(6):835-840.

[11] 郑宏,刘德富,罗先启.基于变形分析的边坡临界滑面的确定.岩石力学与工程学报,2004,23(6):708-716.

[12] 王永刚. 双层反翘滑坡渐进破坏力学模型及时效变形分析. 武汉:中科院武汉岩土力学研究所,2006.

模糊数学在公路造价控制中的应用研究

王首绪　龙　琰

（长沙理工大学　长沙　410076）

摘　要：本文通过分析公路全过程造价控制的重要地位以及造价失控的原因，根据模糊数学理论，构建公路设计阶段方案比选的模糊综合评价模型，采用模糊层次分析法确定影响因素在分析中的权重，将定性问题定量化，做到技术与经济相结合，有效控制造价，并通过实例说明了本方法的应用。

关键词：设计阶段　造价控制　模糊综合评价模型　模糊层次分析法

随着我国改革开放的不断深入，社会主义市场经济体制的不断完善，我国公路工程造价控制不仅仅局限于施工阶段，它已经进入了一个包括决策设计阶段、招投标阶段、施工阶段、竣工验收阶段在内的全过程造价控制阶段。根据相关数据统计，在这几个阶段中，设计阶段对造价的影响程度达到了70%～90%，因此可以说设计阶段是全过程造价控制的关键[1]，如何有效控制该阶段的造价就成为了首先需要解决的问题。目前一些设计人员设计思想保守，缺乏经济观念，不做技术经济的合理性分析，一味地增大技术保守系数，造成投资严重失控，同时在设计方案比选时多采用定性的方法进行叙述和估计评价，如头脑风暴法、德尔菲法、经验估计法等，缺少客观定量分析，这样在很大程度上容易造成评价过程的主观臆断，结果一致性较差，不能有效地在满足技术要求的同时控制投资造价。基于此，本文采用模糊数学[2]的方法，构建公路设计阶段方案比选中包括技术、成本等各种因素在内的模糊综合评价模型，使主观估计客观化，定性问题定量化，做到技术与经济相结合，从而达到控制造价的目的。

1　模糊综合评价模型的建立

公路设计阶段方案比选中涉及许多因素，比如施工复杂程度、成本、社会效益、环保治理、安全舒适要求等；并且其中有些因素还带有一定的模糊性，如何确定这些因素之间的重要程度，各种因素如何综合起来对方案的优劣进行评判都是需要解决的问题。在这一点上，模糊综合评价为研究和解决这类比较复杂且难以给出准确数值的模糊问题，提供了一种有效的方法和工具，它就是在模糊环境下，综合考虑多种因素的影响来作出决策，使得在选取最优方案的同时达到控制造价的目的。基本模型如下。

1.1　找出比选设计方案影响因素集

$$U=\{u_1,u_2,\cdots,u_n\}$$

1.2　建立专家评语集

$$V=\{v_1,v_2,\cdots,v_m\}$$

1.3　确定模糊评判矩阵 R

$$R=(r_{ij})_{n\times m}，其中\ i=1,2,\cdots,n;j=1,2,\cdots,m。$$

R 的确定通常有以下几种方法：模糊统计法、二元对比排序法、例证法、专家评判打分法。笔者在这里采用专家评判打分法[3]。

由专家小组的评价者对影响因素进行打分，统计各因素对应评语集中各项的人数，并归一化，得到模糊评判矩阵：

$$\underset{\sim}{R}=\begin{bmatrix} r_{11} & r_{12} & \cdots & r_{1m} \\ r_{21} & r_{22} & \cdots & r_{2m} \\ \cdots & \cdots & \cdots & \cdots \\ r_{n1} & r_{n2} & \cdots & r_{nm} \end{bmatrix}$$

1.4 确定权重集 W

由于各个因素的重要程度不一样，为了反映各因素的重要程度，对各个因素应赋予相应的权数 w_i($i=1,2,\cdots,n$)，由各权数所组成的集合，即是权重集：

$$W=(w_1,w_2,\cdots,w_n)$$

在这里，笔者采用模糊层次分析法[4](Fuzzy AHP)计算权重。

1.4.1 确定模糊判断矩阵 A

根据相应的要求，由参加评价的专家对所列的各个因素两两比较进行打分，汇总评分值，利用三角形模糊数[5]的加法运算，并取平均值来确定模糊判断矩阵：

$A=(a_{ij})_{n\times m}$，$a_{ij}=\frac{1}{n}\otimes\sum_{k=1}^{n}a_{ij}^{(k)}=\left(\frac{1}{n}\otimes\sum_{k=1}^{n}l_{ij}^{(k)},\frac{1}{n}\otimes\sum_{k=1}^{n}m_{ij}^{(k)},\sum_{k=1}^{n}u_{ij}^{(k)}\right)$，其中：$n$ 为参评专家总人数。

1.4.2 计算最优传递矩阵

引入最优传递矩阵，可以使 AHP 法一致性检验的步骤省略，增加了方法的简洁性，更符合模糊判断方法的一致性要求。

由 $B=\lg A$ 得到 A 的反对称矩阵 B，再由 $C_{ij}=10^{\frac{1}{n}\sum_{k=1}^{n}(b_{ik}-b_{jk})}$，得最优传递矩阵 C。

1.4.3 计算每个因素与其他因素相比较的综合重要程度值

由 $S_i=\sum_{j=1}^{n}C_{ij}\otimes[\sum_{i=1}^{n}\sum_{j=1}^{n}C_{ij}]^{-1}$ 确定，构成比较矩阵 $S=(s_{ij})$，其中 $i,j=1,2,\cdots,n$。

1.4.4 计算某一因素 i 优于其他因素的纯量度测 d_i

$d_i=\min\vee(s_i\geqslant s_j)$，其中 $i=1,2,\cdots,n,k=1,2,\cdots,n;k\neq i$。

1.4.5 计算评价的因素相对于总目标的单排序即因素权重向量

$W=(d_1,d_2,\cdots,d_n)$，归一化以后再得到它的实际权重向量。

1.5 对因素集进行模糊综合评价

由上面确定的模糊评判矩阵 R 与权重集 W，利用 $E=W\circ R$，求出综合评价结果。

1.6 排序并选出最优方案

$Z=E\circ D$，其中 $D=(d_1,d_2,\cdots,d_n)$，$T=(n,n-1,\cdots,2,1)$为评语集的量化矩阵。

排序得出 $Z=(z_1,z_2,z_3,\cdots)$，即可确定最优方案。

2 实例分析

某一条高速公路项目现有甲、乙、丙三种设计方案，各方案在施工复杂程度、技术指标、成本、建设周期、使用年限等方面不同，需要选择一个技术经济合理的方案。现由专家组成决策小组进行评判，选出最优方案。该工程各项指标如表 1 所示。

影响设计方案各种因素 表 1

因素	甲	乙	丙
施工复杂程度	较难	较难	一般
环保要求	较高	一般	较高
成本(万元/km)	4 200	3 400	5 000
建设周期(月)	18	24	20
社会效益	好	一般	较好

2.1 建立设计方案比选的递阶层次结构

因素集为：$U=\{u_1,u_2,u_3,u_4,u_5\}$=｛施工复杂程度，环保要求，成本，建设周期，社会效益｝

评语集为：$V=\{v_1,v_2,v_3,v_4,v_5\}$=｛好，较好，一般，较差，差｝

评语集为：$V=\{v_1,v_2,v_3,v_4,v_5\}$={好,较好,一般,较差,差}

2.2 根据专家评判法确定模糊评判矩阵 R

$$\underset{\sim}{R}_{甲}=\begin{bmatrix}0.25 & 0.30 & 0.35 & 0.05 & 0.05\\0.25 & 0.20 & 0.30 & 0.15 & 0.10\\0.05 & 0.15 & 0.30 & 0.25 & 0.25\\0.40 & 0.35 & 0.15 & 0.10 & 0\\0.10 & 0.15 & 0.30 & 0.35 & 0.10\end{bmatrix}\quad \underset{\sim}{R}_{乙}=\begin{bmatrix}0.15 & 0.15 & 0.35 & 0.20 & 0.15\\0.10 & 0.20 & 0.30 & 0.15 & 0.25\\0.40 & 0.25 & 0.15 & 0.10 & 0.10\\0.05 & 0.15 & 0.20 & 0.30 & 0.30\\0.15 & 0.20 & 0.25 & 0.20 & 0.20\end{bmatrix}$$

$$\underset{\sim}{R}_{丙}=\begin{bmatrix}0.30 & 0.25 & 0.20 & 0.10 & 0.15\\0.20 & 0.25 & 0.15 & 0.20 & 0.20\\0.10 & 0.15 & 0.15 & 0.35 & 0.25\\0.25 & 0.20 & 0.10 & 0.25 & 0.20\\0.30 & 0.25 & 0.20 & 0.15 & 0.10\end{bmatrix}$$

2.3 采用 Fuzzy AHP 法计算权重 W

根据基本模型的步骤，先计算模糊判断矩阵 A，再通过其反对称矩阵 B，得到最优传递矩阵 C：

$$\begin{bmatrix}(1.00,1.00,1.00) & (0.73,1.43,2.37) & (0.50,0.85,1.49) & (0.54,1.08,1.79) & (1.23,2.22,3.37)\\(0.42,0.70,1.37) & (1.00,1.00,1.00) & (0.36,0.60,1.10) & (0.37,0.76,1.33) & (0.77,1.55,2.50)\\(0.67,1.17,2.02) & (0.91,1.68,2.75) & (1.00,1.00,1.00) & (0.63,1.28,2.07) & (1.44,2.61,3.23)\\(0.59,0.92,1.86) & (0.75,1.32,2.98) & (0.48,0.78,1.59) & (1.00,1.00,1.00) & (1.20,2.05,2.92)\\(0.30,0.45,0.81) & (0.40,0.63,1.30) & (0.31,0.38,0.69) & (0.34,0.49,0.84) & (1.00,1.00,1.00)\end{bmatrix}$$

计算因素的相对综合重要程度，构造比较矩阵 S：

$$\begin{bmatrix}0.131 & 0.235 & 0.390\\0.098 & 0.173 & 0.271\\0.162 & 0.276 & 0.474\\0.126 & 0.210 & 0.421\\0.068 & 0.106 & 0.166\end{bmatrix}$$

计算纯量度测 d_i：

$$d=(0.578,0.443,0.644,0.567,\ 0.458)$$

计算实际权重 W，由纯量度测 d_i，再进行归一化得到实际权重：

$$W=(0.215,0.165,0.239,0.211,0.170)$$

根据上面所求出来的 W 和 R，由 $E=W\circ R$，得出综合评价结果 $E_{甲}$、$E_{乙}$、$E_{丙}$，再进行排序并选出最优方案。

$$Z_i=E_i\cdot D,i=1,2,\cdots,5;其中\ D=(5,4,3,2,1)T。$$

$Z_{甲}=3.426$ $\quad Z_{乙}=2.992$ $\quad Z_{丙}=3.253$

然后进行排队，$Z_{甲}>Z_{丙}>Z_{乙}$。

由各个方案的数据来看，方案乙的成本最低，但其建设周期长、环保要求和社会效益一般；方案丙施工容易，环保要求和社会效益较好，但其成本太高；方案甲的成本介于前两者之间，且其环保要求较高，社会效益好、建设周期又短，在一定程度上也可以节约资金。根据模糊综合评价，三个方案的最后排队，也是 $Z_{甲}$ 最优。

3 结语

笔者认识到设计阶段在全过程造价控制中的重要地位，针对设计人员由于重技术轻经济，方案比选方法又多采用定性方法进行叙述和估计评价的问题，利用模糊数学构建模糊综合评价模型，综合考虑包括技术和经济在内的各种因素的影响，使定性问题定量化，在选取最优方案的同时达到控制投资的目的。

参考文献

[1] 徐大图.建设项目投资控制.北京:地震出版社,1993.

[2] 王琦.实用模糊数学.北京:科学技术文献出版社,1984.

[3] 郑展飞,周直.模糊数学在工程项目风险辨识中的应用研究.重庆交通学院学报,2006,4(2):122-124.

[4] 诸克军,张新兰,肖荔瑾.Fuzzy AHP 方法及应用.系统工程理论与实践,1997,(12):61-63.

[5] 刘普寅,吴孟达.模糊理论及其应用.长沙:国防科技大学出版社,1998.

基于遗传神经网络的公路工程造价估算分析

彭军龙

（长沙理工大学　长沙　410076）

摘　要：本文从影响公路造价的因素中提取特征因子作为参数，以历史数据为依据，用遗传神经网络建立起公路造价快速估测模型。该模型通过遗传算法对神经网络结构及其学习算法进行优化，在较短的时间内寻找到适合造价估算的神经网络模型，大大缩短了人工建模需要的时间，提高了模型对造价估算的性能。文章最后用实例验证了遗传神经网络模型在公路工程造价估测中的优良效果。

关键词：神经网络　工程　造价　估价　遗传算法

1　引言

目前，在我国公路建设中一个突出的问题是如何控制和降低工程造价，措施之一就是快速准确地估测工程造价，并以此作为项目评估、立项及投资控制的依据。因此，公路工程造价的估测问题成为造价管理的核心问题。估测造价的方法有很多，近几年来出现的新方式可归并为八种类型：定额计算、数理统计、经验公式、模糊数学[1]、灰色理论、自适应过滤技术、专家系统和人工神经元网络技术[2]。其中神经网络模型以其通用性、适应性强而见长，它不排斥新样本，相反它会随着样本数的不断增加而提高自身的概括能力和预测能力。但是神经网络的训练需要很长的时间，迭代次数往往上千次、上万次，有时甚至落入局部最优，不能达到整体最优的情况。另外神经网络的初始连接权以及网络结构的选择缺乏依据，具有很大的随机性，很难选取具有全局性的初始点，因而求得全局最优的可能性较小。本文将遗传算法与神经网络相结合，恰能满足造价估算的要求，可进行准确、动态、自适应地快速估算。

2　神经网络简述[3]

人工神经网络在 20 世纪 80 年代获得迅速发展，是模拟人脑结构的一种大规模的并行连接机制系统，它不需要有关体系的先验知识，具有自适应建模学习功能。在各种神经网络模型中，反向传播神经网络模型（简称 BP 网络模型）具有较好的自学习、自联想功能。标准的 BP 网络模型由三类神经元层组成，其最下层称为输入层，中间层为隐含层（可为多层），最上层为输出层。各层神经元形成全连接，各层内的神经元没有连接。BP 算法的学习过程是由正向传播和反向传播两个过程组成。在正向传播过程中，输入信息从输入层、经隐含层逐层传递、处理，每一层神经元的状态只影响下一层神经元的状态。如果在输出层不能得到期望输出，则转入反向传播过程，将误差信号沿原来的连接通路返回，通过修改各层间连接权的值，逐次地向输入层传播，再经过正向传播过程，这两个过程的反复运用使得误差不断减小，直至满足要求。神经元的输入与输出（除输入层的）为非线性映射，一般采用 S(sigmoid) 函数压缩 $[F(x)=1+\exp(-x)]$，$F(x)\in[0,1]$[4]。设有 p 个输入样本，当加入第 k 个样本时，对某层单元 j 来说，设其上一层有 m 个节点，与它的连接权表示为 w_{ij}，单元 j 的输入总和为 S_j^k，输出为 y_j^k，则 $S_j^k=\sum_{i=1}^{m}w_{ij}y_i^k$，$y_j^k=F(S_j^k)$，$y_j^k$ 再作为下一层的输入，如此反复直至输出层。当我们定义系统误差为：$E(W)=\frac{1}{2}\sum_{k=1}^{p}(T_j^k-Y_j^k)^2$ 时，其中 T_j^k 为输出节点 j 的期望输出，Y_j^k 为输出节点 j 的网络输出。如果系统误差不满足要求，就转入误差反向传播过程，主要是调节连接权的值。按梯度下降法，每当加一个训练样本时，各层连接权调整量应为：$\Delta W_{ij}=\eta\delta_j^m y_i^{m-1}$，其中：$\eta\in[0.01,1]$，称训练速率系数，$\delta_j^m$ 为第 m 层的第 j 个单元的误差值，输出层结点 $\delta_j=F'(S_j)[T_j^k-Y_j]Y_j$，隐含层节点 $\delta_j^m=$

$F'(S_j^m)\sum\limits_i w_{ij}^{m+1}\delta_i^{m+1}$，$y_i^{m-1}$ 为上层输出。网络通过连接权的自调整，实现自适应、自组织。经多次训练后的网络具有对样本的记忆、回忆和联想能力。最终可用来进行造价估算。

3　遗传算法简述

遗传算法是一种基于自然选择和自然遗传的全局优化算法[5]。算法过程如下：首先产生初始种群规模 N，经 GA 操作(选择、交叉和变异)生成下一代新种群，从新种群中选出适应度高的优质个体，在解空间构成补解集合，直到满足要求的收敛指标。它的主要步骤分为：编码、生成初始群体、适应度评价、遗传操作四个操作。它的主要特点是群体搜索策略和群体中个体之间的信息交换，搜索不依赖梯度信息，也不需要求解函数可微，只需要该函数在约束条件下可解。因此该方法尤其适用于处理传统方法难以解决的复杂和非线性问题。

4　建立遗传神经网络造价估算模型

遗传算法一般可以通过两种方式应用到神经网络设计中去[6]，一种方式是利用遗传算法训练已知结构的权重，优化网络的连接权；另一种方式是利用遗传算法找出网络的规模、结构和学习参数(即学习率，动量项)。遗传算法优化神经网络的基本思想：改变 BP 算法依赖梯度信息的指导来调整网络权值的方法，而是利用遗传算法全局性搜索的特点，寻找最为合适的网络连接权和网络结构。这里讨论的神经网络为至多两个隐含层的网络，由于神经网络由输入层、输出层和隐含层组成，而输入层、输出层节点的个数由建模样本决定，故而在优化网络结构时，主要是优化它的隐节点的层数和个数。遗传算法与神经网络系统耦合的混合学习系统如图 1 所示。

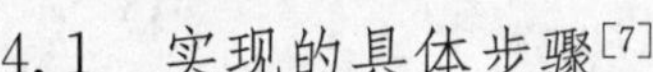

4.1　实现的具体步骤[7]

(1)确定训练样本和检验样本。

(2)确定编码方式。

(3)确定种群规模 N，随机产生初始种群。

(4)对初始种群进行译码，确定网络结构以及其他参数。

(5)由训练样本集经前述传播算法，求初始种群网络的网络输出。

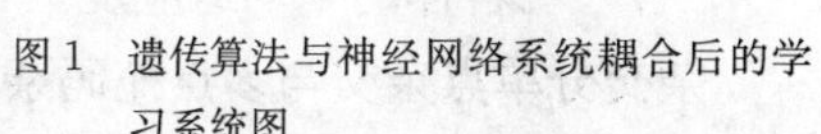

图 1　遗传算法与神经网络系统耦合后的学习系统图

(6)设定网络的目标函数，将其转换为适应度。

(7)根据适应度进行评价，如果满足要求，退出。不满足要求，依照适应度函数对种群进行遗传操作(包括：复制、杂交、变异)，产生新一代种群。

(8)回到步骤(4)，一直到满足设定的要求。

(9)输入检验样本进行检验，若不满足要求，继续训练网络。直至满足要求时，网络达到最优。

4.2　遗传算法的适应度函数及染色体编码

显然用网络系统误差倒数作为遗传算法的适应度函数较为合适，系统误差越小，适应度函数越大。遗传算法的适应度函数定义如下：

$$f(\eta,\alpha,\omega,\theta_1,\theta_2)=\frac{1}{\sqrt{\sum\limits_{k=1}^{p}(T_j^k-Y_j^k)^2}} \tag{1}$$

式中：η——学习率，染色体串编码{01}，在造价估算中可以选取 $\eta\in\{0.5,0.25,0.125,0.0625\}$；

α——动量，染色体串编码{01}，在造价估算中可以选取 $\alpha\in\{0.9,0.8,0.7,0.6\}$；

ω——初始权值，染色体编码为{01}，同样可选取 $\omega\in\{\pm1.0,\pm0.5,\pm0.25,\pm0.125\}$；

θ_1——第一隐层,染色体编码为{10001},前一位表示第一隐层的有无,后四位表示节点数;

θ_2——第二隐层,染色体编码为{10010},前一位表示第二隐层的有无,后四位表示节点数,可以看出第一隐层和第二隐层的节点数最大为16。

上述染色体编码串按一定的次序组成一个长串,这个串包含16位,表示学习率、动量、初始权值、第一隐层有无及节点数、第二隐层有无及节点数。

4.3　遗传操作

(1)选择操作

选择操作的目的是为了从当前群体中选出优良个体,使它们有机会作为父代繁殖下一代子孙。判断个体优良与否的准则就是根据个体的适应度值。适应度值 $f_m(m=1,2,\cdots,N)$ 大于平均适应度值 $\overline{f}=\frac{\sum_{m=1}^{N} f_m}{N}$ 的个体将首先被选为产生下一新群体的候选解,另一部分候选解是以群体中每一个体的适应度值的比例概率 $P=\frac{f_m}{\sum_{m=1}^{N} f_m}$ 产生,其中概率大的个体有机会进入候选解,概率小的个体也有机会进入候选解,保证群体中个体的多样性防止算法落入局部最优。

(2)杂交操作

杂交操作是遗传算法中最主要的遗传操作,其群体中的个体进行杂交操作的概率为:

$$P_C=\begin{cases}\dfrac{f_{max}-f_m}{f_{max}-\overline{f}} & f_m\geqslant\overline{f}\\ 1 & f_m<\overline{f}\end{cases} \tag{2}$$

式中:f_m——某一个体的适应度;

f_{max}——群体中最大适应度;

$\overline{f}$——群体的平均适应度。

杂交分单点杂交与多点掩码杂交两种,这里使用简单的单点杂交方法。把两个父母串随机等位切断,杂交产生两个子体。

(3)变异操作

变异概率 P_m 是一个远小于1的数,通常取值为千分位左右。

5　实例

某公路进行造价估算,根据工程造价估算原理及相关经验,从分析工程特征入手,从12个已完工程中找出样本特征(表1),用前10个工程数据作为网络训练样本,用后两个样本作为检验样本。最后用收敛的网络去对公路造价进行估算。

5.1　建立估价模型

本模型考虑的特征因素有:路面类型,公路等级,横断面类型(分路堑、路堤、半填半挖),横断面高度,横断面宽度,地基处理类型,路面材料类型,路面厚度,防护工程,共9个。初始化工程特征,建立输入以及对应的输出集合,共10项。输入层节点数为9(即影响工程造价的9个因素),输出层节点数为1(即为造价)。采用遗传算法优化网络后,最后的群体收敛到具有如下特征:除一个个体外,其他个体都具有两个隐含层;大部分个体在第一个隐含层中有且仅有一个单元,网络结构为9—1—5—1;此外大部分个体具有以下学习参数:$\eta\in\{0.5,0.25\}$,$\alpha\in\{0.9,0.8\}$,初始权范围$\in\{\pm0.25,\pm0.125\}$。

工程样本特征表 表1

工程特征	地形	等级	路基横断面类型	路基横断面高度(m)	路基横断面宽度(m)	地基处理类型	路面结构材料	路面结构厚度(m)	防护工程类型	造价(万元/km)
A_1	山区	三	半挖半填	0.45	8.5	普通换填	沥青混凝土	0.18	锚定板护坡	312
A_2	平原	高速	路堤	3.3	35	塑料板排水固结	沥青混凝土	0.26	普通防护	2 431
A_3	丘陵	二	路堑,路堤	0.65	12	普通换填	水泥混凝土	0.45	重力式挡土墙	615
A_4	平原	一	路堤	2.0	25	土工格栅	沥青混凝土	0.20	普通防护	640
A_5	丘陵	三	路堑	0.6	8.5	普通换填	水泥混凝土	0.25	喷网支护	260
A_6	平原	一	路堤	2.5	22	砂桩排水固结	水泥混凝土	0.55	普通防护	1 640
A_7	山区	一	路堑,路堤	0.55	13.5	普通换填	沥青混凝土	0.22	板梁式支护	591
A_8	丘陵	高速	路堤	3.5	26	强夯,搅拌桩	水泥混凝土	0.60	草坡防护	2 020
A_9	平原	二	路堑	0.5	17	普通换填	沥青混凝土	0.16	普通防护	580
A_{10}	平原	二	路堑	0.45	15	二灰土换填	水泥混凝土	0.5	普通防护	630
A_{11}	山区	二	路堤,半挖半填	0.7	15	普通换填	水泥混凝土	0.40	草坡防护	595
A_{12}	平原	一	路堤	2.5	20	土工布	沥青混凝土	0.20	普通防护	1 100

5.2 训练结果分析

经 2 879 次训练迭代,系统误差收敛到 0.01 停止。误差收敛曲线如图 2 所示。用收敛后的网络对 11~12 组数据进行检验。结果分析情况见表 2,另外根据同样的迭代次数训练 BP 网络,也做了一个预测,其结果列于表 2。对比可以看出,采用遗传神经网络,在同样的步骤下,比采用单一的 BP 网络算法精度更高。图 2 是用 Matlab 进行运算的误差收敛情况。从中可以看见经过多次震荡后误差呈现逐渐下降的趋势,在经历局部低点后,达到满足要求的误差。

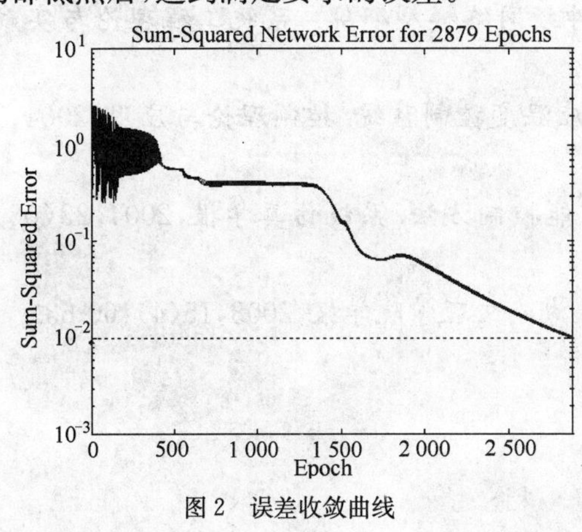

图 2 误差收敛曲线

结果对比分析表 表2

工程	遗传神经网络		BP 网络	
	A_{11}	A_{12}	A_{11}	A_{12}
实际值	595	1 100	595	1 100
预测值	570	1 171	547	1 198
相对误差	4.2%	6.4%	8.0%	9.8%

5.3 造价估计

待估造价的公路特征以及估算值如表3。

待估公路特征以及造价估算表 表3

工程特征	地形	等级	路基横断面类型	路基横断面高度(m)	路基横断面宽度(m)	地基处理类型	路面结构材料	路面结构厚度(m)	防护工程类型	估算造价(万元/km)
A_{13}	平原	二	路堑	0.55	18	普通换填	沥青混凝土	0.18	普通防护	610

从相对误差来看,当然误差还是较大,但已经能满足工程可行性研究的投资估算需要和初步设计的概算需求。个别工程误差大,这说明网络对有些特征学习不够,其原因主要在于学习样本数量有限。从估算出来的造价情况来看其估算结果还是符合现实的,且与其他模糊数学方法相比,其具有快速、简单等特点,优越性是明显的。随着样本的充实和数据的积累,误差将不断缩小,必将取得更为理想的结果。

6 结论

针对公路工程造价编制的复杂性和造价改革的趋势,在分析比较其他模型的基础上,可得出以下结论:

(1)遗传神经网络模型与BP神经网络模型相比,对公路工程造价估测有更好的适应性,其估算精度更高。

(2)遗传神经网络所具有的自适应、自学习等特性,较之其他造价估测模型更能适应工程造价的动态变化。这也是神经网络模型的最大优点。

(3) 在本例中由于篇幅关系,着重于阐述思路和方法,所以公路工程的样本特征因素只取9个,不能全面反映公路工程中影响造价的因素,在实际应用中可增加样本特征因素成增加样本数量,从而进一步提高其估算精度。

(4)利用神经网络进行造价估算具有方便、快速等特点。目前微型计算机的使用是相当普遍的,利用matlab工具箱中的神经网络功能来进行运算,可实现造价的快速估算,这虽比学习过程慢,但学习完成以后,回忆或工作过程是很快的,因此这种方法是方便可行的。

参考文献

[1] 王顺洪.用模糊相似优先比关系预测工程项目投标报价.西南交通大学学报,2001,(1):97-99.

[2] 蔚承建.基于神经网络的建筑工程造价估计.南京建筑工程学院学报,1995,(4):71-75.

[3] 周继成.人工神经网络——第六代计算机的实现.上海:科学普及出版社,1993.

[4] 郝丽萍,胡欣悦,李丽.商业银行信贷风险分析的人工神经网络模型研究.系统工程理论与实践,2001,(5):62-69.

[5] 李敏远,都延丽.基于遗传算法学习的复合神经网络自适应温度控制系统.控制理论与应用,2004,16(02):43-46.

[6] 石晓荣,张明廉.一种基于神经网络和遗传算法的拟人智能控制方法.系统仿真学报,2004,23(08):78-82.

[7] 车生兵.基于混沌和遗传算法的神经网络训练算法与研究.湖南文理学院学报,2003,15(4):60-63.

高速公路 GIS 系统数据库建设研究

刘丽珍

（山西省交通规划勘察设计院　太原　030012）

摘　要：山西省公路地质卫星遥感 GIS 系统是涵盖了本省高速公路主骨架乃至连接线公路的综合信息、公路遥感影像信息、不良地质等信息的大型 GIS 系统。数据库的建设在 GIS 系统的开发过程非常重要，本文论述了该系统数据库建设、数据的实施维护的思路和方法。

关键词：高速公路数据库　地理信息系统

1　引言

地理信息系统(GIS)，是集地理学、几何学、计算机学等科学于一体，利用图形技术和数据库技术，对空间信息及其属性信息进行采集、存储、分析管理和显示的系统。

GIS 系统需要用多种数据来描述资源环境，且数据量非常大，因此 GIS 数据库不仅有与一般数据库数据性质相似的地理要素的属性数据，还有大量的空间数据，即描述地理要素空间分布位置的数据，且这两种数据之间具有不可分割的联系。所以，我们在建立 GIS 数据库时，一方面应该遵循和应用通用数据库的原理和方法；另一方面还必须采取一些特殊的技术和方法，来解决其他数据库所没有的管理空间数据的问题。

2　项目功能和数据要求

山西省公路地质卫星遥感 GIS 系统是应用卫星遥感多波段扫描数据，全面反映山西全省交通与自然地理环境状况，并通过综合信息分析，解译地质构造、水文及不良地质现象。对山西省公路技术属性数据库进行可视化管理，实现公路交通管理的自动化信息查询、科学的数据分析、实用的专业分析、实时三维地形显示等功能。

该系统涵盖山西省高速公路主骨架乃至连接线公路综合信息、公路遥感影像动态信息、公路建设项目查询等信息；以 GIS 技术为手段，统一全省 1∶250 000 电子地图几何数据及地图要素属性数据、全省卫星图片数据、全省高速公路属性数据；要求系统提供各种基础数据的管理功能，实现图形绘制、电子地图基础地理要素显示、专业分析、拓扑分析、查询统计所需数据的录入、查询等功能。

由于卫星影像数据、电子地图数据信息量大、层次丰富、结构复杂、具有空间性与公路属性数据相互融合交错等特点，考虑到空间数据的存取速度，所以采用由中科院地理研究所自行研制开发的 SuperMap GIS 平台作为系统开发平台，采用 Oracle 9i 作为数据库开发平台。由于 SuperMap GIS 平台支持 Oracle 的数据存储标准，且 Oracle 数据库平台管理方式先进、数据库设计简洁，可以同时对属性数据和空间数据进行很好的管理采用，便于维护，具有很好的移植性和稳定性，对并发操作和网络的支持很强，可以满足系统要求。

3　数据库设计

数据库结构设计的好坏将直接对应用系统的效率以及实现的效果产生影响。合理的数据库结构设计可以提高数据存储的效率，保证数据的完整和一致，以及数据库建设完毕后的通用性和可扩展性。

3.1　数据库需求分析

用户的需求具体体现在各种信息的提供、保存、更新和查询，这就要求数据库结构能充分满足各种信息的输出和输入。根据公路交通各种数据的特点，收集基本数据、数据结构以及数据处理的流程，在分析需求的基础上，得到以下所示的本系统所处理的数据流程(图1)。

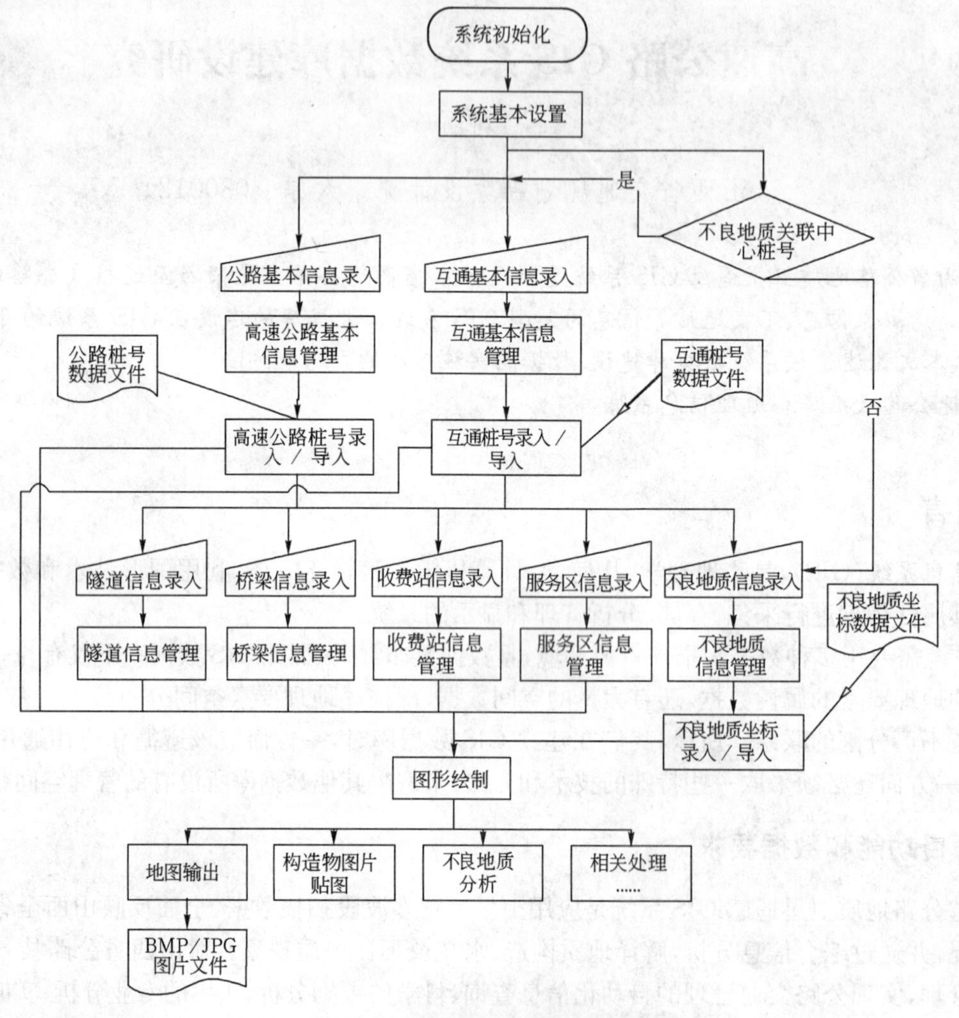

图1　系统数据流程图

针对系统的需求，通过对工作过程的内容和数据流程分析，设计如下面所示的数据项和数据结构：

(1)高速公路信息，包括的数据项有：属性数据、起始地址、终止地址、桩号、桩号的坐标、路基宽度、隔离带的宽度、公路两侧的占地宽等。

(2)桥梁，包括的数据项有：属性数据、桥梁的桩号情况等。

(3)互通，包括的数据项有：属性数据、互通的桩号情况等。

(4)隧道，包括的数据项有：属性数据、隧道的桩号、长度情况等。

(5)收费站，包括的数据项有：收费站在匝道上的位置、通道情况等。

(6)不良地质，包括的数据项有：属性数据、坐标数据等。

(7)公路上的相关设备、绿化，包括的数据项有：沿线机电设备、收费车道设备、沿线绿化、监控设备的属性数据，设施的几何模型。

得到数据项和数据结构以后，就可以设计出能够满足需求的各种实体，以及它们之间的关系。这些实体包含各种具体信息，通过相互之间的作用形成数据的流动。各种实体划分包括：高速公路信息、桥梁、互通、隧道、收费站、服务区、不良地质等。

3.2　数据库结构设计

GIS以层(Layer)的方式来管理空间数据，将具有相同属性的一类要素存放在同一层中，每一层对应一类实际要素。为了便于管理和适应不同地形、地物数据，将不同性质(如点、线、面)、不同类别(如公路、防护带、标志牌、收费站等)的数据在数据库中分层存储管理,也就是创建不同的数据表结构分别存储。

SuperMap 已经规定了各种类型要素所对应的数据表结构。本系统采用了七种类型数据,集点、线、面、网络、文本、复合数据集(任意几何对象)、影像,建立了以下三种类别的数据集。

基础地理要素数据表,包括:山西省省界、县市分界线、河流、河流标注、湖泊、湖泊标注、居民地、居民地标注、县市、铁路、自然村、自然村标注、遥感卫星图片等。

高速公路相关的数据表,包括:高速公路、防护带、隔离带、公路防撞线、分离式路基、高速公路绿化带、路况线、两端标注、摄像机、占地宽、公路中心线、标志牌、互通、服务区、桥梁、跨线桥、收费站、隧道、最短路径分析等。根据不同的数据性质设定其数据集类型和属性字段特征。

不良地质数据表。为了便于设置各种类型的不良地质的显示风格,不良地质根据其类型分别存储。不良地质 GIS 表共有 11 个,均为面型数据集,除面型数据集的系统字段外,每个数据集添加了 3 个属性字段。

4 数据库实施

数据模型建好后就可利用各种工具和方法将各种数据入库,并依据所制订的数据规范将各种格式的数据(采集数据、矢量数据、栅格数据、遥感数据等)准确、快速地导入数据库中。我们主要从以下两方面入手来集成数据。

一方面,就是要解决不同开发平台之间数据交流的问题,即多格式数据源集成的问题,主要用数据格式转换的方法来集成 GIS 数据。SuperMap GIS 平台提供了多种格式数据导入功能,如常用的 Autodesk 公司的图形文件(DWG、DXF 格式文件)、数据库文件(MDB、DBF)、MapInfo 公司的 MIF 和 TAB 格式,以及各种栅格图形数据(BMP、JPG、TIF 等)等,基本上满足了数据入库的要求。此外,还有很多专门用于转换数据格式的专门工具,功能十分方便灵活。

另一方面,由于数据的组织方式、结构和格式与新设计的数据库系统有相当的差距。首先将各类源数据从各个局部应用中抽取出来,再分类转换,综合成符合新设计数据库结构形式。如系统中高速公路的属性数据,包括公路名称、全长、起始点桩号、终止点桩号、路基宽度、车道状况、造价、建设日期、投运日期、行车速度、各种构造物数量,以及营运信息等。其中的数据从公路设计、管理、运营部门分别获得,再按照数据库结构整理组织好基础数据后,通过系统中数据维护功能导入到数据库中。

由上可以看出,只要提供的源数据是正确的,符合规范的,那么利用 GIS 工具和系统开发的功能就可以十分方便地将数据导入到公路 GIS 数据库中。

5 数据库的安全性控制

数据库的安全性控制,要防止系统中的数据不被篡改、非法增删、复制、解密、显示、使用等,以实现系统数据库的保密性、完整性、可用性和可控性。为了保证数据库的安全性,采用基于 Client/Server 模式访问后台数据库,为不同的应用建立不同的服务进程和进程用户标识,后台数据库系统以服务器进程的用户标识作为访问主体的标识,以确定其访问权限。

本系统划分了三种级别用户访问权限,管理员级用户可以对数据库内容进行扩充、修改与删除等工作,可使用系统所有功能,如增加或删除一条高速公路或构造物,修改其起讫位置桩号等,专业分析等;专业级用户可查询所有信息和功能,可查询公路地质影响范围、显示卫星遥感影像图等,使用系统所有功能;一般用户可查询公众信息,如在地图上定位高速公路,给定起讫位置,查询最短距离等。

6 结束语

数据库的建设在 GIS 系统的建设过程中占有极其重要的地位,是整个系统开发和建设的核心和基础。一个信息系统的各个部分能否紧密地结合在一起,关键在数据库。本系统通过对数据库进行合理有效的设计,使系统能方便、及时、准确地从数据库中获取所需信息,满足了实现各项功能的需求。

动态间隔取点拟合缓和曲线算法实现及若干问题分析

张华安　丁正林　陈中治

（中交第二公路勘察设计研究院有限公司　武汉　430056；
武汉金思路科技发展有限公司　武汉　430056）

摘　要：本文主要探讨了在保证公路工程勘察设计精度要求的前提下，如何选取缓和曲线动态间隔的问题，并实现了根据控制差值的精度来取得动态步长的算法。此外，本文还详细地讨论了缓和曲线中坐标计算的级数收敛和精度控制问题。

关键词：缓和曲线　步长　间隔　级数　收敛　精度　坐标　割线长

1　基本原理

在道路路线设计中，缓和曲线作为十分重要的平面线元经常被使用，其参数方程为：

$$rl = A^2 \tag{1}$$

其中，r 为缓和曲线上某点的曲率半径，A 为缓和曲线的参数。A 值越大，曲率半径变化越缓；A 值越小，曲率半径变化越急。l 为缓和曲线上某点到原点的曲线长。其中，原点从理论上应取 $r=\infty$ 的位置，而实际工程计算中常取缓和曲线上满足工程精度要求的较大半径的位置，或与直线相接的位置。

$$l = \frac{A^2}{r} - \frac{A^2}{\infty} \text{ 即 } l = \frac{A^2}{r} \tag{2}$$

缓和曲线上求任意一点 P 的坐标 (x, y)，可以用参数 R 和 L_S 表示的缓和曲线直角坐标方程求解（图 1），具体公式为：

$$x = L_S - \frac{L_S^3}{40R^2} + \frac{L_S^5}{3\,456R^4} - \cdots\cdots \tag{3}$$

$$y = \frac{L_S^2}{6R} - \frac{L_S^4}{336R^3} + \frac{L_S^6}{42\,240R^6} - \cdots\cdots \tag{4}$$

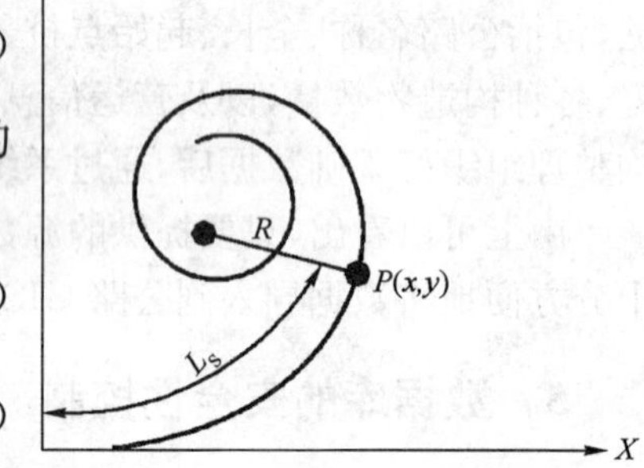

图 1　缓和曲线要素

式中：L_S——缓和曲线从起点到 P 点的弧线长度；

R——P 点位置的曲率半径；

为了便于程序实现，整理式(3)、式(4)，提出来一个 L_S，可改写为以下形式：

$$x = L_S\left(1 - \frac{L_S^2}{40R^2} + \frac{L_S^4}{3\,456R^4} - \cdots + R_n(x) - \cdots\right) \tag{5}$$

$$y = L_S\left(\frac{L_S}{6R} - \frac{L_S^3}{336R^3} + \frac{L_S^5}{42\,240R_6} - \cdots + R_n(x) - \cdots\right) \tag{6}$$

其中，$R_n(x) = \frac{(-1)^{n+1} t^{2n-1}}{(4n-1)(2n-1)!}$ 为级数中的第 n 项。

进一步改写为通项形式：

$$x = L_S \sum_{n=1}^{\infty} \frac{(-1)^{n+1} T^{2n-2}}{(4n-3)(2n-2)!} \tag{7}$$

$$y = L_S \sum_{n=1}^{\infty} \frac{(-1)^{n+1} T^{2n-1}}{(4n-1)(2n-1)!} \tag{8}$$

其中，
$$T=\frac{L_S}{2R} \tag{9}$$

2 问题的提出

汽车匀速从直线进入圆曲线(或相反)，其行驶轨迹的弧长与曲线半径之乘积为一常数，这一性质与数学上的缓和曲线正好相符，因此我国《公路工程技术标准》(JTG B01—2003)规定采用缓和曲线。当前市场上的路线软件绘制缓和曲线多采用多义线拟合。拟合的缓和曲线能否满足工程精度要求关键是拟合点的取值。

一般情况下，应用CAD软件绘制缓和曲线时，按等间距求点拟合缓和曲线。这种方法实现简单，但有明显的弊病：当半径较大时，取得点个数偏多，导致计算量偏大；当半径较小时，取点个数偏少，导致缓和曲线精度不能满足工程精度要求。

下面详细介绍根据缓和曲线的特点，利用动态间距取点进行拟合缓和曲线的方法，并根据该方法编制程序绘制缓和曲线。

3 实现中碰到的若干问题及解决办法

3.1 问题一——级数收敛性

目前，公路工程相关书籍中，并没有对缓和曲线直角坐标方程中的级数进行过收敛性的详细研究，结果导致按照公式直接进行计算时，在某些情况下出现了数据溢出的错误。经过仔细检查，发现问题出在公式上。经过认真考察数据，笔者发现当 T 较大时，计算的级数项收敛很慢。

根据幂级数收敛性的证明可求得：

$$\lim_{n\to\infty}\frac{a_{n+1}}{a_n}=0\text{(其中,}a_n=\frac{(-1)^{n+1}}{(4n-1)(2n-1)}!\ \text{为该幂级数的系数)} \tag{10}$$

根据上面的结果可知，该级数的收敛半径为∞，而且是绝对收敛。但是当公式(9)中的 T 比较大时，该级数尽管是收敛的，却收敛得太慢。当它收敛到精度要求范围内时，它的值已经超出了计算机能够承受的范围，从而造成数据范围上溢的错误。

为了避免上述问题，就要求或找到收敛更快的级数，或对 T 的大小有所限制。而找到收敛更快的级数是比较困难的，同时考虑到实现层面上的客观情况，采用对 T 值的大小进行限制的方法。

经过测试，当 $T<50$ 时，收敛在计算机数据位数范围内是能够保证不溢出；但是为了保证收敛速度，本文规定 $T<12.5$。

当 $T<12.5$ 时，$\frac{L_S}{2R}<12.5\Rightarrow\frac{A^2}{2R^2}<12.5\Rightarrow\frac{A}{R}<5\Rightarrow A<5R\left(\text{其中,}L_S=\frac{A^2}{R}\right)$

根据路线设计规范：

(1)当 R 小于 100m 时，A 宜大于或等于 R；

(2)当 R 接近于 100m 时，A 宜等于 R ；

(3)当 R 较大或接近 3 000m 时，A 宜等于 $R/3$ ；

(4)当 R 大于 3 000m 时，A 宜小于 $R/3$ ；

因此，$A<5R$ 是完全满足工程要求的。当然，这个结果也可以进一步完善，使之达到计算量和计算精度的平衡。

3.2 问题二——动态间隔的计算原理

动态间隔取点拟合缓和曲线的实现原理是：通过控制缓和曲线上两点间的弧线与割线长度的差值精度，求得满足要求的拟合点。

该方法的优点是：精度可以控制；曲线越缓(半径越大)，拟合点分布越稀，曲线越陡(半径越小)，拟合点分布越密；可以实现在满足精度要求的前提下，有效地减少计算量。

计算原理分析如下：取定一点作为起始点 P_1，再从缓和曲线上取一动点 q(图 2)，使得两点之间的直线长度与曲线长度之差小于给定的精度要求(假设为 e^{-7})，即：

$$|l(p_1,q)-s(p_1,q)|<e^{-7} \tag{11}$$

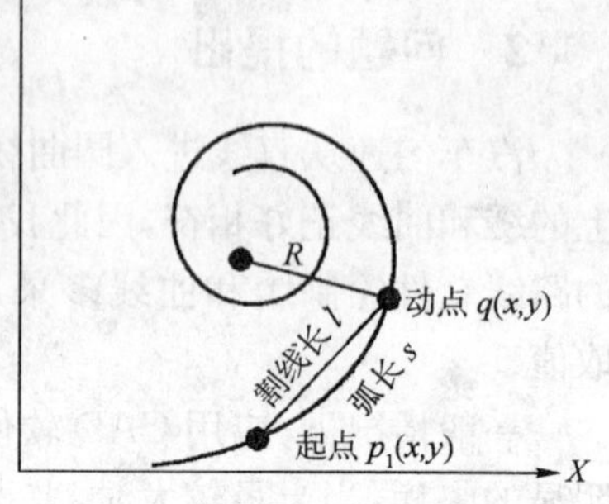

图 2　缓和曲线计算示意图

式中，$l(p_1,q)$——两点之间直线(割线)长度，计算公式为：

$$l(p_1,q)=\sqrt{(x_{p_1}-x_q)^2+(y_{p_1}-y_q)2}$$

$s(p_1,q)$——两点之间曲线(弧线)长度，计算公式为：

$$s(p_1,q)=\frac{A^2}{R_{p_1}}-\frac{A^2}{R_q} \tag{12}$$

若式(11)成立，则 q 点是所要找的点，弧长 $s(p_1,q)$即为所要求的间隔。为了尽快找到满足要求的动点 q，采用黄金分割法的思想进行双层迭代计算，步骤如下：

开始时将 p_1 作为起始点，取距离 p_1 点 $0.618L$(L 为总弧长)的点作为第一个动点 q_1，同时记录该间隔 $L_1=0.618L$，并判断该点是否满足式(11)；如果不满足，则再取离 p_1 的距离为 $L_2=0.618L_1$ 的点 q_2，同时记录该间隔，并再次判断该点是否满足式(11)；如果仍不满足则继续循环直到找到一点 q 满足式(11)，同时保存该间隔。此次子循环结束，并将点 q 作为下一个循环的起始点，开始新一轮循环。在每一次子循环中，因为动点越来越靠近起始点，所以误差会越来越小，最终达到精度要求而退出子循环进入下一个子循环。每执行完一个子循环就找到一个满足精度要求的拟合点，通过判断最后一个点和起始点的弧长与总弧长的关系来决定是否退出外层循环。经过这么些次循环就找到了所有满足精度要求的点。

3.3　问题三——坐标计算精度控制

在解决第二个问题进行计算时，首先要知道缓和曲线的两端点曲率半径 R_0、R_n、参数 A 和精度要求 ε。笔者根据给定参数计算弧长和割线长，其中弧长是可以根据式(12)很精确的算出来的，但是各段割线长度的计算由式(11)不能计算出精确值；而缓和曲线精度依赖于坐标计算的精度，算法中判断条件的精度又依赖于弧长和割线长的精度，这就要求程序能恰当的控制坐标计算的精度，坐标计算得不够精确，后面的计算都是空中楼阁。

很多参考书上讨论了这个问题，但大多适用性不强。因为大多数只讨论了计算坐标的公式取多少项能够满足要求，实际上这样的讨论是没有多大意义的。因为给出的曲率半径和参数 A 不是一成不变的，随着参数的变化，$T=\frac{L_S}{2R}$也在变化；而随着 T 的变化，坐标计算公式中的级数项收敛速度是变化的。当 T 较小时，收敛速度很快，也许只需要 3～4 项就可以满足精度要求；当 T 较大时，收敛速度也较慢，可能计算几十项也不能满足精度要求。

如图 2 所示，$T=8$ 所在的位置对应着第 15 项，说明当 $T=8$ 时，需要计算到 15 项才能满足给定的精度要求。

下面是 T 取不同值时，级数的变化波形(给定精度上限为百万分之一)：

$$(T=1,2,3,4,5,4,6,7,8,9,11,12)$$

从图 3 中也可以看出：当 T 值越大时，波动幅度越剧烈。如果 T 值过大，幅度会超过计算机存储上限。

由上面的分析可以发现，不能通过控制计算项数来控制精度。

根据数学定理：级数计算公式中第 n 项即 $R_n(x)$大于等于后面所有项的和，即使将第 $n+1$ 项到无穷项全部去掉，产生的误差也不会超过第 n 项的大小。

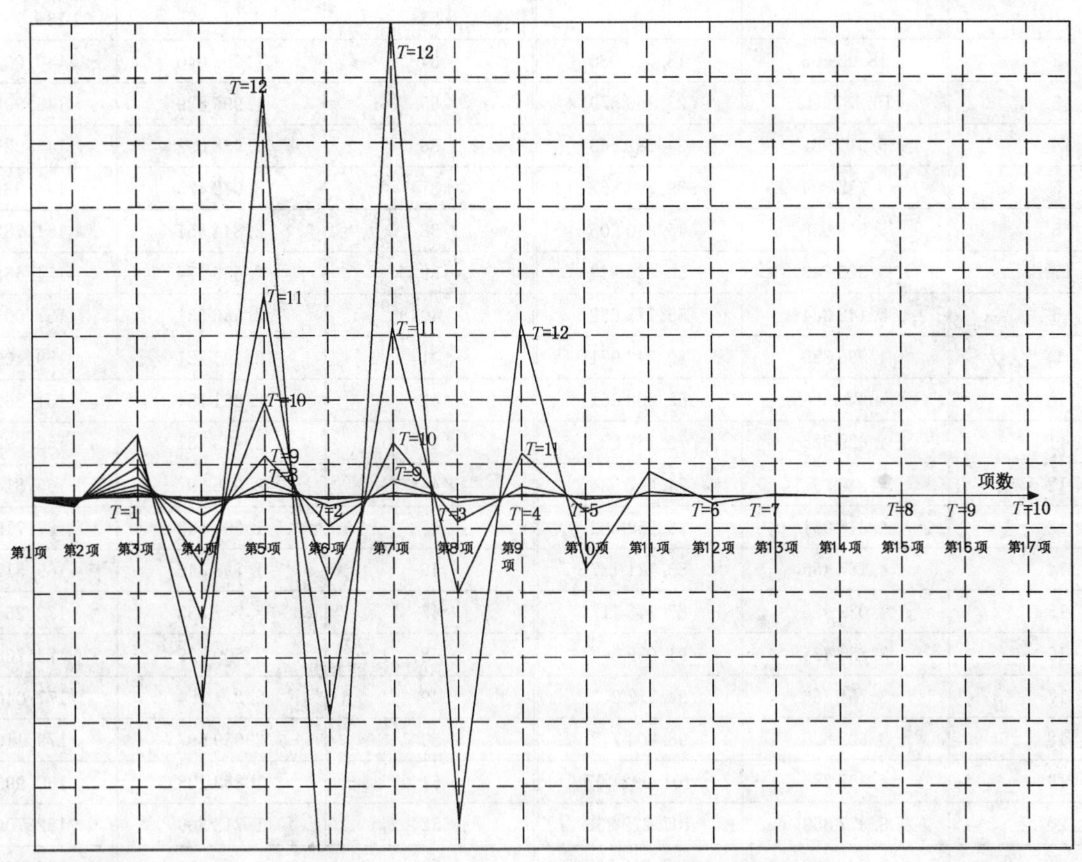

图 3 不同 T 值余项收敛示意图

基于这个原理，只需要判断余项 $R_n(x)\dfrac{(-1)^{n+1}t^{2n-1}}{(4n-1)(2n-1)!}$ 是否满足精度要求就可以了。在程序编制中实际上是根据 T 值的大小，通过控制 $R_n(x)$ 的精度，实现程序自动判断需要计算的项数。

4 程序结构流程

本程序采用思路：双循环嵌套，外层每次循环向后挪动一个步长，内层循环利用黄金分割法，直到找到满足要求的点，并返回一个步长。为了保证循环能够终止，计算时总是从半径较大的一端向半径较小的方向。如果需要反方向的计算，程序内部会自动判断，自动给出从小到大的结果。

由于该计算程序对 T 进行了限制，动态控制计算的项数，从而大大提高了收敛速度和坐标精度。在数据比较好（$T<4$）的情况下，能够在保证坐标计算精确到 e^{-7} 条件下，达到令人满意的计算速度，而且精度要求放宽的话，速度还可以进一步提高。

5 计算实例

已知直线和半径为 800m 的圆通过 200m 长的缓和曲线相接（图 4），要求缓和曲线的动态间隔的精度达到 e^{-7}，使用本程序计算得到 63 个不等间距的拟合点（表 1），这些点拟合成的缓和曲线其精度达到 e^{-7}，完全满足工程精度要求。

缓和曲线动态间距表 表1

拟合点序号	间隔(m)	累积间隔(m)	序号	间隔(m)	累积间隔(m)
1	0	0	33	2.141 778	139.932 510
2	18.029 03	18.029 030	34	2.068 040	142.000 550
3	10.137 549	28.166 579	35	1.996 839	143.997 389
4	5.915 984	34.082 563	36	1.928 092	145.925 481
5	5.712 304	39.794 867	37	3.012 475	148.937 956
6	5.515 638	45.310 505	38	2.844 651	151.782 607
7	5.325 743	50.636 248	39	2.686 177	154.468 784
8	5.142 384	55.778 632	40	2.536 531	157.005 315
9	4.965 339	60.743 971	41	2.395 221	159.400 536
10	4.794 39	65.538 361	42	2.261 784	161.662 320
11	4.629 326	70.167 687	43	2.135 781	163.798 101
12	4.469 9	74.637 631	44	2.016 797	165.814 898
13	4.316 051	78.953 682	45	1.904 442	167.719 340
14	4.167 455	83.121 137	46	1.798 346	169.517 686
15	4.023 975	87.145 112	47	2.747 833	172.265 519
16	3.885 435	91.030 547	48	2.500 129	174.765 648
17	3.751 666	94.782 213	49	2.274 754	177.040 402
18	3.622 500	98.404 713	50	2.069 697	179.110 099
19	3.497 784	101.902 497	51	1.883 123	180.993 222
20	3.377 359	105.279 856	52	1.713 369	182.706 591
21	3.261 082	108.540 938	53	2.522 519	185.229 110
22	3.148 807	111.689 745	54	2.154 570	187.383 680
23	3.040 398	114.730 143	55	1.840 291	189.223 971
24	2.935 722	117.665 865	56	2.543 45	191.767 427
25	2.834 648	120.500 513	57	1.943 126	193.710 553
26	2.737 056	123.237 569	58	2.402 091	196.112 644
27	2.642 823	125.880 392	59	2.402 386	198.515 030
28	2.551 834	128.432 226	60	0.917 711	199.432 741
29	2.463 978	130.896 204	61	0.350 566	199.783 307
30	2.379 147	133.275 351	62	0.133 916	199.917 223
31	2.297 236	135.572 587	63	0.082 777	200
32	2.218 145	137.790 732			

6 结论

从本文的分析过程可以得到几个结论：

(1)在程序设计过程中涉及到级数计算问题时，需要慎重考虑数据溢出错误。

(2)在利用这种方法进行计算时，必须对参数 A 和曲率半径的关系进行恰当限制(本文提出 $A<5R$，其中 R 为较小一端半径)，以免坐标计算中级数无法很快收敛。

(3)不同的缓和曲线，由于参数不同，计算坐标时，仅仅简单地认为计算到第几项可以满足精度要求的思路是不合适的，或者说是不具有普遍性意义的。当然，除了本文所提到的方法可以实现对动态间距的取得

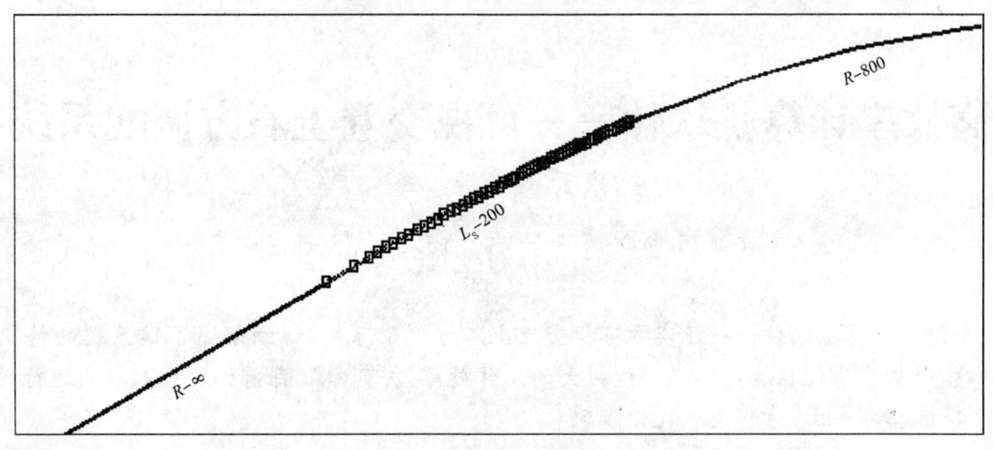

图4 缓和曲线示意图

外,还有很多其他的思路和方法,如通过控制弧线和割线之间的最大距离,来取得动态圆心角;通过拟合方法建立曲率半径和间隔之间的函数关系等。

(4)本文只是从计算角度对这个问题进行了初步分析,希望对正在研究该问题的读者有所帮助。

参考文献

[1] 李远富,杨少伟.线路勘测设计.北京:高等教育出版社,2004.
[2] 朱照宏,符锌砂,等.道路勘测设计软件开发与应用指南.北京:人民交通出版社,2003.

高效率计算机软件——可视交互土石方调配系统

宋云飞　赵　蜂

（江西省交通设计院　南昌　330002）

摘　要：本文介绍了计算机软件——压实方可视交互土石方调配系统，详细阐述了该系统的特点、特色及创新突破，分析了为何在生产实践中能极大的工作效率，并列举了目前已经投入实践运行的工程项目。

关键词：计算机　软件　土石方调配　优化调配

1　概述

《压实方可视化土石方调配系统——YsftsfDp》是江西省交通设计院自行开发完成的公路土石方可视交互动态调配软件。该软件采用柱状图方式显示各断面土石方数量，用户只需通过简单的拖拽鼠标操作便可轻松快捷地完成项目全线的土石方纵横向调配全过程。整个调配过程用户不需作任何手工计算、统计，系统能够根据用户选择的调配原则及操作过程，来完成各断面方及整个调配过程的相关计算（如本桩利用、土石方自然方向压实方的转换、调配运距、数量累加与统计等）。图 1 为土石方调配进入界面。

图 1　土石方调配进入界面

压实土石方可视化调配系统给用户提供了一个可视化的调配环境。在此环境中用户可以结合实际情况、根据自己的工程经验，在考虑经济运距、可能的施工方式等多方面因素的条件下，随意进行土石方的纵向调运。这种方式能真正解决土石方调配中的各种复杂问题，并且能大大的提高生产工作效率。

2　系统特点

（1）该系统能进行压实方调配，通过计算机编程，采用统一计量单位——压实体积进行计算，实现在计算机完成土石方自动计算、调配工作。首先将挖土、挖石换算为压实方，然后，在此基础上以压实体积进行本桩利用、远运利用调配及土石方调配平衡验算。最终将调配完成后的借方、弃方、计价方乘以相应系数还原为其各自天然方。

（2）该系统能兼顾压实方调配和天然方调配。系统默认以压实方体积为计量单位，用户也视情况可选择是采用天然方还是压实方进行土石方的调配。换算工作由计算机自动完成，从而大大减少设计人员的工作量。

（3）该系统调配直观、易控制，能在计算机上进行可视、交互式动态调配，各断面桩号填缺、挖余土石方数量以控条图形方式显示在计算机屏幕范围内，极大方便设计人员使用。

(4)该系统为多学科结合的产物，容计算机图形技术、数据库技术、编程技术、优化综合技术、公路专业于一身。该系统在压实方土石方调配的可视化自动计算方面达到国内领先水平。

3　系统特色

(1)系统界面美观、友好，操作简便。与 Windows 使用习惯一致，习惯了 Windows 的设计人员无需过多的培训即能上手自如，易于为用户接受(图 2)。

(2)系统设计思路独特新颖。系统将待处理的数据以图形方式形象直观地表达于计算机屏幕，充分利用计算机的计算迅速和设计人员的主观性，将较处理繁琐计算和冗长的数据的工作简单化、直观化。

(3)系统土石方调配效率高。用户只需通过点击鼠标拖动土体控条便可快捷地完成整条路的土石方调配；使用压实方可视、交互土石方调配系统后，使以前需要半个月才能完成的土方调配工作只需 2～3h 便足够了。经使用证实，熟练运用本软件的工程技术人员能在 1d 以内完成数段路线的土石方调配，并完成全部工程数量计算。如果该项目的路线设计发生了变更，该系统能极大减轻设计、复核、审核工作，工作效率是以往手工土石方调配 100 倍以上，并且计算结果精确。

(4)采用数据库技术。系统以数据库技术为核心，用户所进行的每一步操作(调配过程)均由数据库随时记录在案，用户不必担心因数据未存盘而丢失数据，更可以任意撤销(返回)甚至到第一步操作。

(5)自动化程度高。全部过程只需使用鼠标完成，且全部调配过程如同在玩游戏。整个调配过程用户不需作任何相关计算，系统能够根据用户选择的调配原则及操作过程，来完成各断面方及整个调配过程的相关计算，如本桩利用计算、土石方自然方与压实方的转换、计算调配运距数量的累加与统计。点击输出键后立即能得到 Excel 格式的土石方调配表、路基土石方计算表、路基每公里土石方数量表、土石方运量统计表及调配过程记录表。

(6)思路方法创新。压实土石方可视交互调配系统由于是以压实方为统一的计量，克服了以往土、石压实和松方系数调整给调配工作带来的不便，是土石方调配软件中具有创新特色的土石方调配软件。

(7)本系统通用性强，兼容多种路线数据格式。国内多数软件是建立在自己的道路 CAD 系统中，需要利用到大量的道路 CAD 系统中间数据，不利于其他设计人员的使用。而本软件只需读入桩号、挖方面积、填方面积，所有的中间数据如填挖方计算、压实方计算等都是在本身系统内完成，不需要任何中间数据。这也是能兼容多种路线数据的重要因素，更具备完整性。

(8)用户在使用并掌握了压实土石方可视交互调配系统的土石方调配思路和方法后，能得心应手，轻松完成土石方调配的工作。图 3 为土石方调配示意图菜单。

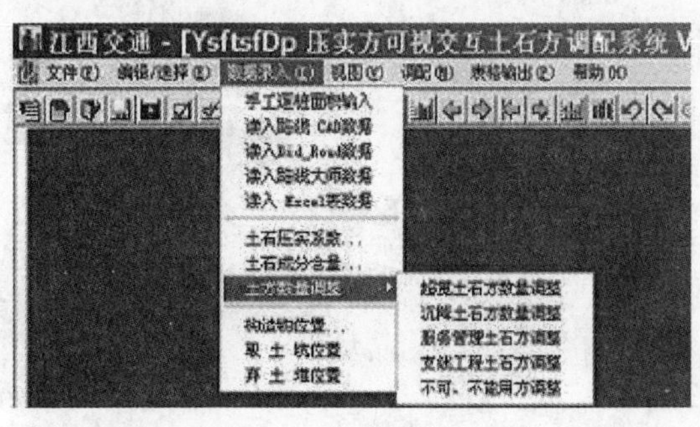

图 2　土石方调配菜单

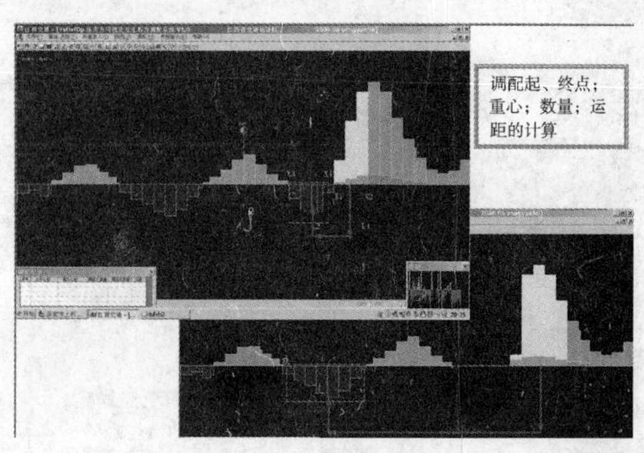

图 3　土石方调配示意图菜单

4　突破创新

(1)采用可视化界面，能较好满足交互调配的需求，让设计者直观了解调配的全过程，设计者可全程参与并控制调配的进行。

(2)系统采用数据库技术,能自动保存调配设计的每一步操作,设计人员的每一步操作都记录在案,可任意撤销和重做,甚至能返回到第一步。

(3)该软件适应性广,可以直接接受多种路线测设资料,并通过这些资料进行计算;不限于某种路线设计软件,与现在使用的路线程序结合紧密,软件通用性强,智能化程度高。

(4)压实方可视交互土石方调配系统软件具有自己的计算、采集数据模块,软件输入数据少,所有工作交给系统去完成,能极快得到结果。

(5)独创的采用压实方或天然方进行调配可满足不同需求对土石方调配的要求,在国内属首次报道,系统创新性明显。

(6)本系统采用计算机图形技术,自带CAD平台,将冗余繁杂的计算转换为直观的图形的变化。将复杂问题简单化、直观化,是一种理念创新。

5 结语

在高速公路建设中,江西省交通设计院先后将本系统应用在大庆至广州高速公路江西境内武宁至吉安高速公路段、厦门至成都高速公路江西境内隘岭至赣州段高速公路段等项目中。根据公路规范,并按土石方调配的基本原则编制可视交互土石方调配、打印一体化系统,是一个较好的解决方案。采用的压实方体积进行土石方调配符合路基填筑的实际情况,较准确反映其工程数量的大小,对工程造价准确地编制有较大意义。

本系统已获国家版权局颁发“计算机软件著作权登记证书”,并曾参加江西省交通厅科技成果推介会。2007年,本系统获江西省第十二次勘察设计“四优”优秀工程勘察设计计算机软件二等奖。2008年5月16日,本系统曾参加第四届全国公路科技创新高端论坛,代表江西交通厅的成果进行展板展示。

基于 ERDAS IMGINE 的 SPOT-5 真彩色卫星图像方法研究

张 霄 王丽园 陈楚江 余绍淮

（中交第二公路勘察设计研究院有限公司 武汉 430056）

摘 要：SPOT-5 原始影像没有蓝色波段通道，因而也就没有真彩色影像。本文将利用 ERDAS IMAGINE 中的 Model Maker 建模生成 SPOT-5 真彩色影像，从而提高公路勘察设计中 SPOT-5 卫星影像生成地形图、正射影像图、地质遥感勘察等信息资料的精度与准确度。

关键词：真彩色 SPOT-5 建模 精度与准确度

1 引言

SPOT 卫星（Systeme Probatoire d'Observation dela Tarre）是由法国国家空间研究所（CNES）构思和设计的一种地球观测卫星系统[1]。SPOT-5 于 2002 年 5 月 4 日 1 时 31 分由阿丽娅娜四号火箭成功发射，进入近极地太阳同步轨道，并用两台高功能的传感器 HRG 取代了 SPOT-4 上搭载的两台高分辨率可见光与红外成像系统 HRVIR（High Resolution and Middle Infrared Imaging System）[2]。全色的影像分辨率为 2.5m，多光谱影像的地面分辨率为 10m，图像的几何精度更加得到了提高。

对于 SPOT-5 影像，全色波段基本被包含在多光谱的 ms1 和 ms2 波段（也就是说它们高度相关）中。SPOT-5 影像主要集中在可见光波段范围内成像，各波段的波长范围及分辨率见表 1[3]。

SPOT—5 影像的波谱范围表 表 1

波 段	波段范围	说 明	分辨率
Band1(ms1)	0.50～0.59μm	绿波段	10m
Band2(ms2)	0.61～0.68μm	红波段	10m
Band3(ms3)	0.79～0.89μm	近红外	10m
Band4(SWIR)	1.58～1.75μm	短波红外	10m
PAN	0.49～0.69μm	全色波段	2.5m

随着 SPOT-5 卫星数据图像的应用领域越来越广，使用 SPOT 多光谱波段数据的用户也越来越多，尤其是在解译精度、准确度要求高的项目，更显示了其高分辨率的优势。目前，在公路行业的应用也越来越广泛，其主要用于更新地形图、制作正射影像挂图、遥感地质选线等。

然而，由于 SPOT-5 数据产品没有蓝色波段的通道，因而也就没有真彩色，这给 SPOT-5 影像的实际应用带来了很大的困难，极大的影响了基于 SPOT-5 卫星影像得到的公路勘察设计所需的地形图、正射影像图、地质资料等信息的精度与准确度[4]。本文将利用 ERDAS IMAGINE 建模来生成接近绿色的波段，然后与蓝色和红色波段进行波段合成，从而得到 SPOT-5 真彩色影像。

2 基于 ERDAS IMGINE 的 SPOT-5 多光谱数据模拟真彩色方法研究

专业遥感图像处理软件 ERDAS IMAGINE 的空间建模工具，为我们提供了良好的模拟真彩色编辑环境。它是一个面向目标的模型语言环境。在这个环境中，可以使用直观的图形语言在一个页面上绘制流程图，并定义图形分别代表输入数据、操作函数、运行规则和输出数据。它主要有空间模型语言、模型生成器、空间模型库等几部分组成。

ERDAS IMAGINE 的 Model Maker 建模中，把各种对象图形都以输入、输出函数定义，并有机地结合在一起。定义函数的过程实际上是确定图形模型的几何处理数据、组合功能、完成目标的过程(图 1)。

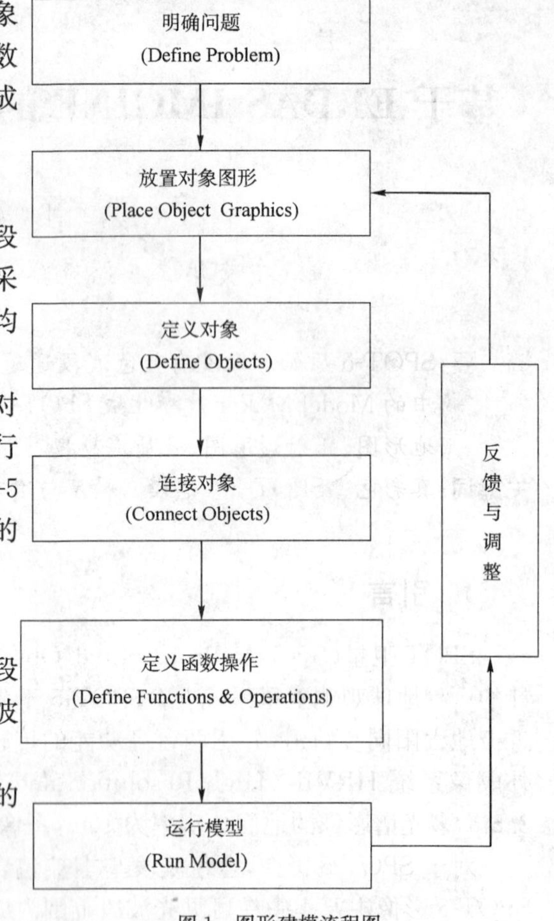

图 1 图形建模流程图

2.1 方法 1:绿色波段取(ms1＋ms2＋ms3)/3

此种方法是将原来的绿波段(0.50～0.59μm)当作蓝波段(该波段靠近蓝波段的光谱范围)，红波段(0.61～0.68μm)仍采用原来的波段，绿波段用绿波段、红波段、红外波段的算术平均值来代替。

在 ERDAS IMAGINE 的 Model Maker 中首先放置栅格对象图形，即输入 SPOT-5 多光谱影像，然后设置绿色波段的运行函数为(ms1＋ms2＋ms3)/3，把生成的栅格对象图形与SPOT-5 多光谱原始影像的 ms1、ms2 波段进行波段组合，最后输出后的试验区内 SPOT-5 真彩色影像。

2.2 方法 2:绿色波段取(ms1×3＋ms3)/4

将原来的绿波段(0.50～0.59μm)当作蓝波段，红波段(0.61～0.68μm)仍采用原来的波段，绿波段用绿波段、红外波段按 3∶1 的加权算术平均值来代替。

此种方法与方法一基本相同，主要区别在于其绿色波段的运行函数为(ms1×3＋ms3)/4。

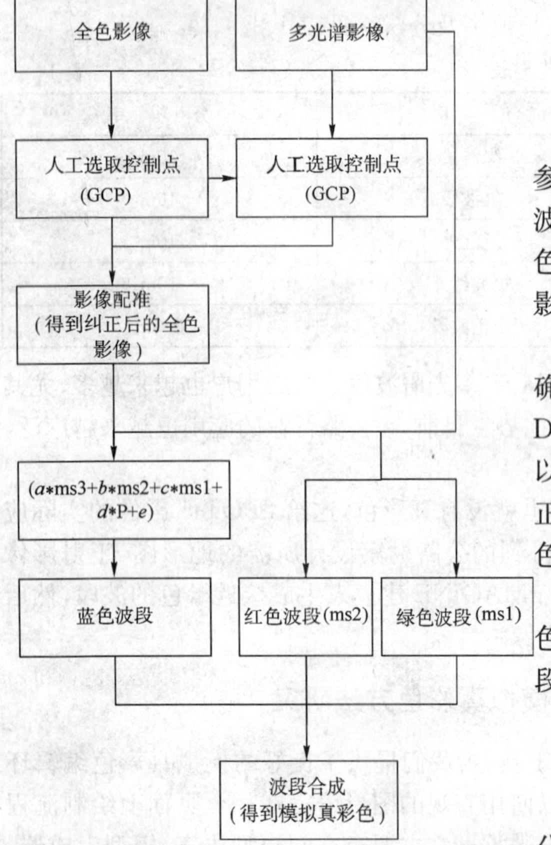

图 2 不确定参数法流程图

2.3 方法 3:不确定参数法

不确定参数法是将全色波段(Panchromatic 用 P 表示)也参与运算。($a*$ms3＋$b*$ms2＋$c*$ms1＋$d*$P＋e)作为蓝色波段，a、b、c、d 为不确定参数，e 为修正值。红色波段为 ms2，绿色为 ms1。为了防止出现过饱和现象，系数 a、b、c、d 根据遥感影像景观取值介于 0.1 到 0.5 之间。

由于此方法全色波段也参与其中，因此波段合成之前必须确保全色影像与多光谱影像完全配准。具体做法是首先在 ERDAS IMGINE 中将全色影像和多光谱影像同时在视窗中显示，以多光谱影像作为参考，同时选取全身影像与多光谱影像的纠正参考控制点，并采用多项式的方法进行纠正。然后，再进行全色波段与多光谱波段的合成(图 2)。

在 Model Maker 中输入原始的多光谱影像与纠正后的全色影像，建立红色、蓝色、绿色波段的函数操作，最后通过三个波段合成(STACKLAYERS)得到 SPOT-5 的真彩色影像。

3 模拟真彩色的实现与比较

上述三种方法均建模产生了 SPOT-5 的模拟真彩色图像，分别见图 3、图 4、图 5。

图 3 方法一得到的 SPOT-5 真彩色影像

图 4 方法二得到的 SPOT-5 真彩色影像

从图像中可以看出第一种方法和第二种方法处理后的影像比较接近,这主要是由于这两种方法的算法基本一样,而且都比较稳定。不确定参数法由于加入了自己定义的参数,真彩色影像的更接近真实效果,更丰富逼真地显示出 SPOT-5 影像的各种景观地物信息。

不确定参数法中,参与波段运算的有绿色波段(G)、红色波段(R)、近红外波段(NIR)和全色波段(P),这个运算过程实际上是同时完成了波段运算和高分辨率融合两个工作,从而使波段运算后结果文件的地面分辨率达到了全色波段(P)的分辨率,省去了对 SPOT-5 影像后期融合处理等步骤,大大提高了工作效率。

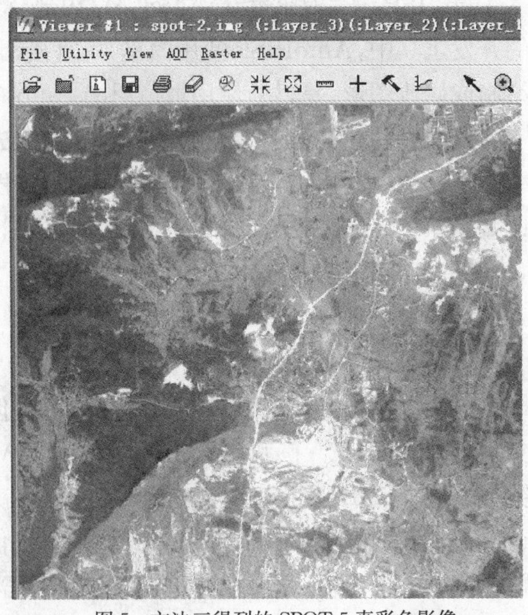

图 5 方法三得到的 SPOT-5 真彩色影像

4 结论

通过 Model Maker 建模产生的 SPOT-5 真彩色影像能更全面地反映地面目标,提供更强的信息解译能力和更可靠的分析结果,使影像在公路勘察设计所需的地形图资料更新、正射影像制图、遥感地质解译等方面达到更好的效果,从而提高 SPOT-5 影像的应用效果和实用价值。

参考文献

[1] 王照利,黄生,张敏中,马胜利. 林业资源调查中 SPOT-5 遥感图像处理方法探讨. 陕西林业科技,2005(1).

[2] 刘建平,赵应时. 高光谱遥感数据解译的最佳波段选择方法研究. 中国科学院研究生院学报,1999.

[3] 刘哲,郝重阳,刘晓翔,等. 多光谱图像与全色图像的像素级融合研究. 数据采集与处理,2003.

[4] 孙蓉桦,郭德方. SPOT-5 全色与多光谱数据融合方法的比较研究. 遥感技术与应用,2005.

AutoCAD 二次开发——巧用 AutoLISP 语言开发路线平面计算程序

过年生

（安徽省交通规划设计研究院　合肥　230031）

摘　要：本文章阐述了一种新的计算方式，通过简单的平面几何计算方法，以路线 AutoCAD 图形为基础完成路线平面计算。该方法摆脱对线位数据的依赖，可以应用于任何路线软件生成的图形，计算精度较高，使用便捷。

关键词：路线计算　AutoLISP　程序开发

1　序言

AutoLISP 语言是嵌套于 AutoCAD 内部，将 LISP 语言和 AutoCAD 有机结合的产物。在 AutoCAD 众多的开发工具中，AutoLISP 使用简单，可直接调用 AutoCAD 命令，并且可以通过建立或修改各种实体参数来绘制或修改图形，是目前使用最广泛的 AutoCAD 开发工具[1]。

路线平面计算一般有交点法、线元法、积木法等，因计算方式不同，相应的线位数据格式也各不相同。公路线形组合情况纷繁复杂，如按传统思路的话，程序开发难度很大，并且 AutoLISP 语言的计算能力并不强，因此必须换个思路、另辟新径。笔者在日常工作中，通过对 AutoLISP 语言深入研究，探索出一个全新、简单、快捷的方法。

2　研究思路

目前国内市场上，路线设计软件种类很多，但无论哪种软件，在 AutoCAD 中生成的路线图形实体无外乎三种：直线（LINE）、圆弧（ARC）和多义线（LWPOLYLINE）。因此，如果从生成好的 AutoCAD 图形着手研究，以 AutoCAD 图形为基础进行平面计算，就可以摆脱对路线数据的依赖，达到以不变应万变的效果。AutoLISP 语言可以获取图形实体的 DXF 组码信息，这些信息可用于自身长度计算，再设法为线形图元起点赋以准确的桩号值，就可以通过平面几何法完成路线平面计算。

3　图形实体

一个图形总是由若干个基础图元（如圆、圆弧、直线等）所组成。实体（Entity）是 AutoCAD 预先定义的图元。不同的实体，有其各自的 DXF 组码（点对表格式的实体数据），其中包含实体的各种信息，包括实体类型、图层、颜色、坐标、角度等。这些信息可以帮助我们完成对各种线形图元长度的计算。

不同的实体类型，计算方式不同，因此，对实体类型的判别是第一步。AutoLISP 提供了获取 DXF 组码信息的函数 entget，先鼠标点选图形，获取图形实体名（entname），用 entget 函数调用实体数据表，再通过 assoc 函数从表中搜索指示实体类别的点对表，返回实体类型字符串。

AutoLISP 语句：(Cdr (Assoc 0 (Entget entname)))

对于直线（LINE）、圆弧（ARC）和多义线（LWPOLYLINE）三种实体，计算需要的 DXF 组码见表 1。

图元实体 DXF 组码中计算参数表 表 1

类　型	直线(LINE)	圆弧(ARC)	多义线(LWPOLYLINE)
主要参数(例)	(0 . "LINE") (10 10.0 10.0 0.0) (11 30.0 20.0 0.0)	(0 . "ARC") (10 10.0 10.0 0.0) (40 . 10.0) (50 . 1.41348) (51 . 2.63738)	(0 . "LWPOLYLINE") (10 0.0 0.0) (10 10.0 10.0) (10 30.0 20.0)
参数说明	0——实体类型 10——直线起点坐标 11——直线终点坐标	0——实体类型 10——圆心坐标 40——圆半径 51——圆心到圆弧起点的方位角 50——圆心到圆弧终点的方位角	0——实体类型 10——逐个顶点坐标
示意图	终点 P_2 2 P 起点 P_1	终点 2 P 起点 γ γ_2 圆心	顶点 i+2 顶点 i+1 2 P 顶点 i

4 推算线形图元起点桩号

利用路线软件生成的带桩号的线位，首先选取线形图元，获取其实体数据表(DXF 组码)，再点取准确桩号的点 P，并输入桩号值，通过以下方式计算出 P 点到起点的线形长度，从而推算出起点的准确桩号。

4.1 直线长度

根据 DXF 组码中直线起点位置，计算直线长度。

AutoLISP 语句：(Setq L (Distance P1 P))

其中，P1 为起点。

4.2 圆弧(ARC)

根据 DXF 组码中圆弧半径值及起终点方位角，计算圆弧长度。

AutoLISP 语句：
```
(Setq γ (Angle Po P)
      L (* r (Abs (-γ1 γ))))
```

其中，r 为圆弧半径值，Po 为圆心点，γ1、γ 分别为圆心到起点、已知桩号点 P 的方位角。

4.3 多义线(LWPOLYLINE)

根据 DXF 组码中顶点坐标值，循环累计计算多义线长度。

AutoLISP 语句：
```
(While (= flag 0)
      (Setq p1 (Nth i spnt) p2 (Nth (+ i 1) spnt)
      jd (+ (Angle p1 p2) (/ pi 2))
      pp1 (Polar p jd 1) pp2 (Polar p (+ jd pi) 1)
      crosp (Inters p1 p2 pp1 pp2 nil))
;Setq
(If (/= (Inters p1 p2 ppot1 ppot2) nil) (Setq flag1L(+ L (Distance
p1 crosp)))(Setq i (+ i 1) L (+ L (Distance p1 p2))));If
);While
```

其中，xi、yi 为顶点 Pi 的坐标值，x、y 为已知桩号点 P 的坐标值，spnt 为顶点数据表，p1、p2 为相邻顶点。

先从多义线实体数据表中读入顶点坐标数据并列表形成顶点数据表(spnt),再循环判断 *P* 点位于哪一对相邻顶点之间,同时累计顶点间连线长度。对于某一对相邻顶点 P1、P2,先作其垂直方向过 *P* 点的短直线,再利用 AutoLISP 提供的 inters 函数,判断该短直线是否与 P1、P2 连线有实交点,如果没有,则累计多义线长度 *L* 并继续循环;如果有实交点则认为 *P* 点位于 P1、P2 之间,则计算 P1、*P* 之间连线长度并累计多义线长度 *L*,再结束循环。通过循环、判断最终可以累计得出已知桩号点 *P* 到多义线起点的总长度。

5 计算方法

得到线形图元起点的桩号后,等于平面计算的基础数据采集完成,随后便可以根据不同的图元类型完成相应的平面计算工作。所谓平面计算工作主要是路线桩号与平面坐标之间相互计算,即根据桩号计算坐标、根据坐标计算桩号。

5.1 根据桩号计算坐标

将桩号减去图元起点桩号得到长度 *L*,那么计算坐标就等于沿线形计算距起点距离为 *L* 的点的平面位置,实际操作是等于反行第 4 节计算步骤。具体情况如下:

5.1.1 直线(LINE)

根据直线方位角 jd 及长度 *L* 可以直接计算桩号所对应的平面点 *P* 的位置。

AutoLISP 语句:(Setq P (Polar P1 jd L))

5.1.2 圆弧(ARC)

根据圆弧长度 *L* 反算对应圆心夹角,可以得到 *P* 点到圆心连线的方位角,从而可以计算 *P* 点位置。

AutoLISP 语句:
```
(Setq jd (+γ1 (/ L r))
      P (Polar P0 jd r))
```

5.1.3 多义线(LWPOLYLINE)

与 4.3 计算方式正好相反,逐点循环累计多义线长度,当相邻的第一个顶点 P1 的累计长度 sum1 小于 *L*,而第二个顶点 P2 的累计长度 sum2 大于 *L* 时,认为 *P* 点位于该相邻顶点之间,则结束循环,从 P1 点推算得到 *P* 点位置。

AutoLISP 语句:
```
(while (= flag 0)
    (Setq p1 (Nth i spnt)
    p2 (Nth (+ i 1) spnt)
    sum2 (+ sum1 (Distance p1 p2))
    );Setq
    (If (And (>= L sum1) (<= L sum2)) (Setq flag 1) (Setq sum1 sum2 i (+ i 1)))
    );While
    (Setq p (Polar p1 (Angle p1 p2) (- L sum1)))
```

5.2 根据坐标计算桩号

通过鼠标点选任意位置(*P* 点),推算相应准确桩号,计算过程与 5.1 基本相同,稍有区别的是需要预先计算出该任意点(线外)在线位上对应的点,之后的计算就与 5.1 完全相同了。

5.2.1 直线(LINE)

直线类型很简单,直接从 *P* 点作 P1、P2 的垂线,利用 inters 函数计算得到交点。

5.2.2 圆弧(ARC)

任意点到圆心的连线都是垂直于圆弧的,因此对于圆弧类型,首先计算 *P* 点到圆心的方位角,在利用 Polar 函数计算出交点。

5.2.3 多义线(LWPOLYLINE)

对于多义线类型的图元,计算交点的过程与 4.3 完全相同,即判断过 *P* 点的垂线是否与相邻顶点间连线是否实交，不断循环直至找到交点。

6 绘图

AutoLISP 具有强大的绘图编辑功能，主要有 Command 函数和 Entmake 函数两种方式。

6.1 Command 函数

AutoLISP 利用 Command 函数可以非常方便地调用几乎全部 AutoCAD 命令，以完成各种图形的绘制任务。例如，绘制一条直线的语句如下，与正常输入命令格式完全一样。

```
(Command "LINE" "3.0,4.0" "7.0,9.0" "")
```

6.2 Entmake 函数

Entmake 函数可以在图形中构造一个新的实体，该函数的变量是描述新实体的数据表(DXF 组码)，生成的新实体将被附加到图形数据库中。通过对函数变量的控制和调整，可以构成各种特定的图元实体，这种方式无须调用 AutoCAD 命令，效率更高，可操控性更强。例如，绘制同样一条直线的语句如下：

```
(Entmake (List (Cons 0 "LINE") ;类型
               (Cons 62 col);颜色
               (Cons 8 lay);图层
               (Cons 10 P1);起点 P1=(3.0,4.0)
               (Cons 11 p2 );终点 P2=(7.0,9.0)
                       );List
);Entmake
```

7 结语

(1)程序以线形图元为基础完成路线平面计算，完全摆脱对线位数据的依赖，无须考虑路线线形组合方式，可以应对任何路线软件生成的图形，应用面十分广泛。

(2)程序对于直线、圆弧的线形，属于精确计算，无计算误差；而对于由多义线构成的缓和曲线线形，这种方式由于弦弧长度差异，不可避免存在一定的误差。当曲线拟合长度足够小的话，计算精度还是相当高的，足以应付公路设计日常需要。

(3)利用 AutoLISP 语言开发平面计算程序，充分利用 AutoLISP 语言的特点和优势，用简单的方法完成了路线平面计算工作，并轻松实现自动化绘图的目标，绘图速度快、精度高、效果好，有效提高工作效率。

参考文献

[1] 梁雪春，崔洪斌，吴义忠，曹康. AutoLISP 实用教程，北京：人民邮电出版社，1998.

膨胀土地基路基填方失稳破坏模式分析

黄世武[1]　刘明维[2]

(1. 广西壮族自治区交通基建管理局　南宁　532000；
2. 重庆交通大学　重庆　400074)

摘　要：膨胀土在我国分布十分广泛，随着各地交通及基础设施建设的快速发展，膨胀土问题愈发突出。本文在总结南宁(坛洛)至百色高速公路膨胀土路基填方的三种破坏模式的基础上，采用有限无强度折减法对路提的破坏模式进行模拟，并探过了路提破坏的原因。对膨胀土地基路堤填方设计细节有了新的思考，也为在膨胀土地基上进行填方施工研究提供了新的思路。

关键词：膨胀土　路堤填方　破坏模式　抗剪强度

1　引言

膨胀土在我国分布十分广泛，20 余个省、市、自治区均存在有膨胀土问题。随着各地交通及基础设施建设的快速发展，高速公路、铁路、机场建设难免不会穿越膨胀土地区，膨胀土问题愈发突出。膨胀土地区的边坡病害更为严重，有“遇堑必滑，无堤不塌”之说，可见膨胀土边坡病害的严重程度。从以往的理论研究、工程经验来看，在膨胀土地基上设置挖方路基工程实践较为丰富，处置技术比较成熟；而在膨胀土地基上设置填方路基工程的研究较少，处置技术仍不成熟，致使大量膨胀土地基路堤发生开裂、变形甚至垮塌。南宁(坛洛)至百色高速公路 K169＋500～K189＋400 段填方段和挖方段大部分为膨胀土地基，地形复杂，该段部分填方路基在 2006 年 2～8 月雨季期间出现了滑移、开裂、下陷等现象，原因未完全明确。

本文对南宁(坛洛)至百色高速公路 K169＋500～K189＋400 段填方段路堤边坡失稳进行详细调查，总结出膨胀土路基填方的三种破坏模式，即以横向为主的滑移、以纵向为主的滑移以及存在纵横向的空间滑移模式。在此基础上，采用有限元强度折减法对路堤的破坏模式进行模拟，并探讨了路堤破坏的原因。对膨胀土地基路堤填方设计细节有了新的思考，也为在膨胀土地基上进行填方施工研究提供了新的思路，并为今后修订完善有关膨胀土路基的设计施工规范提供可供参考的资料。

2　膨胀土地基路基填方失稳调查

经过对南宁(坛洛)至百色高速公路 K169＋500～K189＋400 填方路段进行详细调查可知，膨胀土地基路基填方失稳与地形地质条件、施工情况以及季节有十分密切的关系。

2.1　地形情况

失稳路堤地基一般存在较大的纵向和横向坡度。根据地基纵横向坡度的不同，分为三种地形。一是以横向坡为主，如图 1、图 2 所示。如 K170＋300～600 段顺横向从左往右，山坡坡度较陡，侧向横坡达到 10%～12%，最大达到 18%(10.28°)；K179＋600～900 段路堤沿公路路线走向右高左低，横坡达 8%～10%。二是以纵向坡为主。如 K177＋300～540 段路堤沿公路路线走向左高右低，横坡较缓，平均横坡 1%～3%，公路纵坡较大，沿公路纵向 K177＋424 处最低，往两纵向坡度约 10%，呈两头高，中间低地形。三是同时存在较大的纵向和横向坡度。如 K180＋570 处为一常年淤积的冲沟，为该段最低洼处，其中 K180＋400～K180＋700段为软土地基；从该处往路线前后两边纵向均为约 8%～15%坡度的斜坡，地势比较陡峭，另外也有一定的横坡变化。

2.2　地质情况

根据现场实际开挖后的土质情况分析，表层一般为 1～2m 为黑色腐殖土，下面是很厚的灰白色夹黄褐色膨胀土，再往下为风化泥岩。各岩土层走向与山体纵向坡度和横向坡度基本一致，腐殖土及灰白色夹黄褐色膨胀土及强风化泥岩富含水，渗水明显，一般开工后时常可见坡面上不同高度有渗水现象。

图 1　典型膨胀土地基地形图

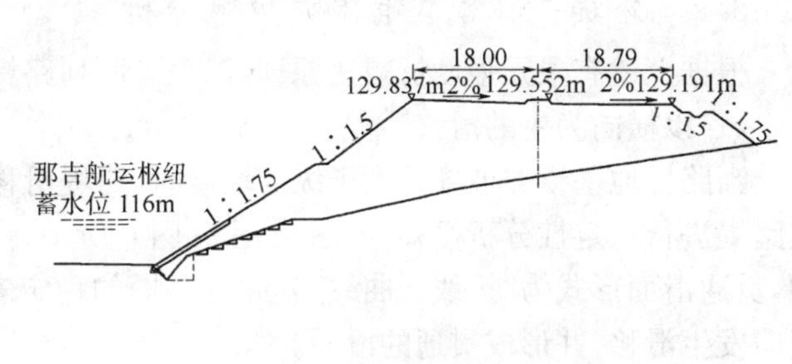

图 2　典型路堤横断面图(尺寸单位：m)

2.3　施工及病害出现情况

路基施工在 2005 年 9 月开始清表 60cm，然后回填红黏土、砾石土，至 2006 年 5 月前一般仍未填至路基设计高程。2005 年 11 月至 2006 年 5 月，百色地区雨水少，天气干燥，一般填方没有出现问题。2006 年 5 月后广西进入雨季，雨水开始增多。几场大雨后，路堤开始出现裂缝；持续大雨后，裂缝不断发展，最终导致路堤的垮塌。路堤溃塌情况如图 3 所示。

图 3　路堤发生变形、滑移、坍塌图

总体说来，致使南百高速公路膨胀土地基路堤失稳一方面由于膨胀土地基和部分残余腐殖土遇水强度极度降低，有可能成为软弱土层；另一方面，原地基往往处在一定斜坡上，致使路堤可能沿软弱土层往低处滑移或滑塌。根据滑移的主要方向不同，路堤破坏模式可以分为三类：以横向为主的滑移、以纵向为主的滑移以及存在纵横向的空间滑移。

3　路堤失稳模式的有限元极限分析

本文拟采用有限元极限分析方法中的有限元强度折减法，分析南百高速公路典型膨胀土地基路基填方稳定性。对前述调查后得出的三种破坏模式从理论上进行验证，指导路堤处治工程实践。

3.1　有限元强度折减法基本原理

在弹塑性有限元静力计算中，通过不断降低路堤坡体的强度(黏聚力 c 和内摩擦角 φ)，使系统达到不稳定状态，即有限元静力计算不收敛，此时的强度折减系数就是路堤稳定安全系数。

在计算过程中将路堤坡体的强度参数(黏聚力 c 和内摩擦角 φ)逐步折减，即按公式 $c'=\dfrac{c}{\omega}$、$\varphi'=\arctan$

$\left(\frac{\tan\varphi}{\omega}\right)$将折减后所得参数作为输入，进行有限元计算。若程序收敛，则路堤仍处于稳定状态，继续折减，直到不收敛为止。此时，土体出现大幅度塑性滑移，对应的折减系数即为路堤的稳定安全系数。本文采用有限元强度折减法分析路堤失稳的三种破坏模式。

3.2　路堤失稳模式有限元极限分析

根据上述有限元强度折减法原理，以表 1 所列路堤坡体材料强度作参数，分如下三种情况进行分析。

(1)以横向为主的滑移

当路堤地基横向坡度远大于纵向坡度时，路堤滑移主要以横向滑移为主。采用有限元强度折减法对典型路堤进行稳定性分析可知，如图 4、图 5、图 6 所示，路堤处于极限状态时滑面沿坡脚开始，一直贯穿到路堤顶，贯通滑面形式为"折线+曲线"。此时路堤的稳定安全系数为 0.96。从滑面的形成及形状来看，路堤沿横向发生滑移，并形成贯通的滑面。

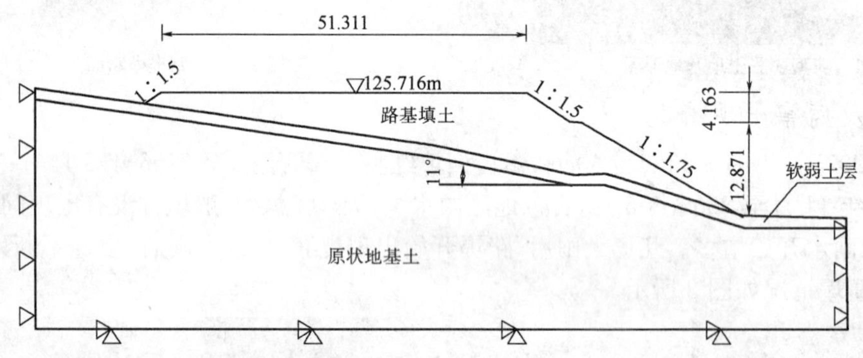

图 4　路堤计算模型(K170+500，失稳时)(尺寸单位：m)

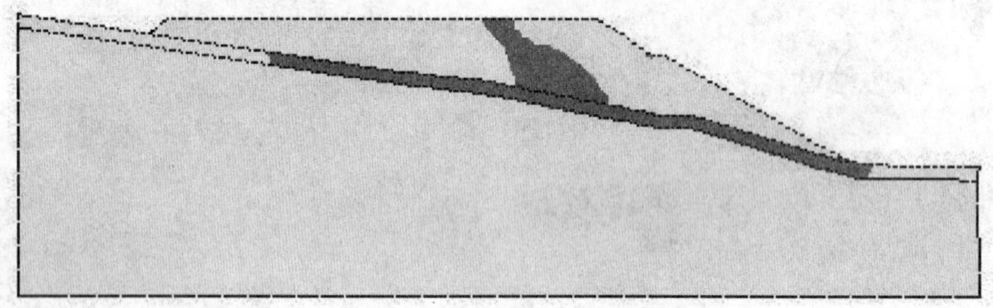

图 5　用等效塑性应变区表示的滑动面位置和形状(K170+500，$F=0.96$)

(等效塑性应变区是土体进入塑性，发生塑性应变的大小程度，通常情况下，塑性应变贯通是坡体失稳的必要条件)

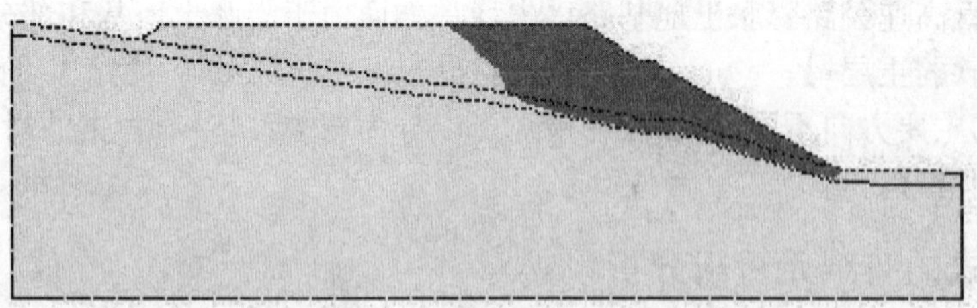

图 6　用水平位移图表示的滑动面位置和形状(K170+500，$F=0.96$)

(2)以纵向为主的滑移

当路堤地基纵向坡度远大于横向坡度，并且因施工组织不合理造成沿公路纵向产生人工边坡，致使填土随软弱地基倾向无支撑侧滑动，最终导致填土滑移、滑塌；低处的涵洞受软弱地基的挤压或移动而错位。此时，路堤滑移主要以纵向滑移为主，如图 7 和图 8 所示。路堤处于极限状态时滑面沿坡脚开始，一直贯穿到路堤顶，贯通滑面形式为"折线+曲线"。此时路堤的稳定安全系数为 0.98。数值模拟结果表明，路堤主要沿纵向发生了滑移。

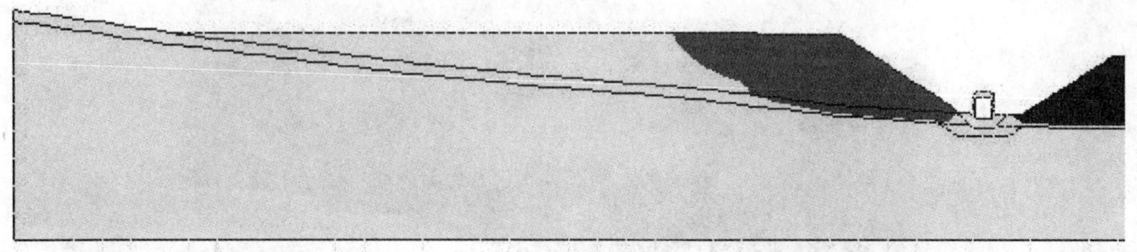

图 7　用等效塑性应变区表示的滑动面位置和形状(K177+300～540,F=0.98)

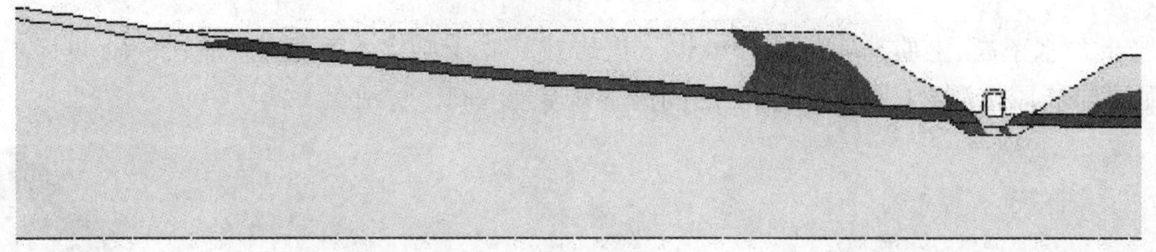

图 8　用水平位移图表示的滑动面位置和形状(K177+300～540,F=0.98)

(3)存在纵横向的空间滑移

当路堤地基既有较大横向坡又有较大纵向坡时,路堤可能沿纵向与横向组合的某个方向发生位移。采用三维有限元模型进行分析,如图 9 所示。在遇水状态下,整个地基坡面成为滑面,发生空间的滑动。此时的滑移沿为纵横向的空间滑移,如图 10 和图 11 所示,路堤及地基的位移云图可以看出整个坡体沿最大坡度方向(垂直等高线线)滑动。此时路堤的稳定安全系数为 1.22。整个坡体的滑移是空间滑移方式。

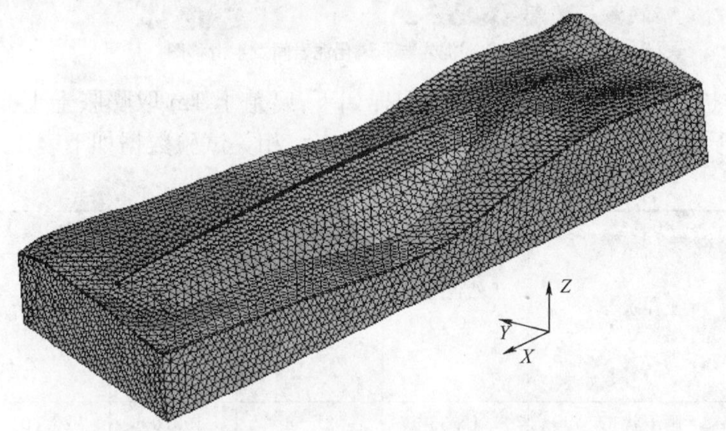

图 9　路堤的三维计算模型(K180+400～700)

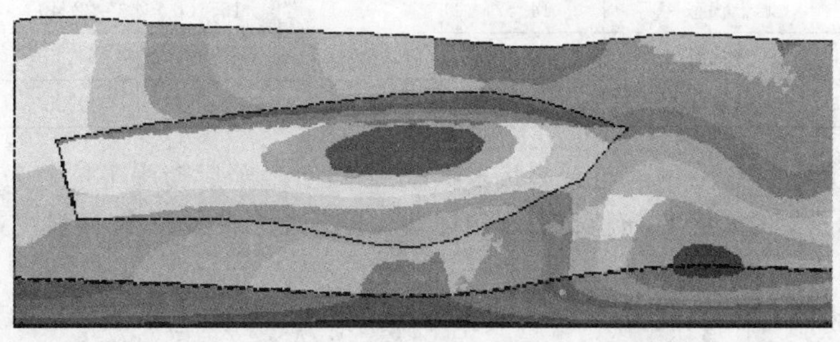

图 10　总位移云图(K180+400～700,F=1.22)

4　路堤失稳破坏原因初探

对 K170+300～600、K177+300～540、K179+600～900 段滑移填土和地基清除时发现,路堤两侧至中线 15m 范围人工填方下面部分黑色腐殖土很潮湿、松软,部分断面全部充水严重。腐殖土下面 1.5～2m 左

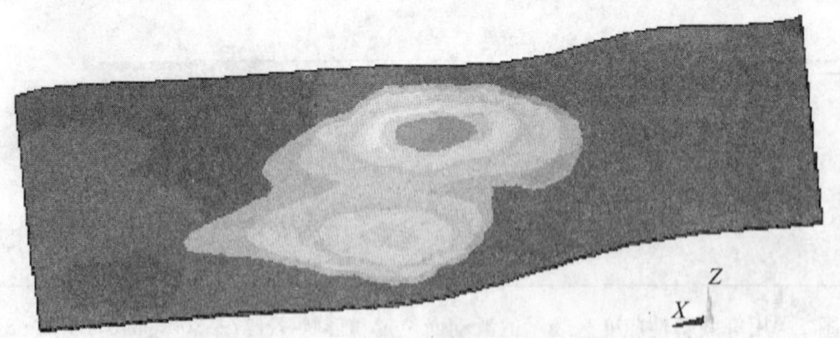

图11　软弱膨胀土层塑性区(K180＋400～700,$F=1.22$)

右泥岩或膨胀土含水率高、土质非常软弱;2m以下泥岩或膨胀土则含水率适中,呈软～硬塑状。K170＋300～500软弱泥岩与弱风化泥岩间可明显看出层间滑移现象如图12所示。

图12　软弱泥岩与弱风化泥岩间发生滑移图

对各层地基土取样进行抗剪强度试验。具体取样如下:腐殖土1m取膨胀土土样,以下3m处取膨胀土土样;取样主要分为晒干状态、含水软弱状态以及天然状态。相关试验数据如下表1。

土工试验成果表　　表1

试验路段	土样状态	天然含水率 w(%)	湿重度 γ (kN/m³)	抗剪强度		胀缩试验	
				黏聚力 c(kPa)	内摩擦角 φ(°)	自由膨胀率 δ_{ef}(%)	膨胀性
K170＋380～450	晒干状态	12.35	21.54	190.00	26.60	26.50	
K170＋380～450	含水软弱状态	21.87	18.77	60.50	6.83	48.50	弱膨胀土
K179＋720～730	晒干状态	14.57	20.30	165.00	22.40	30.17	弱膨胀土
K179＋720～730	天然状态	19.60	20.10	52.50	18.50	43.05	弱膨胀土
K179＋720～730	含水软弱状态	22.90	18.60	59.50	0.90	53.50	弱膨胀土

数据表明各土层抗剪强度不一样,与天然状态膨胀土相比,晒干后膨胀土抗剪强度c、φ值都有较大提高,特别是c值提高到原值的3倍多,φ值也有一定提高。而膨胀土遇水后,抗剪强度c、φ值降低较快,特别是φ值降低非常大。

鉴于以上勘探成果,初步推测病害原因为:清表时,天气干旱,含水率低,表面土体强度高,回填土处于稳定状态;填土后地基膨胀土受大气影响,强度逐步变化,到雨季期间,原状土体含水率升到一定程度,强度急剧下降,此时在以下条件下将出现地基土失稳:

(1)山体横坡较大(侧向坡较大时)。从几段发生病害的路基填方来看,均有10%左右的横坡。如K179＋600～900段、K170＋300～600段都有较大的横坡。填土后,地基土渗水抗剪强度急剧下降,整个土体处在一软弱面上,故发生路堤滑移、坍塌。

(2)存在较大的纵坡且施工顺序不合理。如K177+300~600段,在K177+420涵洞两侧原地面纵坡较大,且在膨胀土地基上填筑,由于没有彻底清表,同时未从涵洞两侧对称回填,造成在涵洞两侧填方不对称,致使填土随软弱地基倾向无支撑侧滑动,最终导致填土滑塌、涵洞错位。

(3)既有较大侧向坡又有较大纵向坡。如K180+400~700段,既有横向坡,又有较大的纵向坡,遇水状态下,整个地基坡面成为滑面,发生空间的滑动。

(4)外界深层或浅层影响。因排水不畅,或在路堤旁弃土不恰当,都会造成填方路堤病害。

5 对公路技术规范有关膨胀土地基路堤填方规定的初步思考

当前公路路基设计的现行规范是《公路路基设计规范》(JTG D30—2004)[7]。在路堤设计方面,规范规定:

(1)稳定斜坡上地基表层的处理,应符合下列要求:

①地面横坡缓于1:5时,在清除地表草皮、腐殖土后,可直接在天然地面上填筑路堤。

②地面横坡为1:5~1:2.5时,原地面应挖成台阶,台阶宽度不应小于2m。当基岩面上的覆盖层较薄时,宜先清除覆盖层再挖台阶;当覆盖层较厚且稳定时,可予保留。

(2)地面横坡陡于1:2.5地段的陡坡路堤,必须检算路堤整体沿基底及基底下软弱层滑动的稳定性,抗滑稳定系数不得小于本规范表3.6.8的规定值,否则应采取改善基底条件或设置支挡结构物等防滑措施。

这主要是针对非膨胀土地区对路堤填筑的要求,而对膨胀土地区路堤的填筑目前没有具体规定。从实际的膨胀土地区的路堤设计与施工情况来看,地面横坡缓于1:5时,如果未挖台阶,或者挖台阶小于10m,都发生了路堤垮塌事故。另外,对于坡度低于20m的路堤(非规范规定的高路堤),垮塌事故也时有发生。因此,原有规范规定进行挖台阶处理的横坡坡度、台阶宽度、高路堤高度在膨胀土地区都有待改善,必须在新的规范修订中进行补充。

在膨胀土地区的路堤填筑,规范的重点是对填料的规定,而对整个坡体稳定性未作具体规定,还是参照一般地区路堤填筑,因此出现部分路堤失稳。

(3)在公路纵向存在较大坡度,且坡体量较大时,由于施工组织顺序不合理,也可能造成路堤沿软弱地基土沿公路纵向滑动,这是原有规范未提及的,有待于补充完善。

6 结论

本文对南宁(坛洛)至百色高速公路K169+500~K189+400段膨胀土地基路基填方失稳进行了详细的调查研究,并采用有限元强度折减法对典型路堤的稳定性进行了分析,得出如下结论:

(1)从具有软弱土层路堤的破坏来看,主要可以分为以横向为主的滑移、以纵向为主的滑移以及存在纵横向的空间滑移三种破坏形式。

(2)采用有限元强度折减法对典型路堤稳定性分析表明,膨胀土遇水软弱,由于地形条件,可能形成沿横向、纵向或纵横向的空间滑移破坏模式,这与实际调查情况一致,表明有限元强度折减法分析膨胀土路堤失稳的可行性。

(3)调查和数值分析分析表明,膨胀土路堤边坡失稳的主要原因是膨胀土地基遇水后抗剪强度急剧弱化,如果路堤地基具有较大横坡和纵坡,致使整个路堤处于具有斜坡的软弱层上,极易发生整体失稳。

(4)对《公路路基设计规范》(JTG D30—2004)有关膨胀土地基路堤填方规定有了新的思考,为在膨胀土地基上进行填方施工研究提供了新的思路。

参考文献

[1] FEI CAI, KEIZO UGAI. Numerical analysis of the stability of a slope reinforced with piles. Soils and Foundations, Vol. 40, No. 1, 73-84, Feb. 2000.

[2] Zheng Yingren, Deng Chujian, Zhao Shangyi, Tang xiaosong, Liu Mingwei, Zhang Liming. Development of Finite Element Limiting Analysis Method and Its Applications in Geotechnical Engineering. Engineering Sciences. Vol. 5, No. 3, 2007: 10-35

[3] 郑颖人,赵尚毅,邓楚键,刘明维,等.有限元极限分析法发展及其在岩土工程中的应用.中国工程科学,2006 12(8):39-61.

[4] 刘明维,郑颖人.基于有限元强度折减法确定滑坡多滑面方法.岩石力学与工程学报,2006,25(8):1544-1549.

[5] 赵尚毅,郑颖人,时卫民,等.用有限元强度折减法求滑坡稳定安全系数,岩土工程学报,2002(3): 343-346.

[6] 赵尚毅,郑颖人,邓卫东.用有限元强度折减法进行岩质滑坡稳定性分析.岩石力学与工程学报,2003 22(2):254-260.

[7] 中华人民共和国行业标准.公路路基设计规范(JTJ D30—2004).北京:人民交通出版社,2004.

BP 神经网络在平曲线路段交通事故预测中的运用

胡爱平[1]　周艳平[2]

(1. 郴州市市政工程总公司　郴州　423000;
2. 湖北路桥有限责任公司　武汉　400070)

摘　要: 道路交通事故与道路线形有着直接的关系。本文对我国国道上平曲线路段的线形特点与交通事故数目进行分析,建立了道路平曲线路段交通事故数目预测的 BP 人工神经网络模型。结果表明用 BP 神经网络模型预测平曲线路段的交通事故有相当的准确性,这对道路平曲线设计的安全性有着重要的现实意义。

关键词: 交通事故　平曲线路段线形　BP 网络

1　我国交通安全研究现状

道路交通事故是涉及到千家万户,人人关注的社会问题。在当今的世界上,道路交通事故与战争、疾病、自然灾害一样,严重地危害人类的生命安全。据有关报道表明,自从有机动车道路交通事故死亡记录以来,全世界已有 3 200 余万人死于道路交通事故,接近第二次世界大战的死亡人数。道路交通事故造成的经济损失也相当惊人,许多国家应道路交通事故的经济损失约为国民经济总产值的 1%[1]。与世界各国相比,我国交通运输事业底子薄,基础差,人口众多,道路少,管理水平低,因此交通事故就显得更为严重。我国已经成为世界上交通事故死亡人数最多的国家。

综上所述,交通事故已经是一个严重的社会问题。从方法论的角度讲,要从根本上减低和防止交通事故的发生,首先就必须客观、全面、科学地审视引发交通事故的原因。一切交通活动都是发生在人员—车辆—道路这个系统之中的,因此,引发事故的基本要素必然是人、车辆和道路。但是,我们在统计事故成因时大都简单地认为:事故的基本原因是人为的,主要是驾驶员的失误和错误,道路因素相对来说是次要的。而实际上,驾驶员的驾驶行为是对交通客观条件的主观反映的外在表现,不合理的道路交通特征会导致驾驶员错误的驾驶行为,从而导致交通事故。前苏联学者对前苏联境内Ⅰ～Ⅴ级公路上 13 000 余起交通事故进行分析,并仔细考虑了事故地点道路的特征后,得出的结论认为,不良道路条件的影响是 70%交通事故的直接或间接原因。欧洲联合经济委员会在关于道路不幸事件问题的研究中指出,70%的事故是由于道路的缺陷所致[2]。因此,研究道路特征与事故率之间的关系是交通安全的一个重要方面,对改善道路安全状况,消除事故隐患有着直接的作用。

人工神经网络是一种模拟结构和功能的信息处理系统,具有学习、记忆和容错的特点。当前,人工神经网络主要用于函数逼近,模式识别和数据压缩方面[3]。人工神经网络的模型已有几十种,大体可分为三大类,即前向网络、反馈网络和自组织网络。在这些模型和算法中,BP 算法是比较成熟的算法之一。根据 Kolmogolov 定理,三层网络可输入任何非线性连续函数的信号,所以本文选择使用三层的 BP 神经网络模型的函数逼近功能以道路线形元素为参数来预测道路事故。通过与交通事故相关的主要道路线形要素(交通量、行车道宽度、路肩宽度、圆曲线半径、平曲线长度、缓和曲线长度、平曲线转角)分析建立 BP 神经网络模型,用调查来的湖南某国道的事故资料和线形资料的分析来训练 BP 神经网络,从而建立起各道路平曲线线形参数对道路交通事故影响的关系模型,让自学习后的网络预测具有不同道路平曲线参数的路段的交通事故。预测结果与资料的交通事故结果相近,表明 BP 网络在道路线形元素预测道路事故中的运用是可行的。

2 BP神经网络预测道路事故

用BP人工神经元网络预测道路交通事故，首先要用学习样本对神经元网络进行训练，以得到交通事故预测的BP算法模型；然后利用此模型来预测具有不同道路平曲线要素的路段交通事故发生次数。

2.1 样本资料

本文收集了湖南某国道的事故资料和线形资料进行分析。该国道属于二级汽车专用道，路面宽9m，双向双车道。本文统计了1995年1月～1997年12月，历时3年的交通事故数。收集的线形和事故的部分样本资料见表1[4]。

湖南某国道部分事故资料和线形资料统计 表1

样本组数	事故数目	交通量(辆/d)	行车道宽度(m)	路肩宽度(m)	圆曲线半径(m)	平曲线长度(m)	缓和曲线长度(m)	平曲线转角(°)
1	9	8 979	9	1.9	310	279.72	120	29.55
2	8	8 979	9	2	800	468.64	120	26.01
3	5	8 979	9	2	600	835.65	250	55.95
4	7	8 979	9	2.1	1 300	271.51	80	8.99
5	7	8 979	9	2	800	473.68	140	23.91
6	15	8 979	9	2.9	2 500	871.31	0	77.30
7	5	7 173	9	2	1 100	563.20	180	19.97
8	2	7 173	9	1.9	2 000	418.75	200	6.27
9	9	7 173	9	2.2	1 200	905.87	200	33.72

2.2 网络设计

由于原始数据有限，影响了RBF网络中心点的调整，所以采用RBF网络试算结果不理想，故采用BP网络。所采用的BP神经元网络结构如图1所示。

其中，P1、P2、P3、P4、P5、P6、P7为输入，a1为输出。P1为交通流量ADT，P2为行车道宽度，P3为路肩宽度，P4为圆曲线半径，P5为平曲线长度，P6为平曲线转角，P7为缓和曲线长度，a1为交通事故数(次)。

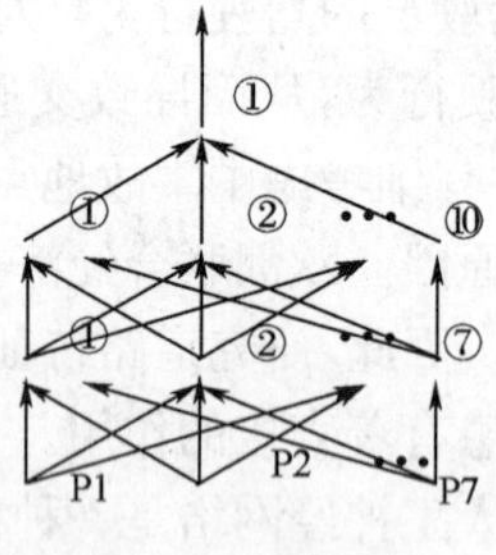

图1 BP网络结构图

2.3 学习算法

由于BP算法收敛较慢，而且容易陷入局部极小，故采用L-M(Levenberg-Marquardt)反向传播算法修正权值。

权值修正公式为：$\omega ij(t+1)= \omega ij(t)-(JT\,J+\lambda I)-1\,JTe$

其中，J为误差函数的Jacobi矩阵，e为期望输出与网络输出的误差。

2.4 网络训练与检验

样本总数为32对数据，用25对数据进行训练，用7对数据进行检验。样本训练误差曲线如图2所示。

2.5 检验结果

检验样本及结果见表2。

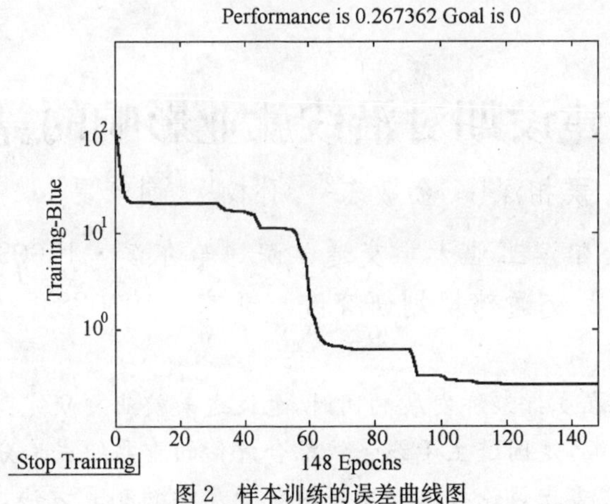

图 2 样本训练的误差曲线图

检验样本及检验后的结果 表 2

样本组数	交通量（辆/d）	行车道宽度（m）	路肩宽度（m）	圆曲线半径（m）	平曲线转角（°）	缓和曲线长度（m）	平曲线长度（m）	事故数目	预测数目	预测数与实际数目之差
26	9 562	8	1	750	43.16	80	644.68	17	17.72	0.72
27	7 173	9	2	800	26.17	100	465.22	7	5.1	1.90
28	7 173	8	0.75	250	9.31	100	140.60	10	8.49	1.51
29	7 173	8	0.75	800	20.13	120	400.93	7	7.83	0.83
30	4 643	7	0.75	250	15.32	100	166.81	7	6.78	0.22
31	4 643	7	0.8	500	40.1	80	429.76	7	5.58	1.42
32	4 643	7	0.8	1 000	62.53	100	1 190.80	15	15.12	0.12

检验结果表明预测值与实际值相差不大，该 BP 神经网络模型在预测平曲线路段的交通事故数有一定的可行性。

3 交通事故的 BP 神经网络模型的应用前景

我国的道路状况较差，交通事故隐患多，其中曲线路段的事故率比直线路段要高，而曲线路段事故率比较高的主要原因是线形组合问题。某些相形组合符合设计规范要求，但安全性能却很差。因此，建立道路平曲线要素与交通事故之间的神经网络模型，通过模型预测，可以找出个别事故严重的路段；而有针对性的对不符合安全要求的线形进行改进，改善路段的路况，将交通事故率控制在最低水平。

4 后续工作

本文仅给出了双车道道路平曲线元素与交通事故数的资料，因此后续的工作就是充实数据，将纵断面线形元素纳入样本的输入，并考虑单车道和多车道的情况，建立道路线形要素与道路交通事故之间更为完善的 BP 神经网络模型。

参 考 文 献

[1] 许洪国，何彪. 道路交通事故分析与再现. 北京：警官教育出版社，1996.
[2] 尹红亮，王炜，王晓红，周启兆. 道路事故成因的新思考. 公路交通科技，2000 (8).
[3] 许东，吴铮. 基于 MATLAB6. X 的系统分析与设计——神经网络. 西安：西安电子科技大学出版社，2002.
[4] 黄进，方守恩. 平曲线路段事故数目与线形元素的关系. 公路，2002，(12).

高速公路建设期对沿线就业影响的算法研究

侯相深[1] 金敬东[2] 孙楠[1] 谢秉磊[1]

(1.哈尔滨工业大学交通学院 哈尔滨 150090；
2.交通部规划研究院 北京 100028)

摘 要：国道主干线系统的建设在支撑经济发展的同时，也促进着就业。研究高速公路交通基础设施建设投资对沿线地区就业的影响，是国道主干线系统综合评估的重要组成部分。考虑到国民经济各产业部门之间紧密的联系，本文重点讨论投入产出法对就业影响的测算方法，并以沪宁高速公路(江苏段)为例，计算出高速公路建设期所创造的就业岗位数。

关键词：高速公路建设期 投入产出法 就业效应 就业岗位数

1 前言

我国3.5万公里国道主干线已于2007年底全部建成，交通基础设施在支撑经济发展的同时，也促进着就业，具有明显而广泛的正外部性。高速公路的投资建设，不仅直接创造了大量的就业岗位，而且由于它和国民经济其他产业部门之间的紧密联系，加快了其他产业部门的发展，间接带动了这些产业部门的就业水平。目前，国内外研究就业的主要方法有凯恩斯的投资乘数法、科布－道格拉斯的生产函数法和投入产出法。其中，前两种方法在讨论公路投资与就业关系时存在着一定局限性。而投入产出法是利用投入产出表和投入产出数学模型，定量分析经济系统中各部分之间的投入与产出间的数量依存关系，目前得到了广泛应用。为了评估高速公路在建设期对就业的贡献，本文利用投入产出模型进行算法研究，并以沪宁高速公路为例，较全面地分析其改扩建对就业的贡献。

2 投入产出分析的算法研究

2.1 投入产出模型基本参数

(1)直接消耗系数

直接消耗系数 a_{ij} 的定义是：某部门(j 部门)一个货币单位产出对有关部门(i 部门)产品的直接消耗量。其计算公式为：

$$a_{ij} = \frac{x_{ij}}{X_j} \tag{1}$$

式中：a_{ij}—— j 部门对 i 部门的直接消耗系数；

x_{ij}——j 部门对 i 部门的消耗量；

X_j——j 部门的总产出。

用 $n\times n$ 阶矩阵 $\mathbf{A}=(a_{ij})_{n\times n}$ 表示直接消耗矩阵，它表示国民经济全部 n 个行业部门彼此的直接消耗关系。

$$\mathbf{A} = (a_{ij})_{n\times n} = x\hat{X}^{-1} = \begin{bmatrix} x_{11} & x_{12} & \cdots & x_{1n} \\ x_{21} & x_{22} & \cdots & x_{2n} \\ \vdots & \vdots & \ddots & \vdots \\ x_{n1} & x_{n2} & \cdots & x_{nn} \end{bmatrix} \begin{bmatrix} X_1^{-1} & 0 & \cdots & 0 \\ 0 & X_2^{-1} & \cdots & 0 \\ \vdots & \vdots & \ddots & \vdots \\ 0 & 0 & \cdots & X_n^{-1} \end{bmatrix} \tag{2}$$

(2)完全消耗系数

完全消耗系数 b_{ij} 的含义是：j 部门一个货币单位产出所直接和间接消耗 i 部门的产出量。

$$b_{ij}=a_{ij}+\sum_{k=1}^{n}a_{kj}a_{ik}+\sum_{k,s=1}^{n}a_{kj}a_{sk}a_{is}+\cdots+\sum_{k,s,\cdots,z=1}^{n}a_{kj}a_{sk}\cdots a_{iz}+\cdots$$

令完全消耗矩阵为 $\boldsymbol{B}=(b_{ij})_{n\times n}$，根据完全消耗系数的定义，有 $\mathbf{B}=\mathbf{A}+\mathbf{AB}$。从而有

$$\boldsymbol{B}=(\boldsymbol{I}-\boldsymbol{A})^{-1}\boldsymbol{A}=\boldsymbol{A}+\boldsymbol{A}^2+\boldsymbol{A}^3+\cdots=(\boldsymbol{I}-\boldsymbol{A})^{-1}-\boldsymbol{I} \tag{3}$$

式中：$\boldsymbol{I}$——n 阶单位矩阵。

(3)完全需求系数

某部门单位产出对其他部门的完全需求量，表示为矩阵形式为：

$$\boldsymbol{C}=(\boldsymbol{I}-\boldsymbol{A})^{-1} \tag{4}$$

即列昂惕夫逆矩阵。

2.2 算法研究

(1)资料的收集

为测算高速公路建设期对沿线就业的影响，需要得到以下资料：计算年份的投入产出表和统计年鉴，高速公路决算或概算报告，以及各年度的建设投资与施工进度资料。

(2)投入产出表的改造

现行的投入产出表没有提供相关行业的从业人数，需在同年的统计年鉴中获得。由于统计口径不同，《统计年鉴》和《投入产出表》的行业并不完全对应，因此需要对投入产出表进行适当的归并与调整使二者相互对应。

根据决算或概算报告中高速公路建设时的耗材情况，把消耗产品分别归到合并后的《投入产出表》中相应的部门，作为对各个部门的中间使用。《投入产出表》相应地增加一行一列，新增的部门称为高速公路建设业，新增行全部填0，新增列为计算的对各个部门的中间使用。注意，高速公路建设业虽作为一个独立行业分离出来，但是隶属于建筑业，因此分离后的建筑业(改称其他建筑业)的行向和列向各数值与高速公路建设业相对应的数值相加应等于原建筑业。

(3)直接就业岗位数

高速公路投资建设直接创造的就业岗位就是直接参与高速公路建设的人员。各年的直接就业岗位数和投资情况可在决算或概算报告以及各年度施工进度资料上获得。值得注意的是，决算或概算报告上得到的人工数是以工日为计量单位的，不能直接使用，因此需要将其转换为就业岗位。工日除以工作的天数就得到就业岗位，但是在现实中，实际工作的天数很难准确把握，因此只能采取估算，这里提出三种估算的方法。

算法一：去除国家法定休息日和节假日；

算法二：不间断施工，仅去除雨休和春节；

算法三：在算法二的基础上延长工人每天的劳动时间。

此外，决算或概算报告上得到的仅为工人数，除了施工工人外，还有一定数量的项目管理人员和工程技术人员等参与工程。根据项目经理部总人员一般不少于现场施工工人的5%的原则，即可估算出这部分人员的数量。

(4)劳动力投入系数

定义：j 行业单位产出所投入的劳动力称为劳动力投入系数，表达式如下：

$$l_j=L_j/X_j \qquad (j=1,2,\cdots,n) \tag{5}$$

式中：l_j——j 行业的劳动力投入系数；

L_j——j 行业的从业人数；

X_j——j 行业的总产出。

(5)就业效应

j 行业增加一个货币单位投入或产出直接和间接创造的整个国民经济系统劳动力的数量，定义为就业效应。

当 j 行业增加一个货币单位投入(产出)时，对其他行业的完全需求量分别为 j 行业对应的各个行业的

完全需求系数，即 C_{1j}、C_{2j}、…、C_{nj}，l_1 与 C_{1j} 的乘积为 j 行业创造的第 1 个行业的就业岗位数，各个行业的劳动力之和就是 j 行业的就业效应，计算公式为：

$$e_j = l_1 C_{1j} + l_2 C_{2j} + \cdots l_n C_{nj} \qquad (j = 1,2,\cdots,n) \tag{6}$$

(6)考虑自产率影响的就业

x_{ij} 既包括区内生产部分也包括进口部分和外地调入部分，只有区内生产部分才可以影响区内的就业量；而区外部分对就业的影响属于系统之外，无法准确考察，因此在研究对就业的影响时考虑自产率是必要的。投入产出表中存在行平衡，即中间使用＋最终使用＝总产出＋进口＋调入。定义自产率的计算公式为：m＝总产出/(总产出＋进口＋调入)，即：

$$m_i = \frac{i\text{ 行业总产出}}{i\text{ 行业中间使用} + i\text{ 行业最终使用}} \tag{7}$$

经过自产率调整的直接消耗系数为：

$$a_{ij}^* = a_{ij} m_i \tag{8}$$

矩阵运算为：

$$\mathbf{A}^* = (\alpha_{ij}^*)_{n\times n} = \hat{\mathbf{M}}\mathbf{A} = \begin{bmatrix} m_1 & 0 & \cdots & 0 \\ 0 & m_2 & \cdots & 0 \\ \vdots & \vdots & \ddots & \vdots \\ 0 & 0 & \cdots & m_n \end{bmatrix} \begin{bmatrix} a_{11} & a_{12} & \cdots & a_{1n} \\ a_{21} & a_{22} & \cdots & a_{2n} \\ \vdots & \vdots & \ddots & \vdots \\ a_{n1} & a_{n2} & \cdots & a_{m} \end{bmatrix} \tag{9}$$

算出经自产率调整的直接消耗系数矩阵 $\boldsymbol{A}^*$，则经自产率调整的完全需求系数矩阵 $\boldsymbol{C}^*$ 为：

$$\boldsymbol{C}^* = (\boldsymbol{I} - \boldsymbol{A}^*)^{-1} \tag{10}$$

经自产率调整的就业效应的计算公式为：

$$e_j^* = l_1 C_{1j}^* + l_2 C_{2j}^* + \cdots + l_n C_{nj}^* \qquad (j = 1,2\cdots,n) \tag{11}$$

(7)总就业岗位数

高速公路建设业经调整的就业效应即为单位高速公路投资所创造的总就业岗位数，总就业岗位数为就业效应与投资额的乘积。

(8)间接就业岗位数

$$\text{间接就业岗位数}=\text{总就业岗位数}-\text{直接就业岗位数} \tag{12}$$

3 实例分析

本节将以沪宁高速公路(江苏段)改扩建工程为例，运用上述理论和方法对其直接和间接创造的就业岗位数加以测算。

3.1 资料收集与加工

从江苏省统计局收集到《2005 江苏投入产出延长表》和历年《江苏省统计年鉴》，并在宁沪公司的支持下，获得《沪宁高速公路改扩建施工图概算》以及各年度的建设投资与施工进度。这些资料和数据为研究工作的顺利进行以及结果的可靠性提供了保证。

由于各种资料和数据的来源和统计口径不同，现有的数据无法满足研究的需要，因此有必要对这些原始数据进行加工调整。

(1)由于 2002 年以后的统计年鉴在编纂过程中，只提供了分三次产业的从业人数，不再提供细分行业的从业人数，因此 2005 年分行业的就业数据根据 2002 年以前的推算得到。

(2)由于年鉴中的行业分类与《2005 江苏投入产出延长表》的产品部门分类不完全一致，统计年鉴的行业数为 15 个，《2005 江苏投入产出延长表》共划分了 42 个部门，因此需要对统计资料中的行业进行归并与调整，使数据相互匹配。由于统计年鉴中地质勘察和水利管理业未在 42 部门中单独列出，故将其与科学研究和综合技术服务业合并；卫生、体育和社会福利业与教育、文化艺术和广播电影电视业在人数上很难细分，故合并为一个行业，最终归并为 13 个行业。行业归并与调整的结果见表 1。

2005年江苏省行业的归并与对应关系 表1

统计年鉴行业	序号	投入产出表部门
农、林、牧、渔业	1	农业
采掘业	2	煤炭开采和洗选业
	3	石油和天然气开采业
	4	金属矿采选业
	5	非金属矿采选业
制造业	6	食品制造及烟草加工业
	7	纺织业
	8	服装皮革羽绒及其他纤维制品制造业
	9	木材加工及家具制造业
	10	造纸印刷及文教用品制造业
	11	石油加工及炼焦业
	12	化学工业
	13	非金属矿物制品业
	14	金属冶炼及压延加工业
	15	金属制品业
	16	通用,专用设备制造业
	17	交通运输设备制造业
	18	电气机械及器材制造业
	19	通信设备,计算机及其他电子制造业
	20	仪器仪表及文化办公用机械制造业
	21	其他制造业
	22	废品及废料
电力、煤气及水的生产和供应业	23	电力及蒸汽热水生产和供应业
	24	煤气生产和供应业
	25	自来水的生产和供应业
建筑业	26	建筑业
交通运输、仓储及邮电通信业	27	交通运输及仓储
	28	邮电业
批发和零售贸易、餐饮业	30	批发和零售贸易
	31	住宿和餐饮
金融、保险业	32	金融保险业
房地产业	33	房地产业
社会服务业	34	租赁商务服务业
	35	旅游
	29	信息传输,计算机服务和软件
	38	其他社会服务业
科学研究和综合技术服务业(地质水利)	36	科学研究事业
	37	综合技术服务业
体教文卫广电和社会福利业	39	教育事业
	40	卫生,社会保障和社会福利事业
	41	文化,体育和娱乐业
国家机关、政党机关和社会团体	42	公共管理和社会组织

3.2 就业岗位数测算

(1)直接就业岗位数

根据沪宁高速公路改扩建概预算报告,三年共投入113.21亿元,可知完成项目所需的人工数为27 611 480工日,其中人工日为24 833 220,机械工日为2 778 260。假设某一时期内,高速公路单位投资所需要的人工大致相同,即平均每亿元投资需人工243 896工日,可计算出建设期各年投入的人工数:

2003年投资额38.71亿元,需人工9 441 219工日;

2004年投资额43.73亿元,需人工10 665 577工日;

2005年投资额30.77亿元,需人工7 504 684工日。

根据建设期每年投入的人工数，按照如下三种方法计算当年投资所创造的直接就业岗位数。

算法一：除去国家法定休息日和节假日

沪宁高速公路改扩建工程从2003年4月开始施工。

2003年除去节假日，共施工190d，直接创造施工岗位49 690个；

2004年除去节假日，共施工247d，直接创造施工岗位43 180个；

2005年除去节假日，共施工247d，直接创造施工岗位30 384个。

通过计算，从2003年到2005年，沪宁高速公路改扩建工程三年共创造施工岗位123 254个。

算法二：连续施工，除去雨休和春节

由于沪宁高速公路地处江苏省中南部，冬季基本不会对施工造成影响，但是考虑到多雨和春节放假，这里首先估算由于雨休和春节停工之外的实际施工天数，然后再计算所创造的直接就业岗位数。

2003年苏州降雨121d，其中4～12月降水量占全年的比例为71.3%。假定降水发生在白天和晚上的概率各占50%，且白天下雨时间按平均半天计，故2003年实际施工253d，该年直接创造施工岗位37 317个。

2004年昆山降雨天数为112d、无锡111d，扣除雨休和春节外，实际施工330d，该年直接创造施工岗位32 320个。

2005年无锡降雨天数102d，扣除雨休和春节外，实际施工332d，该年直接创造施工岗位22 604个。

使用该方法可计算出，沪宁高速公路改扩建工程三年共创造施工岗位92 240个。

算法三：连续施工、除去雨休和春节、延长劳动时间

江苏地区全年平均白天时间为12h，若按每个工人每天工作12h计，每人每天实际工作1.5工日。使用该方法，沪宁高速公路改扩建工程三年共创造施工岗位61 493个。

表2给出了不同算法的估算结果。

不同算法测算的直接施工岗位数(个) 表2

不同算法	2003年	2004年	2005年	三年总计
算法一	49 690	43 180	30 384	123 254
算法二	37 317	32 320	22 604	92 240
算法三	24 878	21 547	15 069	61 493

以上三种方法中，算法二比较符合实际情况。因为工程为了赶工期一般不会按照法定节假日休息，所以算法一不太现实；方法二劳动强度过大，一个工人很难每天连续工作12h。故推荐采用二来估算沪宁高速公路改扩建所创造的直接就业岗位数。

所得施工岗位数需乘以1.05的系数，按照算法二，在沪宁高速公路改扩建工程中，2003～2005年共创造就业岗位数96 850个。2005年投资30.77亿元，共创造就业岗位数23 735个，平均每亿元投资直接创造的就业岗位数约为770个。

(2)间接就业岗位数

为了使用投入产出表分析沪宁高速公路改扩建工程所创造的间接就业岗位数，表3对施工过程中所消耗产品的产业部门进行归并。

2005年沪宁高速公路改扩建所消耗的产品及部门分类 表3

沪宁高速改扩建消耗产品所属部门	中间使用(亿元)	沪宁高速改扩建消耗产品所属部门	中间使用(亿元)
采掘业	5.92	科学研究和综合技术服务业	0.85
制造业	16.06	中间投入合计	28.37
电力、煤气及水的生产和供应业	0.29	增加值	2.40
金融保险业	1.54	总投入	30.77
社会服务业	3.71		

在表 3 的行业分类中，将沪宁高速公路建设业分离出来，形成新的 14 个部门构成的投入产出表，并将沪宁高速公路对各部门的中间消耗以及各部门对沪宁高速公路的中间消耗分别放入表中，原来的建筑业改称为其他建筑业，且其他建筑业与沪宁高速公路建设业对各部门的中间使用之和应等于原建筑业的中间使用。

最终，可计算出 2005 年沪宁高速公路改扩建平均每亿元投资可创造或保留 1 553 个就业岗位，其中直接 771 个，间接 782 个。照此推算，2005 年总投资额为 30.77 亿元，所创造的总的就业岗位数约为 4.8 万个。当年江苏省的总从业人数为 3 877.7 万，该年沪宁高速公路改扩建工程对江苏省就业的贡献率约为 0.12%。

在沪宁高速公路改扩建的 2003～2005 年间，直接创造的就业岗位数为 96 850，平均每亿元投资直接创造 856 个就业岗位。若按 2005 年的就业效应计算，即每亿元投资间接创造就业岗位数 782 个，则 2003～2005 三年间接创造或保留的就业岗位数为 88 530 个。这样可测算出，由于沪宁高速公路改扩建所创造的直接和间接就业岗位总数约为 18.6 万个。

4 结论

本文对高速公路建设期对就业影响的研究方法进行了探讨，分不同工况讨论了高速公路建设产生的直接就业，通过对投入产出表进行适当的改造，提出了计算间接就业的方法。最后把这一套算法应用于沪宁高速公路（江苏段）的改扩建，证明了该方法的可行性，也表明高速公路建设对当地就业有着巨大的促进作用。但是由于高速公路建设的开放性、投入产出表的限制、设计资料的不完备以及各部门统计口径的不一致性，无法对就业情况进行精确测算，必要时只能近似计算；而且运用投入产出分析法的计算结果是静态的，不能反映就业情况的动态变化，具有一定的局限性。

参考文献

[1] 刘南，周庆明. 交通基础设施建设投资对国民经济拉动作用的定量分析. 公路交通科技，2006，23(5)：150-154.

[2] 敖娜岚. 内蒙古自治区各行业吸纳就业的投入产出分析. 调查分析，2006，(6)：59-61.

[3] 黄涛，陈良焜，王丽艳. 中国行业吸纳就业的投入产出分析. 经济科学，2002，(1)：48-60.

[4] 许云飞，王伟. 公路建设拉动国民经济的定量研究. 山东交通科技，2006，(4)：1-9.

[5] 吴玉乾，李廉水. 制造业发展带动就业效应分析. 现代管理科学，2006，(3)：5-6.

[6] 张婷，戴乐. 投入产出法的就业量预测评价. 辽宁工程技术大学学报，2006，6(5)：496-498.

公路工程清单报价合理性的模糊评判

丁加明　刘代全　周景阳

（湖南省交通厅建设造价管理站　长沙　410011）

摘　要：清单报价是目前公路普遍采用的施工招投标方式。由于单价指标的多样性和综合性，如何量化单价指标体系的合理性，确保单价合理性评审的客观性和招投标的公正性是困扰工程造价专家的问题。模糊聚类中汉明(Hamming)距离的计算可以较好地量化清单报价单价体系的合理性。本文介绍了模糊聚类分析在清单报价单价合理性评审中应用，指出了其实际存在中应注意的问题。实例表明该评判具有较强的实用性和可操作性。

关键词：清单报价　评判　模糊

1　引言

工程量清单报价是实行定额量价分离，以市场价格和施工企业内部定额确定投标价格的一种国际上普遍采用的工程施工招投标方式。随着招投标在我国的发展，清单报价也已经成为我国公路工程施工招投标采用的一种重要报价方式。

由于各施工单位的实力、经验和自身现有机械设备的差异，其单价指标不可能都是一样的；但相对于标底而言，如何以标底来量化整个报价指标体系的合理性是一件非常困难的事。在清单报价的标书评审过程中，由于报价指标较多，很难说哪家投标单位的报价全都合理。如表 1 所示，在总报价均略低于标底时，各单位几个施工项目的单价各有高低，很难确定哪个单位的报价与标底相比更合理。表 1 中只有四个单价指标就已经很难确定哪家单位整体单价指标体系为最合理，而在工程实践中，一般一个工程施工招标都有上百项单价指标，如何量化整个施工单价体系是困扰工程造价专家的一个难题。如果对整个指标体系的合理性的评判全部依靠专家的主观判断，这将会使得评标具有较大的随意性，严重影响了评标的公正性。

标底和各施工单位报价对照表　　表 1

项目名称	工程量	单位	标底	A单位	B单位	C单位
土方开挖	10 000	m^3	8.00	9.00	7.20	9.80
混凝土浇筑	4 000	m^3	350.00	330.00	361.00	337.00
钢筋制安	50 000	kg	4.20	4.70	3.50	4.80
临时工程	1	项	150 000	188 900	141 200	145 400
总报价			1 840 000	1 833 900	1 832 200	1 831 400

模糊数学中的模糊聚类算法可以有效地解决这个问题。通过计算各单位每个工程项目单价与标底的汉明距离，可以确定每个单价指标与标底的相似程度；然后，按照每个单价在总造价中所占权重乘以该单价与标底单价相似优先比；最后求和，哪家单位和最小就越接近标底，其单价指标体系就越合理。

2　清单报价及其合理性评判

2.1　公路工程清单报价

工程量清单报价在我国是一种全新的计价模式，在招标文件中规定了编制工程量清单报价的依据。清单标价中的价格包括了承包人的设备费、劳务费、管理费、材料费、临时工程费、安装费、缺陷修复、保险、利润、税金以及合同明示或者暗示与本工程有关的所有一般风险、责任和义务等的费用。清单报价对施工单位中标和在中标后的施工过程中经济效益的取得有着至关重要的作用,同时也是招标单位控制投资、控制施工进度的有力手段。因此,清单报价指标是投标书评审的一项重要内容。

2.2 单价体系合理性的评判

由于工程项目涉及面广,因此工程施工招标的施工项目一般较多,几十、上百个清单子目都很常见。而各施工单位在确定清单报价时对招标文件的理解不同,对施工图纸研究深度的不同,对招标项目工程施工难易程度认识不同以及自身情况的不同,确定清单报价也会不同,这就必然造就了个施工单位报价相对于标底而言参差不齐。另外,由于各单位投标指导思路的不同,施工单位在确定清单报价时可能采用了不同的投标策略。所有这些都不可避免的造成了清单报价中单价指标不会完全一样。

对于整个单价指标体系而言,因为工程量清单中工程数量的差异,不同的清单报价对总报价的影响也很大。例如,某大型土石方工程中,土石方总量为 10 万立方米,土方开挖占 10%,而石方开挖占 90%,假定土方开挖 8 元/m^3,石方开挖 28 元/m^3,那么总造价为 260 万元。如果将土方单价调低 2 元/m^3,降为 6 元/m^3,而将石方开挖调高 2 元/m^3,提高为 30 元/m^3,尽管两个单价的升降值相等,但调整后的总造价为 276 万元,与原来的总造价相差了 6.15%。因此,对整个单价指标体系的评判必须考虑每个单价指标工程数量的不同对整个体系合理性的影响。

3 模糊评判

3.1 汉明距离

在模糊聚类分析中,基本思想是把相似度较大的样品聚成一类,从几何观点来看就是计算样品点间的距离。最常用的距离函数是闵可夫斯基(Minkowski)距离:设 $\boldsymbol{x}_{(i)}=(x_{i1},x_{i2},\cdots,x_{ip})^T$ 和 $\boldsymbol{x}_{(j)}=(x_{j1},x_{j2},\cdots,x_{jp})^T$ 是样品空间 R^p 中任意两个样品,$q>0$,则定义它们的距离为:

$$d_{ij}(q)=(\sum_{k=1}^{p}|x_{ik}-x_{jk}|^q)^{\frac{1}{q}} \tag{1}$$

特别,当 $q=1$ 时,就是汉明(Hamming)距离,即:

$$d_{ij}(1)=\sum_{k=1}^{p}|x_{ik}-x_{jk}| \tag{2}$$

当各指标的数值相差悬殊时,直接采用上述距离公式计算并不合理,需要先对数据标准化在计算距离。

3.2 实例

针对表 1 所示的工程情况,先计算土方开挖的优先矩阵。令标底的土方开挖单价为 x_0,单位 A、B、C 依次为 x_1、x_2、x_3。则汉明距离为 $D_i=|x_i-x_0|$,通过式(3)计算各单位土方开挖的优先矩阵:

$$r_{ij}=\frac{D_j}{D_i+D_j} \tag{3}$$

如
$$r_{12}=\frac{|7.2-8|}{|9-8|+|7.2-8|}=0.44$$

以此类推则土方开挖的优先矩阵为表 2 所示。

土方开挖的优先矩阵 表 2

单位	A	B	C	单位	A	B	C
A	0.00	0.44	0.64	C	0.36	0.31	0.00
B	0.56	0.00	0.69				

计算优先矩阵的 λ 截集($0\leqslant\lambda\leqslant1$),由 λ 水平评出相似程度。根据实际情况由大到小选定 λ 值,作出相应的矩阵 $\boldsymbol{R}_\lambda$。首先达到除对角线的元素外全行都是 1 的那一行所属的单位与标底最相似。按全行都是 1 出现的先后,可以排成相似程度的大小顺序,早出现的行所属的单位土方开挖报价与标底最接近。经计算可

得土方开挖单价指标与标底相比，其合理性顺序依次为B单位、A单位和C单位。类似地计算混凝土浇筑、钢筋施工以及临时工程单价指标的合理性优先顺序如表3所示。根据土方开挖的工程量和标底单价乘积与标底总价计算该工程项目总造价之比，确定该确定子目合理性的权重；最后根据施工单位各清单子目合理性顺序乘以权重的和按大小，确定单价指标合理性。如表3所示，B单位单价指标最优，其次是C单位，最后是A单位。

单价指标合理性顺序表 表3

项目名称	工程量	标底	A单位	B单位	C单位	权重
土方开挖	10 000	8	2	1	3	0.04
混凝土浇筑	4 000	350	3	1	2	0.76
钢筋制安	50 000	4.2	1	3	2	0.11
临时工程	1	150 000	3	2	1	0.08
单价指标合理性		1 840 000	2.73	1.31	1.96	

通过计算汉明距离的模糊聚类可以对报价单价指标体系的合理性加以量化，尽量消除专家主观判断对招投标公正性的影响。在实际投标过程中，由于招标范本中都明确了清单格式，并且施工单位大都附以清单的Excel表格的光盘，很容易将各单位投标价汇总，编制相应的宏计算每一项单价的相似优先矩阵后，可以很容易的看出哪个单价体系更加合理。

3.3 应注意的问题

在招投标实际操作过程中时要注意以下几点：

(1)一个清单子目所表示的单价是综合单价，可能包含了几个定额子目。比如实例中土方开挖可能就包含了土方的开挖、装卸，土方的运输、弃土场地土方的平整甚至碾压。因此，在评价某些清单子目单价合理性时要首先从单价组成上考虑其合理性。

(2)对于施工单位投标策略的运用，比如说突然降价法或者不平衡报价等。要考虑其总价下浮引起的各单价统一下浮和严重不平衡报价导致的单价明显不合理，甚至低于该子目的成本价。对于这些清单子目，应作标记，在确定中标候选人进行合同谈判时加以明确。当然，这些不合理的单价会在模糊评判中表现出来。

(3)有些清单报价中一些清单子目比如说计日工数量为0，但是要求施工单位报单价。在计算模糊相似优先比的过程中其权重为0，其单价指标的合理性在总体合理性中得不到反映，因此对于这些清单子目应由专家根据经验作出判断。

4 结语

通过计算各施工单位单价指标与标底之间的汉明距离和相似优先比可以量化各施工单位单价指标体系的合理性，尽可能地消除专家的主观影响，保证招投标的公正性。同时，清单报价电子表格的提交为量化合理性提供了便利。运用模糊评判量化单价合理性具有较好的可操作性。

标底对清单报价单价指标的影响很大。对于目前流行的复合标底指标，单价指标的合理性以标底作为主要判据值得商榷。专家的作用不可替代，清单报价合理性的量化需要作一些前处理工作。不合理的单价指标应在合同谈判时加以明确。合同谈判工作的质量对业主施工进度、工程的控制的作用不能忽视，但运用模糊评判的方法量化单价合理性仍然可行。

参考文献

[1] 秦寿康. 综合评价原理与应用. 北京：电子工业出版社，2003.6.
[2] 汪培庄. 模糊集合论及其应用. 上海：上海科学技术出版社，1983.
[3] 交通部公路司. 公路工程国内招标文件范本(2003版). 北京：人民交通出版社，2003.

浅议高速公路建筑计算机辅助设计简介

李 俊

（甘肃省交通规划勘察设计院有限责任公司 兰州 730030）

摘 要：本文对高速公路建筑设施设计中的计算机辅助设计进行了初步剖析，并通过建筑设计实例，对计算机辅助设计在建筑设计过程中的运用作了进一步的说明。

关键词：软件 计算机辅助设计 建筑设计

在建筑设计中，运用计算机绘图和出图已经贯穿于设计全过程。无论是方案图还是施工图或者是彩色效果图，已基本采用计算机绘制而成，计算机辅助设计已成为建筑设计人员工作中一个重要的工具。计算机的使用已经改变了许多工作方法，计算机绘制的线条图和计算机绘制的建筑表现图已经发展到了相当成熟的阶段。但作为现代的建筑设计师，不能回避工具的更新对建筑设计带来的影响，同时也不能将新工具在建筑设计中的运用按传统的方式直接套用到建筑设计过程中来，而应该更多地思考如何运用新工具来开发建筑辅助设计。建筑设计方法的更新关键在于思维的更新，通过新工具的运用来进行辅助建筑设计思维可以帮助在建筑创作中寻求到新的途径。利用新技术手段从建筑设计方案构思就在计算机上进行建筑创作，使建筑设计与表现同步进行，在设计完成之时建筑表现也随之完成，从根本上改变以往在建筑设计过程中设计与表现不同的创作方式，最终实现设计与表现的一体化。

1 建筑方案设计、初步设计、深入设计

1.1 建筑方案构思阶段

如今在建筑方案构思阶段通常应用的软件有AUTOCAD及SketchUp(草图大师)。由于草图软件直接面向设计构思过程，可以在构思的任何阶段快速生成各种形式的三维表现成品。以往设计成果表现大部分以精确的效果图示人，一旦设计被业主推翻，花费巨大的表现将付之一炬。究其原因，重要的一点是缺乏高效而低成本的设计表现技术。

草图软件无疑为建筑师而设计提供了一种新的设计手段。它造型手段丰富，操作简便，甚至将光标以铅笔的形象示人，整个建模操作过程有如在纸上画草图、勾方案，完全迎合建筑师的思路，尊重他们的工作习惯。设计是一个不断修改和完善的过程，须从不同角度对同一对象审视，或者在同一角度通过变换处理方法进行前后比较。针对这些需求，可利用草图软件的视点实时变换功能从多角度观察对象，作出比较、抉择。在形体细节推敲方面，草图软件可以随意放大缩小以显示细部，这是工作模型无法比拟的。

草图软件的出现让建筑师看到了希望，其易学易用的特点已决定其广泛使用的可能性。针对方案设计各阶段的表现，软件提供了不同的形式。这些形式清新脱俗，充满艺术感而又不失专业，如能结合其他软件，其表现形式会更加丰富。这样，建筑师就可以根据不同的设计阶段提供相应的成果表现，分别模拟了在方案设计的初期、中期和后期的成果表现。可以预见，计算机草图技术的引入，在辅助设计领域将形成“手绘草图”、“工作模型”和“计算机草图”三足鼎立的局面。在今后较长的一段时间里，三种手段会在一定程度上优势互补而并存，可根据阶段需要使用。如在概念构思阶段使用手绘草图，然后可以通过工作模型加计算机草图推敲建筑体量和空间关系，一旦进入具体形态推敲，则采用计算机草图技术进行深化。

随着软件技术的发展以及该技术逐步为建筑师所接受，手绘草图和工作模型的优点会逐渐归并到计算机草图上，计算机草图手段在辅助设计领域的地位会越来越高。计算机草图作为方案设计构思阶段第一种辅助手段，它的引入在一定程度上能提高设计工作效率和成果质量，将触发设计人员对当前设计工作模式的

全新思考。如图 1 所示某匝道收费站综合楼方案草图。

图 1 某匝道收费站综合楼方案草图

1.2 建筑方案推敲细化阶段

建筑方案推敲细化阶段通常用 AutoCAD 或国产 CAD 软件以及 3D MAX 等软件。在计算机辅助建筑设计领域，二维绘图仍然占有相当大的比重。二维 CAD 软件的应用，的确发挥了巨大作用，将建筑师从繁杂的手工绘图中解放出来，大大提高了绘图精度和工作效率。然而准确地说，二维 CAD 是"计算机辅助绘图"软件，而不是"计算机辅助设计"软件。而 3D MAX 本来就是针对广告和动画业，既不具备精确性又过分强调了效果真实。因此，国内的计算机辅助建筑设计走入了一个误区：在花费了大量金钱和时间来做建筑效果图的同时，既要面对设计收费低廉的窘迫处境，又无法顾及设计优化，忽略了建筑设计需要创造而不是简单的重复。二维 CAD 软件的不足表现在：首先 2D 线条禁锢了空间的想象力和创造力，无法集中精力于设计本身；设计修改非常痛苦；效果图和设计图纸不一致；不能跟客户进行很好的交流等。这些问题严重阻碍了建筑设计水平的整体提升。

在建筑设计过程中，一般都会对设计的建筑物提出不同的设计方案，对未来建筑物的形象做多种设想。在虚拟的建筑三维空间中，可以实时地切换不同的方案，在同一个观察点或同一个观察序列中感受不同的建筑外观。这样，有助于比较不同的建筑方案的特点与不足，以便进一步进行决策。事实上，利用虚拟现实技术不但能够对不同方案进行比较，而且可以对某个特定的局部作修改，并实时地与修改前的方案进行分析比较。在计算机出现之前，建筑师主要用制作工作模型的方式来推敲和优化自己的方案。这种方法的确很有效，而且现在仍被广泛使用；但是利用计算机 3D 软件制作出来的数字模型与传统模型相比却有更多优势：(1)观察的视点不受限制，设计者可以以人的正常视点来观察模型，这样可以充分了解建筑的比例和尺度关系是否合适，这一点非常重要；(2)传统建筑模型的细部受材料和比例的限制，而数字模型就没有这个限制，设计者可以根据情况做出任何比例的细部；(3)修改和复制等操作在计算机中进行十分容易。制作数字模型比传统模型节省成本，同时也节省时间，建筑师利用这种数字模型可以对建筑的形体、材料、色彩等诸多方面进行推敲和比较。

在建筑设计中，一项工程一般包括策划、方案设计、初步设计、深入设计、施工图设计等几个阶段。在方案设计、初步设计、深入设计这三个阶段中，是建筑师使自己的想法不断形象化、具体化的过程，也是推敲方案的过程。随着计算机辅助建筑设计技术的发展，建筑师在计算机的帮助下可以运用各种方法做出自己的选择，并且通过照片的数字化合成，也就是将计算机生成的图像放在实际的环境照片中，可以快速验证和表现设计方案。在一些改建或扩建项目中，这种方式十分有用。新建的部分与原有的建筑及周围环境的关系是否恰当，很容易就能判断出来。设计者可以事先拍摄一些环境照片，然后在 3D MAX 等三维软件中根据这些照片，将计算机中的摄像机与照片的视点相匹配，再将渲染出来的模型图片在 Photoshop 中与原环境照片相融合。同样方式还可以生成许多不同角度的合成图像。

在同一个观察点或同一个观察序列中感受不同的建筑外观，这样，有助于比较不同的建筑方案的特点与不足，以便进一步进行决策。事实上，利用虚拟现实技术不但能够对不同方案进行比较，而且可以对某个特定的局部作修改，并实时地与修改前的方案进行分析比较，图 2 及图 3 分别为安敦路敦煌收费大棚方案推敲细化前和最终效果图。

图 2　安敦路敦煌收费大棚方案推敲细化前

图 3　安敦路敦煌收费大棚方案最终效果图

1.3　建筑方案汇报评审阶段

随着计算技术的发展使建筑方案汇报更加准确明了，许多设计单位通常用 PowerPoint 来展示图纸文件及效果图。近几年随着计算机技术的发展，电子打印技术不断完善，多页 DWF 格式及 PDF 格式渐渐取代了 PowerPoint。DWF 表示 Web 图形格式（Design Web Format），是一组图形或图像经过压缩而形成的一个单独的、尺寸较小的文件。它的作用是更快、更安全地在 Web 上共享（图 4）。它与 PDF 非常相似，集中的图纸将被制成图形图像，就好像被打印成稿一般，无法再对它进行修改。另外，DWF 文件保留了设计信息和图形比例，因而非常适合于建筑师、工程师和设计师使用。

在建筑方案报评审阶段应用 DWF 及 PDF 格式文件的优势是明显的，可以浏览到图纸的每一个细节，并不因为放大和缩小而改变图纸在投影屏幕上的显示效果。有些大型项目在建筑方案汇报评审阶段还应用到了计算机三维动画技术。

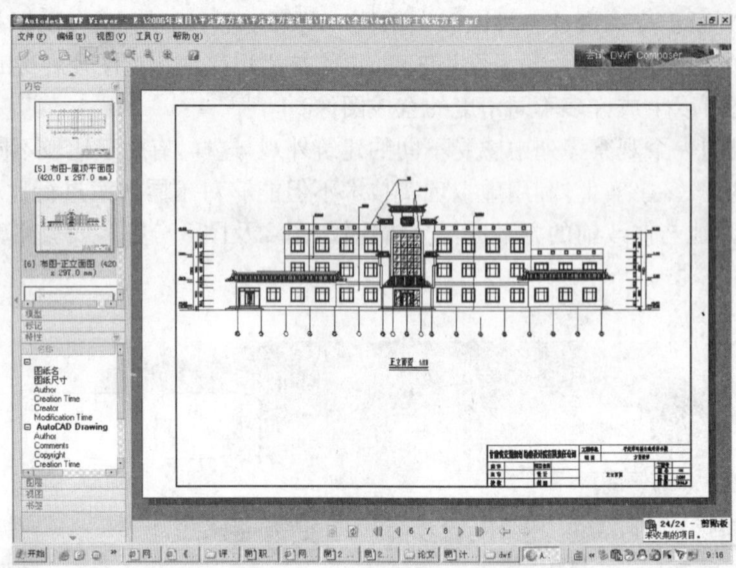

图4　DWF ComposerViewer界面

2　建筑施工图设计

建筑施工图设计中应用的基于AUTOCAD二次开发的软件很多，诸如天正建筑、理正建筑、中望建筑等，也有不少设计单位应用中国建筑设计研究院的PKPM系列软件的APM建筑设计软件。以下主要介绍天正软件的应用(图5)。

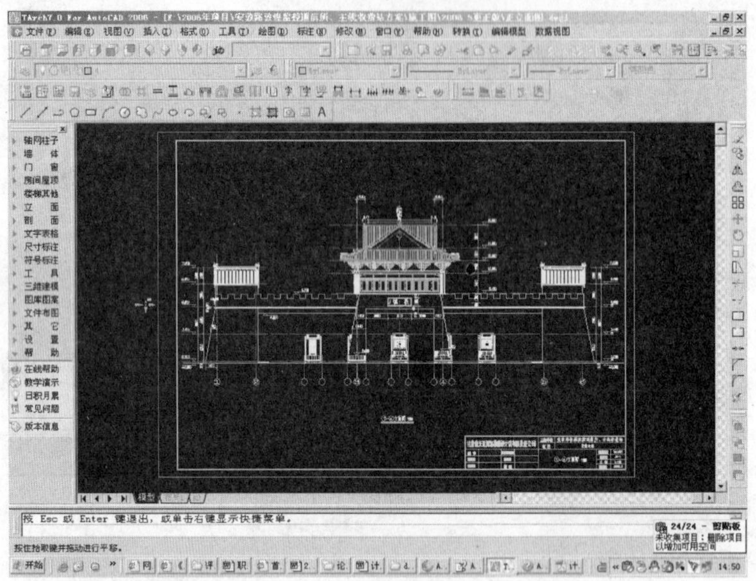

图5　天正建筑界面

天正建筑设计软件是目前建筑设计领域广为运用的软件。它是在AutoCAD基础上开发的，无论是方案设计还是施工图设计，都充分体现了方便、快捷和易更改性。尤其是它的门窗、家具、卫生洁具、平面配景、楼梯等图块经过编辑后，既可以直接应用也可以随时修改，使用起来非常得心应手，大大提高了设计工作的效率。

2.1　平面设计

在建筑的平面设计和绘图过程中，卫生洁具图库就给设计带来了很大的方便。首先，它的内容很丰富，含有洗手盆、浴缸、坐便和蹲便器、小便器、小便槽、盥洗池、拖布池等；其次，各单项种类也较多，不仅在使用上便于选择，而且将其插入图中时，都已是符合规范要求的尺度的。在布置洁具过程中，就可以检查所设计的空间是否符合要求，便于建筑设计在方案阶段就可以深入到细节设计。即使在设计过程中发现空间尺度过小需要调整时，利用天正软件也很便捷。它的墙体和柱子的命令对于修改其位置，多余部分擦除、移动、添加、修剪均易如反掌。尤其是柱子插入时可随意编辑其尺寸，即使以后需要调整，也只需用柱子参数命令就可轻易改变其尺寸。门窗图块的编辑也很好用，首先门窗的尺寸是可随意编辑其大小的，其次可根据需要直接在墙线上开启不同大小、方向的门窗。另外，门窗的种类很多，可供选择的范围很大，既可丰富设计也可准确表达设计意图。例如，推拉门窗、门连窗、平开门窗，可根据需要任意选择。在平面设计中，楼梯、室外节点和阳台图块在设计中也是被广泛运用的。楼梯只需输入踢段的宽度和踏步的步数和宽度，就可自动生成，且可以选择任意层楼梯的表达方式，比手工制图方便得多。楼梯的剖断也只需选择后自动生成，还有室外的散水、台阶、坡道均可利用命令自动生成，设计者只需输入要求的尺寸和放人的位置，便能完成这方面的设计，减少了大量的工作，以便设计者将大量的精力投入更深一步的工作中去。

2.2 立面设计

在立面设计中天正软件可以利用平面图形，通过输入建筑物层高，室内外高差和门窗高度以及窗台高度等参数直接生成立面图；且立面命令中也有立面门窗图块，可直接插入，还可根据需要自己绘制编辑图块，以便随时使用；即便已生成的门窗大小和高度，都可通过改变其参数而改变其大小。

2.3 剖面设计

在剖面设计中仍可以利用平面图形，设定剖切位置，输入层高、室内外高差和门窗高度以及窗台高度等参数后，直接生成剖面图。同时也可用剖面中的命令进一步绘出剖面图，如绘制墙体、门窗、梁板等命令，就可利用软件简单地绘制出来。阳台设计可直接利用平面图形来生成。剖切到的部分和可见的部分在剖面图形生成后都可以被区分，使设计人使用时一目了然。在剖面设计中，楼梯的剖切往往是绘图的难点。因为等分踢段和踏步，在手工绘图中其准确性是不好把握的。而利用天正软件剖面楼梯绘制的命令就方便得多：一种是可以直接通过平面图来生成，稍加修改便可成图；另一种是通过楼梯的命令直接绘制，只需输入楼梯的踏步的高度、宽度、踏步数和休息平台的宽度便可生成，且在绘制时便可直接区分剖切段和可见段。

其他功能还包括：直接计算两栋楼之间的日照遮挡，计算出建筑物在大寒日的日照时间，直接通过平面图生成建筑物的透视图等。这些功能给建筑设计带来了很多的方便，大大提高了绘图的速度，相应缩短了设计的周期，减轻了绘图者的劳动量，使很多重复劳动得以解脱。

3 结语

SketchUp、天正建筑、AutoCAD、3DMAX、Photoshop 等这些用于建筑业设计、计算和建筑图的表现的软件，均给现代建筑设计带来了很多的方便。计算机的辅助设计不仅给建筑业，而且给其他各行各业均带来了新的技术革命。计算机的广泛应用，带来了网络的时代，对人类文化和信息的交流提供了广阔的平台计算机用于各行各业的辅助设计机会会更多。计算机运用软件将会进一步革新和不断发展，相信不远的将来会有更好的智能化的运用软件出现，给我们提供更广阔的领域和空间，使我们能创造出更多更新的建筑形式。

第二部分　桥 隧 工 程

桥梁盖梁活载计算原理剖析

王欣南 董继恩

(武汉金思路科技发展有限公司 武汉 430056)

摘 要:本文详细地剖析了桥梁墩台盖梁在各种横向不利加载工况作用下,各片主梁横向分布系数以及纵向加载计算上部主梁支点反力的计算原理;对各种活载横向加载工况进行了详细地阐述,推导了计算活载支点反力时集中力纵向加载位置的公式,并针对本文提出的计算原理以实际算例进行了验算。本文对从事桥梁设计的工程技术人员有重要的参考价值。

关键词:盖梁计算 横向分布系数计算 支点反力计算

1 引言

盖梁是联结桥梁上部结构和下部结构的重要传力构件,它将上部结构各片主梁由恒载和活载引起的支点反力通过自身的内力分配传递到下部结构的桥墩和桩基础中。目前,在桥梁墩台盖梁设计过程中,设计人员常常忽视盖梁的重要传力作用,采用一些简化算法或者直接套用其他工程的图纸来完成盖梁的设计,这给盖梁结构尤其是多柱式盖梁的结构安全带来了极大的隐患。本文针对桥梁墩台盖梁设计中活载横向加载工况的选取、活载横向分布系数的计算以及纵向加载计算支点反力的计算原理,进行了详细地阐述,供桥梁设计人员参考。

2 活载计算原理

2.1 活载横向加载计算原理

盖梁设计中,在计算上部结构各片主梁支点位置处的横向分布影响线时应采用杠杆法;计算跨中位置处的横向分布影响线时,主梁的截面形式为T梁或者箱梁应采用刚接梁法,主梁的截面形式为空心板或者实心板应采用铰接板法。计算完成上构各片主梁横向分布影响线后,按照不同的横向加载工况,在横向分布影响线上采用动态规划法加载,求出各片主梁在不同荷载工况作用下的荷载横向分布系数。

本文为了获得各种不同形式盖梁跨中位置的最大正弯矩以及支点位置的最大负弯矩,提出了四种横向加载工况即左偏布载、居中布载、指定梁反力最大、右偏布载。这四种加载工况可以满足各种不同形式盖梁设计计算的要求,值得注意的是,居中布载工况的名称是针对双柱式盖梁而言的,对于多柱式盖梁,这种工况的含义完全不同,每种工况的具体含义如下。

(1)左偏布载:在左边梁活载横向分布影响线上用动态规划法布载,求出左边梁的最大荷载横向分布系数、横向布载的不利位置,根据不利位置,计算出各梁相应分配系数。这种工况能够获得盖梁左悬臂根部位置处的最大负弯矩。

(2)居中布载:墩台盖梁设计时通常将最常见的两柱式盖梁的计算模型离散为双悬臂简支梁。为了获得盖梁跨中位置处的最大正弯矩,在跨中节点的弯矩影响线上,采用动态规划法加载。确定加载的车道个数以及加载位置后,在各片主梁的横向分布影响线上加载计算出各片主梁的横向分布系数。墩台盖梁设计时将多柱式盖梁的计算模型离散为多跨连续梁,对于多柱且柱的个数为偶数的盖梁,这种工况的含义为盖梁第二个柱顶的负弯矩最大,对于多柱式且柱的个数为奇数的盖梁,这种工况的含义为盖梁中间柱顶的负弯矩最大。

(3)指定梁反力最大:墩台盖梁设计时为了计算多柱式盖梁相邻墩柱间的最大正弯矩,自动选择距离跨中位置最近的梁。在这片梁的横向分布影响线上动态布载，求得这片梁最大的荷载横向分布系数，确定横向布载的最不利位置，然后计算出其他各片主梁相应横向分布系数。对于多柱式盖梁，该工况用来寻找靠近第一跨跨中位置最近的梁号来加载计算。

(4)右偏布载：计算原理同左偏布载，对于桥梁上部结构横桥向布置不对称或者左右悬臂不相等的特殊盖梁。该工况可以更加准确地计算盖梁右侧悬臂根部处的内力。

各种工况横向加载时，应该考虑多车道加载以及多车道横向折减。在偏载工况下由于 1 号梁的横向分布影响线是递减的，所以在桥面的另一端常常是负值，这样在车道加载时通常两车道最大。在指定梁(横桥向位置靠近跨中)支点反力最大的工况下，由于这片梁的横向分布影响线的形状通常是中间大两边小并且数值均为正，所以在这种工况作用下通常是三车道或四车道控制设计。在双柱式盖梁居中布载这种工况下，由于盖梁跨中节点的弯矩影响线，在盖梁的跨中数值最大向两边递减，在盖梁左右悬臂部分变为负值。因此，在盖梁跨中节点的弯矩影响线上动态加载时通常是两车道控制设计。

当某一种工况是两车道控制设计时，各片主梁横向分布系数之和为 2(车道数)×1(车道横向折减系数)＝2；三车道控制设计时，各片主梁横向分布系数之和为 3(车道数)×0.78(车道横向折减系数)＝2.34；四车道控制设计时，各片主梁横向分布系数之和为 4(车道数)×0.67(车道横向折减系数)＝2.68。

2.2　活载纵向加载计算原理

桥梁盖梁设计过程中，在进行活载引起的支点反力计算时，应该分别计算车辆荷载以及车道荷载引起的支点反力；对比两者双孔加载计算后的支点反力值，取较大的值来控制设计。根据统计分析发现，大部分常规桥梁均由车道荷载控制设计，只有部分主梁跨径小于 13m 的小跨径桥墩盖梁以及桥台盖梁，活载引起的支点反力是由车辆荷载控制设计。

在计算车道荷载(公路Ⅰ级、公路Ⅱ级)双孔加载引起的支点反力时，应该只考虑一个集中力荷载加载。主要有以下两个原因，第一，由于新规范的车道荷载模型是一个建立在数理统计的基础上提取出来的一个荷载模型，集中力荷载 P_k 用来模拟重车的效应，而在桥梁相邻两孔范围内同时作用两辆重车的概率比较小。第二，《公路桥涵设计通用规范》(JTG D60—2004)中所注，集中力荷载标准值只作用于相应影响线中一个最大影响线峰值处。

在计算某种加载工况下的车道荷载引起的支点反力过程中，当支点的横向分布系数小于跨中的横向分布系数时，为了获得最大的支点反力，需要桥梁设计人员确定集中力荷载 P_k 的加载位置。本文列出了两条直线的方程，推导了相应的计算公式，计算示意图如图 1 所示。

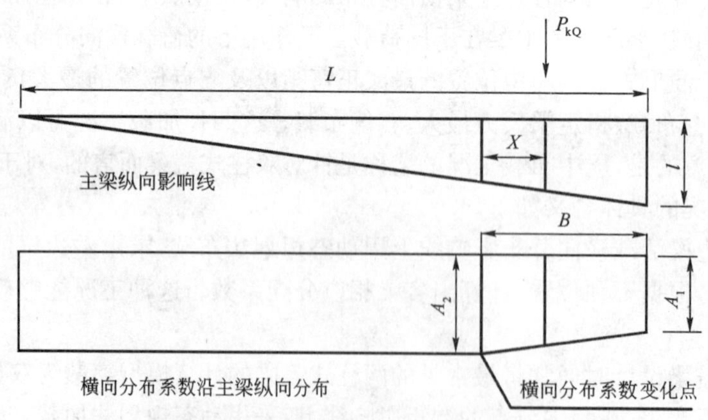

图 1　主梁纵向加载示意图

注：A_1-支点处横向分布系数；A_2-跨中处横向分布系数；P_{kQ}-车道荷载中的集中力荷载；L-上构主梁计算跨径；B-横向分布系数变化点到支点的距离；X-加载位置距横向分布系数变化点距离。

主梁支点反力影响线方程：$Y_1=(L-B)/L+X/L\quad(0\leqslant X\leqslant B)$

横向分布系数沿桥纵向变化方程：$Y_2=A_1+(A_2-A_1)\cdot(B-X)/B\quad(0\leqslant X\leqslant B)$

目标函数 $Y_1 \times Y_2$ 的值最大时，计算变量 X 的数值，也就是确定集中力荷载的加载位置。

目标函数 $Y_1 \times Y_2$ 求导数，并令导数值为 0，公式推导过程如下：

$$\left\{\left(\frac{L-B}{L}+\frac{X}{L}\right)[A_1+(A_2-A_1)(B-X)/B]\right\}/\mathrm{d}x=0$$

$$\frac{1}{L}[A_1+(A_2-A_1)(B-X)/B]+\frac{A_2-A_1}{B}\left(\frac{L-B}{L}+\frac{X}{L}\right)=0$$

$$\frac{A_2}{L}+\frac{2(A_1-A_2)}{L\cdot B}X+\frac{(A_1-A_2)(L-B)}{L\cdot B}=0$$

$$\frac{2(A_1-A_2)}{L\cdot B}X+\frac{A_2B+(A_1-A_2)(L-B)}{L\cdot B}=0$$

$$X=\frac{A_2B+(A_1-A_2)(L-B)}{2(A_2-A_1)}$$

以上推导的计算公式仅适用于 $A_1<A_2$ 的情况，当 $A_1>A_2$，即支点的横向分布系数大于跨中的横向分布系数时，集中力荷载加载在支点位置即可。

需要进一步说明的是，对于某一种特定的工况来说，各片梁的集中力 P_k 的最不利加载位置是相同的。对于左偏和右偏工况应该以左右边梁来控制集中力 P_k 的加载位置。对于居中布载的工况，应该以支点横向分布系数最大的梁来控制集中力 P_k 的加载位置。对于指定梁反力最大的工况，应该以距离跨中节点最近的梁来控制集中力 P_k 的加载位置。

3 活载计算结果验证

3.1 活载的横向分布系数计算结果验证

本文以一个上构 20m T 梁的桥墩盖梁设计资料为例，采用金思路盖梁计算程序(JSL-Cap)建模计算，将程序的计算结果与采用本文以上提及的计算理论手算结果对比，验证程序计算结果的准确性，该桥整体布置示意图如图 2 所示。

将 JSL-BrgCap 程序计算得到的横向分布影响线绘制到 CAD 中，在主梁的横向分布影响线上手工布载，验算左偏工况下的各片主梁的横向分布系数。本文以 1 号梁、2 号梁、3 号梁的跨中横向分布系数计算为例，其他梁的计算过程相同，计算示意图如图 3 所示，计算结果见表 1。

1 号梁横向分布系数＝0.5×(0.5889＋0.412＋0.2963＋0.1642)＝0.7307

2 号梁横向分布系数＝0.5×(0.3448＋0.3147＋0.2813＋0.218)＝0.5794

3 号梁横向分布系数＝0.5×(0.1593＋0.2018＋0.2269＋0.2414)＝0.4147

横向分布系数计算结果验证 表 1

	1 号梁	2 号梁	3 号梁	4 号梁	5 号梁	6 号梁	7 号梁
手工加载结果	0.730 7	0.579 4	0.414 7	0.248 7	0.11	0.002 85	−0.086 3
程序计算结果	0.731 3	0.579 3	0.414 1	0.248 4	0.11	0.003	−0.086 1
误差(%)	0.082 113	−0.017 26	−0.144 68	−0.120 63	0	5.263 158	−0.231 75

从表 1 中可以看出程序的计算结果与手算结果十分吻合，金思路盖梁计算程序横向分布系数的计算结果准确可靠。

3.2 活载引起的支点反力计算结果验证

仍以 20m T 梁的桥墩盖梁设计资料为例，验算左偏工况下 1 号梁的支点反力。已知该桥设计计算数据如下。

支点的横向分布系数：0.702 1。

跨中的横向分布系数：0.731 3。

主梁计算跨径：19m。

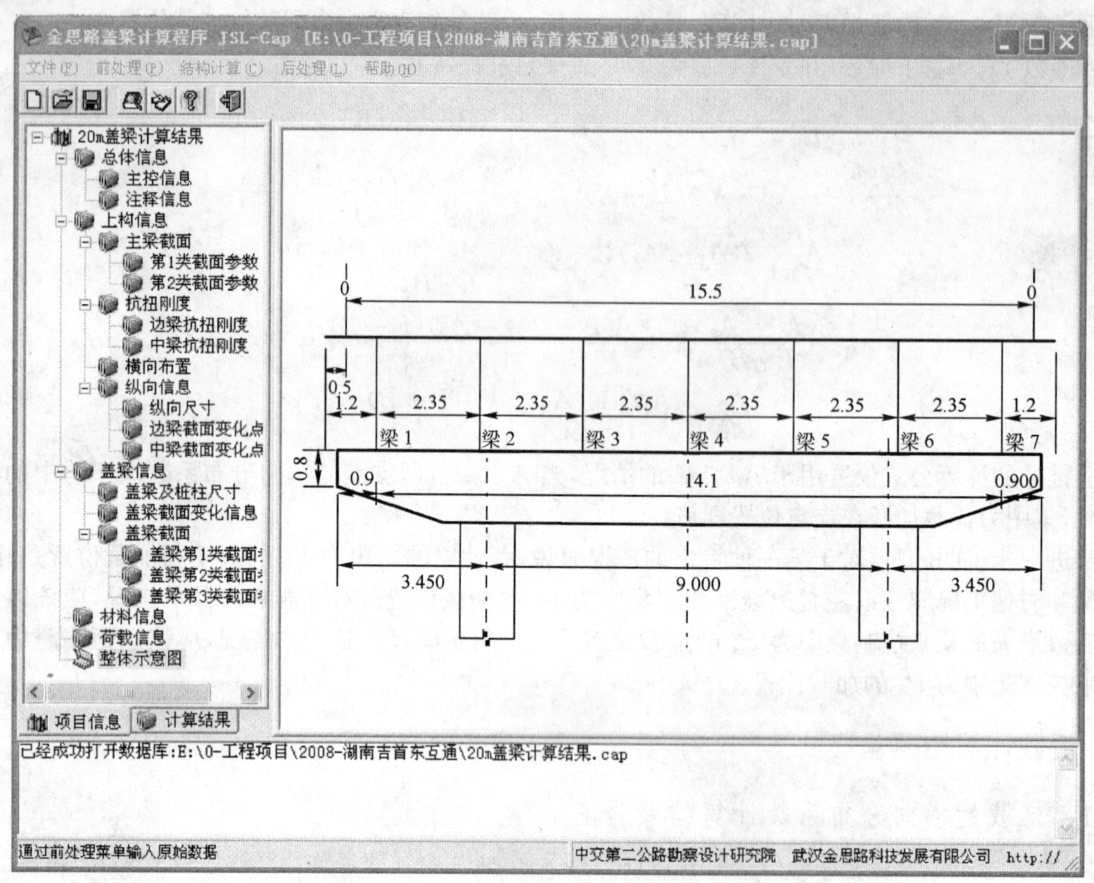

图2　桥墩盖梁计算示意图

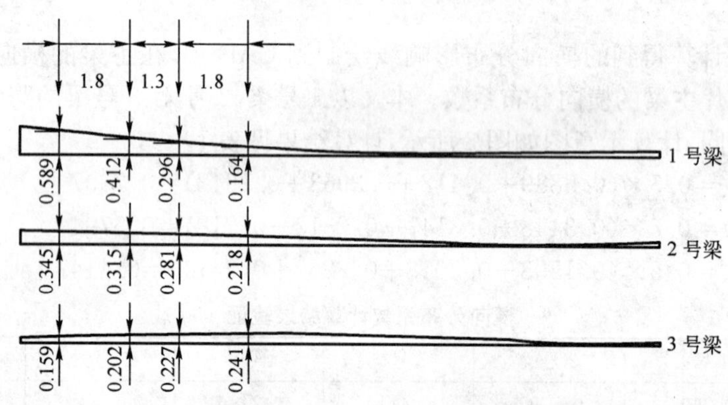

图3　主梁横向分布系数计算示意图

横向分布系数变化点距支点距离:4.75(m)

公路Ⅰ级荷载 Q_k=10.5kN/m　P_k=1.2×[180+(19−5)/(50−5)×180]=283.2(kN)

其中,公路Ⅰ级的集中荷载 P_k 参考《公路桥涵设计通用规范》(JTG D60—2004)[2]4.3.1条计算。荷载横向分布系数沿主梁的分布,支点处采用杠杆法,跨中采用刚接梁法。主梁纵向的另一支点荷载经过多道横梁的传递,内力分布比较均匀;用杠杆法考虑横向分布不合理,因此,另一个支点横向分布系数与跨中采用相同的值。

计算支点反力时,把横向分布系数的图形分为三块 A1,A2,A3,如图4所示,分别与主梁的纵向影响线图乘。计算过程如下:

$$R1 = 1/2 \times 4.75 \times 0.7021 \times 0.9167 \times 10.5 = 16.05(\text{kN})$$

$$R2 = 1/2 \times 4.75 \times 0.7313 \times 0.8333 \times 10.5 = 15.191(\text{kN})$$

$$R3 = (19 - 4.75) \times 0.7313 \times 0.375 \times 10.5 = 41.03(\text{kN})$$

$$R_{pk} = 283.2 \times 0.7021 = 198.834(\text{kN})$$

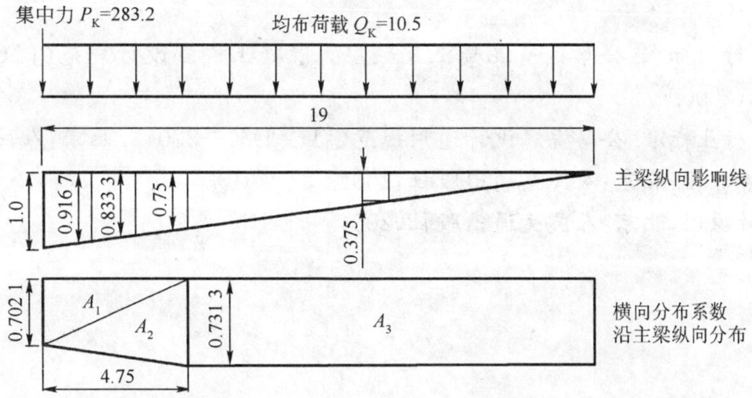

图 4　纵向支点反力计算示意图(尺寸单位:mm)

计算支点反力时,应考虑过支点加载。支点距主梁伸缩缝的距离 0.5m,均布荷载 q_k 引起的支点反力:

$$R_{qk} = 10.5 \times 0.5 \times 0.7021 = 3.686(\text{kN})$$

$$R = R1 + R2 + R3 + R_{pk} + R_{qk} = 16.05 + 15.191 + 41.03 + 198.834 + 3.686 = 274.79(\text{kN})$$

从表 2 中可以看出程序的计算结果与手算结果吻合,金思路盖梁计算程序活载引起的支点反力计算结果准确可靠。

支点反力结果验证　　表 2

梁　位	左偏 1 号梁	左偏 2 号梁	左偏 7 号梁	反力最大 3 号梁	反力最大 5 号梁	居中 7 号梁	居中 6 号梁
主梁的计算跨径	19.000	19.000	19.000	19.000	19.000	19.000	19.000
横向分布系数变化点	4.750	4.750	4.750	4.750	4.750	4.750	4.750
支点横向分布系数	0.702	0.742	0.000	0.804	0.000	0.000	0.428
跨中横向分布系数	0.707	0.567	−0.067	0.483	0.362	0.303	0.388
均布荷载	10.500	10.500	10.500	10.500	10.500	10.500	10.500
集中力荷载	283.200	283.200	283.200	283.200	283.200	283.200	283.200
支点到伸缩缝中心距离	0.520	0.520	0.520	0.520	0.520	0.520	0.520
均布荷载支点反力	70.396	60.540	−5.159	55.494	27.804	23.321	39.624
集中力支点反力	198.835	209.993	−14.252	227.693	76.804	64.421	121.096
手算支点反力结果	274.790	274.581	−19.411	287.577	104.608	87.742	163.055
程序计算支点反力结果	274.810	274.590	−19.420	287.570	104.610	87.740	163.050
误差(%)	0.007	0.003	0.044	−0.002	0.002	−0.002	−0.003

4　结语

本文详细地论述了,桥梁墩台盖梁设计过程中应考虑的各种横向不利加载工况,各种工况作用下活载横向分布系数以及活载引起的支点反力的计算原理,并给出了详细的手算过程,通过对比发现:金思路盖梁计算程序(JSL-BrgCap)的计算结果与手算结果十分吻合,验算结果表明程序的计算结果是准确可靠的。

参 考 文 献

[1] 中华人民共和国行业标准.公路钢筋混凝土及预应力混凝土桥涵设计规范(JTG D62—2004).北京:人民交通出版社,2006.

[2] 中华人民共和国行业标准.公路桥涵设计通用规范(JTG D60—2004).北京:人民交通出版社,2004.

[3] 叶见曙.结构设计原理.北京:人民交通出版社,2004.

[4] 贾艳敏.结构设计原理.北京:人民交通出版社,2004.

面向对象的体外预应力桥梁结构分析程序研究

孙建渊　吕士军

（同济大学　上海　200092）

摘　要：将面向对象的程序设计方法用于桥梁结构分析程序的设计，系统阐述了体外预应力效应相关类的设计和实现方法。针对体外预应力效应的有限元分析方法，开发了体外预应力索的导线点类、体外预应力索的索单元类和体外预应力钢索类，完成了桥梁体外预应力效应计算过程的总体抽象和封装，实现了体外预应力效应的计算机仿真模拟。算例表明，本文设计的体外预应力相关类能够正确地计算桥梁结构的体外预应力效应。

关键词：桥梁　体外预应力　结构分析　面向对象

1　引言

面向对象程序设计（Object-Oriented Programming，OOP）方法的基本思想是运用对象、类、继承、封装、聚合、消息传递、多态性等概念来构造系统进行程序设计。面向对象有限元程序的编制实现已经在国内外引起广泛关注[1,2]。近期，面向对象桥梁结构分析程序设计方法的研究，也成为桥梁工程界的新兴科研领域[3,4]。尽管面向对象技术随着计算机科学的应用而得到迅速发展，但采用该项技术开发的完善的预应力效应计算程序尚不多见，特别是面向对象的体外预应力效应计算程序设计方法的研究，目前还非常缺乏。各种采用面向过程程序设计方法编制的预应力效应计算或简化计算程序，由于缺乏对数据的封装，程序的可读性和可移植性都很差，难以推广应用。因此，采用面向对象的理念设计开发预应力效应计算程序，不仅是桥梁结构分析的需要，也符合现代大型结构分析程序系统的发展趋势。本文采用面向对象的程序设计技术，对桥梁体外预应力效应计算过程进行总体抽象和封装，设计了体外预应力索的导线点类、体外预应力索的索单元类和体外预应力钢索类，开发完成了面向对象的体外预应力效应计算程序。

2　体外预应力效应计算过程的面向对象分析

传统的面向过程程序设计是一种顺序的线性过程，强调过程的完整性和独立性。这使得程序的运行严格依赖于过程的连续性，当功能发生变化时，程序需要被重新设计和编制，给程序的维护和扩展带来很多隐患。面向对象方法则不同，它以识别“对象”和“对象的功能”为出发点，利用“抽象数据类型”对客观世界进行拟合。相似的数据类型抽象并封装成类，类实例化的对象自动拥有类所定义的特性。封装使得对象的设计者和使用者分开，使用者不需要知道对象功能的实现细节，而只需要用设计者提供的消息来访问对象。当个别类发生变化时，只要修改该类的程序体，不会对全局造成影响。因此，利用面向对象技术开发的软件系统，更易于扩充和维护。

体外预应力效应计算过程的面向对象分析分为对象识别、定义属性和方法、确定各类之间的关系三个步骤。分述如下。

2.1　对象识别

运用面向对象的编程方法时，不是从问题解决过程的实现着手，而是首先对问题系统进行归纳、整理和抽象，识别出描述系统所需的类及对象。目前还没有统一规范的方法对程序中的类进行识别，对象识别主要依靠经验直觉及后续与相关专业的联系。本文对体外预应力效应模拟计算牵涉的三种实体进行抽象得到三个类。第一种实体是预应力钢索上的导线点，抽象成体外预应力索的导线点类；第二种实体是体外预应力钢索上的索单元，抽象成体外预应力索的索单元类；第三种实体是预应力钢索本身，抽象成体外预应力钢索类。

导线点类体现体外预应力钢索的导线点信息和特性，通过导线点可以生成预应力钢索的空间曲线线形并确定曲线线形的重要几何参数。索单元是体外预应力钢索不同于体内预应力钢索的特征之一。按照体外预应力效应的有限元模拟方法[5]，索单元不仅是体外预应力等效荷载施加的载体，也作为一种结构体，和混凝土梁单元一起共同承担外加荷载作用。设计索单元类的属性和方法是体外预应力效应程序编制的关键所在，索单元类需能够反映体外预应力效应有限元分析的本质特征。各索单元相互联结形成一根完整的体外预应力钢索，因此，还需定义体外预应力钢索类，才可完成体外预应力效应的总体抽象和封装。体外预应力钢索类的方法将对导线点类和索单元类的方法进行操作，从整体上控制钢索曲线生成和体外预应力效应的计算过程。通过设计体外预应力钢索类，将孤立的导线点对象和索单元对象联系起来，各对象之间协同工作，以实现体外预应力效应的计算机“仿真”模拟。

本文从数据结构入手，将体外预应力钢索的三种实体抽象成三个类，符合客观世界“从简单到复杂的原则”，也体现了面向对象编程理念的实质。

2.2　定义属性和方法

面向对象编程最本质的特征是使用类进行程序设计。类由属性和方法组合而成。属性用来描述实际问题的本质特征，又称为类的数据成员；方法是对属性进行操作的函数，又称为类的函数成员。对体外预应力效应三种类属性和方法的设计说明如下。

导线点类的实例化对象是体外索上导线点，因此，本类的属性包括导线点的类型、坐标和转弯半径等特性值；本类的方法主要完成对导线点属性的赋值，和获取属性值的操作，方法设计比较简单。

索单元类的实例化对象即体外索上的索单元。索单元是体外预应力索的重要组成部分，索单元作为构件和梁上单元一起形成了内部超静定的结构体系，因此本类的属性反映索单元的特性，包括起止点坐标、转弯角、偏心距、坐标转换矩阵，刚度矩阵等。索单元类的方法能完成以下操作：形成索单元刚度矩阵、索单元刚度矩阵的坐标转换、索单元刚度矩阵组装到总刚度矩阵中去、索单元预加力调整等。索单元类的方法设计是体外预应力效应类设计的主要内容。

所有索单元对象构成一根完整的体外预应力钢索，即为体外预应力钢索类的实例化对象。本类的属性能够体现预应力钢索是否处于激活状态、说明钢索的曲线线形由哪些导线点控制、钢索由哪些索单元构成，并包括钢索与管道臂的摩擦系数属性、钢索回缩量等与预应力损失相关的特性值。本类的方法能完成主要操作有：生成钢索的空间曲线线形、计算预应力损失、对梁体施加等效荷载、对索单元对象操作方法的执行进行管理。

2.3　确定各类之间的关系

在面向对象程序设计中，类之间的关系主要有三种：继承关系、聚合关系和委托关系。继承关系是指子类具有基类的全部属性和方法，而子类又拥有自己特有的属性和方法。聚合关系指一个类由其他若干类组成，这些类作为该类的属性存在。委托关系是指两个类本无任何联系，一个类通过一定的方式委托另一个类执行部分工作。

导线点类的对象和索单元类的对象都是体外预应力钢索的组成部分，作为体外预应力钢索类的属性而存在。因此，导线点类和体外预应力钢索类之间，以及索单元类和体外预应力钢索类之间均属于聚合关系。三种类之间的关系和协作分工方案如图1所示。此外，体外预应力索的索单元类还是梁单元类的子类，即与梁单元类之间存在继承关系。梁单元类是对混凝土梁单元的抽象，索单元继承了梁单元的部分特性，同时又具有自身特殊的属性和方法。

按照以上三个步骤完成了体外预应力效应计算程序的面向对象分析和设计。本文设计的三个类中，体外预应力钢索类在预应力效应的计算过程中起控制作用。钢索类实例化后，即对应一根完整的体外预应力钢筋，通过执行钢索类的各方法，该体外预应力钢筋逐步被张拉，发生预应力损失，对梁体施加等效荷载，并和梁体一起承担外荷载作用。体外预应力效应各类的方法之间的组织结构如图 2 所示。

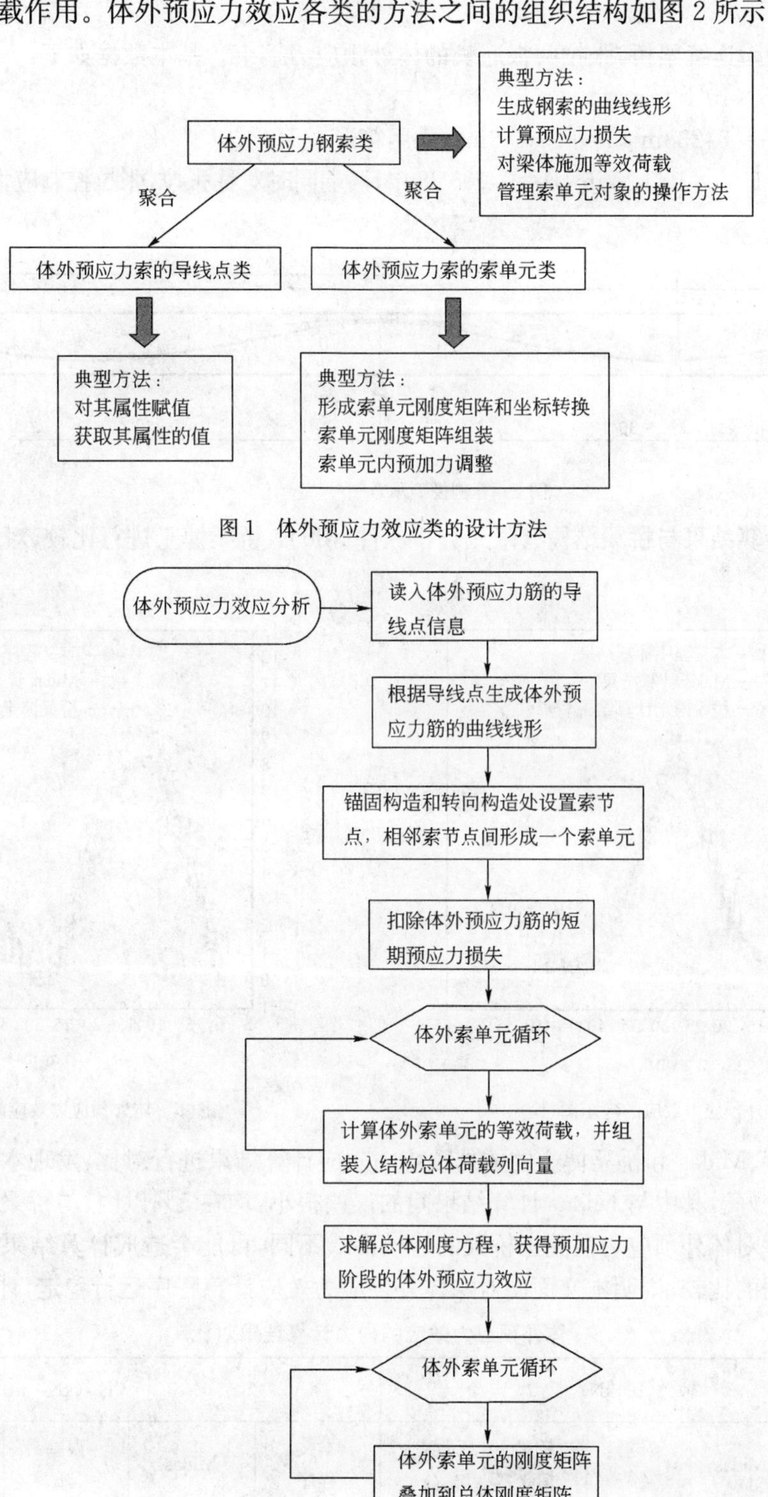

图 1　体外预应力效应类的设计方法

图 2　体外预应力效应计算过程组织结构

3 算例

如图3所示的两跨连续梁桥，张拉两根通长的体外预应力钢束。基本数据如下：

混凝土：$E=3.45\times10^{7}\mathrm{kN/m^2}$，$\gamma=25\mathrm{kN/m^3}$；

梁截面特性值：$A=3.233\mathrm{m^2}$，$I=1.2699\mathrm{m^4}$，采用箱形截面；

预应力钢束：$E=1.95\times10^{8}\mathrm{kN/m^2}$，$A=0.00588\mathrm{m^2}$，两端同时对称张拉，张拉控制应力为1 209 000kN/m²。

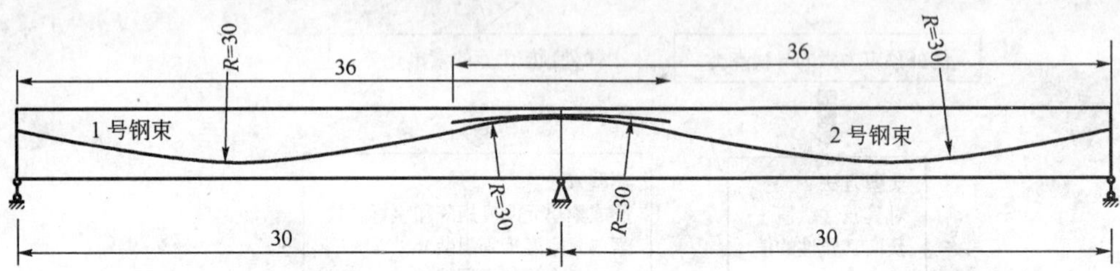

图3　算例模型示意图(尺寸单位：m)

将本文程序的计算结果与桥梁结构有限元分析软件Midas、桥梁博士进行比较，对比分析结果如图4、图5以及表1所示：

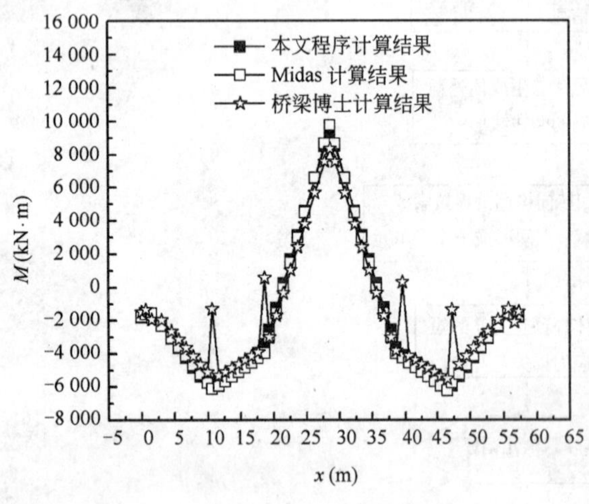

图4　体外预应力效应的弯矩图

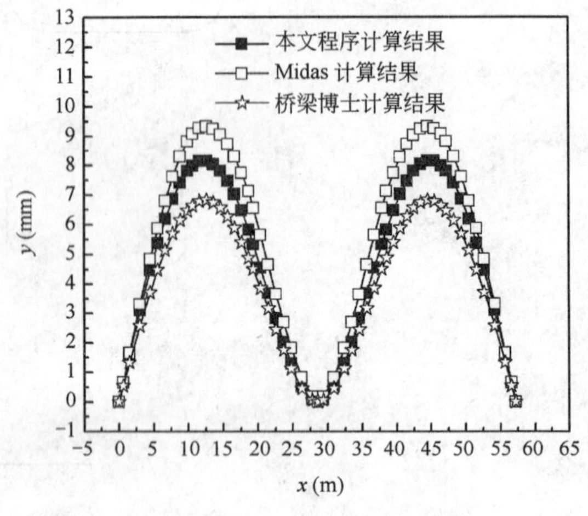

图5　体外预应力效应的挠度曲线

分别将本文程序、Midas和桥梁博士的体外预应力效应计算结果进行对比，发现本文程序的计算结果和现有桥梁软件吻合较好。其中与Midas计算结果间的误差很小，均在5%以内；与桥梁博士的计算结果差别略大。由于各个软件对体外预应力混凝土桥梁的建模形式不同，可能会造成计算结果不完全一致。以上曲线图形和表1的数据的比较，说明本文面向对象体外预应力效应计算程序运行稳定，计算结果正确可靠。

体外预应力效应的内力计算结果对比　　表1

距梁左端距离(m)	轴力(10^3kN)					弯矩(kN·m)				
	本文程序	Midas	误差%	桥梁博士	误差%	本文程序	Midas	误差%	桥梁博士	误差%
9.95	13.63	13.25	2.76	11.70	14.15	−6 014.4	−5 775.0	3.98	−5 127.0	14.75
17.65	13.39	13.40	0.05	11.94	10.85	−4 257.7	−4 279.6	0.51	−3 915.0	8.05
28.60	13.32	13.41	0.65	12.30	7.65	10 034.9	9 734.9	2.99	8 323.0	17.06
37.85	13.36	13.39	0.24	12.30	7.95	−2 958.2	−3 032.41	2.51	−3 043.0	2.87
46.55	13.63	13.43	1.48	11.89	12.75	−6 329.5	−6 240.57	1.41	−5 519.0	12.81

4 结束语

面向对象编程技术是当今程序设计的主流。但是,对于桥梁结构分析程序,还非常缺乏预应力效应,特别是体外预应力效应的面向对象分析和程序设计。本文将体外预应力钢索的三种实体抽象并封装成三个类,采用面向对象技术编制完成了体外预应力效应计算程序,是对体外预应力效应面向对象程序设计和研究的新探索。

参 考 文 献

[1] Forde BWR, Foschi RO, Stiemer SF. Object-oriented finite element analysis. Computer & Structure, 1990, 34(3):355-374.

[2] 张向,许晶月.面向对象的有限元程序设计.计算力学学报,1999,16(2):216-225.

[3] 姚能民,刘西拉.系统集成和面向对象编程技术在桥梁CAD中的应用.四川建筑科学研究,2005,31(2):128-132.

[4] 阴存欣.面向对象的新规范预应力混凝土简支梁桥计算程序的开发和应用.城市道路与防洪,2007,12:100-104.

[5] 李国平.体外预应力混凝土桥梁设计计算方法[博士学位论文].上海:同济大学土木工程学院,2006.

隧道施工监控量测智能型信息管理与分析系统的研究

林 志 李星平

(重庆交通科研设计院 重庆 400067)

摘 要:本文论述了开发施工监控量测智能型信息管理与分析系统的原理,介绍了系统的总体功能结构和总技术路线及各模块的数据结构及界面设计,阐述了围岩分级与预警模块的技术路线。最后,将系统应用于工程实践。

关键词:隧道 施工监控 软件开发 围岩分级 围岩预警

1 引言

隧道施工监控量测是新奥法施工的重要组成部分,如何对监测得到的大量数据进行及时快速的处理、分析,并进行自动化管理是隧道信息化施工研究领域的一个重要方面。因而国内外的一些研究组织和大学对监测信息系统进行了研究。如重庆交通科研设计院开发的公路隧道围岩与支护系统量测数据管理系统[1],同济大学开发的监测数据库管理系统[2]。上述管理系统都是针对当时工程需要开发的,仅是一简单数据处理系统,功能相对较弱,有一定的局限性,并没有被广大工程技术人员接受。

研制结合围岩分级与预警、岩石反分析技术的施工监控量测智能型信息管理与分析软件符合隧道建设的实际需要,也是隧道信息化施工的发展方向。

2 系统的开发

2.1 系统的总体功能结构及界面

本施工监控量测信息管理系统由量测数据库管理模块、有限元分析模块、围岩分级与预警模块和图形可视化模块四大部分集成。量测数据处理模块在整个软件中处在中心的位置,起承上启下的作用,主要完成量测数据的输入输出、查询、修改、出图、打印等功能。图形可视化模块提供了基本图形类库,它是一个具有图形功能的软件开发平台,其他模块都直接或间接地以图形可视化模块为基础,基于软件开发的需要和自主版权等方面的考虑,自主开发了图形可视化模块。有限元分析模块包括有限元正分析模块和有限元非确定性位移反分析模块,有限元正分析模块可完成简单的有限元正分析计算,非确定性位移反分析模块采用了考虑松动圈的卡尔曼滤波与有限元耦合反分析理论。围岩分级模块根据初始地应力和量测的围岩信息计算出围岩级别。围岩预警模块并不单独存在,它嵌入到量测数据处理模块,软件会自动根据围岩变形值的大小,决定是否报警。总体功能结构图见图1。系统模块选择界面见图2。量测数据库管理模块见图3。

2.2 总技术路线

首先搜集隧道的地勘、设计、施工等资料,并把这些资料输入到数据库管理系统中,将日常量测到的监控数据输入数据库中。数据库管理系统可实现量测数据的输入、修改、查询等功能,并图形化显示数据。非确定性反分析模块从数据库管理系统中读取周边收敛和拱顶下沉等数据用于反演分析,得出初始地应力和弹性模量。围岩分级模块系统根据初始地应力和量测的围岩信息得出围岩级别。有限元正分析系统根据初始地应力、弹模和其他围岩信息计算出围岩真实的受力和变形。预警模块会根据量测值的大小自动决定是否进行报警。最后对围岩稳定性进行评价。总技术路线见图4。

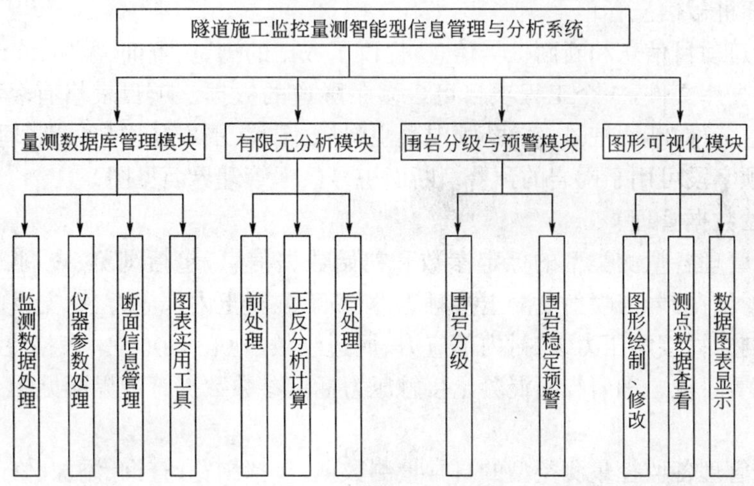

图 1　总体功能结构图

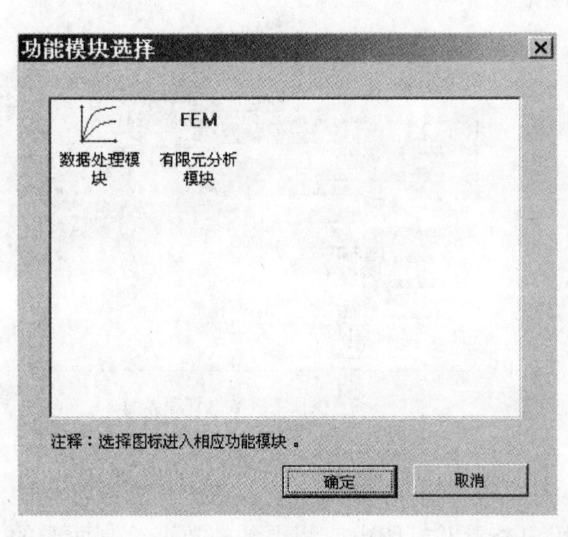

图 2　系统模块选择界面

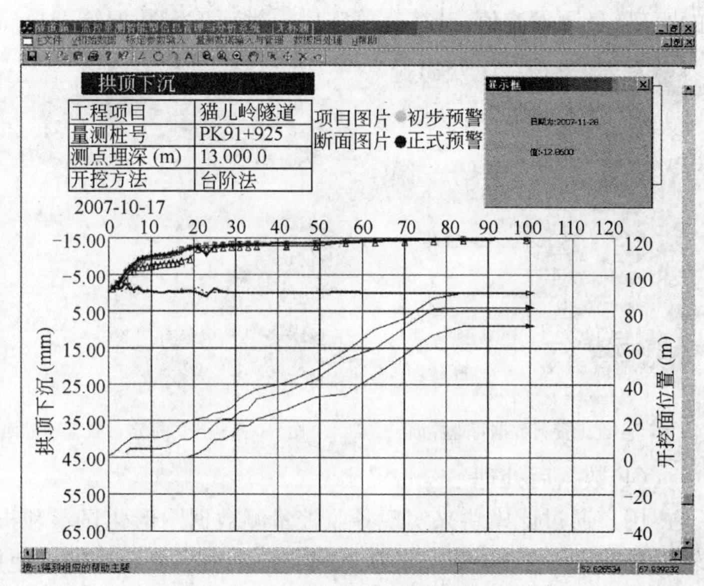

图 3　量测数据库管理模块界面

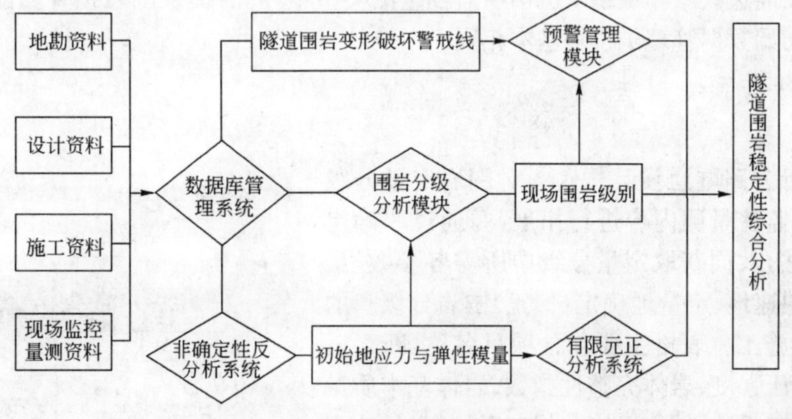

图 4　总技术路线图

2.3　量测数据库管理模块及界面

本系统主要划分为以下四个子模块：隧道项目和断面桩号信息管理、标定参数和初始数据管理、量测数据管理、数据后处理。

(1)隧道项目和断面桩号信息管理

此模块用来管理隧道项目信息和断面桩号信息，提供了数据的浏览、查询、添加、修改和删除等功能。每一工程项目就是一个数据库文件，一个工程项目可含多条隧道的数据。项目表格有名称、描述和图片等字段，断面表格主要有隧道名称、断面桩号、工法、喷混凝土弹模、图片、围岩名称与级别、埋深、开挖隧道断面宽度与高度等字段，后五项字段可用于围岩的预警。断面桩号数据管理界面见图5。

(2)标定参数和初始数据管理

用户通过此模块来管理各量测类型的标定参数和初始数据信息，包括浏览、查询、添加、修改和删除功能。此模块包括量测种类有围岩与喷射混凝土接触压力、喷射混凝土内部应力、钢支撑内力、围岩内部位移、锚杆轴力、喷射混凝土与二衬接触压力、二衬内部应力、周边收敛、地表下沉等。表格主要包含断面桩号、标定初值、系数、修正数值等字段。围岩与喷混凝土接触压力标定参数数据管理界面见图6。

(3)量测数据管理

用户通过此模块来管理各监控量测类型的日常量测数据，包括浏览、查询、添加、修改和删除功能。此模块包括量测种类与标定参数和初始数据管理子模块基本相同。表格主要包含量测日期、掌子面距量测断面的距离、量测频率值、计算值等字段。拱顶下沉数据管理界面见图7。

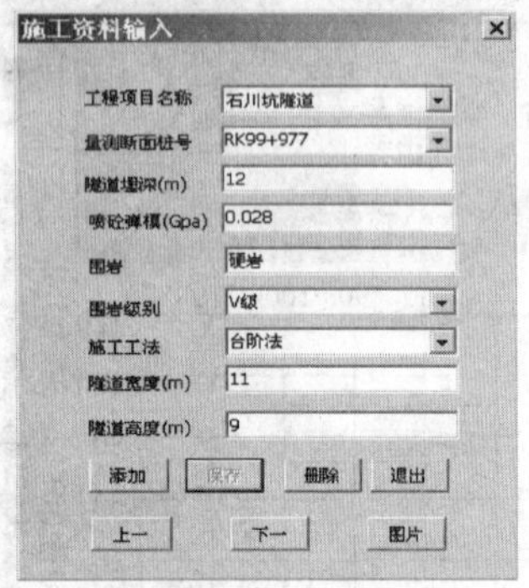

图5 施工资料数据管理界面

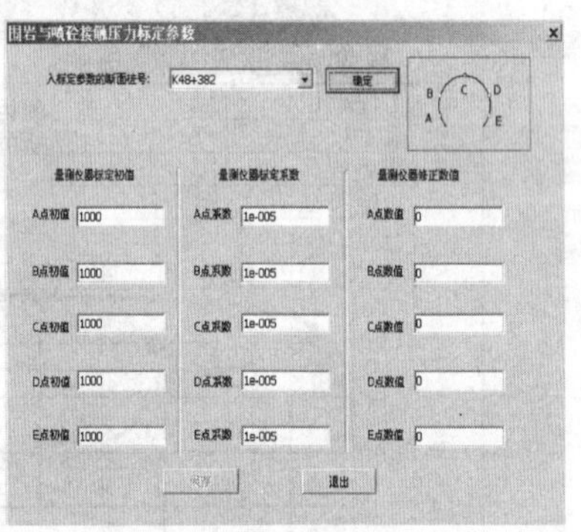

图6 接触压力标定参数管理界面

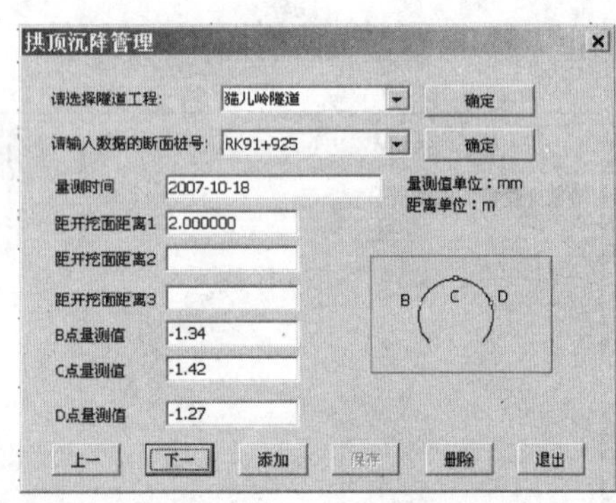

图7 拱顶下沉数据管理界面

(4)数据后处理

用户通过此模块来实现各监控量测数据图形化显示和报表打印功能，并提供了多种智能化和人性化的辅助功能，为用户决策提供有力的支持。图形显示功能可使用户查看并打印由监测得到的数据绘制而成的各种时空变化曲线图；报表打印功能可对监测数据进行整理，选取所需的表格，定制生成Excel表格，进而生成各种季度报表。在周边收敛和拱顶下沉两项监控量测类型中，同时提供围岩预警功能。此模块包括量测种类与标定参数和初始数据管理子模块基本相同。

2.4 围岩分级与预警模块

(1)围岩分级

该方法针对现行公路隧道设计规范[3]对围岩定量分级的要求，对传统隧道监控量测内容进行拓展，并通过非确定性位移反分析的方法，共同获取定量分级中所需各参数，最终建立在施工现场快速地、定量地确定(修正)围岩分级[4]的方法，用于指导现场施工。表格主要包含项目名称、断面桩号、岩石单轴饱和抗压强度、岩体完整性指数、岩体基本质量指标、地下水影响修正系数、结构面产状修正系统、初始地应力影响修正系统、岩石基本质量指标修正值、围岩级别等字段。围岩分级界面见图8。

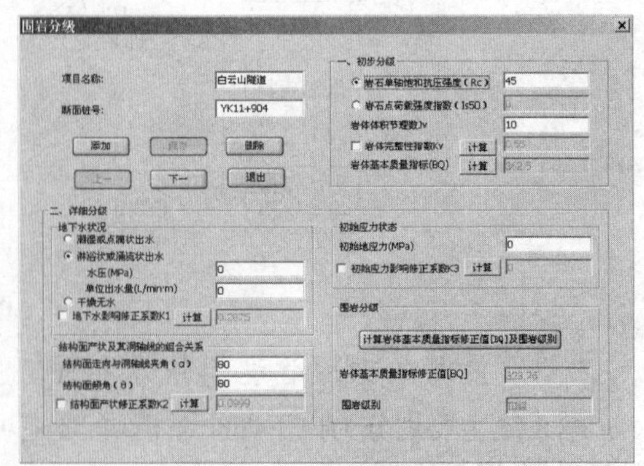

图8 围岩分级模块界面

(2)围岩预警

该模块并不单独存在，它嵌套在量测数据库管理模块时空变化曲线功能中。利用必测项目拱顶下沉和周边收敛来进行预警。当某一个量测值大于警戒值时，软件会自动报警并闪烁显示，并不需用户过多的干预。预警线分为警戒值(初步预报)与危险值(正式预报)，软件是根据围岩的类别、级别、埋深和日常监测变形值进行预警。该数据库表格主要有围岩级别、埋深范围下限(上限)、硬(软)岩初步(正式)预警值等字段。围岩预警模块技术路线图见图9。

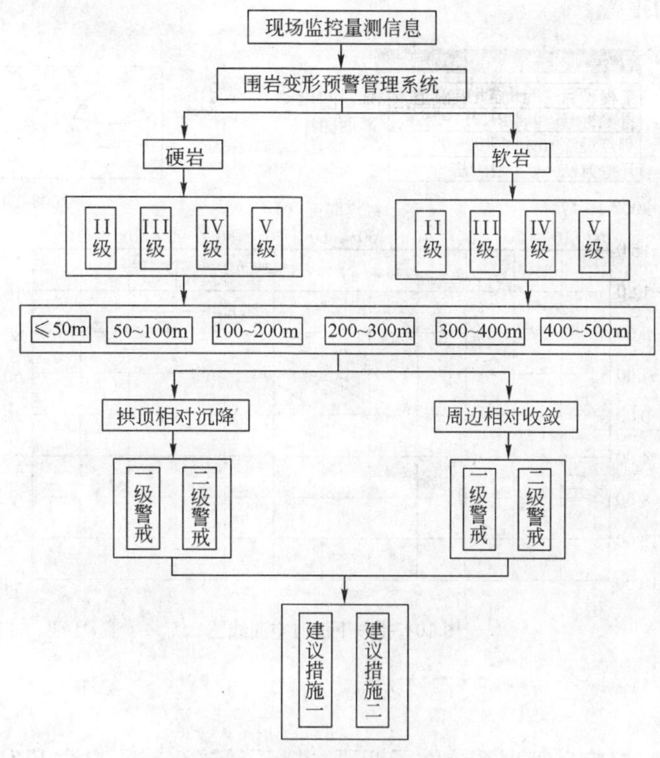

图9 围岩预警技术路线图

3 工程应用

3.1 工程概况

猫儿岭隧道经过丘陵地貌区，为小净距、短隧道。采用左右线设置，左线隧道里程为LK91＋907～LK92＋331，长424m；右线隧道里程为LK91＋901～LK92＋298，长397m。洞口设计高程为106.771～110.175m，隧道最大埋深约66m。隧道穿过丘陵地貌区，山体走向总体呈近南北向，隧道线路经过最大高程约183.67m。山体植被茂密，隧址地面高程102.89～183.67m，最大相对高差约81m。地层岩性主要为寒武系下统牛角河组变质砂岩、炭质板岩及风化层，裂隙发育，稳定性差。隧道围岩主要为III、IV、V级。

3.2 实际应用

猫儿岭隧道有四种类型的监测断面：①必测项目；②I型选测项目；③II型选测项目；④地表下沉。必测项目共31个断面，I型选测项目共7个断面，II型选测项目共3个断面，地表沉降断面9个。下面以某一断面拱顶下沉必测项目为例说明。

本系统生成的第一种图形为应力、变形随时间空间的变化曲线图，此类图形可用于分析支护结构受力和围岩变形随开挖面推进和时间流失的变化情况，即隧道施工中的时间效应和空间效应，从而对围岩和支护结构的稳定性进行判断。现以图11为例加以分析，图中红、绿、蓝(分别对应菱形、方形、三角形)三条实线分别表示三个顶点下沉的测线，虚线分别为其下沉速率曲线，当鼠标移至测点值位置时会显示测点的量测时间和值，点击右上角拱圈上的测点，其相应的测线会闪烁显示。图10为猫儿岭隧道隧道RK91＋925量测断面的拱顶下沉时间空间变化曲线图。从图10进行分析可知，本断面埋设的3个拱顶下沉测点的变化趋势基本相同，埋设后即快速增加，当中台阶通过本断面时，下沉速率明显加快，然后慢慢变缓；当下台阶通过本断面时，下沉速率又有小幅加快，表现出了非常明显的空间效应，表明各台阶的开挖对围岩的扰动较大，其中又以中台阶通过时最为明显。因此，应及时采取措施保证围岩的稳定，尽快施作抑拱形成闭合环，同时，在后面的开挖中应调整施工方法和工序，其后随着下台阶开挖面离开本量测断面达到15m以上，以及时间的向前推移，拱顶下沉的时间空间曲线基本呈水平发展，变形速率基本为零，下沉值增加很小，拱顶下沉已经稳定，如果测值超出警戒值，软件将自动报警。

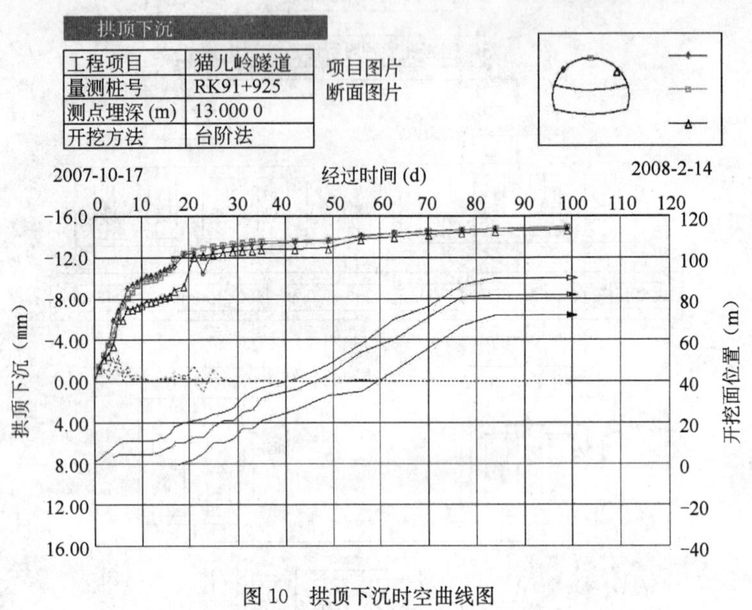

图10　拱顶下沉时空曲线图

4　结束语

本文对国内隧道施工监控信息管理系统做了调研，进行了需求分析，自主开发图形可视化平台，同时密切联系工程实践，定义了数据结构，开发了系统的界面，并编程实现了信息管理系统。该软件系统界面友好，运行稳定，功能完善，通过综合利用系统各功能模块，可实现隧道围岩定量分级与自动预警、判断围岩和支护结构的稳定性等功能。从而优化和改进隧道的设计及施工工法。

参考文献

[1]　林勇.公路隧道监控量测数据管理系统的开发.公路交通技术，2003(2)：54-57.

[2]　李志刚，丁文其，李晓军，刘凤华.隧道工程监测数据库管理系统的开发.地下间，2004(12)：755-758.

[3]　中华人民共和国行业标准.公路隧道设计规范JTG E40—2007.人民交通出版社.2007.

[4]　中华人民共和国国家标准.工程岩体分级标准GB 50218—1994.北京：中国计划出版社.1994.

OCC在桥梁三维建模中的应用

陈中治[1] 董继恩[1] 王 敏[2]

(1.中交第二公路勘察设计研究院有限公司 武汉 430056；
2.江汉大学 武汉 430056)

摘 要：随着中国交通事业的迅速发展，对桥梁设计提出了新的要求。本文分析了三维模型在桥梁设计中的突出优势与广阔的应用前景，简单介绍了开源图形开发包OpenCASCADE(OCC)，以及如何运用该开发包进行桥梁结构建模的软件开发，并实现部分桥梁构件的参数化设计建模功能。

关键词：桥梁三维模型 OpenCASCADE

1 桥梁三维模型

随着中国交通事业的迅速发展，对桥梁设计提出了新的要求，不再局限于单纯的几何设计和结构设计，而是强调桥梁三维实体的整体设计；同时，注重桥梁与环境的协调性、美观性，这就要求将桥梁作为三维实体来设计。

由于桥梁构件多样，结构和形式复杂，标准化程度低，所以，桥梁的三维造型及视景仿真比较困难。目前，国内桥梁CAD系统很少具有三维造型功能。若能进行桥梁结构的三维造型和场景的实时交互式漫游，则能为桥梁的方案论证、建成后的美学效果、工程招投标、设计成果汇报等提供有力工具。此外，三维模型数据是后继桥梁空间静、动力计算，有限元分析，概预算，施工模拟等桥梁设计各阶段的基础。随着计算机硬件技术的迅猛发展和工程CAD所依赖的软件技术的发展与成熟，新一代CAD系统正在各个行业被开发和研究(图1)。

图1 桥梁三维模型图

近些年来计算机软硬件技术的提高，一些原有的技术瓶颈被有效突破，使得基于三维模型的桥梁虚拟现实得到了广泛应用。在我国，许多学院和机构也一直在从事这方面的研究与应用。

基于三维模型的虚拟现实技术表现手段比其他形式有着众多先天优势：

(1)与传统微缩模型的比较

传统微缩模型最大的缺点在于其空间的限制性太大，不足以体现出整个项目的设计细节，同时将其他的媒体信息加盖其中亦存在着许多困难，导致信息量严重匮乏，而虚拟现实为我们提供了一个无限的虚拟空间，近乎完美的解决了这个问题。同时，它也可以与其他媒体进行无缝结合，辅以强大的数据库功能，所传递的信息量巨大。

(2)与传统效果图画的比较

静止的效果图只能向观者展示项目的某一个或某几个方面，对观者提出的其他问题与要求必须以相近的图像或文字加以说明，运作起来不直观、不全面，具有相当大的局限性。而以虚拟现实技术为核心的多媒体介绍程序，不需要观看者发挥任何的想像力，以空前直观的方式将项目展现给观众。在虚拟的世界中，我们可以任意角度、任意比例的观看我们所感兴趣的内容，丝毫没有束缚之感。

(3)与传统三维动画的比较

动画演示在一定程度上弥补了静止画面的不足之处，声音与动画同步播放，生动细致。但是严格意义上讲，这种浏览演示方式只是用于为了表现视频效果的项目，而对于典型的桥梁工程项目则缺少应有的严谨性、灵活性与客观性。动画在播放的过程当中，观者只是一直在被动的观看，接受一些有关于项目的信息，并不能按照自己的意愿去观看、查阅、修改、检索相关信息，而虚拟现实产品则完全解决了以上两种表现形式中所存在的问题。我们可以虚拟空间中的任意地点、任意时间进行观察，地点与时间都是无限的。

2　三维建模原理

在计算机中，一般用线框、表面和实体，三种表示模型对几何形体进行描述，将形体模型化后，形成定量描述，再将这些信息以数字方式输给计算机，由计算机处理后生成图形。在建模时，只对几何形体进行数字化，然后用相应的软件来处理。

线框模型是用顶点及其斜边来表示形体，即用平面的二维线条来表示形体在某个视点视角方向上的轮廓线。轮廓线的生成、消隐处理需要用户自己计算处理，特别对于不规则的形体，这种处理将更复杂，无法利用现有的三维处理软件(这些软件都能提供任意视点视角的透视图，并能作消隐处理、制作渲染图和动画)，用户需要花费很大精力在消隐上。如果需要变换角度来观察形体，则必须重新生成轮廓线和消隐。

表面模型是用有向棱边围成的部分(区域)来定义物体表面，即用若干空间平面或曲面来模拟物体的表面特征。在建模时，用户只需要确定用以模拟物体表面的每个小平面的空间位置，就能完成三维建模。对于不规则形体可以通过增加模拟的小平面的个数来实现模拟物体的表面特征(即逼近的方法)。至于要生成形体在某个方向上的透视图以及对透视图进行消隐，则可以交给具有对三维模型处理功能的计算机软件来完成。用户就可以集中精力于三维建模。但表面模型主要缺陷就在于无法真实反映几何形体的内部情况，尤其是对于形体的几何特性(如体积等)，完全需要用户自行处理。

实体模型是在表面模型的基础上，明确定义实体存在于表面的哪一侧，即要描述形体的外表特征，又要描述形体的内部特征。这是一种较先进的几何造型方法，描述形体的能力最强，能够完全真实地反映各种几何形体的全部特性。

3　OpenCASCADE 简介

OpenCASCADE(简称 OCC)是一个真正工业级的 3D 建模工具，它是由法国 Matra Datavision 公司推出的，面向对象的图形开发包，提供二维和三维几何体的生成、显示和分析，常用于处理各种通用或专用的 CAD 系统、仿真应用程序等的二维(2D)或三维(3D)几何造型问题(图 2)。

OpenCASCADE 是由一系列的 C++类构成，相关的类被组织成包，包中的类被冠以包名称前缀，包被组织成库文件。用户可以根据实际的功能需要单独连接这些库，结合 Visual C++ .NET 集成开发环境，即可进行创建锥、柱、环等基本几何体，对几何体进行布尔运算(相加、相减、相交)、倒角、斜切、镂空、偏移、扫视等操作，还能进行几何空间关系计算(法线、点积、叉积、投影、拟合等)、几何体分析(质心、体积、曲率等)、空间变换(平移、缩放、旋转)等操作(图 3)。

OpenCASCADE 是一个开源的图形开发包，其源代码大部分都是公开的。很多底层的东西并不需用户自己去写，可以拿来就用，并且在开发相应项目时，参考其 Open CASCADE 附带的 Sample 项目，截取并修改其相应的源代码供自己使用，事半功倍。所以 Open CASCADE 是开发 CAD/CAM/CAE 系统的一个较理想的开发平台。

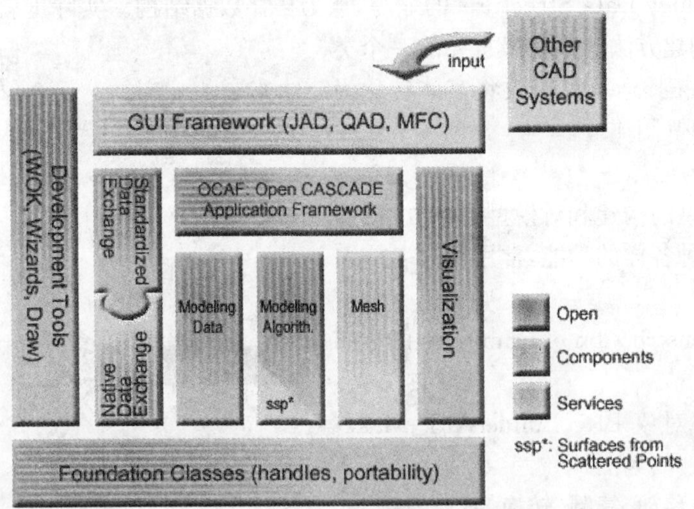

图 2 Open CASCADE 应用架构图

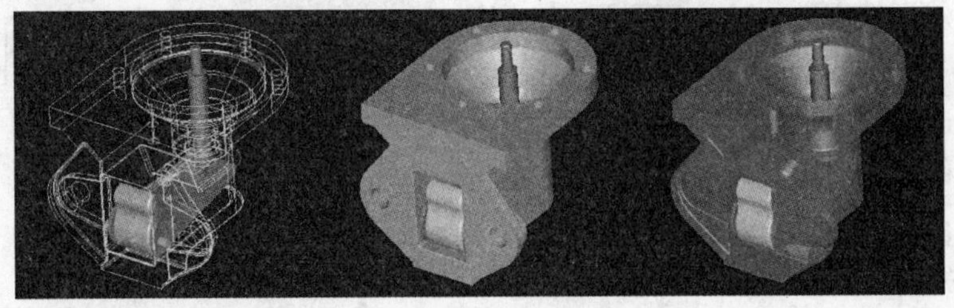

图 3 Open CASCADE 实体模型图

4 运用 OCC 实现桥梁三维建模

基于 OpenCASCADE 的强大功能，以及其作为开源图形开发包的优势，再结合桥梁设计建设全生命周期的实际应用需求，本文作者及其研发团队选用了 OpenCASCADE 作为三维建模开发平台，进行桥梁三维设计平台研发。

现行的 Open CASCADE 版本是 6.2，可以使用 Microsoft Visual Studio 2005 开发平台中的 Visual C++ 2005 编程语言进行开发。之所以说 OpenCASCADE 是一个真正工业级的 3D 建模工具，它除了能构建实体三维模型外，还具有强大的布尔运算功能，下面给出一个简单的示例。

计算一个体的体积、中心、惯性矩等，可使用如下代码实现。

代码示例：(计算 TopoDS_Shape 类的对象 S 的中心、体积、惯性矩)

```
GProp_GProps System;
BRepGProp::VolumeProperties(S,System);
gp_Pnt G = System.CentreOfMass ();//中心
Standard_Real Volume = System.Mass();//体积
gp_Mat I = System.MatrixOfInertia();//惯性矩
```

(1) 基本的几何对象

“gp”是“geometric processor package”的缩写，意为几何处理包，它提供了基本的代数几何学的运算和相关的矩阵运算，包括：*xyz* 坐标系、几何变换、点、向量、平面、轴设置、圆锥理论、初步表面。这些实体都是在二维和三维空间中被定义的。

(2) 标准拓扑模型

“TopoDS”是“Topology Data Structure”的缩写，意为拓扑数据结构。实际上就是所需要的各种几何模型的定义，模型的各种构建方法。其中最重要的一个类是TopoDS_Shape，许多拓扑运算都需要将实体转化为该类类型的对象才能实现(图4)。

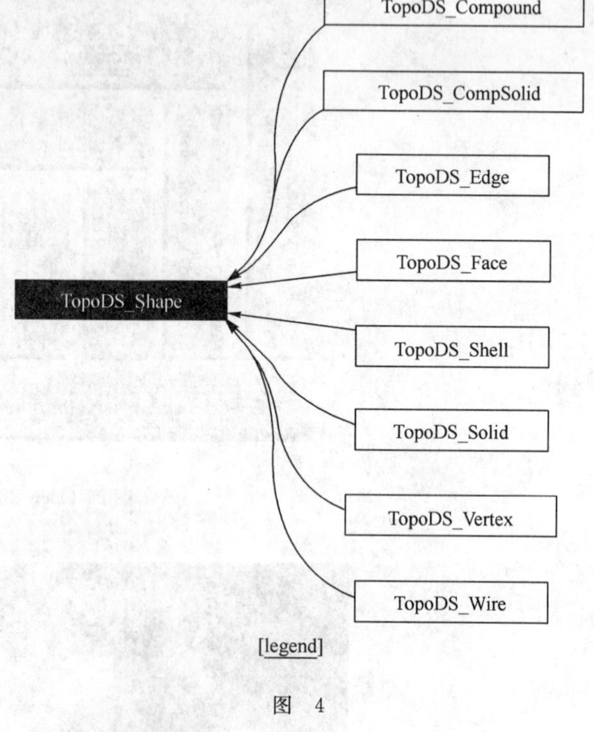

图　4

(3) 拓扑模型创建与运算

该包提供了各种模型的构建和对模型的修改、模型与模型之间的运算的各种各样的功能，常用函数名前缀为“BRep”，内容主要有：

①创建简单图形Construction of primitives的API函数；

②创建基本的拓扑对象BRepBuilderAPI_MakeShape类；

③简单的拓扑运算，移动、复制、转换等；

④拓扑图形的布尔运算BRepAlgo_BooleanOperation；

⑤新的图形的布尔运算BRepAlgoAPI_BooleanOperation；

⑥倒角和修圆边运算；

⑦创建渐缩、偏移图形，包括Hollowing(挖空)、Shelling(去壳)Lofting(放样)的方式形成的图形；

⑧特性处理、消隐函数。

研发团队运用Open CASCADE成功实现了全参数化桥梁结构实体模型(图5)：

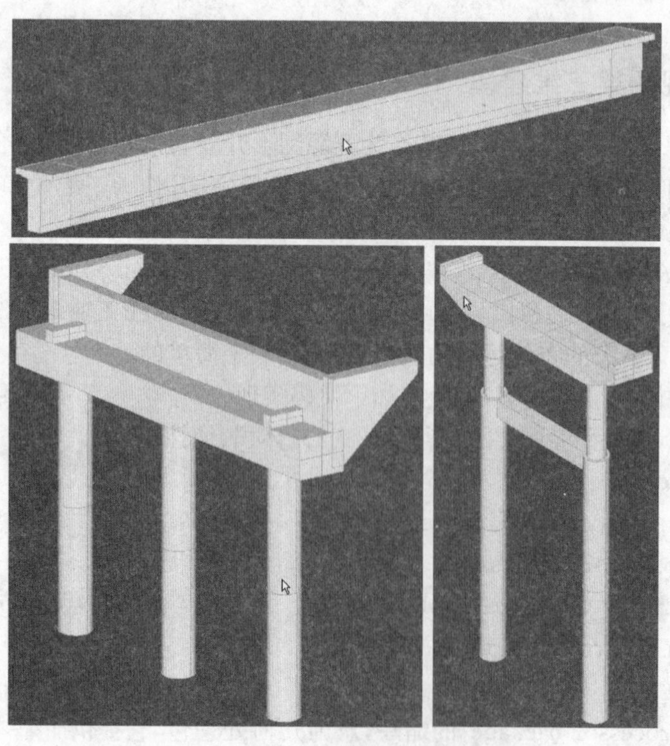

图5　桥梁上下部构造三维实体模型图

5 结语

实际上能够实现三维实体建模的开发包还有很多，而 Open CASCADE 可以说是其中功能最为强大的开源图形开发包。基于这个开发包，完全可以建立拥有自主知识产权的、功能完善的三维桥梁设计软件，本文中提到的研发团队正在努力攻关，并逐步实现了桥梁三维设计的部分简单功能。

当然，文中关于 Open CASCADE 的应用还处于比较初级的阶段，其中还有许多细节与技术问题需要继续深入研究。在此，作者仅希望通过本文对桥梁三维设计建模方法的一点认识，尝试探索一下可能的发展方向，欢迎各位读者批评指正。

基于 ANSYS 二次开发技术的部分斜拉桥合理索区拓扑优化

舒春生　樊　江　武维宏　赵永春　邢庆儒

(甘肃省交通规划勘察设计院有限责任公司　兰州　730030)

摘　要:对有限元软件 ANSYS 的拓扑优化功能作了二次开发,拓展了 ANSYS 拓扑优化结构单元的适用范围。以某部分斜拉桥设计为例,优化中将拉索理论布索区域单元均定义为优化材料单元。在满足一定约束的情况下,求解结构的材料最有效性,确定出了斜拉索的合理布索区域,达到了预期的效果,拓扑优化的结果为后期的设计工作起到一定的理论指导作用。

关键词:ANSYS　拓扑优化　二次开发　部分斜拉桥　合理索区

1　引言

结构优化设计大致可以分为三类,即尺寸优化、形状优化和拓扑优化。相对于前两种优化,拓扑优化能从根本上改变结构的拓扑,更能体现真正意义上的最优设计。虽然拓扑优化的价值很可观,但是拓扑优化设计被公认为结构优化领域中比较困难的课题。这是由于在优化过程中,结构分析和优化模型以及设计空间、可行域都在不断变化,而且拓扑变量(逻辑性变量)的 0-1 特性造成了问题的不连续性和不可微性。

结构拓扑优化研究可以认为是从 1904 年 Michell 提出的 Michell 桁架理论开始的。陆续提出了一些优化方法,Dorn 等人提出了基结构法,他们建立由结构节点、荷载作用点和支撑点组成的节点集合,集合中所有节点之间用杆件相连,形成所谓"基结构"。在单工况下考虑应力约束,以内力为设计变量,构造线性规划求解。此外,程耿东等人在弹性板的最优厚度分布研究中将最优拓扑问题转化为尺寸优化问题。而 Bendsoe 和 Kikuchi 提出了"均匀化法",用带有孔洞的微结构构造设计区域,微结构孔洞大小作为设计变量,将拓扑优化问题转化为材料最优分布问题。隋允康对拓扑变量进行了重新思考与定义,从拓扑变量的"独立性"和"光滑性"出发,按"关系映射反演"原则去解决问题。

本文首先介绍了 ANSYS 拓扑优化功能,并以某刚构—斜拉协作体系斜拉桥为例,依托实际工程,通过 APDL(ANSYS 参数化设计语言)作了二次开发,实现该斜拉桥的合理索区优化。不但拓展了 ANSYS 拓扑优化适用的范围,而且还解决了部分斜拉桥拓扑优化问题。

2　ANSYS 的二次开发技术

2.1　ANSYS 软件二次开发的基本方法

ANSYS 二次开发工具有三种:UIDL、UPFs、APDL。UIDL 主要控制 GUI 界面的各类二次开发方法,涉及的分析部分就要少一些,UPFs 是 ANSYS 的非标准应用,在 ANSYS 程序推出之前要经过严格的验证,非标准使用 ANSYS 的结果是无法预知的。因此,ANSYS 公司的质量保证程序并不能完全覆盖这些使用过程。APDL 可以帮助我们更加有效地进行分析计算,让我们轻松实现循环、分支、宏等结构,它是一种高效的参数化建模手段。很多情况下,APDL 主要用在优化设计或者自适应网格划分中,本文采用 APDL 进行 ANSYS 二次开发。

2.2　APDL 的拓扑优化功能

ANSYS 拓扑优化的思想是对有效作用的材料分布区域的寻求。因此,需要对初始设计首先进行均匀而且细密的单元分网,然后进行应力分析并获得每个单元的应力、应变数据,并提取出对刚度贡献相对小的单元区域,将其单元刚度矩阵乘以一个很小的因子[ESTIF]。

3 部分斜拉桥合理索区拓扑优化

3.1 拓扑优化思想(图 1)

本文采用在优化拉索区域优化人工材料的思路，每一优化迭代后，将当前拓扑结构转化为一个新的拓扑结构。新的拓扑结构是由结构单元(图中深色部分)和优化材料单元(图中浅色部分)组成。对于刚构斜拉组合桥，将桥塔、主梁和桥墩区域定义为结构单元，将拉索布索区域定义为优化材料单元。拓扑优化的目标是在满足结构的约束条件下尽量减小应变能，减小应变能相当于提高结构的刚度，这样可以通过伪密度指标 γ_m 来反映结构的整体刚度。因此，首先建立能覆盖最佳拓扑结构的足够大区域的有限元网格，将计算结果转换到具有固定有限元网格的数据空间进行优化迭代、图形显示及记录。很明显，上述处理主要牵扯到少量的优化材料单元，大大减少或避免了总刚度矩阵病态现象。

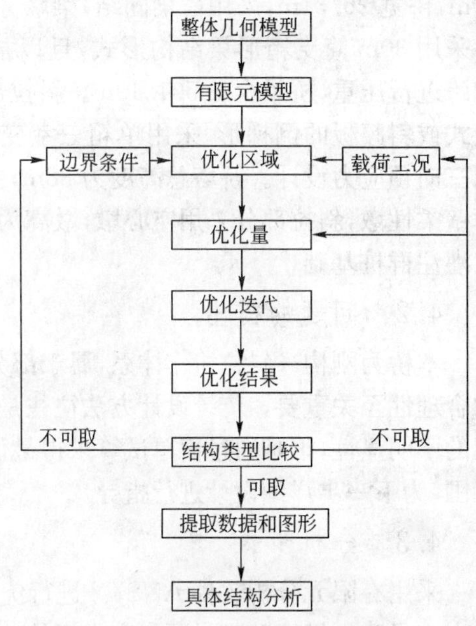

图 1 拓扑优化程序流程图

3.2 优化的力学描述

优化的目标是在一定约束的情况下寻求结构材料的最有效性，即目标取最大或最小值。在拓扑优化中，结构的材料分配功能为优化参数。拓扑优化理论是在限定条件(g_j)定义下，寻求最大或最小的目标函数(f)。在拓扑问题中，设计变量赋予每个有限单元(i)内部伪密度(η_i)。伪密度值从 0 到 1，$\eta_i \approx 0$ 代表材料被移除，$\eta_i \approx 1$ 代表材料应该被保留。总体积就是所有单元体积之和。$V \approx \sum_i \eta_i V_i$，伪密度影响每个单元的体积和弹性张量，$[\boldsymbol{E}_i]=[\boldsymbol{\eta}_i]$。

常用的线弹性方程组里，弹性张量用来等价于应力和应变矢量：

$$[\boldsymbol{\sigma}_i]=[\boldsymbol{E}_i][\boldsymbol{\varepsilon}_i]$$

式中：$[\sigma_i]$——单元的应力矢量；

$[\varepsilon_i]$——单元的应变矢量。

以求最大静态结构刚度为例，在体积约束的条件下，求最大结构刚度就是给定载荷寻求最小静态变性能。

$$u_c \approx M\mathrm{inf}(\eta_i)$$
$$\text{s.t.} \quad 0 \leqslant \eta_i \leqslant 1 \quad (i=1,2,3,\cdots,N)$$
$$V \leqslant V_0 - V^*$$

式中：u_c——柔顺性；

N——单元数量；

V——计算体积；

V_0——计算体积；

V^*——被除掉的体积。

对于多载荷条件下，求最大刚度问题表达为：

$$F(U_c^1,U_c^2,\cdots,U_c^k)=\sum_{i=1}^{k} W_i U_c^i \quad W_i \geqslant 0$$

式中：U_c^i——第 j 种载荷下的柔顺度；

W_i——最小变形能的载荷分量。

4 工程实例分析

4.1 工程实例概况

某桥主桥采用变截面大跨刚构与预应力混凝土斜拉协作体系，如图 2 所示。主桥跨径为 50m＋120m＋50m，桥宽 26.31m，采用塔梁固结，梁墩分离的结构体系，引桥采用 30m 简支箱形梁结构形式，且以挂梁形式对主桥右边跨进行压重，桥梁全长 504.40m。斜拉部分主梁断面为鱼腹式或斜腹板的倒梯形，采用单箱三室变高度箱形截面，采用三向预应力设计。桥塔总高度为 38m，主桥刚构采用双肢薄壁柔性墩，斜拉部分采用空心墩，墩高为 31m，基础采用钻孔灌注群桩基础。

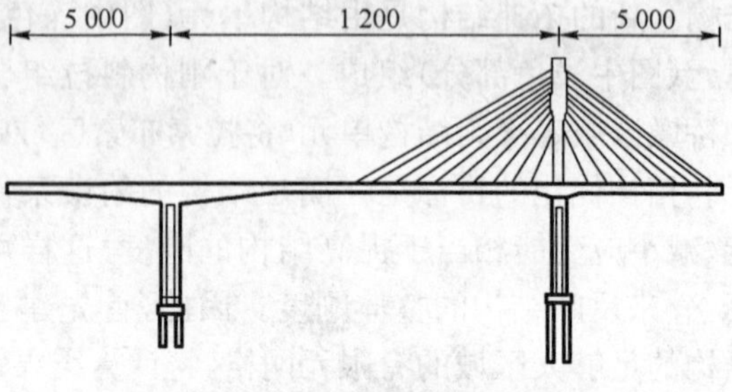

图 2 主桥部分总布置图(尺寸单位:cm)

4.2 问题的提出

本桥为刚构—斜拉协作体系，属于部分斜拉结构，不同于标准斜拉桥。斜拉索布置区域对结构整体受力的合理性至关重要。传统设计方法往往是通过多次计算，设计出可行的布置区域，但由于约束条件和优化目标的不明显性，很难通过简单试算求得最优方案，本桥在初步尺寸拟定后，利用拓扑优化原理，确定合理索区范围，为下一步详细设计进行指导。

4.3 分析步骤

采用有限元分析软件 ANSYS 进行优化。在拓扑优化过程中，不需要定义参数和优化变量，设计变量、状态变量和目标函数都是预先定义好的。用户只要给出结构描述(材料特性、有限元模型、载荷条件、支座条件)和需要去除的材料百分比即可。(1)定义拓扑优化问题。根据结构在承受载荷的作用下，初步计算确定材料的厚度。定义边界条件。拓扑优化的目标函数定义为结构柔度。(2)选择单元类型。选用 PLANE82 单元。(3)指定优化区域。根据 ANSYS 的规定，软件仅对单元类型号为 1 的单元进行拓扑优化。所以，在拓扑优化时，模型中优化区域和非优化区域是通过单元类型号来定义的。(4)定义载荷工况。(5)定义和控制优化过程。输入所要去除的材料百分比为 60%，最后执行拓扑优化。

4.4 优化结果及分析

ANSYS 拓扑优化的结果输出为密度云图，图 3 给出了拓扑优化的初始模型，图中深色部分为结构单元区域(不优化区域)，浅色部分为拉索理论布索区(优化区域)。图 4 为拓扑优化结果，图中深色部分为有材料区域，浅色部分为无材料区域。

图 3 拓扑优化模型

从图 3、图 4 可见，刚构—斜拉协作体系斜拉桥梁上合理布索区域为靠近斜拉侧 $L/2$ 至 $L/4$ 区段(L 为主跨长)；塔上合理索区为距塔顶 $2h/5$(h 为主塔高)区域，拉索合理平均夹角约为 45°，图 4 所示图形便为最优拓扑结果，该拓扑结果总体应变能最小。然而，值得注意的是，实际工作中，布索区域划分也需考虑实际的施工技术条件和经济性，结合实际设计经验进行优化。本文的拓扑优化结果与最终所采用值非常接近，表明了拓扑优化结果可作为宏观指导，以提高工作效率和设计出最优方案。

图4 拓扑优化结果

5 结语

本文首先从理论上说明结构优化设计的数学过程,然后利用ANSYS软件中的高级优化方法对某一具体实例进行拓扑优化。作为大型通用有限元软件ANSYS来说,它成功地为其使用者提供了一套系统的思维模式,在大多数范围内,为其使用者的最优设计创造了良好的条件和方法。

本文所举工程实例的拓扑优化结果与最终所采用值非常接近,表明了虽然拓扑优化是结构优化理论中最为困难的课题,解决非常具体的工程问题目前尚不成熟,还需要大量的研究工作,但应用于结构宏观尺寸和形态的研究,具有一定的现实意义,并可以指导后期详细的设计工作,同时在新型结构设计、特殊及复杂结构的选型上也具有广阔的应用前景。

参考文献

[1] 孙国正.优化设计及应用.北京:人民交通出版社,1992.

[2] 柯常忠,等.ANSYS优化技术在结构设计中的应用.煤矿机械,2005(1):9-11.

[3] 蔡新,郭兴文,张旭明.工程结构优化技术.北京:中国水利水电出版社,2003.126-132.

[4] 邵蕴秋.ANSYS有限元分析实例导航.北京:中国铁道出版社,2004.

[5] Michell A G. The limits of economy of materials in frame structures. Philosophical Magazine,1904, Series 6,8(47):589-597.

基于环境激励数据的旧桥损伤识别和参数识别技术研究

邱　波　罗月静

（广西壮族自治区交通科学研究所　南宁　530001）

摘　要:本文采用有限元模型修正技术，利用环境激励数据结合最优化方法，使计算的动力参数与实测数据拟合、逼近来实现结构的损伤识别和结构的物理参数识别，从而对旧桥现状进行评估。

关键词:环境激励　旧桥加固　损伤识别　参数识别

1　前言

我国每年有数以千计的大小旧桥在进行加固，对公路旧桥的检测评估与维修加固这一研究领域。国内从20世纪70年代起，陆续开展了旧桥加固技术的研究和工程实践，在旧桥加固技术、改造方法，特别是混凝土结构的加固补强方面，积累了丰富的实践经验，也出现了许多旧桥加固工程的成功范例，先后发表了大量的文献资料和有关论著[1,2]。但目前的研究大部分集中在旧桥的加固方法上，对旧桥损伤识别和参数识别技术研究较少，而且研究大多是基于静力测试数据[3~5]，但是这种方法局限性比较多，费用高、费时，需要中断交通，而且不可能在所有的旧桥上应用。

2　结构损伤和物理参数识别的理论分析及有限元模型修正

要精确计算和评估旧桥，就必须使计算模型与旧桥的实际情况一致，也就必须对旧桥的有限元模型进行修正。本文先假设旧桥物理参数（如混凝土强度）或假设旧桥开裂处的截面高度，从而建立旧桥的有限元模型，然后采用随机振动试验方法测得的旧桥频率，以实测频率与计算频率的差值最小为目标函数，通过一系列优化过程，从而修正旧桥的有限元模型，使计算模型与旧桥的实际情况一致。而旧桥有限元模型的修正，实质也是结构损伤和物理参数的识别。

这一过程的理论分析为：

设整个结构采用R个损伤变量来描述结构的损伤，其中物理参数的改变也可设为损伤，则

$$\alpha_i \in [0,1], i = 1 \sim R \tag{1}$$

设与第i个单元相关联的损伤变量为α_j，则第i个单元的单元刚度矩阵可表示为：

$$K_{ei}^{d} = (1-\alpha_j)K_{ei}^{0} \tag{2}$$

式中：K_{ei}^{0}——未损伤情况下的单元刚度矩阵；

K_{ei}^{d}——损伤情况下的单元刚度矩阵。

则损伤情况下结构整体刚度矩阵为：

$$K_i^{d}(\alpha_1,\alpha_2,\cdots,\alpha_R) = K_{ei}^{d} \tag{3}$$

设在实际结构的动力测试中，频率采集共识别了前n阶低阶频率。记第i阶实测频率为p_i^{m}，与之相应的由分析得到的计算结果为p_i^{a}。有限元模型修正的目的是通过不断调整损伤变量$\alpha_i(i=1\sim R)$，使得p_i^{a}充分逼近p_i^{m}。上述思想可以用如下数学表达式表达：

$$\min \cdot \sum_{i=1}^{N}\left\| \frac{p_i^{m}-p_i^{a}}{p_i^{m}} \right\|$$
$$\text{s. t. } \alpha_i^{b} \leqslant \alpha_i \leqslant \alpha_i^{t}, i = 1 \sim R \tag{4}$$

式中：α_i^{b}、α_i^{t}——α_i取值的上下限值。

则问题的求解化为对有约束最优化问题(4)的求解。

3 有约束最优化问题的求解

采用内部惩罚函数法求解有约束最优化问题(4)。

记不等式约束最优化问题为：

$$\begin{aligned} &\min.\ f(x) \\ &\text{s.t.}\ s_i(x) \geqslant 0, i = 1 \sim R \end{aligned} \tag{5}$$

式中：$f(x)$——目标优化函数；

$s_i(x)$——约束函数。

构造如下增广目标函数：

$$F(x,\mu) = f(x) + \mu \sum_{i=1}^{m} \frac{1}{s_i(x)} \tag{6}$$

式中：μ——惩罚因子。

则对问题(5)的求解转化为求解无约束最优化问题(6)。求解无约束最优化问题(6)有许多成熟的算法可以采用，如 DFP 算法等优化算法，很多大型通用计算软件如 Ansys、Midas 等都有优化计算的专项功能。

旧桥结构损伤和物理参数识别的过程实质就是一系列的分析—评估—修正的循环过程。

4 实际应用和分析

4.1 玉林南流江中桥

玉林南流江中桥位于广西玉林市，建于 1960 年 12 月，为 15.7m+18.75m+15.7m 变截面连续梁，如图 1 所示。由于玉林南流江中桥没有施工图和竣工图等原始资料，该桥的外观尺寸可以量测出，但无法知道混凝土的强度和相应的混凝土弹性模量。常规方法是用回弹法测量混凝土强度，但由于玉林南流江桥建桥时间久，回弹法没有相应的测强曲线[6]，所以没法应用回弹法，因此按常规方法无法建立该桥有限元模型，这将导致加固设计无法开展。

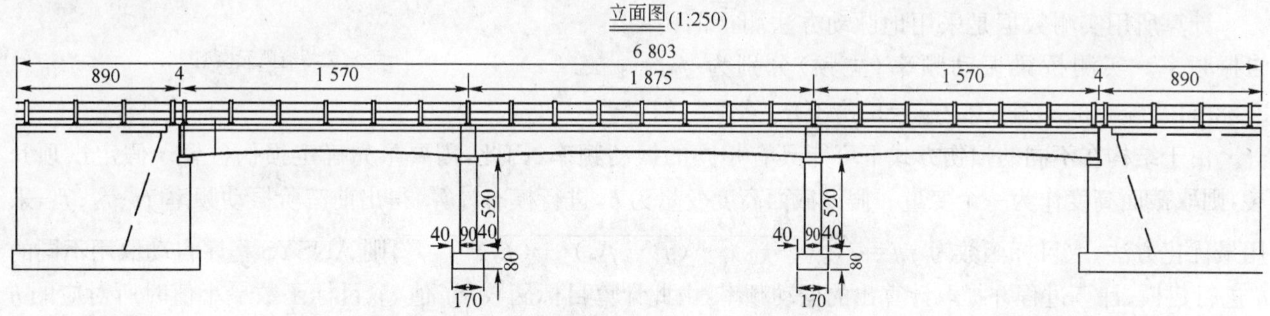

图 1 南流江中桥桥型布置图(尺寸单位：cm)

针对此桥的实际情况，先假设旧桥混凝土强度为 30 号，建立旧桥的有限元模型，计算采用大型有限元软件 ANSYS 进行计算。采用空间实体单元模型模拟实桥结构，模型如图 2 所示。全桥共计节点 18 315 个，单元 11 880 个。

计算所用实测数据是采用地脉动方法测得旧桥的自振频率。实测桥梁振动频率(主频)为 $f_{10}=7.6174$Hz。

计算时先假定混凝土弹性模量建立有限元模型，则取混凝土弹性模量作为一个变量。假设混凝土弹性模量为 E，进行模态计算，得出振动频率 f_1，采用最优化方法，取目标函数为 $ff=\sqrt{(f_1-f_{10})^2}$，则 ANSYS 程序自动取用不同的 E 进行建模、计算过程并提取计算出的振动频率，由此计算目标函数 ff 值，取目标函数最小值时所对应的 E 值为最佳序列，由此得结构混凝土的弹性模量。

循环优化计算得到该桥的混凝土弹性模量为3.036×10^{10}Pa，即混凝土标号为31.2号，经过对该桥钻芯取样，得到混凝土标号为34.1号，计算结果和实际结果基本吻合。本例利用实测和计算的频率变化成功实现了对物理参数的识别，对下一步的有限元模型修正提供了数据支持。但研究结果表明该方法也存在不足：由于该桥已经出现较多裂缝，刚度已经降低很多，而在计算时没考虑开裂对自振频率的影响，导致计算结果与实际结果有一定误差，所以需要在旧桥的最初的计算模型中必须考虑到这点，先对旧桥的高度进行一定程度的弱化。

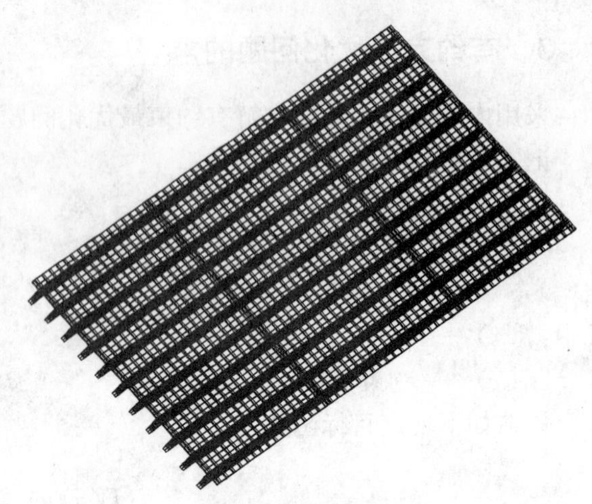

图2　南流江中桥有限元模型

4.2　龙潭大桥

龙潭大桥位于博白至白沙二级路上，建于1968年，为5跨净跨21m，净矢高3.0m的等截面圆弧线空腹式双曲拱，拱圈为5肋悬半波，桥台为重力式，桥墩为扩大基础双柱式墩，如图3所示。

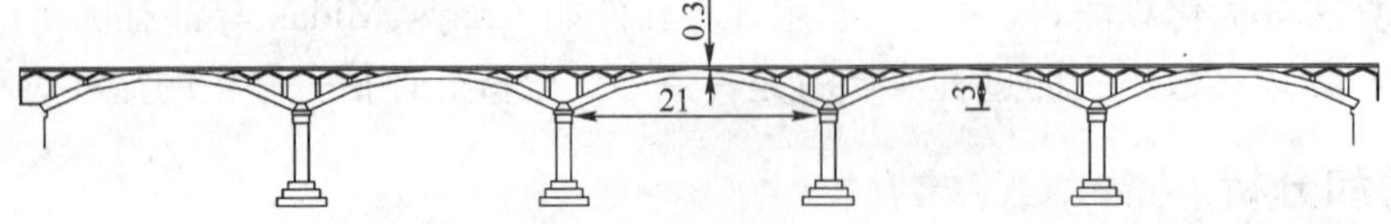

图3　龙潭大桥桥型布置图(尺寸单位:m)

计算先假设旧桥跨中截面高度h为70cm，建立旧桥的有限元模型，然后以实测频率与计算频率的差值最小为目标函数，通过一系列优化过程，得到旧桥跨中截面实际高度h，从而了解跨中开裂情况和修正旧桥的有限元模型，使计算模型与旧桥的实际情况一致。

计算采用大型有限元软件ANSYS进行。采用空间梁系模型模拟实桥结构。模型如图4所示，全桥共计节点487个，单元501个。

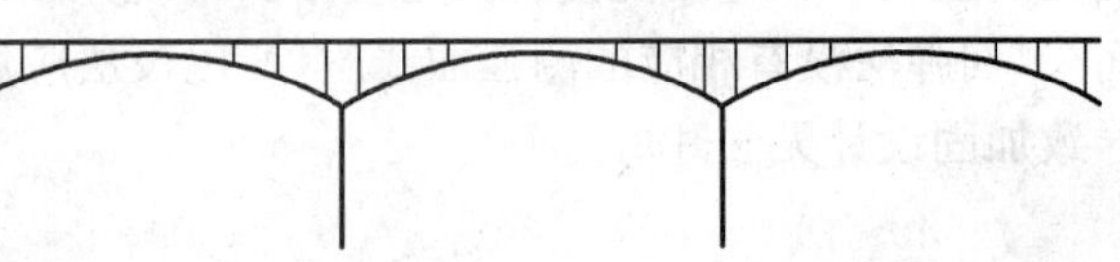

图4　龙潭大桥有限元模型

计算所用实测数据是采用地脉动方法测得旧桥的自振频率。实测桥梁振动频率(主频)分别为$f_{10}=3.282$Hz、$f_{20}=3.302$Hz和$f_{30}=5.678$Hz。

由于结构在不同的损伤方式下可能具有相同的振动频率，因此，需要事先确定损伤位置。假定拱顶开裂，则取截面高度作为一个变量。假设截面高度变量为h，进行模态计算，得出前三阶振动频率f_1、f_2、f_3，采用最优化方法，取目标函数为$ff=\sqrt{(f_1-f_{10})^2+(f_2-f_{20})^2+(f_3-f_{30})^2}$，则ANSYS程序自动取用不同的$h$进行建模、计算过程并提取计算出的振动频率，由此计算目标函数ff值，取目标函数最小值时所对应的h值为最佳序列，由此可知结构的损伤程度。

循环优化计算得到该桥的旧桥跨中截面高度h为65cm，而实际旧桥跨中截面高度h为70cm，表明跨中截面出现开裂，和实际结果基本吻合，但开裂的程度实际情况更严重。本例利用结构损伤前后的频率变化成功实现了对损伤的定量和物理参数的识别，对下一步的有限元模型修正提供了数据支持。

5　结语

基于随机振动动力测试的数据，结合最优方法，通过模型修正，使计算的动力参数与实测数据拟合、逼近，来实现结构的损伤识别和结构的物理参数识别从而实现旧桥的破损识别和结构的物理参数识别。实际应用结果表明：该方法概念明确，应用方便，旧桥测试时不需中断交通，可以比较精确地实现对损伤的定量和旧桥物理参数的识别，对下一步的有限元模型修正提供了数据支持。

参考文献

[1] 杨文渊,徐犇.桥梁维修与加固.北京:人民交通出版社,1995.

[2] 交通部第二公路勘测设计院.公路旧桥承载能力鉴定方法(试行).北京:人民交通出版社,1990.

[3] 刘殿中.桥梁结构的损伤识别与定位方法.吉林建筑工程学院学报,2004,21(3):27-31.

[4] 向天宇,赵人达,刘海波.基于静力测试数据的预应力混凝土连续梁结构损伤识别.土木工程学报,2003.11.

[5] 崔飞.桥梁参数识别与承载能力评估,公路桥梁养护管理:未雨绸缪正当时.公路交通科技应用技术版,2004,(2):5-6.同济大学博士学位论文,2000.1.

[6] 中华人民共和国行业标准.回弹法检测混凝土抗压强度技术规程(JGJ/T 23—92).北京:人民交通出版社,1994.

桥梁大师在山区公路桥梁设计中的应用

谌　楹[1]　陈　梅[1]　孙　伟[2]

(1.广西壮族自治区交通规划勘察设计研究院　南宁　530011；
2.北京中交跨世纪工程技术有限公司　北京　100089)

摘　要：文章介绍了桥梁大师2006的基本功能和特点，结合广西隆百高速工程实例，详细介绍如何利用该软件完成山区公路桥梁设计任务。

关键词：桥梁大师　山区公路　设计桥梁

1　概述

随着我国经济建设的发展，在山区修建的高速公路越来越多。广西隆林至百色高速公路是国家高速公路"7918"网中的第17横汕头至昆明公路的广西境内段，地处广西西北部山区，地形、地质条件复杂，为典型的山区高速公路，桥隧比例较高，斜弯坡桥多，墩台形式多样，桥梁设计工作量很大。为了提高设计效率，节省人力，应用现代科学技术，设计便利的设计软件是一条工作捷径，随着计算机技术发展，桥梁CAD软件日趋成熟。经过比选，我院在此项目设计中引进了桥梁大师2006。它采用了面向设计、面向桥梁、面向工程的先进理念，可完成桥型方案设计、布梁设计；它提供了常用的下部结构计算如盖梁计算、桩长计算等，可生成桥位平面图、桩位坐标图、主梁布置图、一般构造图、各构件的钢筋构造图等，并可自动完成全桥工程量统计。出图标准符合国家标准，风格统一，能方便地按设计院的出图习惯定制，从而能保证设计和图纸的标准化。桥梁大师2006在本项目的应用，提高了设计效率，提升了设计质量，取得了成功。

2　桥梁大师2006功能介绍

桥梁大师BridgeMaster2006系统是基于AutoCAD 2002或以上平台的公路工程辅助设计软件，通过使用它，设计人员可完成一座桥梁或者整条线路上的桥梁设计、出图、计算、工程量统计等工作，高效、高质量地完成桥梁设计任务(图1)。桥梁大师2006版重点解决了常规的大、中、小桥的设计、出图、计算和工程量统计等工作，具体功能包括：

(1)能完成任意曲线上的简支结构、桥面连续结构、先简支后连续结构、连续刚构的桥型方案设计。

(2)支持不同上部结构形式构成的多联复杂桥型，可处理整体式路基、分离式路基或低等级公路的单幅路桥梁；可处理左右半幅路基宽度不同、跨径不同及结构不同，错墩错台的桥梁。

(3)能处理的上部结构有实心板、空心板、T梁、小箱梁和现浇箱梁；下部结构桥台类型包括柱式台、轻型台、肋板台、U台和整体式台，桥墩类型包括柱式墩、轻型墩、实体墩、空心墩、薄壁墩、薄壁空心墩，部分墩台还提供不同的构造形式。

(4)承台形式有实体式承台、框架式承台、分离式承台和带系梁承台；基础形式有桩基础、扩大基础、分离式扩大基础。

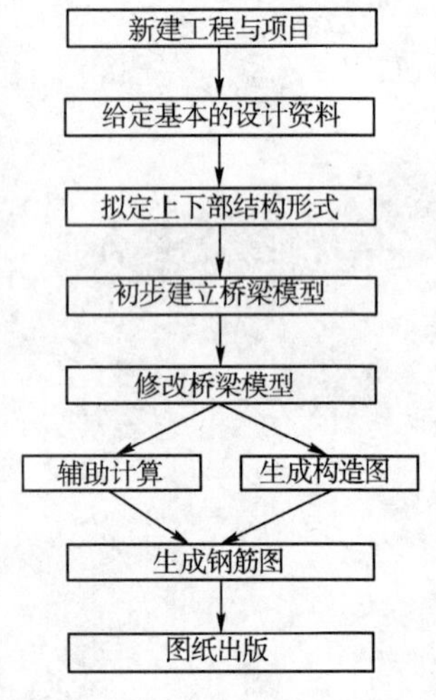

图1　设计流程

(5)能自动生成各类下部结构形式的一般构造图，自动计算特征点的高程和支座位置高程，自动合并同类墩台结构的图纸并生成构造参数表，自动计算并生成桩位坐标图。

(6)通过平面线设计,可进一步完成桥位平面布置图,并可按需插入地形图。

(7)提供偏移设计线、偏移墩中心连线、偏移桥台中心连线三种方式,自动完成各类斜弯桥的布梁设计,生成主梁布置图。并可根据布梁结果自动调整桥梁设计模型,如盖梁长度、支座位置等。

(8)根据计算结果或用户给定的配筋信息,自动从桥型方案图中提取构造尺寸生成各类下部构造的钢筋构造图以及附属构造物的钢筋构造图。

(9)能完成整座桥梁中墩台盖梁的盖梁计算,生成盖梁离散图、计算说明书、弯矩包络图等,能完成整桥的桩长计算,并提供多个计算工具,所有计算完全采用新规范。

(10)能批量生成工程下所有项目的桥型布置图、墩台一般构造图,并可自动生成图纸布局,完成图纸的批量打印;能自动生成全线桥梁的图纸目录,自动编写图号。

(11)可随时查看桥梁各构件的工程数量及材料明细;可对单座桥梁或整条路线上所有桥梁进行工程量统计,生成全桥工程数量表。

(12)基于数据库实现了工程、项目、图纸的多级管理,可方便地查询、分类操作各种图纸;用户可在网络环境下以共享方式共同完成同一工程项目。

(13)提供与路线软件:路线大师、CAD/Ⅰ、纬地、DICAD、DIGICAD、VIGICAD、JSL-Road 的数据转换接口,可以方便地直接导入路线设计资料。

3 工程实例

3.1 项目介绍

隆百高速公路中某座常规梁式桥,桥梁中心桩号 K14+665,平面位于 $R=420$m,圆曲线、缓和曲线和 $R=1\,800$m圆曲线上,左幅跨径:4×30m+4×30m+4×30m;右幅跨径:4×30m+3×30m;桥梁跨越"V"形冲沟,桥梁上部结构采用标准跨径 $L=30$m 的预应力混凝土 T 梁;桥墩为柱式墩,桩基础,桥台为 U 形桥台,扩大基础。

3.2 建立工程、编辑桥梁项目资料

建立该工程的文件包,输入工程的概况信息,并完成全线或部分路段上桥梁项目资料的编辑(图 2)。确定桥梁名称,设计中心桩号,对于山区高速,由于地形控制,左右幅桥长一般不一样。程序通过给定中心偏距来调整,跨径表达式可分别确定左右幅跨经组合,墩台形式也可初步确定。

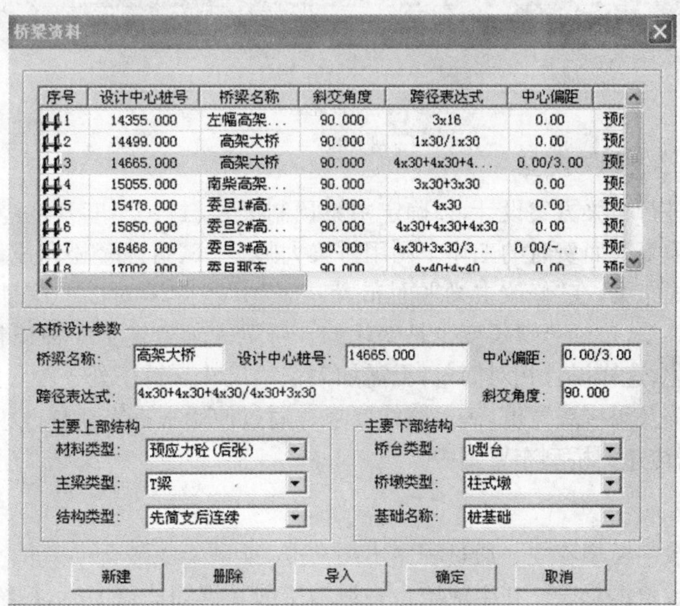

图 2 全线桥梁资料信息编辑界面

3.3　导入外业设计数据资料

利用桥梁大师2006设计数据资料的导入功能，可将路线设计人员提供的由路线设计软件生成的平、纵、横、超高等建立桥梁模型所必备的设计数据资料导入到当前工程的设计资料管理器中，桥梁大师还可以通过更新设计资料的功能，变更路线资料，避免了因为路线调整而做的重复工作。

3.4　建立满足全线或该部分路段所属桥梁设计所需要的上、下部标准图库

可以新建，也可以自动导入原来已经建立好的上、下部标准图。山区高速上部构造，墩台形式多样，建立标准图库，可以快捷的选择和变更，提高设计效率。

3.5　完成工程配置内容设置以及bm.dwt模板信息的设置

为保证全线统一的出图风格和设计的规范化，需要在建立模型之前完成工程配置内各项内容的设置。工程配置内容包括出图控制、设计控制、支座规格、伸缩缝和护栏、文本样式、桩柱配筋等设置。Bm.dwt模板可以控制线宽和颜色。

3.6　建立桥梁模型，套用合适的上、下部标准图生成桥型布置图

建立模型时，可在桥型方案界面中选择“套用标准图”，生成桥型布置图(图3)。通过利用尺寸驱动等操作，对基底高程、基础埋深等进行调整；通过属性栏，可以对上、下构造尺寸，坡度进行调整，使其成为合乎工程需要的全桥总体布置图。

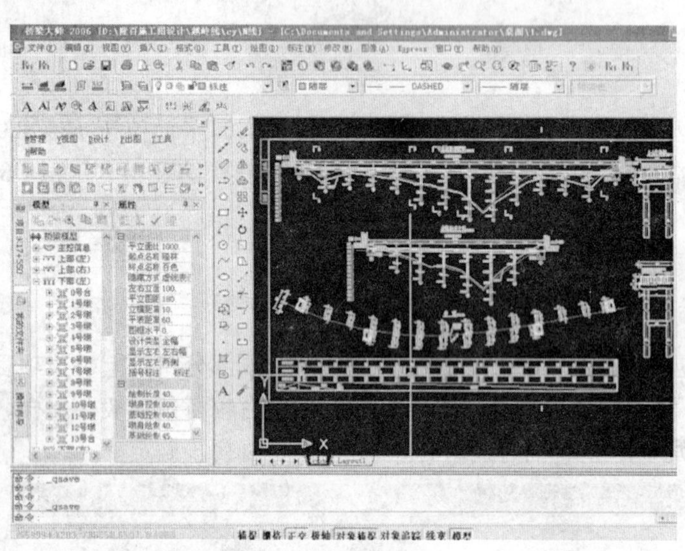

图3　桥型布置图界面

3.7　布梁、根据布梁修改模型

该桥为曲线桥，需要进行布梁方案设计，以确定主梁预制梁长、封锚厚度及现浇段宽度等尺寸数据。此项工作如手工进行，是一项复杂而费时的工作。利用桥梁大师2006，可以轻松完成，具体步骤：选择“相对墩中心连线”的基线偏置方式布梁，在“修改主梁平面布置界面”中(图4)，对以上信息进行修改。山区高速一般曲线半径小，内外梁长不等，边梁悬臂长度也是变化的。桥梁大师给定了4种调整方式，对于处于小半径曲线内桥梁，选择桥长变化，这样设计相对简单，无需加大盖梁尺寸。对于处于较大半径曲线内桥梁，可以选择梁长一致，通过调整封锚及湿接头宽度，满足路线要求。通过使用根据布梁修改模型的功能将由于布梁设计而导致的支座位置数据传递到桥型布置图中。

3.8　出图

经过以上步骤，桥梁数字模型建立。通过程序出图功能，批量生成墩台一般构造图、主梁布置图及钢筋构造图等，生成全桥工程数量汇总表。在生成墩台一般构造图及钢筋构造图时，系统可自动识别此类桥梁的构造区别，将左右幅同类墩台类型的相关图纸合并出图。

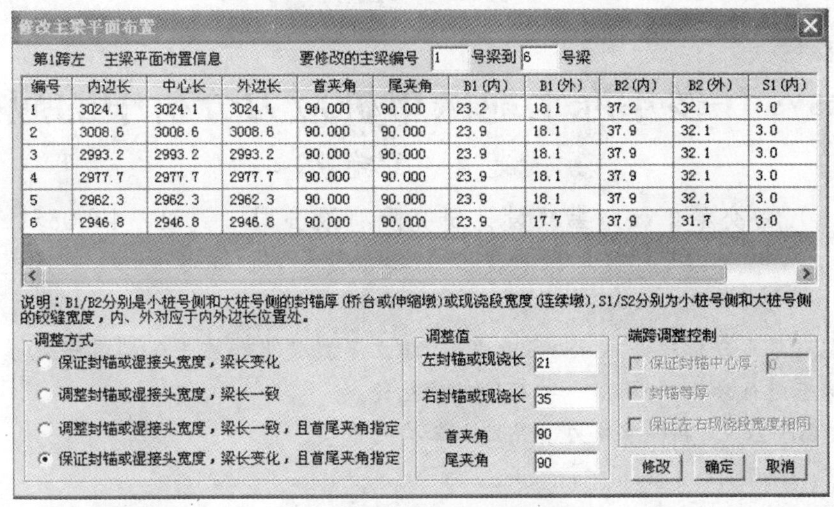

编号	内边长	中心长	外边长	首夹角	尾夹角	B1(内)	B1(外)	B2(内)	B2(外)	S1(内)
1	3024.1	3024.1	3024.1	90.000	90.000	23.2	18.1	37.2	32.1	3.0
2	3008.6	3008.6	3008.6	90.000	90.000	23.9	18.1	37.9	32.1	3.0
3	2993.2	2993.2	2993.2	90.000	90.000	23.9	18.1	37.9	32.1	3.0
4	2977.7	2977.7	2977.7	90.000	90.000	23.9	18.1	37.9	32.1	3.0
5	2962.3	2962.3	2962.3	90.000	90.000	23.9	18.1	37.9	32.1	3.0
6	2946.8	2946.8	2946.8	90.000	90.000	23.9	17.7	37.9	31.7	3.0

图 4　主梁平面布置信息修改界面

4　结语

桥梁大师以桥梁模型为信息载体，实现了面向整座桥梁的设计；以数据库技术为基础，实现了面向整个工程的桥梁设计。由于采用了特征建模的设计技术，桥梁大师比一般的 CAD 辅助设计软件更为智能化，实现了对高速公路上常规桥梁的批量化设计、出图及工程量统计。

在这一基础上，针对山区公路桥的特殊性，桥梁大师所作出的专项改进，必将使该类型桥梁设计效率和设计质量有较大幅度的提高；减短设计周期、降低设计成本，对提高设计院的桥梁设计技术水平也将起到较大的作用。

Ansys在多年冻土地区单桩应力分析中的应用

徐莲净[1] 贾艳敏[2]

(1. 中交第二公路勘察设计研究院有限公司 武汉 430056;
2. 东北林业大学 哈尔滨 150040)

摘 要:本文以大型有限元分析软件ANSYS为平台,建立了混凝土和冻土体的有限元模型,并在此基础上对其应力状态进行分析,得出了一些有价值的结论。

关键词:多年冻土 ANSYS 单桩承载力 混凝土本构关系

1 引言

多年冻土约占世界陆地面积的1/4,为了在多年冻土区修建道路、桥梁,就需要在冻土上修建基础。而多年冻土区现有建筑物的病害,如桥梁单桩基础在多年冻土区的整桩冻拔、不均匀沉降等问题也亟待解决。因此,研究分析多年冻土地区单桩应力是很必要的。

2 ANSYS建模

本模型混凝土采用Willam-Warnke破坏准则,土体采用Drucker-Prager屈服准则,用Solid65单元模拟钢筋混凝土,用D-P材料模拟冻土。模型建立的关键在于混凝土(即桩体)和冻土体的接触模拟,即两者接触时的相互作用关系,此关系又可分为在接触前后的法向关系与切向关系。在法向关系方面,必须实现以下两点:①接触力的传递,②两接触面间没有穿透。在切向上要考虑两接触面间的摩擦力的作用。本文模型采用扩增的拉格朗日算法来实现此切向与法向接触关系。

本文所参考的试验桩位于昆仑山多年冻土桩基础试验场内。桩体ANSYS模型直径$d=0.5$m,土体根据其受力范围将其假定为直径$D=10$m的圆柱体,根据试验场的地质情况将土体分为五层,桩长为$l=7.5$m,桩入土深度为$l_r=6.5$m,以此建立ANSYS有限元模型。

3 应力分析

3.1 应力云图分析

图1为破坏荷载时,桩体应力沿桩身的z方向应力云图。如图1可见,桩体的应力沿着z方向向下传递,在桩顶处,正应力最大;随着入土深度的增加,土对桩产生的桩侧摩阻力逐渐发挥出来,桩身轴力逐渐减小,应力逐渐减小。各断面处的应力为:(桩顶承受的轴力——摩擦力)/桩横截面面积。

图2土体的z方向应力云图显示,位于桩底部直接受压的土体的压应力值较大,并沿着桩底土层扩散,直至应力为零。桩侧土层在土层接触处产生相对较大的应力,最大拉应力0.087MPa,除第一层土之外,每一层土都是上部产生拉应力,下部产生压应力。这与王国光[1]提到的:"用来计算桩基荷载作用下地基土的竖向应力的Geddes解答得到的在线性增长分布力作用下,桩侧土中应力,部分为拉应力,部分为压应力,而对于桩身以下地基土的受力状态,表现为压应力。"这种说法是一致的。这说明,模型计算结果与理论分析值是吻合的。另外,从分布结果中还可以看出,土体中产

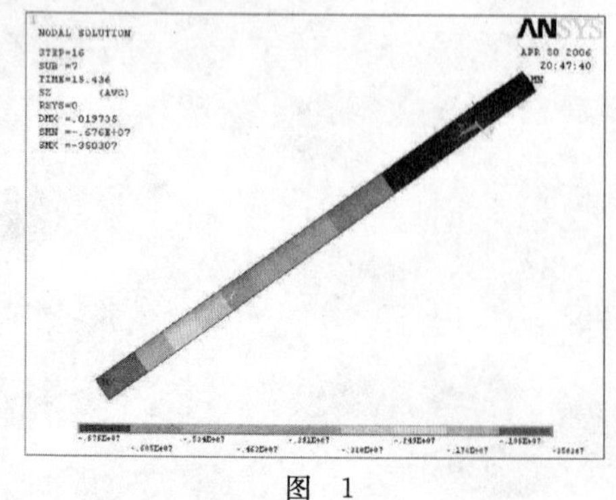

图 1

生的应力分布区域较小，对于桩侧冻土体应力水平向的扩散，它的范围只有1.5倍桩径左右，这与土体受力后易变形而强度差的材料特性相符。

3.2 应力路径分析

沿桩身从上至下取节点，形成桩身节点路径，观察在不同荷载作用下，各节点应力随着桩入土深度增加的变化情况。从图3可见，桩的应力随着桩入土深度的增加而减小，在桩底7.5m处达到最小。当荷载增大时，应力值也增大。不同荷载对应的桩深——应力曲线的规律是基本一致的。

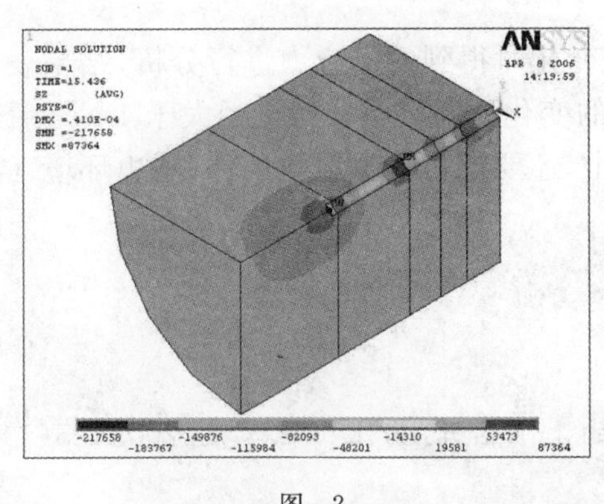

图 2

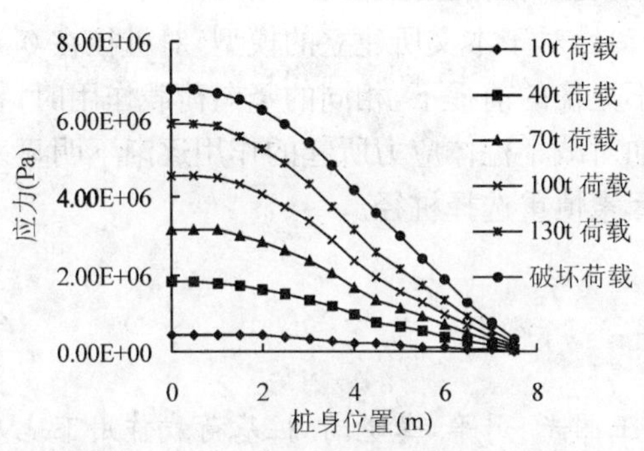

图3 在不同荷载作用下的桩深—应力曲线

3.3 参数变化对应力的影响

(1)桩径的变化对应力的影响

从图4单桩荷载—应力随桩径变化曲线可以看出，桩径在0.5～2m范围内，桩身应力变化很大。但是桩的应力并不随桩径的增加均匀减小，当桩径大于1m之后，桩径的增加对减小桩体应力所起的作用不明显。在实际工程中，为了减小桩体应力，可以适当增加桩径，但还要综合考虑地质条件、周边环境、经济效益等因素。

(2)弹性模量的变化对应力的影响

本文为分析弹性模量对桩的应力状态的影响，分别取几个弹性模量值进行分析，得到了如图5所示单桩荷载—应力随桩体弹性模量的变化曲线。从图5中可以看出，弹性模量的大小对于桩身应力的改变量不大。由此推断，在实际工程中，对于多年冻土区的摩擦桩，提高混凝土标号对桩的应力影响不大。这与文献[2]中对多年冻土区单桩竖向荷载—位移曲线的研究结论"当桩体混凝土弹性模量提高时，桩顶的沉降减少；但是，减少的幅度很小，实际的桩基设计中采用高标号的混凝土是不经济的"是一致的。与文献[3]中对多年冻土区单桩横向荷载—位移曲线研究结果"采用高标号混凝土对桩身水平位移没有明显的改变。桩基设计中采用高标号的混凝土是不经济的"是吻合的。说明在多年冻土区中，《公路钢筋混凝土及预应力混凝土设计规范》(JTG D62—2004)对非冻土的要求"桩宜采用相对较低标号混凝土"也是适用的。

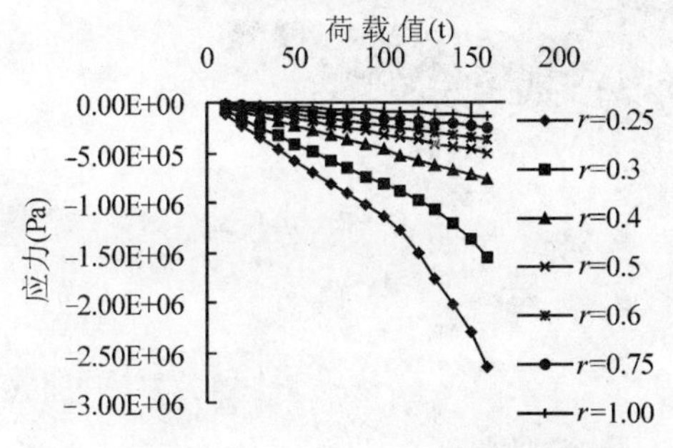

图4 单桩荷载—应力随桩径变化曲线(尺寸单位：m)

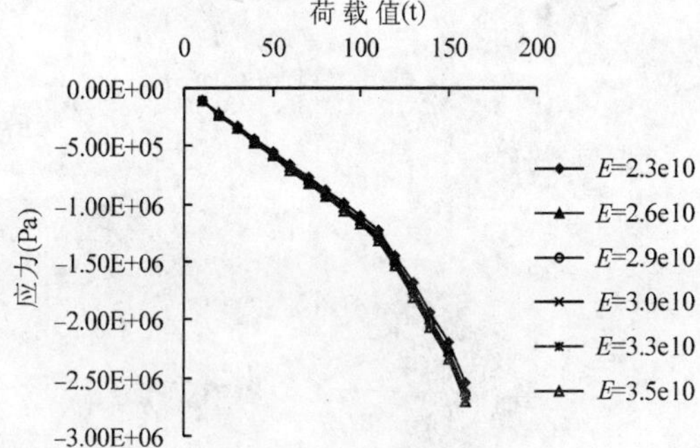

图5 单桩荷载—应力随桩体弹性模量的变化曲线

4 结语

(1)通过对昆仑山多年冻土区桩基试验场的试验桩的数据与有限元模型的计算结果进行对比分析，验证了用有限元ANSYS软件对桩土模型进行应力状态分析的可靠性。沿着桩土接触面,桩的应力分布很有规律:随着入土深度的增加,所产生的压应力逐级减小。而冻土体的应力分布比较复杂,在桩底直接受压的土层压应力值较大,在中间土层有拉应力产生,但数值不大于0.087MPa。而且在土体中,应力沿径向土层的分布范围较小,对于桩侧冻土体,它的水平向的扩散范围只有1.5倍桩径左右。

(2)桩体混凝土弹性模量对桩的应力影响很小,为减小桩体应力而提高混凝土标号是不合理的。说明《公路钢筋混凝土及预应力混凝土设计规范》(JTG D62—2004)中对非冻土区的要求"桩宜采用相对较低标号的混凝土"在冻土区也是适用的。

(3)针对于本文所建立的模型,对桩径在0.5～2m范围内变化时得到的桩应力进行分析,结果表明,在保证不失稳的前提下,相同的竖向荷载作用时,桩应力随桩径的变化逐渐减小。当桩径大于1m之后,桩径的增加对减小桩体应力所起的作用逐渐不明显。在实际工程中,还要综合考虑地质条件、周边环境、经济效益等因素慎重选择桩径。

参考文献

[1] 王国光,严平,龚晓南.桩基荷载作用下地基土竖向应力的上限估计.岩土工程学报.2003,25(1):116-118.

[2] 王欣南.多年冻土地区钻孔灌注桩竖向承载力研究.东北林业大学硕士学位论文.2005:64-65.

[3] 李志军.多年冻土地区钻孔灌注桩横向承载力研究.东北林业大学硕士学位论文.2005:44-45.

曲线桥平面设计的二次开发与应用

曾昭元

（甘肃省交通规划勘察设计院有限责任公司　兰州　730030）

摘　要：本文借助 CARD/1 软件的二次开发功能，编制计算程序，计算曲线桥梁桩位坐标、梁长和悬臂长度，提高曲线桥梁平面设计的质量和速度。

关键词：桥墩法向布置　二次开发

1　概述

武都至罐子沟高速公路是兰州至海口高速公路在甘肃省的重要组成路段，是省会兰州通达陇南市的重要公路。武罐高速公路地形、地质条件复杂，路线线形指标相对较低，路线曲线比例为 72.23%，桥梁比例为 64%，其中特大桥 11 座，大中桥 62 座，最大桥长 4 004m，其中 90%以上的桥梁平面位于曲线上。由于工期紧张，桥梁工作量大，技术难度大，如何在短期内快速有效地完成桥梁设计，就成了一个迫切需要解决的问题。

2　传统曲线桥梁设计方法

在以往的设计中，曲线桥梁平面设计一般采用平行墩和法向墩两种：

(1)平行墩指一个桥所有的桥墩轴线互相平行，每个桥墩与路线中心线的夹角各不相等，各跨桥上部梁长度完全一致。

(2)法向墩指一个桥所有的桥墩轴线与路线中心线的夹角固定，且均为 90 度。法向墩有等梁长法和等宽湿接缝法两种：

①等梁长法指一跨的上部梁长一致，梁间湿接缝宽度变化，适合于平面曲线半径比较大桥梁。

②等宽湿接缝法指墩顶的湿接缝宽度一致，上部梁的长度变化，适合平面曲线半径较小的情况。

武罐高速公路地形复杂，路线平纵指标较低，最小平曲线半径 360m，一般值在 400～600m 之间，如果采用等梁长法布置桥梁，必然会导致墩顶湿接缝的宽度变化过大、盖梁过宽，因此采用等宽湿接缝的方法进行法向墩的桥梁平面布置。法向墩布置的桥梁处于曲线段时会存在每一片梁的长度不一致，边梁的悬臂长度不一样的问题。根据以往的设计经验，取得各梁长度的做法是利用 AutoCAD 软件在轴线图上找到相应的桩号位置，作路线中心线的垂线，连接两个桥墩中心线，再按照各梁的相对位置，通过平面定位的方法确定每片梁的位置，然后分别量取每一片梁的长度。把各梁按 2～5m 分成若干等份，通过各悬臂特征点绘制路线中心线的垂线，量取各边梁中心到路线边缘的长度，减去顶板半宽得到各边梁的悬臂长度，如图 1 所示。

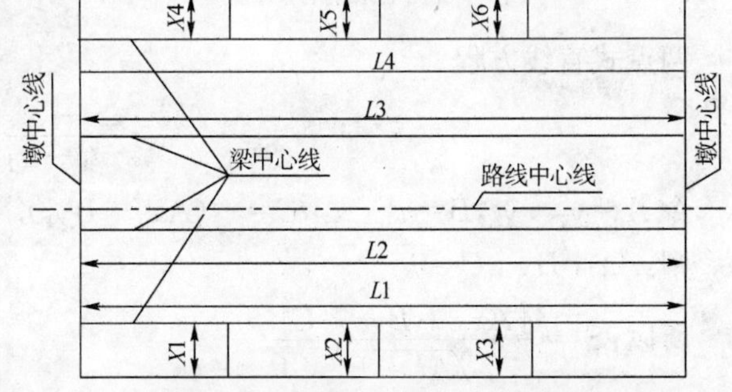

注：L1、L2、L3、L4 为梁长；X1、X2、X3、X4、X5、X6 为梁中心至边缘长度

图 1　各边梁悬臂长度计算示意图

该方法的缺点是绘图和计算工作量大、劳动强度大、效率较低、容易产生错误，且发生错误不容易检查，返工率较高。

3　二次开发计算的思路

由于走廊带沿线大部分的桥梁都是等跨布置，或是几种等跨布置的延续。等跨布置的桥梁，各梁端在桥墩处与路线中心线的距离是固定的。在中心桩号确定的情况下，可通过 CARD/1 系统的函数调用该桩号处的坐标和方位角，通过坐标转换计算就可以得到桩位坐标和各梁端的坐标，再通过两个梁端坐标计算梁的长度。

各悬臂特征点的坐标也可以通过桩号和距离计算得到，用点和直线间的距离计算得到各特征点到梁中心的距离，减去梁顶板的半宽度即得到各特征点的悬臂长度。

4 数据处理计算原理

4.1 桩位坐标计算

假设路线在桥墩处桩号的坐标为(x_0, y_0)，方位角为 α，桥墩中心与路线中心线的距离 L，那么桥墩中心线的方位角 $\beta=\alpha+90°$，如图 2 所示。具体计算过程如下式：

$$x = x_0 + L \times \cos\beta$$
$$y = y_0 + L \times \sin\beta$$

则
$$x = x_0 + L \times \cos(\alpha + 90°)$$
$$y = y_0 + L \times \sin(\alpha + 90°)$$

根据 CARD/1 系统的约定，路线右侧的距离为正，路线左侧的距离为负，所以上面的计算公式适用于计算路线左右侧桥墩的坐标。

4.2 各特征点至梁中心的距离计算

根据梁端坐标和悬臂特征点的坐标，利用点到直线的距离，就可以求出各特征点至梁中心距离，如图 3 所示。具体计算过程如下：

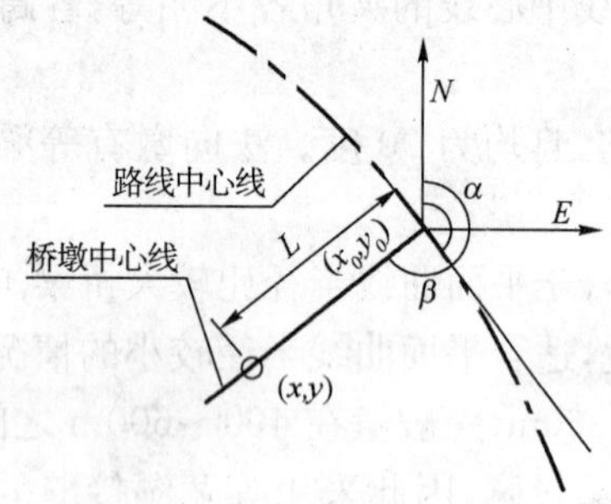

图 2 桩位坐标计算示意图

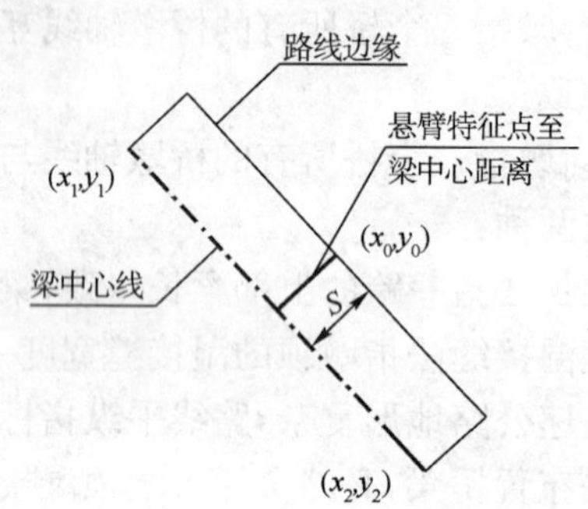

图 3 各特征点至梁中心距离计算示意图

两点式直线方程

$$\frac{x - x_1}{x_2 - x_1} = \frac{y - y_1}{y_2 - y_1}$$

令 $A=y_2-y_1$，$B=x_1-x_2$，$C=-(Ax_1+By_1)$

则：$Ax+By+C=0$

所以：$S = \dfrac{|Ax_0 + By_0 + C|}{\sqrt{A^2 + B^2}}$

5 程序模块的编写思路

根据前面所述的思路和计算原理，通过一个主程序来调用各相关的功能模块。首先计算出路线在桥墩位置的坐标和方位角，用坐标转换模块计算距中心线给定距离处的坐标，将计算出来的梁端坐标作为参数，调用两点间距离模块，计算出不同位置各片梁的长度。通过悬臂特征点分析计算模块，得到各特征点的桩号和离路线中心的垂直距离，用坐标转换模块计算出各悬臂特征点的坐标。通过悬臂特征点的坐标和梁端坐标，执行一点至另外两点形成的直线的距离模块，计算出悬臂特征点至梁中心的距离，减去梁顶板半宽度，就得到悬臂长度。程序的主要界面如图 4 所示,程序的流程如图 5 所示。

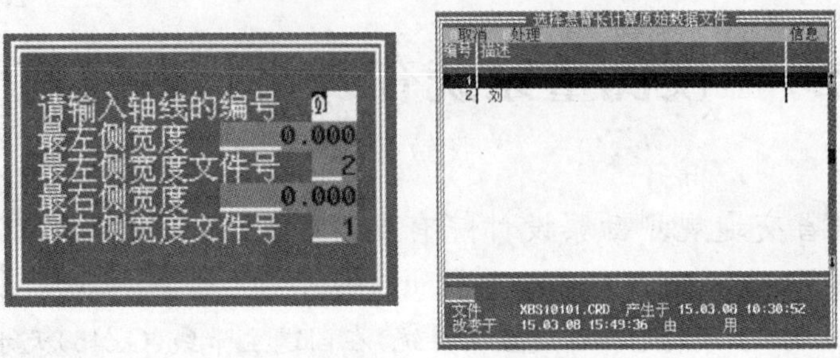

图 4 程序界面

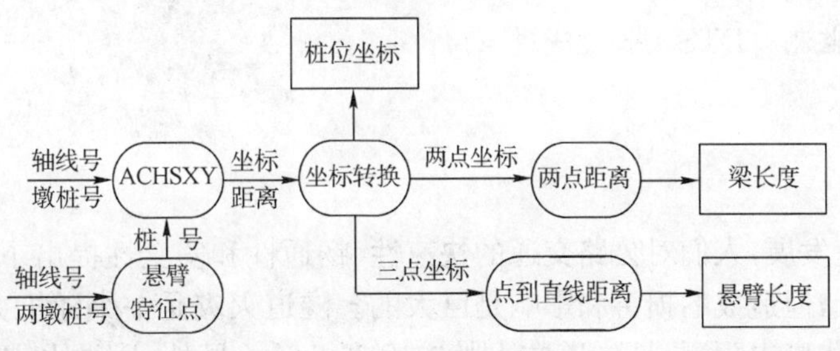

图 5 程序流程图

6 原始数据文件格式和计算结果文件格式

为了方便原始数据文件编写、检查和计算结果整理,统一各文件格式如下:

(1)桩位坐标计算原始数据文件格式(文件名为 ZJSaaann.crd)桩号,距离 1,距离 2,距离 3,距离 4……

(2)桩位计算结果文件格式(文件名为 ZJGaaann.crd)桩号,距离,X 坐标,Y 坐标。

(3)梁长计算原始数据文件格式(文件名为 LCSaaann.crd)桩号 1,桩号 2,距离 1,距离 2,距离 3,距离 4……

(4)梁长计算结果文件格式(LCGaaann.crd)桩号 1,桩号 2,梁长 1(距离 1),梁长 2(距离 2)……

(5)悬臂计算原始数据文件格式(文件名为 XBSaaann.crd)桩号 1,桩号 2,距离 1,距离 2,距离 3,距离 4。

(6)悬臂计算结果文件格式(文件名为 XBGaaann.crd)桩号 1,桩号 2 距离 1 桩号,悬臂长度。

7 计算结果分析

程序计算出来的桩位与通过 AutoCAD 在轴线图上绘图计算的坐标完全一致,程序计算出来的梁长与通过手工绘图计算的结果最大相差 2mm,程序计算出来的悬臂长度与绘图计算的长度最大相差 2mm。引起偏差的原因主要是 AutoCAD 对多段线进行垂足捕捉时捕捉了相邻的线段,但计算结果准确度完全可以满足相关标准要求。

8 结语

通过利用二次开发计算桥梁的桩位坐标、梁长和悬臂长度,免去了大量的手工重复工作,提高了桥梁平面布置的设计速度。程序计算原始数据文件格式化,便于计算数据的编写和检查,提高工作效率。程序对数据进行分析计算,减少了人为造成错误的可能,计算结果比较整齐,生成各种表格时不容易发生错误,减少了返工率,提高公路设计质量和速度。

分布式光纤温度测量系统在公路长大隧道中的应用

张敏阳

（甘肃省交通规划勘察设计院有限责任公司　兰州　730030）

摘　要：本文介绍 DTS 系统(分布式光纤温度监测系统)在国道主干线(GZ45)天水过境段高速公路隧道火情监测中的应用，实时监测隧道的环境温度并以图文方式实时显示及报警，达到了高速公路快速、安全及畅通的目的。

关键词：隧道火灾　实时监测　DTS　长大隧道

1　前言

随着现代社会的高速发展，人们对公路交通的快速性、畅通性和安全性提出了更高的要求，公路隧道火灾虽然发生的几率非常低，但造成的损害和影响是巨大的。隧道火灾是一个随机突发事件，发生的时间、地点、规模、强度、性质都无法事先预测，且隧道防火救灾困难极大。另外，通常火灾发生时，伴随有大量的浓烟，甚至烧毁供电系统，这些都给灭火救灾带来很大的困难，于是隧道成为了公路上的交通枢纽火灾的重点防范区。

传统的感温电缆在温度报警点的设置以及定量、定位、可重复使用性等方面有着严重缺陷，不能满足生产工艺管理的需求，而精确度较高的点式测温仪或热电偶又解决不了线性与连续监测的需要，因此，在很多时候我们不得不寻找更可靠更实用的线性测温仪器。而 DTS 系统（即分布式光纤温度监测系统）作为目前世界上最先进的连续性温度监测系统，完全解决了上述问题，同时具有耐腐蚀、抗潮湿、适应高低温、高海拔以及各种污染性的场所，可以真正做到防事故于未然。

2　功能需求分析

天水过境段高速公路共有三条隧道，分别为：梁家山隧道、卧牛山隧道、石家山隧道，具体分布及相应设置如表 1 所示：

三条隧道具体情况　　表 1

隧道名称	起讫桩号	长度(m)	坡度(m/m) 坡长(m)	洞门形式	
				进口	出口
梁家山隧道	上行 K97+287～K99+008	1 721	2.9/163 1.194/1558	削竹式	削竹式
	下行 K97+299～K99+048	1749	2.9/100.5 1.2/1648	削竹式	削竹式
卧牛山隧道	上行 K106+185～K108+985	2800	2.5/205 1.9/2595	端墙式	削竹式
	下行 K106+194～K109+025	2831	2.5/196 1.85/2635	削竹式	端墙式
石家山隧道	上行 K109+740～K113+531	3791	−2.4/3760 −3.8/31	削竹式	削竹式
	下行 K109+723～K113+550	3827	−2.3/3827	端墙式	削竹式

从表1可以看出，本路段有特长隧道一座，长大隧道两座。依据中华人民共和国推荐性行业规范《公路隧道交通工程设计规范》(JTG/T D71—2004)，火灾报警设施设计指导思想：火灾报警设施设计应注重火灾检测的准确性、实时性。

3 系统设计

根据路线实际条件和道路管理体制的设定，宝天高速公路天水过境段管理方式为：省监控中心、麦积山监控分中心、皂郊隧道管理站和监控外场设备。其中省监控中心、麦积山监控分中心不在本次设计范围之内。监控分中心位于麦积山监控通信分中心，已由宝天高速公路项目进行设计和建设。监控外场设备的信息经通信系统传至麦积山监控分中心，监控分中心对所有信息进行处理并发布指令。其中卧牛山和石家山隧道监控外场设备信息先传至皂郊隧道管理站，然后再通过通信系统传到麦积山监控分中心；梁家山隧道监控外场设备信息则直接由麦积山监控分中心管理。隧道管理站和监控分中心对所管辖隧道内的外场设备进行控制；麦积山监控分中心可对所有隧道外场设备信息进行处理，并发布指令。

考虑到该路段地处西北内陆西秦岭地带，通车后交通量大、伴随灰尘较大，综合考虑本路段火灾监测系统采用分布式光纤温度测量系统。

3.1 系统组成(图1)

图1 系统组成

(1)探测光纤

探测光纤对隧道内温度进行实时传感。

(2)测温主机

测温主机与探测光纤相连，实时检测隧道及设备通道的温度与火灾情况，一旦发生火灾及时输出报警、指示信号。

(3)图文工作站

图文工作站与测温主机相连，实时监测隧道内的温度、火灾报警状态，并以图文方式在CRT上实时显示，同时对各种数据进行保存、查询等。

3.2 DTS系统的原理

光纤用作温度探测器的主要依据是光纤的光时域反射(OTDR:Optical Time Domain Reflectometry)原理以及光纤的后向拉曼散射(Raman Scattering)温度效应。

DTS根据OTDR原理进行分布式温度探测和跟踪。该系统工作原理为光纤温度激光雷达中采用的雷达技术，激光光源沿着光纤注入光脉冲，脉冲大部分能传到光纤末端并消失，但一小部分拉曼散射光会沿着光纤反射回来，对这一后向散射光进行信号采集并在光电装置中进行分析，从而提供给用户有关温度的信息。

3.3 系统性能要求

(1)系统数据交换

测温主机通过 FC/APC 接口将敷设在隧道及通道内，探测光纤感应的温度信息及火灾信息经光学滤波、光电转换、放大、AD 转换等系列程序转变为数字信号，并进行大规模数字处理后，将规定的信息通过 RS232 接口上传到图文工作站；测温主机接受图文工作站下达的各种指令，按指令实施各种“业务”处理。如调试或更改时的参数设置、报警设置等，同时提供与 FAS 系统连接的继电器无源干接点输出接口及报警信号。

图文工作站将从测温主机获得的实时测试数据进行处理，实现对折返线、停车线温度、火灾、报警以图文方式显示在 CRT 上，对数据进行保存、查询、打印，实现历史文档管理，利用工控机发出报警声音；在调试、维护时对测温主机进行各类参数设置；可将实时测试数据通过 RJ45 网络插口经通信公网(10/100M)上传至隧道站火灾监测管理计算机。

(2)系统可靠性

隧道站火灾监测管理计算机与设置于各隧道口变电所的图文工作站通过工业以太网连接。置于隧道口变电所的图文工作站是一个相对独立的系统，一旦网络出现故障，各隧道级图文工作站能正常工作；某台设备出现问题时，不能影响其他站工作。故障修复时间(MTTR)<30min。

(3)系统保密性

图文工作站能够按权限(用户级和管理级)两级密码灵活设置。

(4)系统数据传输

系统数据按以下优先级次序传输：火灾报警数据(最高级)→ 故障数据 → 正常数据。

4 光纤温度监测系统的功能

图 2 为 GZ45 天水过境段隧道火灾报警系统构成图，其功能如下：

(1)实时监测整条隧道的环境温度并以图文方式在工作站的 CRT 上实时显示及报警。

(2)可按用户要求划分分区。

(3)提供各分区的温度、在线温升变化等图文资料。

(4)设备具备自检功能，能够对测温主机故障、探测光纤断路故障进行报警，为整条光纤提供 24h 实时监测。

(5)提供完整的历史档案记录，可随时查询系统的工作状态。

(6)各个控制分区可以设定不同的响应灵敏度及定温报警值，系统具有定温及温升速率报警功能。

(7)工作站的 CRT 在报警时可用图形方式显示，并提供多种警示可选。

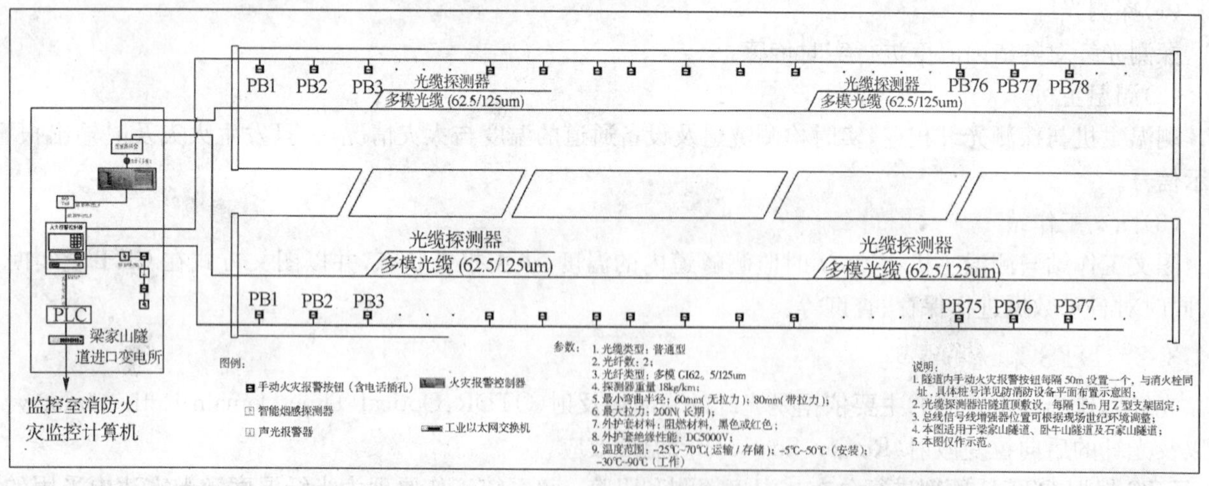

图 2 GZ45 天水过境段隧道火灾报警系统构成图(适用于梁家山、卧牛山、石家山隧道)

5 结语

天水过境段三条隧道采用集传感、数据采集、数据处理、显示于一体的 DTS 系统(分布式光纤温度监测系统),由于光纤非常小,加之柔软轻量,使得安装施工非常简便;再则,由于光纤属于玻璃质,故不会受酸碱腐蚀,光纤的维护保养工作也可以免去。因为主机和被测对象之间只用光纤相连,光纤可延伸至几十公里范围(最远可达30km),实现不带电的远距离监控,又因主机可智能化自动工作,故可在安装完成并进行系统初始化处理后便可以实现自动的温度测量、温度记录和异常温度报警等功能,实现无人值守,提高效率。

DTS系统对隧道内的温度、火灾进行可靠的实时监视和报警,可确保隧道能正常有序地运营,避免或降低灾害情况下造成的人员和财产损失。

参考文献

[1] 杨冠雄.公路隧道营运时防灾系统设计分析.中国台湾中山大学研究报告,2001.7.

[2] 中华人民共和国行业标准.公路隧道交通工程设计规范(JTG/T D71—2004).北京:人民交通出版社,2004.

[3] 中华人民共和国行业标准.公路工程技术标准(JTJ B01—2003).北京:人民交通出版社,2003.

[4] 中华人民共和国行业标准.高速公路交通工程及沿线设施设计通用规范(JTG D80—2006).北京:人民交通出版社,2006.

[5] 夏永旭,戴国平.现代公路隧道的发展,2001年中国公路隧道学术交流论文集,2001.9.

GPS控制网在长大隧道控制测量中的应用

瞿静庵

（甘肃省交通规划勘察设计院有限责任公司　兰州　730030）

摘　要：本文主要介绍了GPS在长大隧道的勘查测量中，通过选点、布网、观测，在数据处理过程中大大提高测量精度等方面的尝试和应用。

关键词：GPS　长大隧道　测量

1　问题的提出

宝(鸡)天(水)高速公路天水过境段全线长36km，全线共设置3处隧道，梁家山隧道全长1 700m、卧牛山隧道全长2 800m、石家山隧道全长3 800m。3处隧道均为长大隧道，地形属于山岭重丘区，植被茂盛，山势陡峻，地形条件不好，利用传统测量方法进行控制网布设，不但劳动作业强度大、效率低，而且网形难于布置，精度难以保证。鉴于此种情况，利用GPS在控制测量方面具有精度高、选点灵活、全天候、劳动强度低、无需通视等特点，决定采用GPS技术对天水过境段卧牛山隧道及石家山隧道进行控制测量。

2　选点

由于全线导线控制网已经形成，本次控制测量只是对隧道进行控制，所以根据这个特殊性，对点位的选择上按以下原则选取：

(1)交通方便、通信设施信号良好；

(2)视野开阔、便于隧道施工控制点加密、天线截至高度角大于15°；

(3)避开强反射区域，防止多路径效应的影响；

(4)避开大功率无线电发射台、高压输电线路等，防止对卫星信号产生干扰；

(5)每一个洞口布设3个控制点，两个方向间通视。

3　布网

隧道各洞口布设3个GPS点且构成同步环，各洞口之间则形成异步环，如图1所示，GPS011～GPS014为控制网约束点。

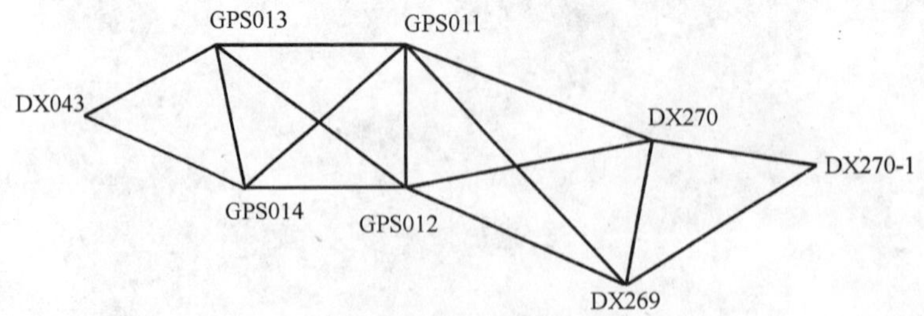

图1　隧道洞口布设示意图

4　观测前的准备工作

在观测前，应做好以下准备工作：

(1)各接收机的数据清除；

(2)拟定观测调度计划及人员数量；

(3)GPS 卫星可见性预报；

(4)观测时段的选择；

(5)应急方案。

其中 GPS 卫星可见性预报及观测时段选择最为重要。因为从 GPS 可见性预报中可以准确的了解每天通过该地区上空的 GPS 卫星、可见卫星数目及编号、卫星高度角、图形强度 GDOP(≤6)或 PDOP 等，从而制定出最佳观测时段(避开 GDOP>6 的时段)。保证观测的正常进行，取得可靠的观测数据。

5 使用的仪器及外业观测

使用的仪器为 4 台 Topcon 公司生产的 Legency_E 双频双星 GPS 接收机，仪器静态测量标称精度，平面 3mm＋1ppm×D，高程 5mm＋1ppm×D。

由于 GPS 接收机操作方法根据机型不同而不同，所以在此不做过多赘述。长大隧道静态控制测量中应注意的问题有以下几点：

(1)仪器整平，不得在测段过程中重新整平仪器；

(2)仪器预热，保证有效观测时段；

(3)观测前后各量取一次仪器高度，两次误差应小于±3mm，数据处理时取平均值；

(4)观测时段长度：当隧道长度大于 1km 时为 90min 以上，小于 1km 时为 50min；

(5)在观测过程中，尽量避免在接收机附近使用通讯设备，减少对数据的干扰。

6 数据处理及精度分析

卧牛山及石家山隧道控制测量后处理采用 Topcon 公司的 Pinnacle1.0 软件。利用 Topcon 公司的软件 Pccdu 对观测数据进行下载，导入 Pinnacle1.0 软件数据库中进行数据处理。

6.1 基线向量解算

本软件在对点属性更改后拖入基线解算栏，对基线进行自动处理。当基线处理完后，会出现基线解算信息，点开基线边号前的“＋”号查看基线处理信息，在这里要关注基线的精度 RMS 及最好的 Ratio 值(Ratio 一般应大于 95)，如果未达到 95 以上的基线边，对本基线边进行开窗、删星、高度角设置等操作，对在观测时段内产生误差较大的卫星进行删除操作。

6.2 平差及评价

当基线解算合格后，将所有基线边选中拖入网平差栏，进行平差计算。在这个步骤应重点检验同步、异步环指标。在卧牛山及石家山隧道控制测量网中，共有 9 个同步闭合环。其中相对误差 $2\times10^{-6}\sim3\times10^{-6}$ 的 3 个，相对误差小于 1×10^{-6} 的 6 个。

利用已有天水过境段控制网中的 GPS011、GPS012、GPS013、GPS014 作为约束控制点。经过平差处理，得出卧牛山、石家山隧道洞外 GPS 控制网平面坐标结果。边长中误差最大为±4.1mm，最小为±0.4mm。根据交通部《公路全球定位系统(GPS)测量规范》(JTJ 066—98)中规定的，当各基线的同步观测时间超过观测时段的 80%时，其闭合差值应符合 $W_x\leqslant(\sqrt{n}/5)\times\sigma$，$W_y\leqslant(\sqrt{n}/5)\times\sigma$ 要求，其中 W 为同步环坐标分量闭合差(mm)，σ 为弦长标准差(mm)，n 为同步环中的边数。根据弦长标准差公式 $\sigma=\sqrt{a^2+(bd)^2}$，a 为固定误差(mm)，b 为比例误差(ppm)，d 为相邻点间的距离(km)。根据平差结果最小同步环坐标分量闭合差为 1.6mm，而计算得出坐标分量闭合差应小于等于 1.7mm，所以平差结果满足规范要求。通过对边长相对精度的分析，在 GPS 控制网中，边长无需穿算，也就无最弱边而言，只是在短边上，由于接收机本身的误差，导致短边相对长边而言精度较低。

7　结语

在长大隧道控制网建立过程中，GPS 具有精度高、布网灵活方便等特点，并且满足规范要求，点位精度比较均匀。但是在网平差和数据处理过程中，要灵活应用 GPS 的开窗删星等优点，提高基线解算精度，使点位的精度大大提高。

Excel在桥梁水文分析计算中的应用

彭 明 朱 俊 刘小勇

(江西省交通科学研究院 南昌 330038)

摘 要: 本文结合实例介绍了运用Excel强大的数据分析计算功能实现快速地进行跨河桥梁水文分析计算数据统计分析、绘制频率曲线、优选统计参数的原理和方法,并运用规划求解方法来解决传统目测适线精度不够的问题。该方法可满足生产实践需要,提高了生产效率和计算精度。

关键词: 信息工程 水文分析 Microsoft Excel 规划求解

1 前言

盱江属长江流域抚河水系,发源于广昌县驿前乡血木岭,自南向北贯穿南丰县城中部,流经南丰县长约54km,县境以上流域控制面积3 376km²。拟修建的南丰县曾巩大桥横跨盱江,西接南丰县城的曾巩大道,东接桥背乡。该桥设计洪水频率为百年一遇,上部构造选用35m小箱梁,桥面横向布置为净-9+2×2.5m,下部构造为两圆柱墩接盖梁,采用桩基础。在进行河床断面水力计算和桥梁孔径设计计算之前先必需确定桥梁设计洪水流量。桥址上游设有南丰水文站。由于桥址距水文站较近,因此桥位与水文站有相关关系,可推算桥址处流量。水文统计计算中,对于水文资料,常常需要绘制经验频率曲线,常见的为皮尔逊III型曲线。在配线时,需要调整C_V、C_S参数进行计算。传统方法采用目估法,观察拟合效果,除此,可以采用适线准则判断最佳的配线。借助Excel的功能,可以较简便的完成配线过程。

2 绘制海森机率格纸

2.1 绘制基本原理和方法

海森机率格纸的横坐标与频率值的标准正态分布分位数有关。标准正态分布分位数可用Excel软件的函数NORMSINV(P)直接计算。由于标准正态分布分位数在$P=50\%$时为零。而海森机率格纸在$P=0.01\%$时的横坐标值为零。因此海森机率格纸横坐标值计算公式可表示为:

$$L_p = -\mathrm{NORMSINV}(0.01\%) + \mathrm{NORMSINV}(P) \tag{1}$$

2.2 海森机率格纸网格线的绘制

海森机率格纸的横向网格线为均匀分布,可直接由Excel软件的图表功能自动生成,而纵向网格线的绘制是通过向图表中添加一个系列的XY散点图或折线图来完成的,见图1中C、D两列,即为X系列值和Y系列值。从点(0.000,0)→(0.000,8 000)→(0.179,8 000)→(0.179,0)可绘出锯齿状折线,第1和第2点以及第3和第4点间构成纵向网格线,第2和第3点间与次横坐标轴重合。由于不同样本系列的Y轴最小和最大刻度是不同的,为了增强其适应性,可在单元格D6、D9中输入“=$D3”,在单元格D7、D8中输入“=$D$2”,以此类推,见图1。

2.3 频率与重现期刻度的标注

在图1的工作表$F$6:$F$53单元格中分别输入机率格纸频率刻度对应的频率值P;采用2.2节的计算方法计算$G$6:$G$53各单元格的值,求出X值并输入Y值;向“流量频率曲线”工作表中添加XY的散点数据系列;设置该系列数据标志格式,修改数据标签为频率刻度值和重现期刻度值。

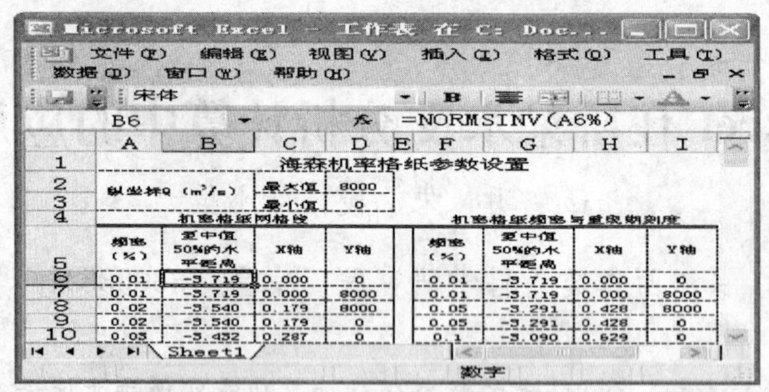

B6　=NORMSINV(A6%)

海森机率格纸参数设置

纵坐标Q (m³/s)		最大值	8000
		最小值	0

机率格纸网格线

频率(%)	距中值50%的水平距离	X轴	Y轴
0.01	-3.719	0.000	0
0.01	-3.719	0.000	8000
0.02	-3.540	0.179	8000
0.02	-3.540	0.179	0
0.03	-3.432	0.287	0

机率格纸频率与重现期刻度

频率(%)	距中值50%的水平距离	X轴	Y轴
0.01	-3.719	0.000	0
0.01	-3.719	0.000	8000
0.05	-3.291	0.428	8000
0.05	-3.291	0.428	0
0.1	-3.090	0.629	0

图 1　海森机率格纸数据点

3　计算样本统计参数并绘制经验频率点据

3.1　经验频率的计算

根据经验频率计算公式，计算相应的经验频率值，然后采用公式(1)求得相应的经验频率横坐标(X 轴)，如图 2 所示。如洪峰流量有特大值，还应计算特大值系列的相应的经验频率值及经验频率横坐标(X 轴)。

D4　=NORMSINV(C4%)-NORMSINV(0.01%)

实测经验频率点据计算

序号	流量按大到小排列	经验频率 P=m/(n+1)*100	对应横坐标值
1	6225	2.0	1.8571
2	5708	3.9	1.9592
3	5174	5.9	2.1543
4	4852	7.8	2.3033
5	4715	9.8	2.4262
6	4701	11.8	2.5322
7	4512	13.7	2.6263
8	4455	15.7	2.7116

图 2　经验频率点据数据表

3.2　样本统计参数的计算

对于连序的样本系列，均值可利用 Excel 软件的 AVERAGE 函数进行计算。均方差 σ 可利用 STDEV 函数进行计算。变差系数 C_V 用下式计算：

$$C_V=\frac{\sigma}{\chi} \tag{2}$$

对于不连序的样本系列，可用水文计算中的相应公式计算系列的 $\bar{\chi}$ 和 C_V 值。对于 C_S 值一般不进行计算，直接取 $C_S=KC_V$。

3.3　点绘经验频率点据

根据图 2 在“流量频率曲线”工作表的图中设置源数据，以经验频率对应的横坐标值为 X 值，以对应的样本系列数值为 Y 值添加数据系列，得到经验频率点据散点图，如图 3 所示。

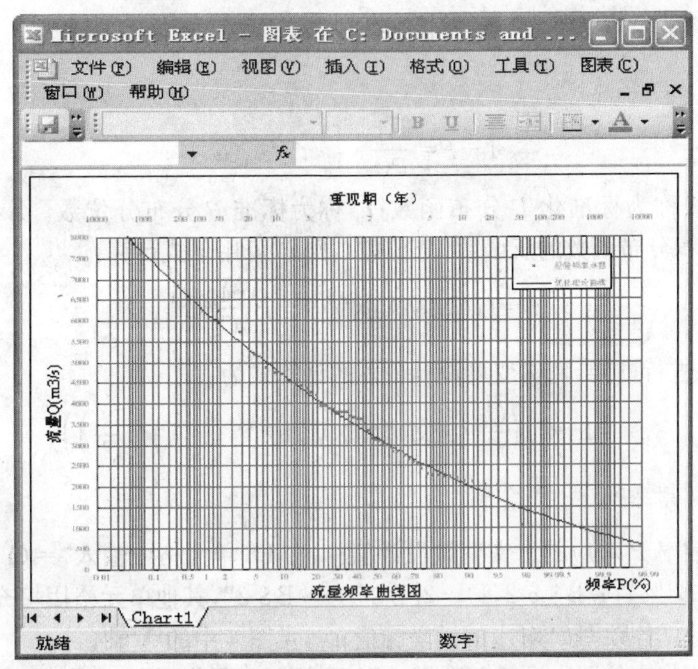

图 3　频率曲线图

4　绘制 P-III 型理论频率曲线及适线拟合

4.1　用 GAMMAINV 函数计算对应于 P 的χ_P值

GAMMADIST 为 γ 分布函数，其反函数 GAMMAINV 可返回具有给定概率的 γ 累积分布的区间点。但是我们并不能直接应用 GAMMAINV，因为 GAMMADIST 与 P-III 曲线两者的 γ 分布函数关系式不尽相同。

P-Ⅲ型频率密度曲线方程式如下：

$$f(x)=\frac{\beta^{\alpha}}{\Gamma(\alpha)}(\chi-\alpha_0)^{\alpha-1}\mathrm{e}^{-\beta(\chi-\alpha_0)} \tag{3}$$

$$\alpha=4/C_S^2 \tag{4}$$

$$\beta=2/\overline{\chi}C_V C_S \tag{5}$$

$$\alpha_0=\overline{\chi}(1-2C_V/C_S) \tag{6}$$

式中，x 为随机变量；$f(x)$为频率密度函数；$\Gamma(\alpha)$为 α 的伽玛函数。

在水文计算上所需要的是某一随机变量χ_P出现的累积频率 $P(\chi\geqslant\chi_P)$，对式(3)进行积分得：

$$P=\frac{\beta^{\alpha}}{\Gamma(\alpha)}\int_{\chi_p}^{\infty}(\chi-\alpha_0)^{\alpha-1}\mathrm{e}^{-\beta(\chi-\alpha_0)}\mathrm{d}\chi \tag{7}$$

令 $t_p=\beta(\chi-\alpha_0)$，则有：

$$P=\frac{1}{\Gamma(\alpha)}\int_{t_p}^{\infty}t^{\alpha-1}\mathrm{e}^{-t}\mathrm{d}t=1-\frac{1}{\Gamma(\alpha)}\int_0^{t_p}t^{\alpha-1}\mathrm{e}^{-t}\mathrm{d}t \tag{8}$$

在水文计算中，随机变量χ_p可用下式计算：

$$\chi_p=(1+\Phi_p C_V)\overline{\chi} \tag{9}$$

则离均系数 Φ_p 为：

$$\Phi_p=\frac{\chi_p-\overline{\chi}}{C_V\,\overline{\chi}} \tag{10}$$

根据(5)、(6)、(10)进行数学推导，将式(10)变换为：

$$\Phi_{p}=\frac{C_{S}}{2}t_{p}-\frac{2}{C_{S}} \tag{11}$$

将式(8)变换为：

$$1-P=\frac{1}{\Gamma(\alpha)}\int_{0}^{t_{p}}t^{\alpha-1}\mathrm{e}^{-t}\mathrm{d}t \tag{12}$$

式(12)右边的积分式称为标准化 Γ 分布函数；t_p 称为标准 Γ 分布分位数。Excel 软件中的内置函数 GAMMAINV 返回 Γ 累积分布函数的反函数(分位数)，则 t_p 可用下式计算：

$$t_{p}=\mathrm{GAMMAINV}\left(1-P,\frac{4}{C_{S}^{2}},1\right) \tag{13}$$

根据(9)、(11)、(13)进行推导，随机变量设计值 χ_P 的计算式为：

$$\chi_{P}=\left(1+C_{V}\left(\frac{C_{S}}{2}\mathrm{GAMMAINV}\left(1-\mathrm{P},\frac{4}{C_{S}^{2}},1\right)-\frac{2}{C_{S}}\right)\right)\overline{\chi} \tag{14}$$

4.2　P-III 型理论频率曲线的绘制

根据式(14)计算各频率 P 对应的水文变量设计值 χ_P，在 E8 单元格中输入"=(1+B$3*((B$5/2)*GAMMAINV((1-B8%),4/B$5^2,1)-2/B$5))*B$2"，其他单元格用填充柄向下填充完成，见图4中的 Y 轴；根据式(1)计算各频率 P 对应的横坐标值 L_P，见图4中的 X 轴；

在"流量频率曲线"工作表的图中设置源数据。以 P 对应的横坐标值 L_P 为 X 值，以对应的设计值 χ_P 为 Y 值添加数据系列绘制理论频率曲线。

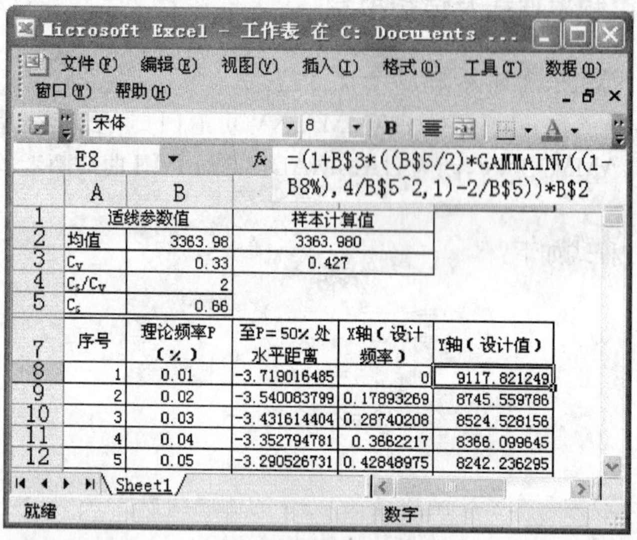

Microsoft Excel - 工作表 在 C: Documents ...

文件(F) 编辑(E) 视图(V) 插入(I) 格式(O) 工具(T) 数据(D) 窗口(W) 帮助(H)

E8　fx =(1+B$3*((B$5/2)*GAMMAINV((1-B8%),4/B$5^2,1)-2/B$5))*B$2

	A	B	C	D	E
1	适线参数值		样本计算值		
2	均值	3363.98	3363.980		
3	C_V	0.33	0.427		
4	C_S/C_V	2			
5	C_S	0.66			
7	序号	理论频率P(%)	至P=50%处水平距离	X轴(设计频率)	Y轴(设计值)
8	1	0.01	-3.719016485	0	9117.821249
9	2	0.02	-3.540083799	0.17893269	8745.559786
10	3	0.03	-3.431614404	0.28740208	8524.528156
11	4	0.04	-3.352794781	0.3662217	8366.099645
12	5	0.05	-3.290526731	0.42848975	8242.236295

Sheet1　就绪　数字

图4　理论频率曲线数据表

4.3　应用规划求解优选水文变量统计参数

在配线时，需要调整 C_V,C_S 参数进行计算。传统方法采用目估法，观察拟合效果，此外还可以采用适线准则判断最佳的配线。采用常用的平方和最小的原则配线。即 $\sum_{i=1}^{n}(x_i-x'_i)^2=\min$，$\chi'_i$ 为对应 χ_i 的配线值，χ_i 为观测资料。这可以采用 Excel 中规划求解的命令实现。

根据规划求解的对话框，锁定计算 C_V、C_S 的单元格，给定约束条件，可根据初始值，给定某一范围，然后根据为 C_V 的 2～5 倍，给定 C_S 的范围。目标单元格锁定计算实际和理论之差的平方和的单元。在 Excel 中可以选择规划求解的计算选项，最终计算出目标单元值最小的 C_V、C_S。而 C_V、C_S 一经计算出来，相应的曲线图即最后的结果也就显示出来了，如图5所示。

如图 5 结果，经优化后水文变量统计参数为：$\overline{\chi}=3\ 364\text{m}^3/\text{s}$，$C_V=0.324$，$C_S=0.573$。按照 4.2 节方法，用优化后统计参数绘制 P-III 型理论频率曲线，如图 3 所示。从而得出该大桥百年一遇设计流量 $\overline{Q}_{1\%}=6\ 344\text{m}^3/\text{s}$。

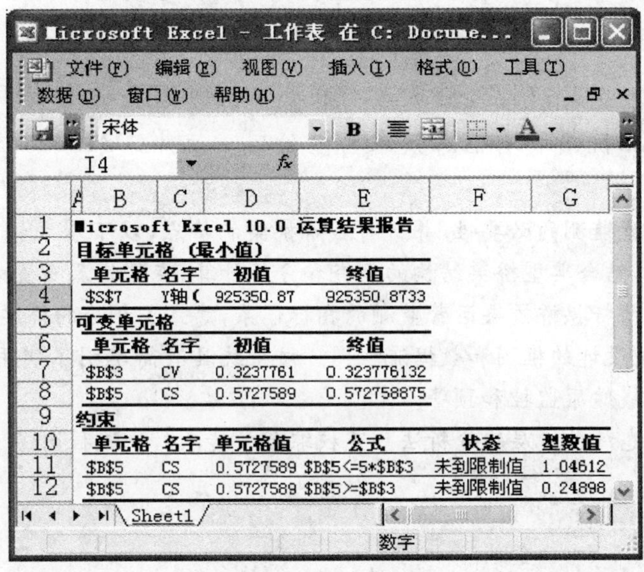

Microsoft Excel 10.0 运算结果报告

目标单元格（最小值）

单元格	名字	初值	终值
$S$7	Y轴(	925350.87	925350.8733

可变单元格

单元格	名字	初值	终值
$B$3	CV	0.3237761	0.323776132
$B$5	CS	0.5727589	0.572758875

约束

单元格	名字	单元格值	公式	状态	型数值
$B$5	CS	0.5727589	$B$5<=5*$B$3	未到限制值	1.04612
$B$5	CS	0.5727589	$B$5>=$B$3	未到限制值	0.24898

图 5 规划求解运算结果表

5 结语

本文结合南丰县曾巩大桥水文计算实例，介绍了运用 Excel 实现桥涵水文分析计算数据统计分析、绘制频率曲线、优选统计参数等方法。该方法可满足生产实践需要，提高了生产效率和计算精度。

参考文献

[1] 《公路桥涵设计手册》编写组. 桥位设计. 北京：人民交通出版社，2000.
[2] 黄泽钧. 用 Excel 进行水文频率计算的方法研究. 科技 创业，2006(9).
[3] 胡艳芬. Excel 在水文频率分析中的应用. 吉林水利，2006(6).
[4] 中华人民共和国行业标准. JTG C30—2003 公路工程水文勘测设计规范. 北京：人民交通出版社，2003.

桥梁在线安全监控预警系统设计

项贻强[1]　李　毅[1]　周逊伟[2]　周　畅[1]　沈　坚[2]　吴孙尧[1]

(1. 浙江大学　杭州　3100272；
2. 杭州瑞琦信息技术有限公司　杭州　310013)

摘　要：概述了城市桥梁健康监测的必要性，并针对城市桥梁的特点，以下承式钢筋混凝土系杆拱桥——叶青兜桥桥梁为背景，结合典型桥梁结构的调查和分析计算，在传感器布置方案的基础上，研究提出了下承式钢筋混凝土系杆拱桥桥梁运营监测的指标体系，建立了相应的桥梁健康状况与安全评估理论与方法，给出了系统设计的框图和数据流程图。该系统具有简单明了实用的特点，非常适合城市桥梁和公路桥梁的在线健康监控和预警。

关键词：健康监测系统　状态评估　层次分析法　变权综合　传感器　流程图

1　前言

桥梁健康监测的主要目的是通过先进的监测仪器、设备、数据传输等技术构成的整体系统，对桥梁结构的工作状态、使用性能及整体行为进行实时监测，并对桥梁的安全健康状况和潜在危险性及时做出评估，提供必要的关键数据；为桥梁在特殊气候、交通状况或桥梁运行中的严重异常状况触发预警信号，同时为桥梁的安全运营与维护管理提供科学的决策依据和指导。

"叶青兜桥、中北桥、新塘路运河桥等三座桥梁在线安全监控管理信息系统"主要针对杭州城市桥梁的特点，以三跨预应力混凝土连续箱型梁桥——中北桥、下承式钢筋混凝土系杆拱桥——叶青兜桥和新塘路运河桥等三座桥梁为背景，结合典型桥梁结构的调查和分析计算，提出桥梁运营监测，传感器布设的原则，进行信号处理及监控预警控制，建立相应的指标评估体系，研究相应的传感器布置方案和桥梁健康状况评估理论与方法。

本文以叶青兜桥为例，详细论述了一套桥梁健康监测及评估预警的方法。叶青兜桥主桥上部结构采用下承式钢筋混凝土系杆拱，跨径 $L=71.6\text{m}$，矢高 $f=14.32\text{m}$。桥宽布置为：3.25m(人行道)＋1.60m(系梁)＋18.00m(机动车道)＋1.60m(系梁)＋3.25m(人行道)。桥梁立面图如图1所示。

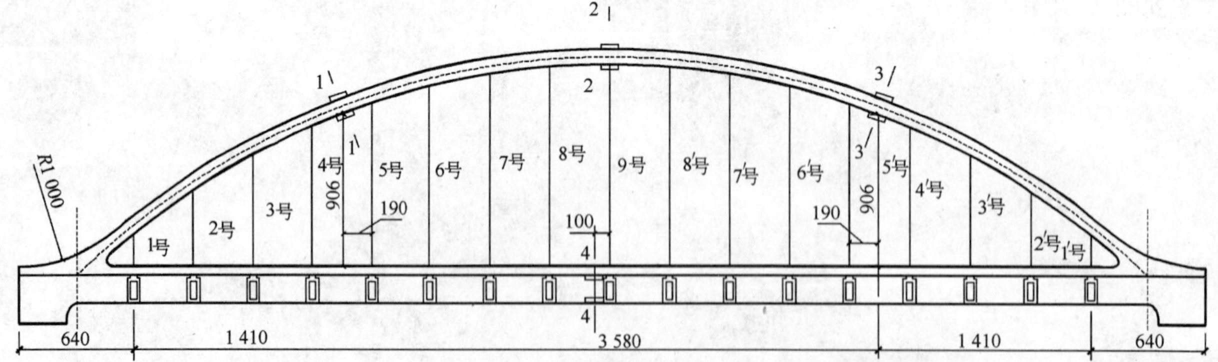

图1　叶青兜桥立面布置图(尺寸单位：mm)

2　评估预警体系设计

依据《城市桥梁养护技术规范》(CJJ 99—2003)、《公路桥涵养护规范》(JTG H11—2004)等技术规程规范的要求和相关研究成果，桥梁评估指标按性质初步可划分为四方面内容：整体状态评估、安全性评估、耐久性评估和适用性评估。评估的对象可按桥梁的主要构件划分，混凝土拱桥则可分为下部结构、主梁、吊杆、附属设施以及动力特性等。每个主要构件又可划分为若干项子构件，每个子构件拥有各自的多项属性，具体如图 2～图 5 所示。

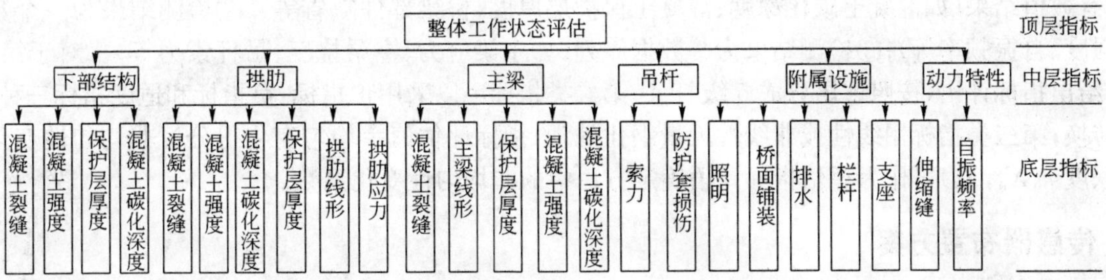

顶层指标 / 中层指标 / 底层指标

- 整体工作状态评估
  - 下部结构：混凝土裂缝、混凝土强度、保护层厚度、混凝土碳化深度
  - 拱肋：混凝土裂缝、混凝土强度、混凝土碳化深度、保护层厚度、拱肋线形、拱肋应力
  - 主梁：混凝土裂缝、主梁线形、保护层厚度、混凝土强度、混凝土碳化深度
  - 吊杆：索力、防护套损伤
  - 附属设施：照明、桥面铺装、排水、栏杆、支座、伸缩缝
  - 动力特性：自振频率

图 2　整体状态评估拓扑关系图

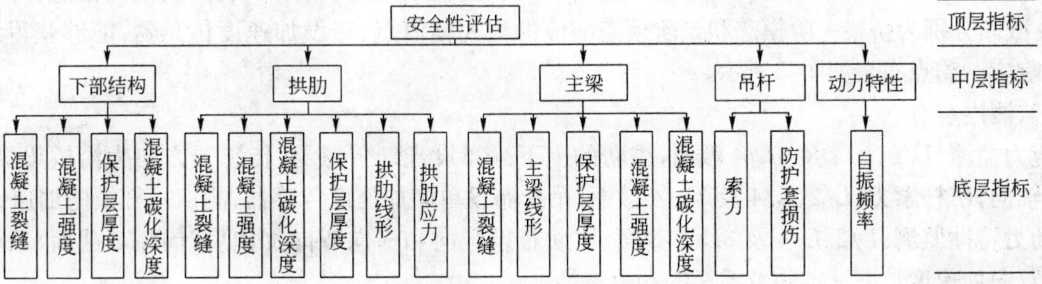

顶层指标 / 中层指标 / 底层指标

- 安全性评估
  - 下部结构：混凝土裂缝、混凝土强度、保护层厚度、混凝土碳化深度
  - 拱肋：混凝土裂缝、混凝土强度、混凝土碳化深度、保护层厚度、拱肋线形、拱肋应力
  - 主梁：混凝土裂缝、主梁线形、保护层厚度、混凝土强度、混凝土碳化深度
  - 吊杆：索力、防护套损伤
  - 动力特性：自振频率

图 3　安全性评估拓扑关系图

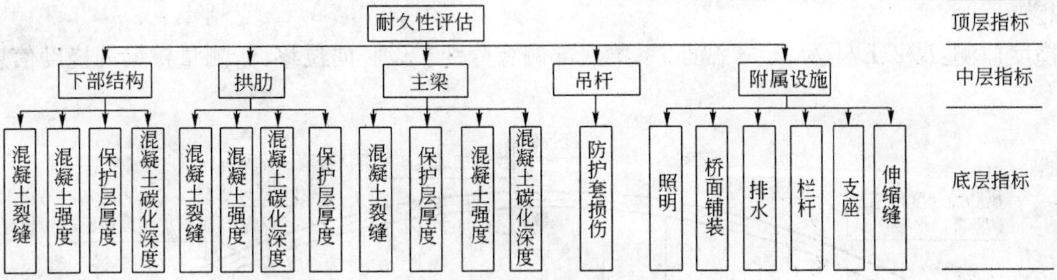

顶层指标 / 中层指标 / 底层指标

- 耐久性评估
  - 下部结构：混凝土裂缝、混凝土强度、保护层厚度、混凝土碳化深度
  - 拱肋：混凝土裂缝、混凝土强度、混凝土碳化深度、保护层厚度
  - 主梁：混凝土裂缝、保护层厚度、混凝土强度、混凝土碳化深度
  - 吊杆：防护套损伤
  - 附属设施：照明、桥面铺装、排水、栏杆、支座、伸缩缝

图 4　耐久性评估拓扑关系图

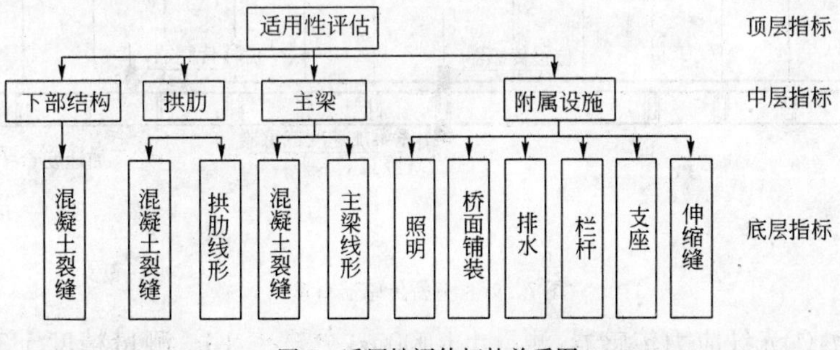

顶层指标 / 中层指标 / 底层指标

- 适用性评估
  - 下部结构：混凝土裂缝
  - 拱肋：混凝土裂缝、拱肋线形
  - 主梁：混凝土裂缝、主梁线形
  - 附属设施：照明、桥面铺装、排水、栏杆、支座、伸缩缝

图 5　适用性评估拓扑关系图

大型桥梁是一个复杂系统，众多的因素若不加任何处理就来分析它们与桥梁使用功能间的关系，即使对于经验丰富的专家来说也有困难。我们采用了层次分析(AHP)和变权综合法的方法来评估桥梁状态，它的基本思路如图 6 所示。

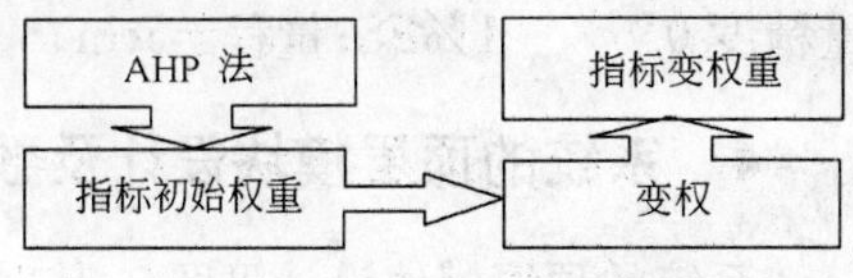

图 6　AHP 变权评估模式

具体可按以下步骤进行：

(1)层次分析法确定各指标的权重；

(2)对底层指标评分；

(3)变权综合法确定中间层各指标评分；

(4)变权综合法确定最高层评分。

对于所有底层评价指标，按检测数据类型可划分为三种：①仅有对桥梁构件的状态描述或简单的等级划分，而没有数值结果(如混凝土碳化深度、混凝土保护层厚度、桥梁部件缺省等)；②检测结果为一个数值(如混凝土强度、自振频率等)；③检测结果为一数据序列(如主梁应力、主梁挠度、吊杆索力等)。对于第一类指标，可以给出指标评语，按照评语分成5级打分；第二类指标可以采用正指标、负指标和适度指标三种模型进行归一转换；第三类指标用线性或非线性无量纲化处理，指标评估值＝均匀变化得分×非均匀性变化系数，灰色关联度 $r(X_0, X_i)$ 可作为评估指标评语确定方法中的非均匀性变化系数。

3　传感器布置方案

配合健康评估的需要，需要有效地布置传感器，监测位置为：拱桥 $L/2$、$L/4$、$3L/4$ 处。其中 $L/2$ 为桥梁的最不利位置，也是吊杆最大索力处，应布设应力及索力监测获得结构的最不利控制截面信息。而 $L/2$、$L/4$ 及 $3L/4$ 截面分别为桥梁一阶模态和二阶模态响应的最大幅值点，布设加速度传感器，能够获得结构的最大的动力响应。测点布置如图7所示。

主要监测内容有：

(1)应力监测：$L/2$、$L/4$ 及 $3L/4$ 截面，拱肋的上下缘布设光纤传感器，传感器方向为沿桥梁纵向布置，平行于桥轴向；吊杆索力：$L/2$、$L/4$ 及 $3L/4$ 截面，吊杆布设单向加速度传感器，测试吊杆横向加速度。

(2)动力特性监测：$L/2$、$L/4$ 及 $3L/4$ 截面，拱肋布设竖向和横向双向加速度计，$L/2$ 截面，系梁布设竖向和横向双向加速度计测试拱肋及系梁的动力特性。

(3)温度监测：$L/2$、$L/4$ 及 $3L/4$ 截面，主拱底部分别设置1个温度传感器用以监测日照情况下拱顶与拱底的温差。

(4)挠度监测：$L/2$、$L/4$ 及 $3L/4$ 截面，系梁底部侧缘分别布设竖向位移计，测量桥梁的挠度信息。

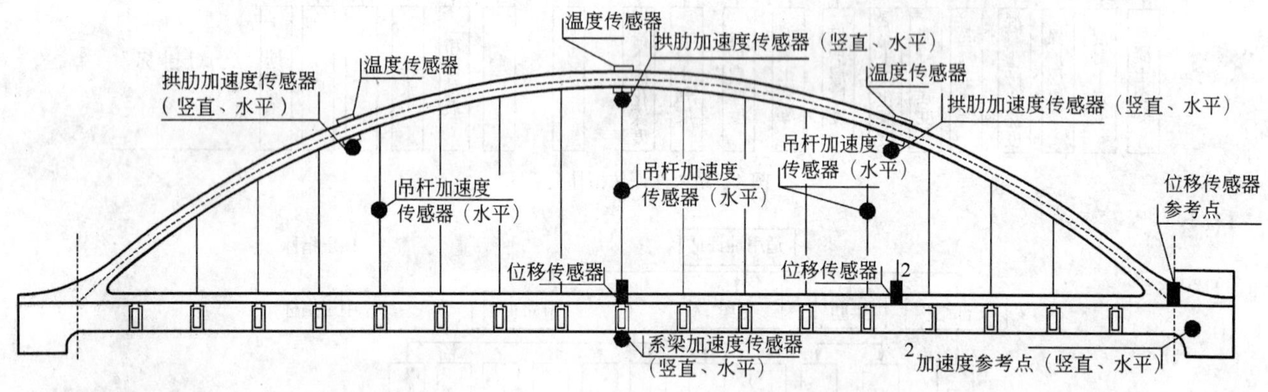

图7　叶青兜桥传感器布置

传感器技术要求为：①光纤应力传感器：测量±1 000$\mu\varepsilon$，分辨率1$\mu\varepsilon$，测量精度±3$\mu\varepsilon$。②光纤温度传感器：分辨率高于0.1℃，测量精度为±0.5℃。③加速度传感器：频率响应范围优于0.2～500Hz，分辨率＜0.001g，测量范围＞100ms^{-2}，灵敏度高于50mV/ms^{-2}。④连通管位移传感器：位移分辨率为±0.2mm；测量精度0.5%～1%FS；量程±5cm。

4　系统的顶层模块设计及数据流程

系统的顶层模块设计见图8，其主要包括在线监测及信息处理平台、桥隧信息管理系统模块、维护管理决策模块、突发事件监测处置模块、系统安全管理模块等6个模块，具体见图9～图13。

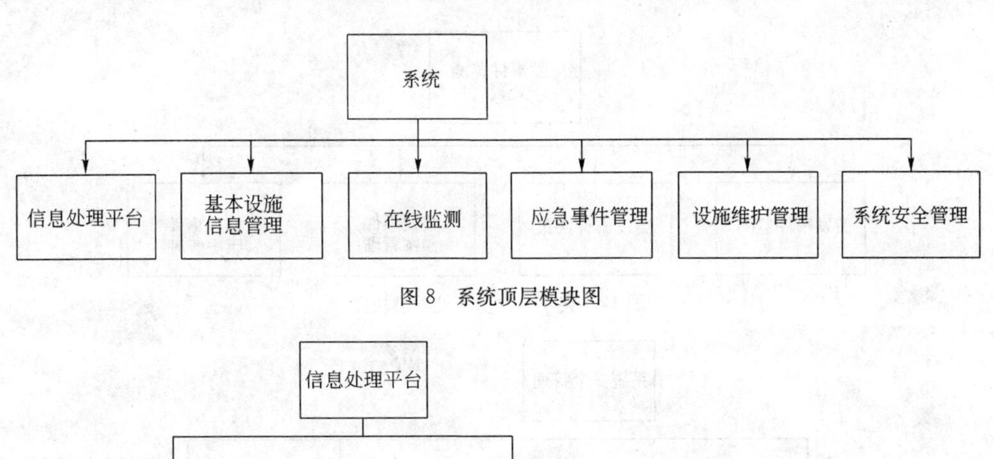

图 8 系统顶层模块图

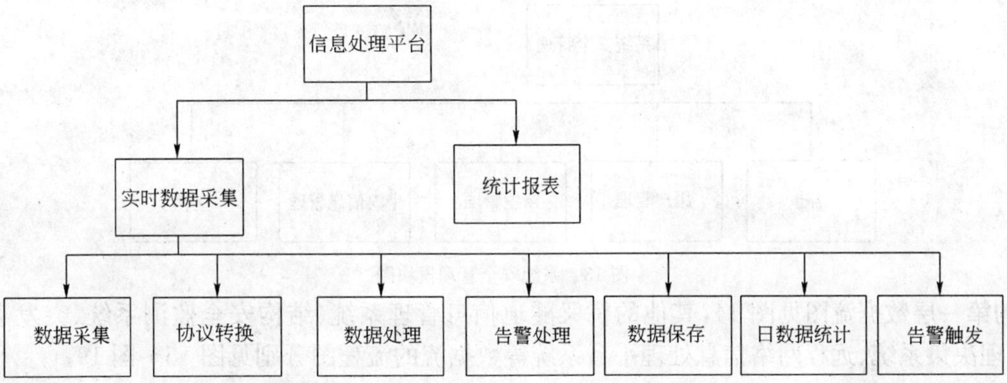

信息处理平台
实时数据采集
统计报表
数据采集
协议转换
数据处理
告警处理
数据保存
日数据统计
告警触发

图 9 在线安全评估模块图

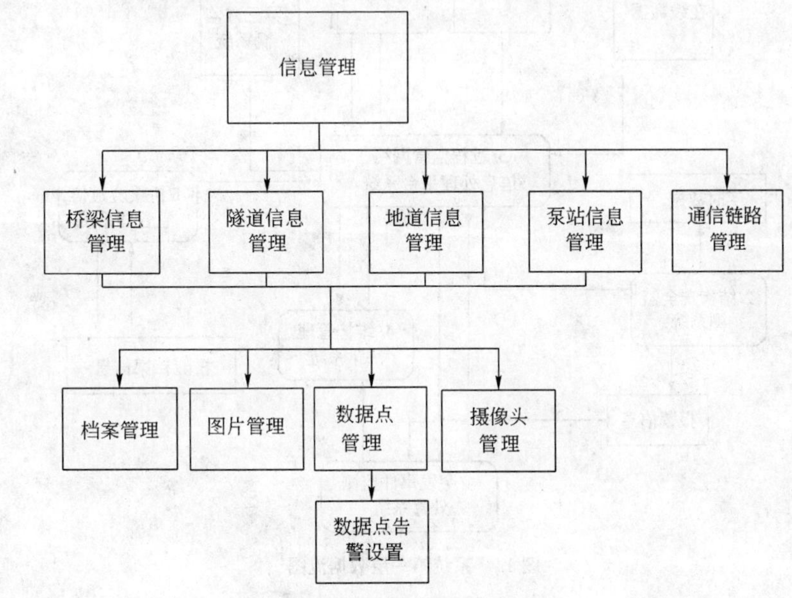

图 10 桥隧信息管理系统模块图

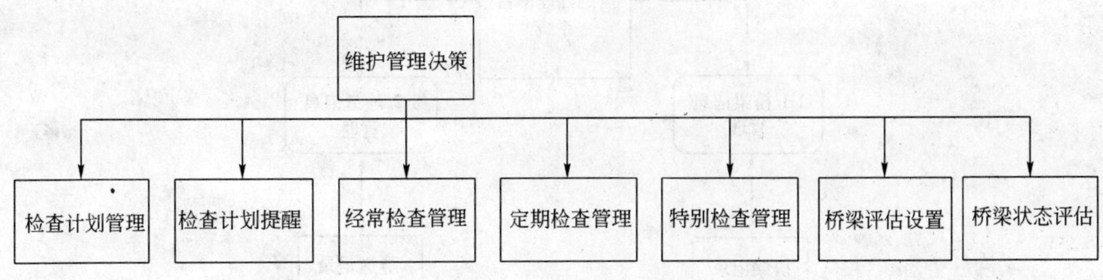

图 11 维护管理决策模块图

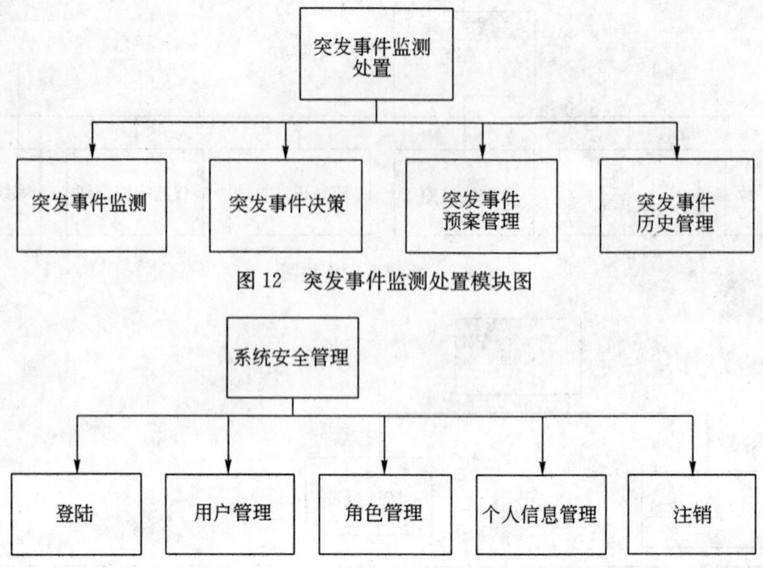

图 12　突发事件监测处置模块图

图 13　系统安全管理模块图

系统的第一层数据流图见图 14，其他的桥梁隧道信息管理系统、结构安全监测系统、突发事件处置系统、维护管理决策系统、远程网络信息处理平台系统等数据流的流程图分别见图 15～图 19。

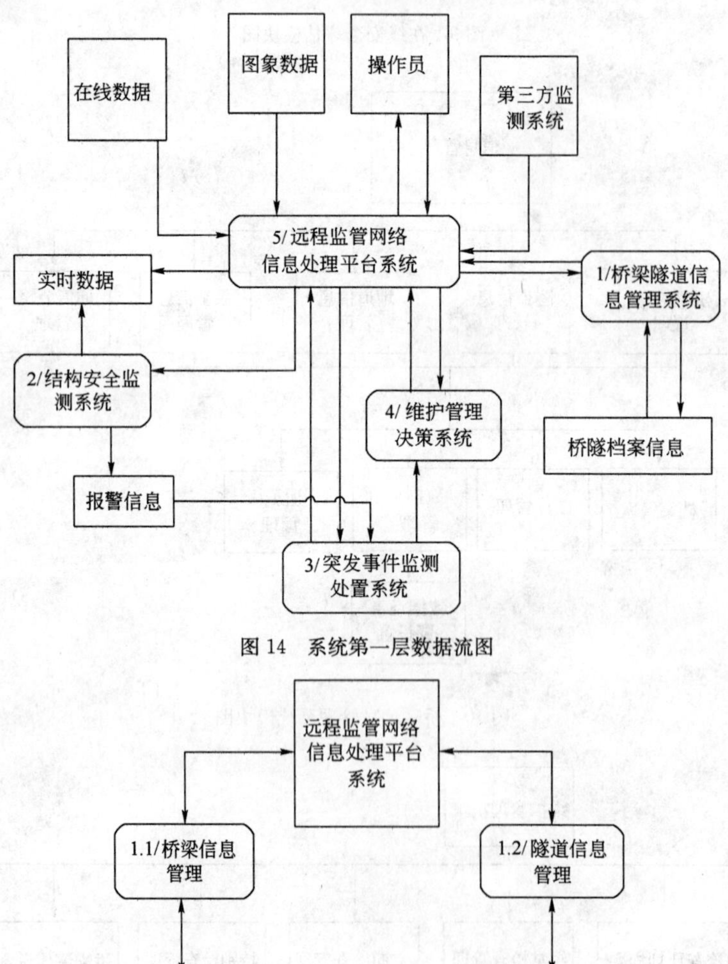

图 14　系统第一层数据流图

图 15　系统第二层数据流图(桥梁隧道信息管理系统)

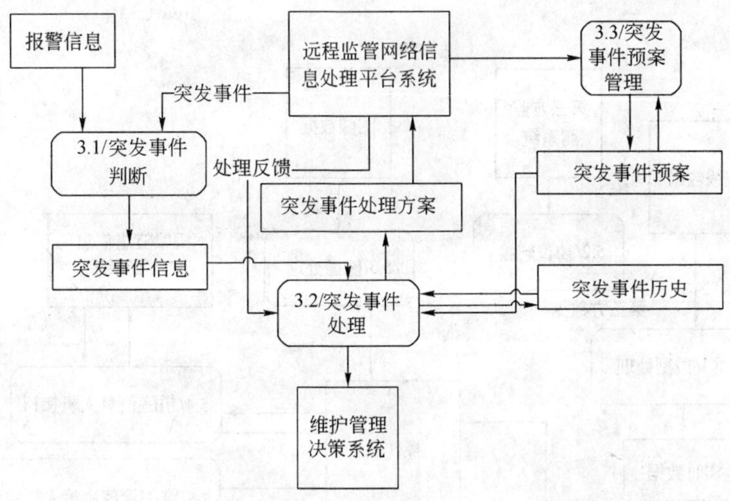

图 16 系统第二层数据流图(突发事件处置系统)

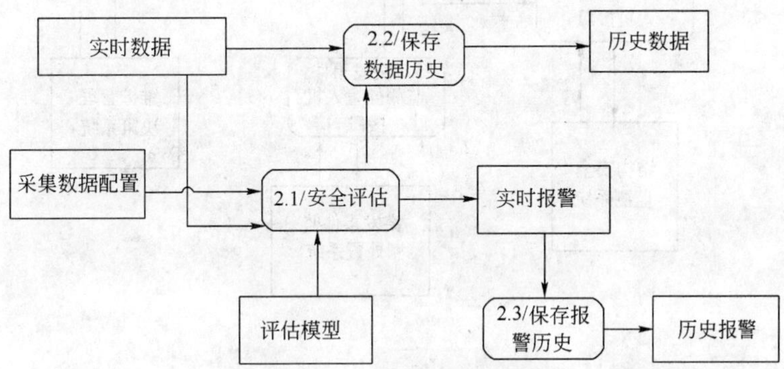

图 17 系统第二层数据流图(结构安全监测系统)

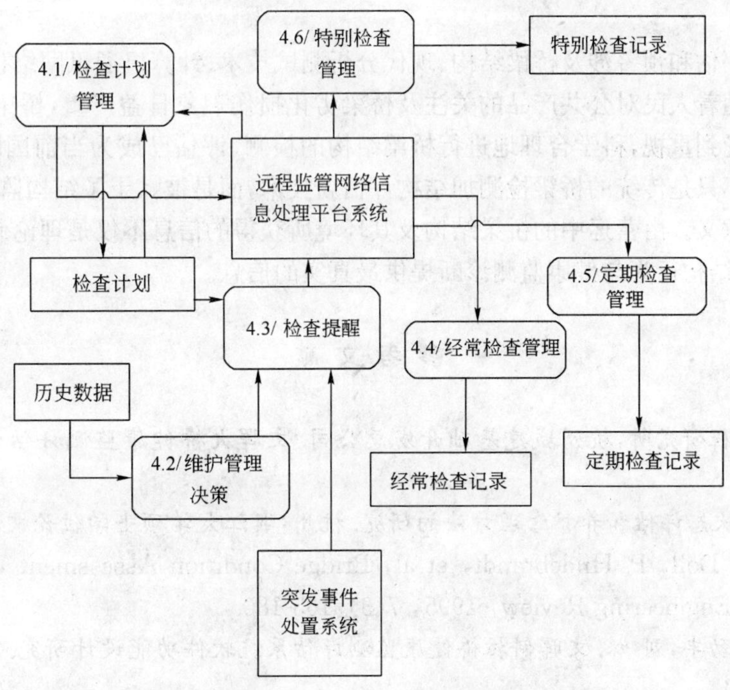

图 18 系统第二层数据流图(维护管理决策系统)

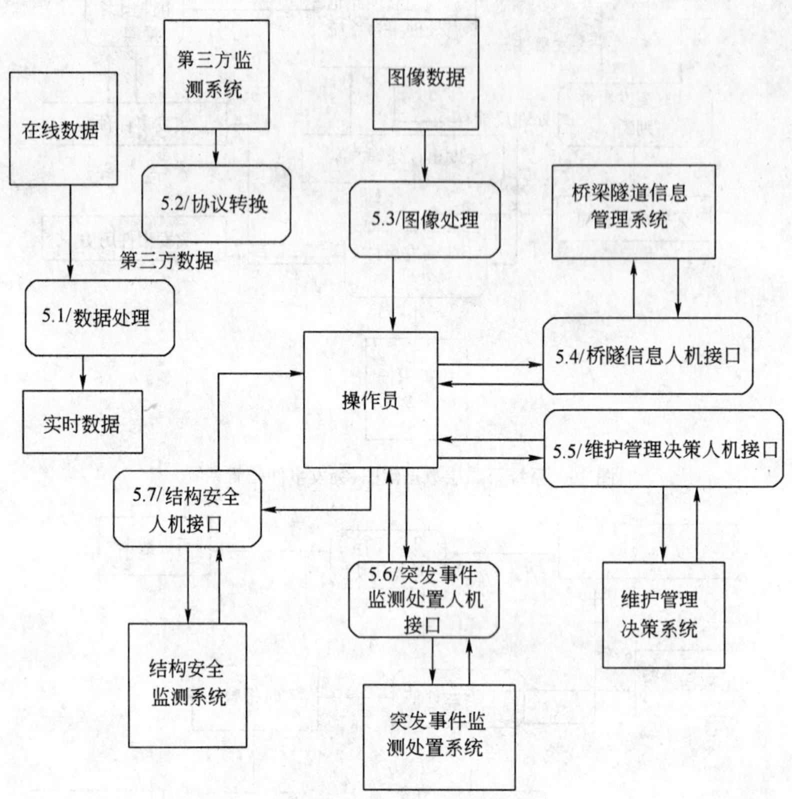

图19　系统第二层数据流图(远程网络信息处理平台系统)

5　结语

桥梁的在线监测评估和预警涉及桥梁结构、现代分析测试技术、计算机通讯网络技术及数据库管理等多方面的学科。近年来随着人民对公共产品的关注及桥梁劣化损伤现象日益严重,桥梁的管理和评估及维修优化决策已经越来越受到重视,科学合理地进行桥梁结构的检测、评估已成为当前国际、国内工程界关注的热点。桥梁健康监测不只是传统的桥梁检测加结构评估新技术,而是被赋予了结构监控与评估、设计验证和研究与发展三方面的意义。由营运中的桥梁结构及其环境所获得的信息不仅是理论研究和实验室调查的补充,而且可以提供有关结构行为与健康监测诊断提供最真实的信息。

参考文献

[1]　浙江大学交通工程研究所,杭州城建基础开发总公司.文晖大桥健康监测评估管理的关键技术研究,2005.

[2]　周畅.在役桥梁状态评估和养护管理方法的研究.杭州:浙江大学硕士学位论文,2008.

[3]　H. G. Natke, H. Doll, P. Hildebrandt, et al, Bridge Condition Assessment Using An Expert System. Structural Engineering Review, 1995, 7(3):165-180.

[4]　王晖,项贻强,汪劲丰,刘 琳.文晖斜拉桥健康监测评估系统软件功能设计研究.3CJU-SHMC,2004,国际会议论文,2004.

[5]　XIANG YIQIANG. WANG,JINFENG. Advance in Health Monitoring and Assessment Theory of Long Span Concrete Bridge and application,The Proceeding of 4th China-Japan-US Symposium on

Structural Control and Monitoring Oct. 16-17，2006.

[6] XIANG Yiqiang，WENG Shaling，SONG Yu，YAO Yongding. Health monitoring and evaluation management system of Wenhui Bridge. First International Conference on Structural Health Monitoring and Intelligent Infrastructure. Tokyo，Nov. 13-15，2003.

[7] 王有志，徐鸿儒，孙大海. 已建桥梁主梁在复合受力状态下的评估指标计算. 华东公路，2001.

[8] 王永平，张宝银，张树仁. 桥梁使用性能模糊评估专家系统. 中国公路学报，1996，9(2).

第三部分　信 息 管 理

《电子档案管理系统》实施简介

陈应忠 谭 认 谭 浩

(四川省交通厅公路规划勘察设计研究院 成都 610041)

摘 要:本文简介了实施电子档案管理的必要性和优越性,介绍了我院"电子档案系统"的各功能和实施中的主要问题和解决方法,最后提出下一步的目标。

关键词:电子档案 CAD 归档

1 引言

档案是人类活动的真实记录。借助档案,我们能够更好地了解过去、把握现在、预见未来。我院拥有建院(1953年)以来数万册档案,这些档案不仅记录了我院50余年的勘察、设计工作,而且不断地为我院勘察设计、科学研究、经营管理提供着重要的参考、凭据作用。近年来,随着交通建设的快速发展,对档案资料的参考,借鉴需求逐日增加,同时我院每年完成项目近百个,产生大量的档案资料需要进行整理归档。继续采用传统的经验式管理、手工式操作,导致的后果是:①设计人员归档工作量大,设计文件、图纸不能及时归档,造成归档资料的不完整和资料的缺失;②档案管理人员工作量大而工作的技术含量不高,管理人员陷于日常的档案整理和借阅工作,无法对档案进行深度开发;③庞杂而又无法实现共享的档案资料给利用者查询、利用等工作带来诸多的不便,最终都会影响和制约我院的技术进步和管理提升。

建立一套适合我院具体情况的档案管理集成系统,可以解决我院设计文件、图纸的及时、完整归档,可在院网上浏览、下载电子档案,方便快捷地实现档案的再利用。同时建立起我院纸质档案数据库,实现档案程序化管理,不仅能提高档案工作人员的工作效率和工作质量,而且能提高档案的利用率。同时对技术标准、规范进行动态管理,可以实现网上查阅最新标准、规范信息。

在我院信息化建设规划中,档案资料是重要的信息资源,档案信息化建设是我院信息化建设的一个重要组成部分。实施"电子档案管理系统"也是为我院信息化建设奠定基础和探索经验。

我院经过多方研究最后与广西桂能软件有限公司合作,于2006年12月开始实施,经过研发、培训、试用、完善、应用阶段,现在系统已正式投入正式运行。

2 系统框架

系统结构如图1所示。

目前系统涵盖了档案管理的多项工作,为档案管理的现代化提供了有效的手段。特别是"CAD文件管理系统"的投入运行意义重大。从1996开始我院丢掉了手工画板,步入了计算机制图的阶段,计算机设计(包含CAD)极大的提高了设计效率和质量。而电子设计文件就是我院的宝贵知识财富。长期以来,我院一直强调对电子设计文件管理的重要性。但是由于各方面的原因,一直没有有效的实施起来。造成了大量项目电子文件的丢失。现在"CAD文件管理系统"的投入运行将改变这一切。该系统的运行将会实现电子文件收集、管理、利用的高效、有序。

2.1 Web端(网上图书馆)

网上图书馆综合集成各子系统网上部分,提供给设计人员一个方便的检索查询工具,保证设计人员快速地找到想利用的档案资料,并向本地端(管理员端)发出请求借阅信息(如档号、案卷名称等)。

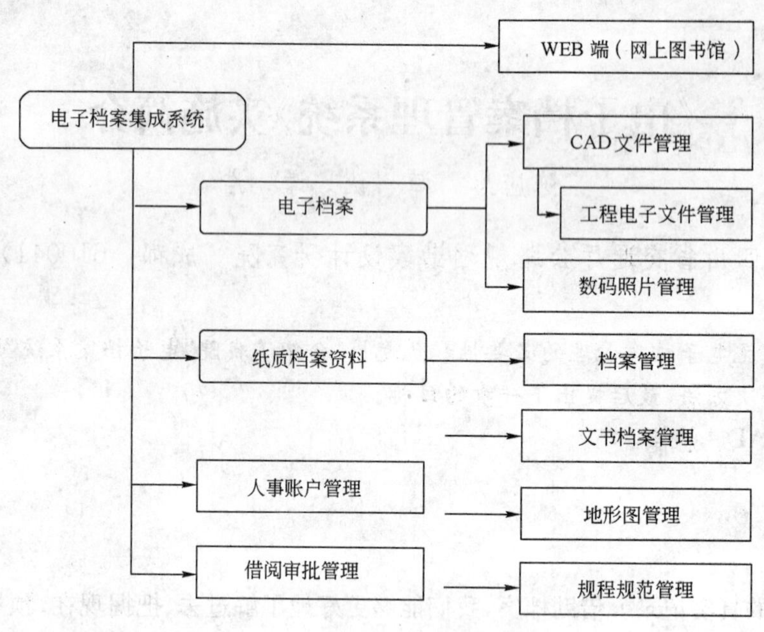

图1　系统模块

2.2　CAD文件管理系统

实现CAD电子文件的自动拆图，自动读取图签内容，自动归档，减少了大量的手动工作，提高了归档效率，同时对收集归档的电子文件实行有效的管理和控制，实现CAD电子文件从设计、打印、收集归档、统计、网上浏览图形、检索借阅、文件刻录保管等全过程的信息化管理。

2.3　科技档案管理系统

实现档案从登记、分类、整编、组卷、移交入库、借阅、催还、销毁、统计、报表打印等过程的信息化管理。该系统能够快速录入数据，并能从Excel文件导入数据，达到数据资源的充分共享。

2.4　规程规范管理系统

系统实现了规程规范数据的录入、维护、统计、查询、报表打印等功能，重点是对规程规范有效版本的跟踪管理。

2.5　数码照片管理系统

实现工程数码照片电子文件管理。

2.6　地形图管理

《地形图管理系统》主要应用于地形图的管理。系统包含数据的录入、查询、维护、报表打印、索引电子文件上传、借阅流通等功能。

2.7　文书档案管理

文书档案管理系统专门针对文书档案的整编入库、报表打印、流通等进行管理，减轻管理人员的工作量，提高文书档案的利用率及文书档案的管理水平的系统。

2.8　借阅审批管理

对纸质档案和资料的借阅申请进行处理，对网上电子文件的下载申请进行审批授权。

3　实施中的问题及解决

设计成果电子文件的收集管理是我们实施该系统的主要目标之一，因此“CAD文件管理系统”作为整个系统中的核心模块，也是我们重点关注的。对应大量的CAD图纸，如何能实现快速保质的完成归档是系统的关键。系统最初设计为对CAD图纸的图签信息进行识别读取,然后完成分图归档工作。如果按照此模式将会极大减少归档人员的工作量和提供工作效率。然而在具体的实施过程中,我们发现由于交通行业目前还没有对设计文件的图签进行具体规定。而我院设计图中格式要求不够规范,各项管理制度有一定缺陷。例如,电力行业图纸的图号由字符和数字组成,包含了项目信息,专业信息,而且每张图纸图号唯一,这为计算机管理提供了方便。而交通行业采用《公路工程基本设计项目设计文件编制办法》,图签信息简单且没有具体规定。并且我院不同部门都不统一,图纸信息不全,图号不唯一。这些都为计算机系统收集管理带来很大的难度。

另外电力系统出图为蓝图,必须通过统一的打印部门统一出图,然后晒图。由于设计图纸必须经过统一的部门才能出图,所以桂能公司内部实现了"打印时实现100%归档"。而我院图纸基本为A3幅面的小图,各生产处室自己打印出版,设计图纸没有一个统一的汇总渠道。图纸收集困难。行业差别导致原来设想的"打印时实现100%归档"在我院不能完全实现。

另外系统最初设计为客户—服务器模式。设计人员首先会通过手动提交图纸给服务器,而服务器排队分析信息和完成拆图归档,如果分析成功,设计图纸会归档。如果没有成功,通过网页显示。这过程有相当的延时,特别是大量图纸排队分析的时候。设计人员就需要定期查看网页,看有没有图纸没有分析出来。如果有,需要通过网页下载到自己的计算机,修改后再提交。这个过程操作比较麻烦,而且由于没有直接的反馈,所以很容易造成设计人员提交了图纸,却没有完成归档。我院根据对工程图纸的研究和学习钻研,历经数月,开发了更先进的拆图归档程序,经实践证明,拆图正确率在96%以上,同时能分散到每个设计人员自己的计算机上工作,很大地提高了归档效率。目前各生产部门都采用该模式归档。

4 效果评估和检测

目前"电子档案系统(图2)"已经正式运行了半年多,通过培训,大部分员工已经掌握系统的使用方式,系统运行正常。

(1)系统功能完善,全面取代手动管理模式,涵盖科技档案、文书档案、规程规范、地形图、数码照片管理。

图2 系统界面

(2)目前共归档30余个项目,25 438个电子文件。如果按照2006年的文件数量90 924张估算,如此数量众多的电子文件具有巨大的潜在价值,同时又保存了我院知识产权。

(3)通过测试,该系统提高档案管理人员的工作效率;保证档案管理工作质量的稳步提高,极大的提高了档案查询、借阅效率;同时还提高了档案的利用率,如图3、图4所示。

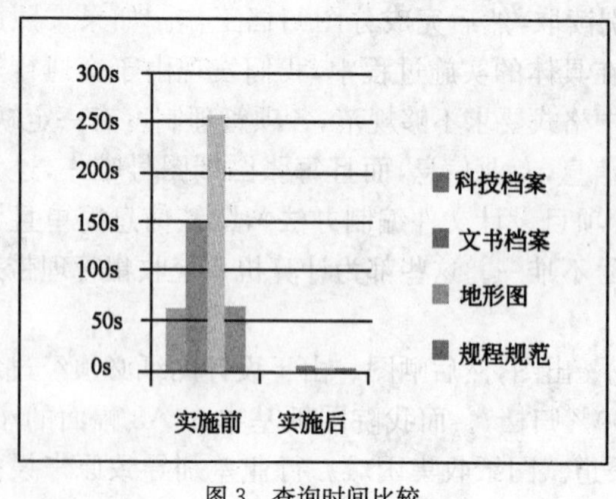

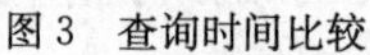

图 3　查询时间比较

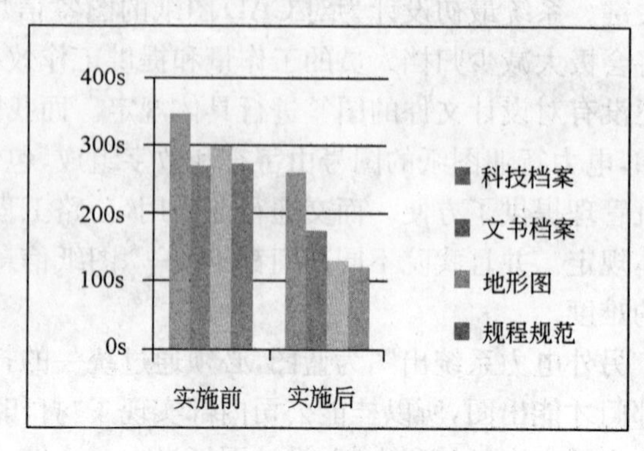

图 4　借阅时间比较

测试结果表明，使用“电子档案系统”后查询效率提高 94.8%，借阅效率提高 42.3%，同时 CAD 文件、数码照片可以通过网上直接下载，完全替代了以前手动拷贝方式。

5　下阶段工作

目前《电子档案管理系统》已经正式投入运行。要真正做好档案管理的电子化，不能仅仅依靠一套软件就能完成。更重要的是思想意识的提高和管理工作的落实。因此下一步怎样指导设计处室完成归档工作，完善院档案管理办法，保证电子文件的顺利收集才是关键。目前我院已经制定《档案管理办法》（交设情[2006]136 号）和《成果文件出版格式》（交设总[2006]229 号）并下发执行，确保系统持续稳定运作。

完成资料的收集也只是一个开始，更好的利用才是档案管理的目标。因此怎样将该系统将会和我院信息化建设规划紧密结合，逐步实现项目开建，管理到归档整个流程的电子化管理，并计划完成电子文件的全文检索和预览，尽可能的方便用户也是我们的努力方向。

Access在甘肃公路绿化设计植物信息管理中的应用

凌 波

(甘肃省交通规划勘察设计院有限责任公司 兰州 730030)

摘 要:本文以运用Access软件编写“甘肃省公路绿化植物数据库”为例,简要叙述了选择Access软件实现植物数据管理的可行性,并将数据库编写的流程进行了介绍,对经验进行了总结。旨在通过本文的介绍,对今后公路绿化植物的信息管理方法的完善有所启发。

关键词:Access 公路 绿化 数据库

1 引言

近几年,随着全国公路建设的高速发展,公路绿化在公路建设中的重要性日趋突出。甘肃公路绿化经过近几年的探索实践,已经形成了较为成熟的模式,积累了大量经验。作为公路环保措施的一部分,公路绿化已越来越被大家重视,从若干年前,仅仅要求“有绿”、“能活”,到现在的美观、和谐、自然,公路绿化的理念已经发生了巨变。而公路绿化植物种类的运用,由以前的几十种,发展的如今的上百种,种植形式的搭配,也从单调的列植、片植,发展到如今根据不同的立地条件,进行点植、丛植以及模拟原生态系统的混合种植模式等等。正因为如此,公路绿化设计中植物信息的管理遇到了前所未有的挑战。如何在众多植物种类和各异的工程实际情况之间进行准确的连接定位,使设计人员能够快捷而准确地选择出适宜的绿化植物种继而进行设计,是一项有得研究的课题。因此,运用科学的方法对公路绿化植物信息进行管理,对于提高公路绿化设计效率,保证设计质量,具有重要意义。

2 数据库

经过比选,甘肃省绿化植物数据库选择了Microsoft office Access软件作为绿化植物信息管理的开发工具软件公路。选择这个软件的原因有以下几点:

(1)Access是office系列软件中用来专门管理数据库的应用软件,它兼具了易学易用的特色,操作界面及方法沿袭了office系列软件的风格,一般的工程技术人员对office软件都能做到熟练运用,因此,以Access作为植物信息数据管理的工具,不存在理解和掌握的障碍。

(2)Access不仅能与office系列的其他办公软件进行数据资源共享,还可以与其他应用程序共享数据。正因为这个特点,使得Access的数据可以通过拷贝、导出导入或对接,方便的实现数据在各个软件格式之间的转换,大大提高了构建数据库及其衍生应用的效率。

(3)Access软件可以利用“宏”,完成一般的中小型应用系统,若再结合VBA,就可以完成一个较为专业的应用系统。对于没有数据库建立经验的使用者来说,从Access的基本应用开始学习数据库原理和知识,对今后向数据库建立的方向发展来说也是一个很好的基础。

建立甘肃省公路绿化植物数据库的目标定位为:具有添加、删除、查找、筛选、列表等的数据库基本功能;并能够通过友好的界面,实现图文并茂,在保证基本数据量的前提下,尽量简便易操作。

建立数据库的过程,第一步是整理数据,将植物的信息资源搜集整理,并按照固定格式录入Access软件的表格中,即创建数据表。要确定数据项、设置字段的类型并确定数据表的主键。经过筛选,“植物”数据表中确定的数据项有中文名、拉丁名、植物类型、生态习性、观赏特性、生长区域、栽植方式、规格、花期、种植区域、备注和图片,共12个数据项,基本涵盖了绿化设计中常用的植物信息。根据每个数据项的特点,将其字段分别设置为文本、备注、OLE 对象这三种数据类型。由于植物中文名称具有易识别的特性，是大家习惯的首选项，所以本数据库将中文名确定为数据表的主键。需要注意的是种植区域的文字部分较长，字段意义运用了“种植区域代号”这个数据项替代了“种植区域”的数据项，并在后面数据库查询界面中注明了种植区域代号的含义，图片统一转换为. bmp 格式后录入数据库。生成的数据表格如图 1 所示。

Microsoft Access - [植物 : 表]

中文名	拉丁名	植物类型	生态习性	观赏特性	生长区域	栽植方式	规格	花期	种植区域代号	备注	图片
枸骨	Ilex cornuta	常绿灌木	喜光，不耐寒	树形优美	陇东\陇南	苗	2年生以上		Ⅰ、Ⅱ		位图图像
云杉	Picea asperata	常绿乔木	喜凉润气候，及排水良好	树形优美	陇东\陇南	苗	苗高>1.5m		Ⅰ、Ⅱ、Ⅶ		位图图像
毛竹	Phyllostachy pubes	常绿乔木	阳性，喜温暖湿润气候，	庭园观赏，风景林	陇东\陇南	苗	2年生母竹	笋期3月底	Ⅰ、Ⅱ		位图图像
龙柏	Sabina chinensis c	常绿乔木	喜光，耐寒，耐干旱贫瘠，	树态瘦峭，如龙舞空	陇东\陇南\陇中	苗	苗高>1.3m		Ⅰ、Ⅱ、Ⅲ、Ⅵ、Ⅶ		位图图像
油松	Pinus tabulaeformi	常绿乔木	强阳性，耐寒，耐干旱	树姿苍劲古雅，枝叶繁	陇东\陇南\陇中	苗	苗高>1.5m		Ⅰ、Ⅱ、Ⅶ		位图图像
华山松	Pinus armandii	常绿乔木	喜温凉湿润气候，阴坡生	姿态优美	陇东\陇南	苗	苗高>1.5m		Ⅰ、Ⅱ、Ⅶ		位图图像
侧柏	Platycladus orient	常绿乔木	阳性，耐寒，耐干旱瘠	庭荫树，行道树，风	陇东\陇南\陇中\	苗	苗高>1.3m		Ⅰ、Ⅱ、Ⅲ、Ⅵ、Ⅶ		位图图像
雪松	Cedrus deodara	常绿乔木	喜求温和凉润气候，喜	庭园观赏树，行道树	陇东\陇南	苗	苗高>1.5m		Ⅰ、Ⅱ、Ⅶ		位图图像
白皮松	Pinus bungeana	常绿乔木	喜光，适应干冷气候	树姿优美，树皮洁白雅	陇东\陇南	苗	苗高>1.5m		Ⅰ、Ⅱ、Ⅶ		位图图像
刺柏	Juniperus formosan	常绿乔木	中性偏阴，喜温暖多雨	园景树、用材林	陇东\陇南\陇中\	苗	苗高>1.3m		Ⅰ、Ⅱ、Ⅲ、Ⅵ、Ⅶ		位图图像
圆柏	Sabina chinensis	常绿乔木	喜光，耐寒，耐干旱贫瘠，	树形美观	陇东\陇南\陇中	苗	苗高>1.3m		Ⅰ、Ⅱ、Ⅲ、Ⅵ、Ⅶ		位图图像
樟子松	Pinus sylvesris	常绿乔木	喜光，喜酸性土壤，适	姿态优美	陇东\陇南\陇中\	苗	苗高>1.5m		Ⅰ、Ⅱ、Ⅶ		位图图像
马蔺（马蓮	Iris lactea	地被植物	对土壤及水分适应性极强	花美丽，可作地被及	陇东\陇南\陇中\	苗	分株苗		Ⅰ、Ⅱ、Ⅶ		位图图像
大波斯菊	Cosmos bipinnatus	地被植物	喜阳光、不耐寒、忌酷	花白色、粉色、红色、	陇东\陇中\河西	种子		5月-9月	Ⅰ、Ⅱ、Ⅶ		位图图像
鸢尾	Iris tectorum	地被植物	喜生于排水良好，适度	花大而美丽，叶丛美	陇东\陇南	苗	分株苗		Ⅰ、Ⅱ、Ⅶ		位图图像
扁穗冰草	Agropyrom cristatu	地被植物	抗寒、耐旱、不耐盐碱，	叶片深绿，花黄色	陇东\陇中\甘南\	种子			Ⅰ、Ⅱ、Ⅳ、Ⅶ、Ⅸ		位图图像
草地早熟禾	Poa pratensis	地被植物	抗寒能力强，耐旱性稍	建植草坪，美化环境	陇东\陇南\陇中\	种子			Ⅰ、Ⅱ、Ⅳ、Ⅶ、Ⅸ		位图图像
野牛草	Buckloe dactvloide	地被植物	阳性，耐半阴，耐寒，而	建植草坪，美化环境	陇东\陇南	种子			Ⅰ、Ⅱ、Ⅳ、Ⅶ、Ⅸ		位图图像
大花萱草	Hemerocallis	地被植物	耐半阴，抗旱，适应性广	观花、叶	陇东\陇中\河西	种子		5-10月中	Ⅰ、Ⅱ、Ⅶ		位图图像
披碱草	Elymus dahuricus	地被植物	抗寒、抗旱、抗风沙、抗	覆盖地面效果好	陇东\陇中\河西	种子			Ⅰ、Ⅱ、Ⅳ、Ⅶ、Ⅸ		位图图像
地肤	Kochia scoparia	地被植物	喜光，不耐寒，极耐炎热	通体翠绿、造型别致	陇东\陇南\陇中\	种子			Ⅰ、Ⅱ、Ⅶ		位图图像
芨芨草	Achnatherum splend	地被植物	耐盐碱、耐旱	簇生、花淡黄色	陇中\河西	种子			Ⅰ、Ⅱ、Ⅶ、Ⅸ		位图图像
荷兰菊	Aster novi-belgii	地被植物	阳性，耐寒，喜湿润肥沃	植株矮、花艳丽	陇东\陇中\河西	种子			Ⅰ、Ⅱ、Ⅶ		位图图像
白颖苔草	Carex rigescens	地被植物	稍耐荫，耐寒、旱、瘠	叶鲜绿；宜观赏	陇南\甘南	种子			Ⅰ、Ⅱ、Ⅳ、Ⅶ、Ⅸ		位图图像
多年生黑麦	Lolium perenne L.	地被植物	抗旱能力较强，侵占力强	叶片深绿色，富有弹	陇东\陇中\陇南	种子			Ⅰ、Ⅱ、Ⅳ、Ⅶ、Ⅸ		位图图像
小冠花	Coronilla varia L.	地被植物	抗旱性强，对土壤要求不	花多而美丽，观赏性	陇东\陇中\河西	种子			Ⅰ、Ⅱ、Ⅳ、Ⅶ、Ⅸ		位图图像
白三叶	Trifolium repens	地被植物	喜温暖湿润气候，耐酸性	植株矮匍匐，覆盖效	陇东\陇南\陇中\	种子		5月上旬开	Ⅰ、Ⅱ、Ⅶ		位图图像
碱蓬	Suaeda glauca	地被植物	耐盐碱、耐旱	植株呈半球形	河西	种子			Ⅱ		位图图像
紫花苜蓿	Medicago sativa L.	地被植物	适宜半干旱气候、排水良	花紫红色，有较高的	陇东\陇中\河西\	种子			Ⅰ、Ⅱ、Ⅳ、Ⅶ、Ⅸ		位图图像
蜀葵	Althaea Rosea	地被植物	耐寒，喜阳，耐半阴，忌涝	花大、花色多，可观	陇中\河西	种子			Ⅰ、Ⅱ、Ⅲ、Ⅵ、Ⅶ		位图图像
柠条	Caragana Korshinsk	落叶灌木	耐旱涝、长成快，可有	花黄金色	陇中\河西	苗	2年生扦插苗		Ⅰ、Ⅱ、Ⅳ、Ⅴ、Ⅵ		位图图像
沙棘	Hippophae rhamnoid	落叶灌木	喜光，能耐严寒，干旱和	枝叶繁茂有刺，宜作刺	陇中\河西	苗	2年生扦插苗		Ⅰ、Ⅱ、Ⅳ、Ⅴ、Ⅵ		位图图像
梭梭	Haloxylon ammodend	落叶灌木	耐旱、耐沙埋压、不怕	老枝灰白、新条嫩绿	河西	苗	2年生以上		Ⅰ、Ⅱ、Ⅳ、Ⅵ、Ⅶ		位图图像
紫穗槐	Amorpha fruticosa	落叶灌木	喜光，耐寒，在瘠薄碱性	花序紫色	陇东\陇南\陇中\	苗	2年生以上		Ⅰ、Ⅱ、Ⅳ、Ⅵ、Ⅶ		位图图像
酸枣	Ziziphus jujuba cv	落叶灌木	多生于向阳干燥山坡	树形优美，园林结合	陇东\陇南	苗	2年生以上		Ⅰ、Ⅱ、Ⅳ、Ⅵ、Ⅶ		位图图像
杞柳	Salix purpurea	落叶灌木	抗涝，抗旱，抗盐碱及	树形优美	陇中\河西	苗	2年生以上		Ⅰ、Ⅱ、Ⅳ、Ⅵ、Ⅶ		位图图像
小叶黄杨	Buxus sinica	落叶灌木	较耐荫，耐寒性不强	绿篱材料	陇东\陇南\陇中	苗	苗高0.4-0.		Ⅰ、Ⅱ、Ⅲ、Ⅶ		位图图像
火炬树	Rhus typhina	落叶灌木	性强健，耐寒，耐盐碱	秋叶红色，果穗红色	陇东\陇南\陇中\	苗	苗高>1.5m		Ⅰ、Ⅱ、Ⅳ、Ⅵ、Ⅶ		位图图像

记录: 1 共有记录数: 119

图 1 数据表格

设置字段类型界面如图 2 所示。

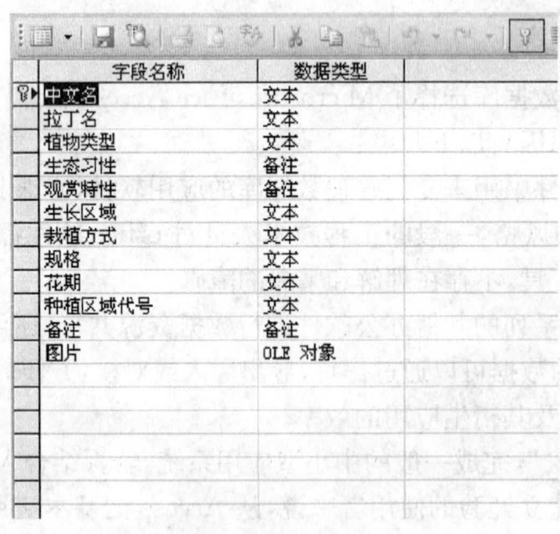

字段名称	数据类型
中文名	文本
拉丁名	文本
植物类型	文本
生态习性	备注
观赏特性	备注
生长区域	文本
栽植方式	文本
规格	文本
花期	文本
种植区域代号	文本
备注	备注
图片	OLE 对象

图 2 字段类型界面

3 程序设计

3.1 界面设计

通过窗体设计工具生成数据库查询及修改的窗体界面。运用 Access 的“设计视图”功能将数据表格中的内容以图形化的界面呈现在人们的面前。首先，建立新窗体，将各个数据项以控键的形式创建于窗体界面上,考虑到每个数据项的字符长度及格式的不同,将每个控键的标签及文本框的大小进行调整,使其适合数据的显示。同时,为了实现特定功能,还要添加一些具有特定功能命令按钮。初步生成的查询界面如图 3 所示。

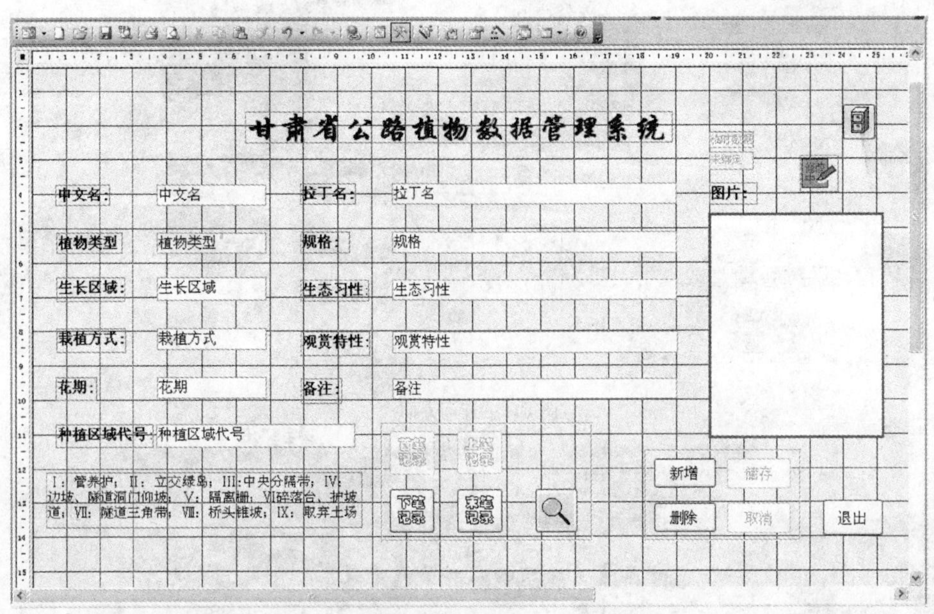

图 3 查询界面

3.2 功能命令设计

命令运用属性设计窗口和宏设计窗口使按钮具有功能性。例如,"转下记录"按钮的功能设定。当用户单击"下笔记录"按钮,就会触发 Click 事件,从而执行"转下记录宏"。GoToRecord 宏指令可将记录指针移到下一笔。GoToControl 宏指令可将光标移到"中文名"字段上。SetValue 宏指令完成"[首笔记录].[Enabled]=-1"指令,即如果光标已经移向下一笔,"首笔记录"按钮置为可用状态。完成"[上笔记录].[Enabled]=-1"指令,将"上笔记录"按钮也置为可用状态。

命令设置如图 4 所示。

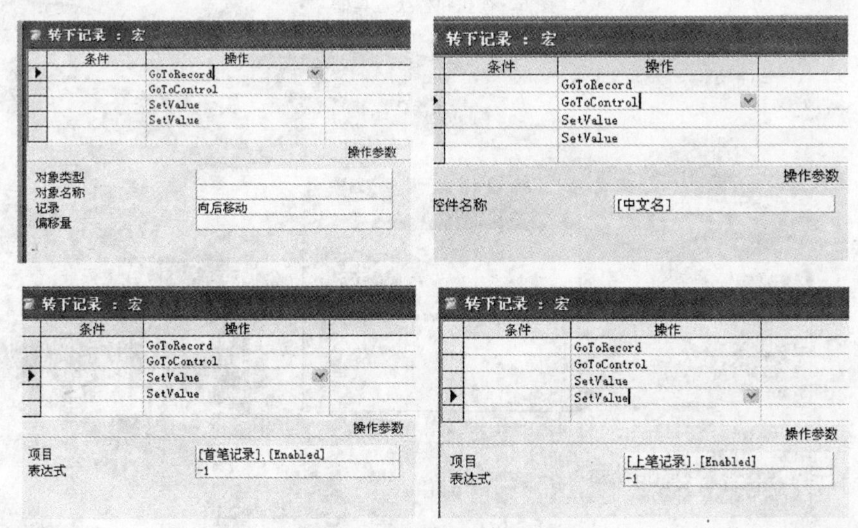

图 4 命令设置

将每个功能按钮都进行属性及宏命令的设定后,窗口按钮的基本功能就可以实现。经过界面的统一修饰美化,数据库查询界面基本成型,如图 5~图 7 所示。

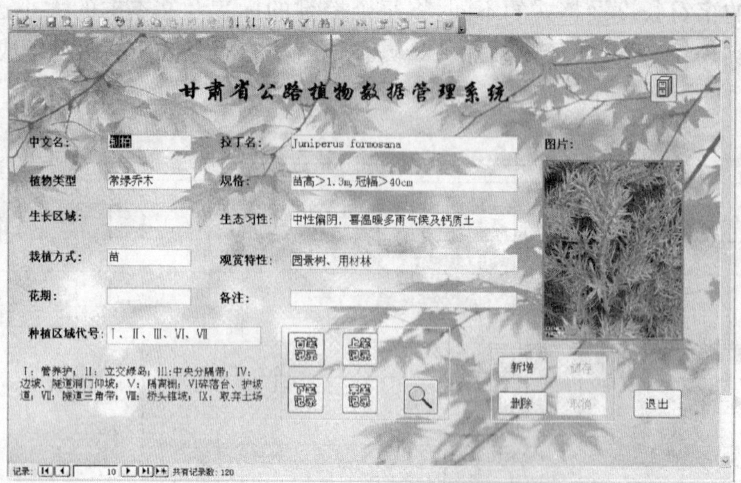

图5　主查询界面

图6　查找和替换工具框

图7　关于本系统对话框

4 数据库的应用

甘肃省公路绿化植物数据库应用到实际工作中后，需要制定相关制度来保证数据库的顺利运行及完善。

(1)将今后收集到的植物资料全部整理输入本植物数据库，增加数据库的容量。

(2)将本系统在使用过程中出现的问题及时反馈给开发人员，定时对数据库进行数据维护。

(3)对数据库系统在使用中提出的各种建议、意见进行收集整理，不断改进数据库系统。

甘肃公路绿化植物数据库经过了近一年的使用，为我公司公路绿化设计的植物种选择提供了很好的辅助作用。据初步统计，最直接的作用就是：使用本数据库完成相似规模工程项目绿化备选植物的筛选工作，所用时间缩短至原先的 20%左右。

5 结语

通过运用 Access 创建甘肃公路绿化植物数据库，我们得出了以下几点结论：

(1)建立 Access 数据库比较适合技术要求不高，数据量不大的中小数据库的建立。它具有建立快、维护方便的特点。

(2)建立 Access 植物数据库后的植物数据，格式统一，查询方便，能够实现分类筛选、批量修改等功能，可以满足公路绿化设计植物信息管理的基本要求，并能大大提高公路绿化设计中植物种类选择工作的效率。

(3)Access 植物数据库的开发，对公路绿化植物信息的管理提供了一条较为新颖的路径，为今后公路绿化植物信息管理的进一步完善提供了有益的借鉴和启发。

参 考 文 献

[1] 李俊德. Access 2003 入门与实例演练. 北京：中国青年出版社，2005.

[2] 韩泽坤. Access 2003 公司数据库管理综合应用. 北京：中国青年出版社，2005.

[3] 张婷. Access 2003 公司数据库管理范例应用. 北京：中国青年出版社，2005.

利用 3S 技术建立宁夏公路空间信息基础设施的思考

黄雅杭

（宁夏公路管理局　银川　750004）

摘　要：基于社会公众对公路交通的信息需求和最大限度地开发利用现有公路信息资源，提出了利用 3S 技术建立宁夏公路空间信息基础设施的构想、实施步骤、数据框架、维护方案和软硬件平台选型建议。对宁夏公路管理信息化建设具有一定的参考价值。

关键词：3S 技术　公路空间信息　基础设施

1　宁夏公路发展现状及对管理者提出的新要求

改革开放以来特别是 1998 年以来，随着西部大开发和国家实施积极的财政政策，宁夏的公路建设取得了令人注目的成就。截至 2005 年底，全区的公路通车里程已经达到 13 078km，其中高速公路 670km，一级公路 219km，二级公路 2 109km，三级公路 5 694km，四级公路 4 309km，公路密度已达 19.7km/100km^2。一个布局合理，干支相连，通边达海，四通八达的公路网已经形成，为宁夏社会经济发展和方便人民出行提供了良好的公路交通硬件环境。随着公路交通的大发展对公路管理也提出了更新更高的要求：这就是为社会及公众提供快捷方便的信息服务，利用新技术手段加强和提高公路信息的采集、管理、分析、利用、服务水平，加快公路管理信息化步伐。

公路是具有空间定位属性的人造空间地物，可视化表达和分析是内在的需要，而且从人的思维来说，对于形象化的表达总是易于理解和接受。基于这种考虑，利用 3S 技术建立宁夏公路空间信息基础设施就显得十分重要。

2　3S 技术及其在公路空间信息基础设施建设中的作用

3S 技术是遥感技术（Remote Sensing，简称 RS）、地理信息系统（Geography Information Systems，简称 GIS）和全球定位系统（Global Positioning Systems，简称 GPS）的统称，是空间技术、传感器技术、卫星定位与导航技术和计算机技术、通信技术相结合，多学科高度集成的对空间信息进行采集、处理、管理、分析、表达、传播和应用的现代信息技术。3S 技术是现代技术发展的先导，对人类的科技进步起到重要的推动作用，在公路交通领域也有极其广泛的应用。

（1）遥感技术是指从高空或外层空间接收来自地球表层各类地物的电磁波信息，并通过对这些信息进行扫描、摄影、传输和处理，从而对地表各类地物和现象进行远距离控测和识别的现代综合技术。在公路管理中，通过遥感技术获取的影像图可用于公路现状调查和数据更新；制作 DOM，并和 DEM 结合生成地形三维图。

（2）地理信息系统是综合处理和分析空间数据的计算机系统，最常用于资源与环境的监测分析。地理信息系统与遥感技术密不可分，遥感是利用采集空间信息并加以识别、分类，地理信息系统则是对这些信息进行管理和分析。通过地理信息系统提供的动态分析、空间分析、网络分析、三维分析等功能，为道路规划、路径选择、事件模拟、灾害预测等应用提供支持。

（3）全球定位系统是由空间星座、地面控制和用户设备等三部分构成的。应用全球定位系统的载波相位测量技术，可以精确测定两点的相对位置，应用于公路测量、车辆导航、车辆监控等，可获得高精度的空间定位数据。

3 国家空间数据基础设施和公路空间信息基础设施

空间数据基础设施是继信息高速公路后又一重要的国家级信息基础设施建设，其主要目的是为解决空间数据上网，即在 Internet-Web 上运行的技术系统。由于空间数据比一般数据要复杂得多、在网上传输的难度要大得多的难题而进行的单独研究。国家空间数据基础设施(NSDI)主要包括：地球空间数据框架、空间数据协调、管理与分发体系、空间数据交换网站和空间数据转换标准。

(1)地球空间数据框架是提供一个可以进行精确地、始终如一地获取、配准和集成地球空间信息的基础。此框架中包括正射影像、大地控制、高程、交通、水系、政区、公用地籍以及资源、环境、社会、经济、历史记录等方面的数据。空间数据协调、管理与分发体系是组织生产和使用地理数据的人员，建立相应的组织机构，制定有关空间数据的发展战略和政策，建立地理空间数据个人和机构间联系渠道，传输数据和开发数据库。其目标是生产和使用共用的空间地理数据集，共享和开发基础数据资源以提高决策能力。

(2)空间数据交换网站是一个拥有地理空间信息，在地理空间数据生产者、管理者和用户之间的一个分布式电子网络。其用户有权决定保存哪类地理空间数据；了解数据状况(内容、质量及其他特征等)；寻找他们需要的数据；根据他们的应用项目，评价数据是否有用；尽可能经济地获取或订购数据。地理空间数据生产者以各种软件工具提供电子形式的元数据(关于数据的数据)。元数据标准规定了不同地理空间数据的元数据内容，其目的是提供一个共同的标准化的元数据术语和定义。

(3)空间数据转换标准是异种计算机间空间数据转换的一个进程。该标准规定了带有空间参考系信息的矢量和栅格(包括格网)数据的交换约定、寻址格式、结构和内容。标准中包括概念模型、质量报告、传输组件说明和对空间要素和属性的定义。

(4)公路图是空间数据的一种，因此公路空间信息基础设施建设相应也包括公路空间数据框架、公路空间数据协调、管理与分发体系、公路空间数据交换网站和公路空间数据转换标准，此项任务涉及到技术、管理、经济、政策、标准等多方面因素，因此是一项任重而道远的工作。

4 利用 3S 系统建立宁夏公路空间信息设施的构想及实施步骤

宁夏公路空间信息基础设施从大的方面来说应实现两种类型的数据信息化：公路属性数据和公路空间数据。属性数据库包括公路基础数据库、桥梁管理数据库、路面管理数据库、交通量调查数据库等，这几大数据库经过我区公路管理部门近十年的努力已经基本建成。而空间数据库的建设是一项投资大、周期长、需求复杂、技术难度高的工作，因此，本文就如何利用 3S 技术建设宁夏公路空间信息数据库进行探讨。

目前，我区已经对国、省干线公路网进行了数字化处理(电子地图)，农村公路网的数据化处理也正在进行当中，在此基础上，需要进一步建立中心数据库和公路网络图，并且和公路属性数据库(公路基础数据库、桥梁管理数据库、路面管理数据库、交通量调查数据库)进行关联，为进行图文一体化的管理和利用奠定基础。

根据宁夏的实际情况，公路空间信息基础设施应按照如下步骤实施(图 1)。

第一阶段：在已有数据(纸质数据、电子数据)的基础上建立中心数据库框架，并在此基础上建立全区公路管理系统和对外发布系统框架。

第二阶段：建立完善的分布式数据更新机制和相应的系统，以维护中心数据库数据的动态更新。推广区级系统的使用范围，使公路管理局各业务处室和交通厅各相关处室的工作人员、领导使用 GIS 系统，以辅助决策。

第三阶段：在完善的公路数据库基础上，增建卫星遥感影像库和地面高程模型库；研究、引用公路分析专业模型开发决策系统；利用数据对外提供数据服务和功能服务(各相关单位，如旅游、环保、应急等；社会公众和个人)。

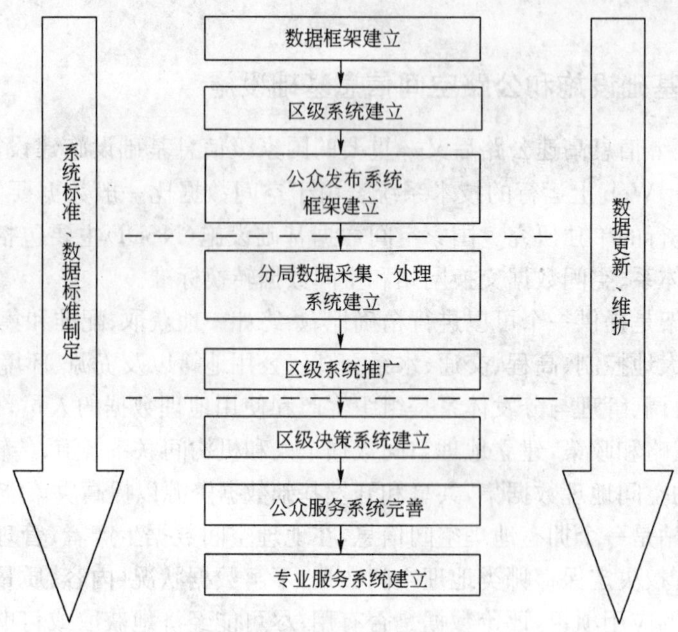

图 1 信息化步骤

5 宁夏公路空间信息基础数据框架

宁夏公路空间信息基础数据框架包括三大类数据:基础数据、专业数据、分析结果数据,如图 2～图 5 所示。

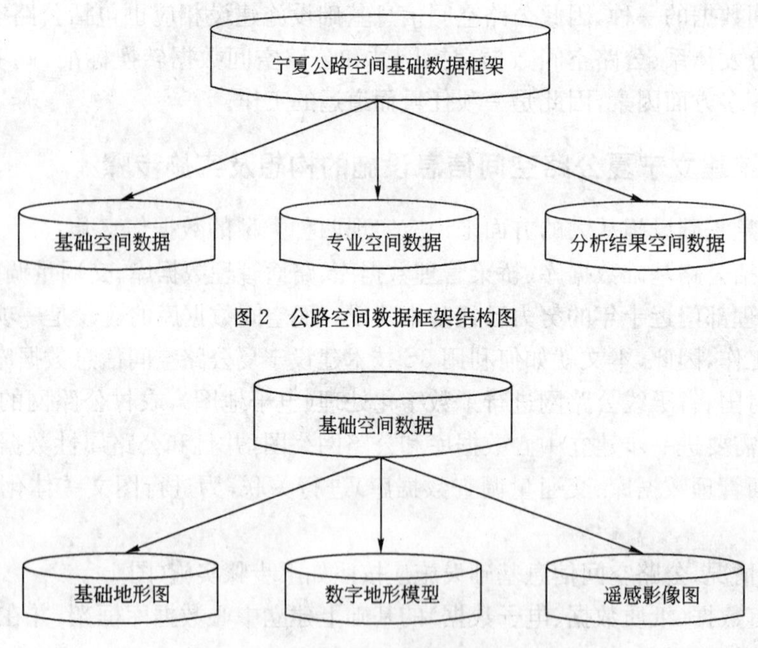

图 2 公路空间数据框架结构图

图 3 基础空间数据库结构图

基础地形图包括居民地、道路、水系、地貌(等高线、高程点)、行政区划、地名点、植被等;数字地形模型主要是指数字高程模型,即 DEM;遥感影像图包括卫星遥感影像(大范围,分辨率为 10～30m)和航空遥感影像(小范围,分辨率为 0.5～10m)。

以上数据来源于不同的部门,而且作用也不同。基础空间数据来源于国家测绘部门和民政部门,其更新周期取决于国家统一的更新周期,只需要定期购买或者共享即可更新。本文重点讨论由公路部门负责的公路空间数据库建立中的关键问题:公路空间数据库的实时更新。

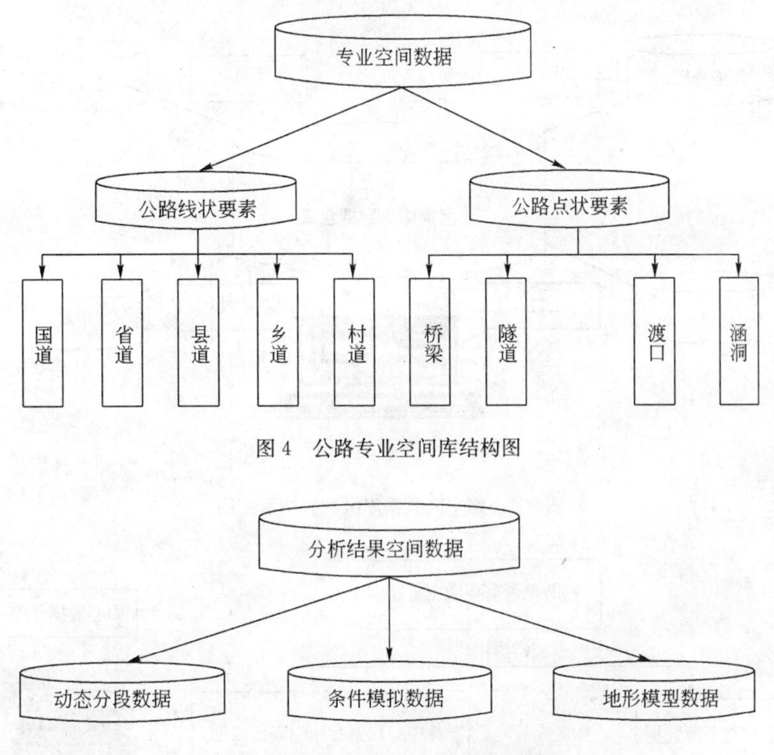

图4 公路专业空间库结构图

图5 分析结果空间数据库结构图

6 公路空间数据管理更新维护方案

对于数据库来说,“建立容易维护难”。作为一个项目启动、完成是一个短期的目标,经过努力后也许能实现。但是要持续维护,就不能光靠短期的热情和努力,而是要建立一套保障措施和运行机制,从工作制度和职责上解决问题。

我区目前的公路管理体制是干线公路实行垂直管理,区局下设分局,农村公路由地方交通局管理。通过多年公路管理工作实践和借鉴兄弟省成功的经验,对于我区公路空间信息数据的更新维护要采取“分布采集、集中更新管理”和“上传下发”的方法。如图6～图8所示。

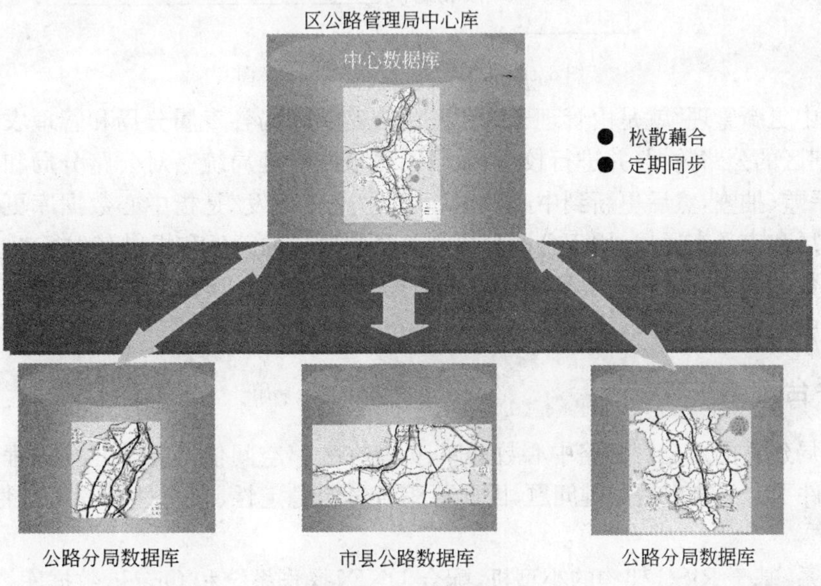

图6 公路空间数据库分布式结构图

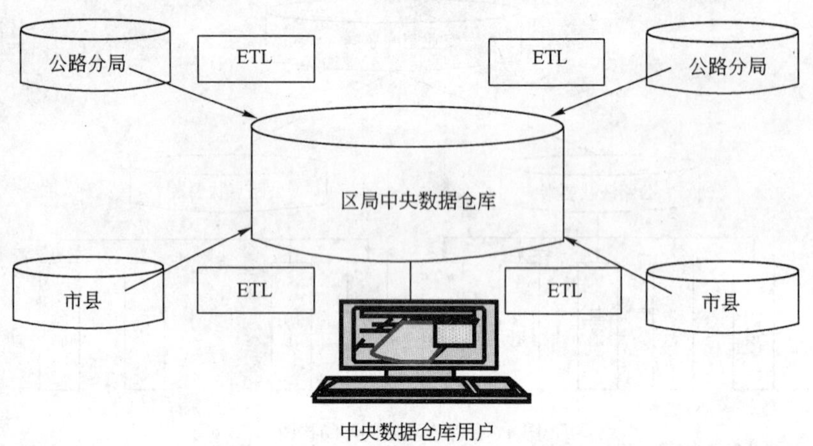

图 7　公路空间数据库维护方法示意图

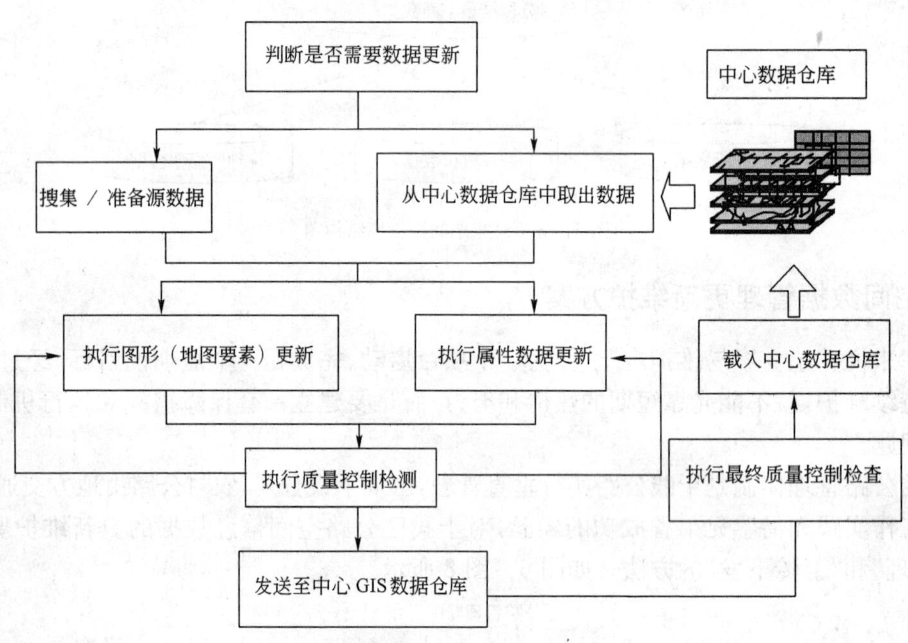

图 8　公路空间数据库维护过程示意图

"分布采集、集中更新管理"就是由管理干线公路的公路管理局各直属分局和管理农村公路的市县交通局负责采集、录入辖区的公路数据，并进行校正；由自治区公路管理局统一对公路分局和各市县交通局提交的数据进行汇总、平差、抽查，然后更新到中心数据库中。"上传下发"是指中心数据库更新后把最新数据分割下发给各公路分局和市县交通局，用于公路分局和市县交通局的管理和提供其他行业应用；公路分局和市县交通局在下发的数据的基础上进行更新辖区内的数据（改道、新建、废除），然后把变化后的信息上传给区公路管理局进行集中更新。

7　软硬件平台选型

宁夏公路管理局建立的是全区公路中心数据库，因此在公路空间信息系统建立过程中，服务器、操作系统、数据库、GIS 软件平台的选型是关键问题，因此要综合考虑稳定性、安全性和易管理性、投资可行性之间的平衡。

目前有两种体系：基于 RISC 架构的小型机，配合 UNIX 操作系统和 Oracle 数据库。

其优点是性能稳定、安全，但是价格昂贵，维护人员水平要求高；基于 IA 架构的 PC 服务器，配合 Windwos操作系统和MS SQL Server数据库。其优点是价格较便宜,维护人员易学习,但是稳定性和安全性较低。因此结合我区的实际情况,目前先采用Windows体系。

GIS软件从长远来看,其选型要满足:既能适合当前的Windows体系,也能适合今后的UNIX体系;数据格式兼容性好;用户群体大;具备适合公路管理特点(如网络分析、动态分段)的强大功能。目前美国ESRI公司的ArcGIS系列软件可满足以上需求。

8 应用前景

基于3S技术建立的宁夏公路空间信息基础设施将为社会和公众提供全面的服务。

公路规划:利用DEM+DOM,可以生成三维地形图,加上土壤、地质、水文、植被等数据,可以为公路规划、设计提供方案。

公路管理:采用数据库、GIS、GPS和多媒体技术,建立统一的公路信息资源地理信息管理平台,实现对公路信息资源库的综合查询、统计、分析和各种业务管理,使管理者方便、直观的了解公路各方面的综合信息,为科学决策、高效管理提供手段。

公众服务:在充分整合和综合利用交通信息资源的基础上,结合GIS技术建立公众出行服务系统、公众路况信息发布系统,可以满足公众的各种出行信息需求。

交通战备:为交通战备预演提供公路承载力分析、超载车辆过桥分析、超高车辆过隧道分析、路径选择等方面的支持。

专题图集出版:利用GIS的动态分段功能、网络分析功能、三维分析功能、空间分析功能生成各种专题图,如按照行政等级出图、按照技术等级出图、推荐线路图、公路地势图等。

其他应用:在农业、环保、应急等方面,公路信息都提供了基础作用。

参考文献

[1] 承继成等.国家空间信息基础设施与数字地球.北京:清华大学出版社,1999.
[2] 承继成等.数字地球导论.北京:科学出版社,2000.
[3] 赖明等.数字城市的理论与实践.世界图书出版公司,2001.
[4] 毕硕本等.地理信息系统软件工程的原理与方法.北京:科学出版社,2003.
[5] 何建邦等.地理信息共享的原理与方法.北京:科学出版社,2003.
[6] Paul A. Longley等编,唐中实等译.地理信息系统.北京:电子工业出版社,2004.
[7] 魏军林等.基于ArcGIS的公路管理信息系统设计开发.第六届ArcGIS暨ERDAS中国用户大会论文集(2004).北京:地震出版社,2004.

浅谈设计企业信息门户建设

肖晗 吴强 殷俊

（武汉金思路科技发展有限公司 武汉 430056）

摘 要：设计企业信息门户是企业内部的一个公司级门户，建设目的是为了集成整合各种业务系统，加强公司内部的信息共享及交流协作、更好地开展部门的各项工作、增进与其他部门的沟通，并为部门成员提供个性化的个人工作平台。

关键词：设计企业 信息门户 业务整合 协同工作

1 概述

信息门户作为企业信息化的入口，将能为若干个业务系统提供统一的进入手段。业务系统可以嵌入到门户的框架当中，也可以通过链接的方式直接进入，使用户能够按照个性化需求，提取存储在企业内部和外部的信息，从而便于进行商业决策的应用程序，它融合了商业智能、内容管理、数据管理等一系列用于管理、分析、发布信息的软件程序。

截止到目前，企业信息门户经历了三个发展阶段：

(1)门级的，有多个入口，内容比较分散。

(2)通过整合成为企业级的初级门户，能够便捷的提供有效的信息。

(3)经过集成具有个性化系统的特点，形成了功能强大的信息架构，进一步发展的门户集成到供应链一级，集成核心的业务流程，是种强大的知识管理和协同工具。企业信息门户正处在第三个发展阶段，企业希望能够实现知识、客户、人事等各种功能集成的信息架构平台，该平台具有唯一性、个性化的特点。那么什么是企业信息门户？企业信息门户已经超出了传统管理系统的概念，也越过了普通意义的网站，事实上它是企业管理信息系统和电子商务两大应用的结合点。

确切地讲，企业信息门户是一个将企业的所有应用和数据集成到一个信息管理平台之上，并以统一的用户界面提供给用户，使企业可以快速的建立企业对企业和企业对内部雇员的信息门户。它使企业能够释放存储在内部和外部的各种信息，使企业员工、客户、供应商和合作伙伴能够从单一的渠道访问其所需的个性化信息，通过及时的向用户提供准确的信息来优化企业运作，提供企业核心竞争力。针对设计企业的信息化需求，我们研制开发了适合设计院类企业的信息门户(JSL-PORTAL)。设计院企业是典型的知识密集型行业，其业务具有周期长、业务协同性强、业务范围广等特点，鉴于这些特点，我们对此门户进行了这样的定位：

首先，企业信息门户是一个统一的应用框架，将设计企业所有的应用和数据集成到一个信息管理平台之上，并以统一的用户界面提供给用户，使企业可以快速的建立企业对企业和企业对内部员工的信息渠道。

其次，它是一个基于WEB的应用系统，使企业能够释放存储在内部和外部的各种信息，使企业员工、客户、供应商和合作伙伴能够从单一的渠道访问其所需的个性化信息。

2 设计企业管理现状

随着企业规模的扩大，管理信息量的增多，生产过程日趋复杂，设计企业不仅要管理大量静态信息资源，更重要的是要管理起一整套与过程相关的动态信息，如企业的生产过程、工作流程、信息流向等，传统的MIS系统在管理这些与过程有关的信息时遇到了困难：

(1)企业范围内的各个设计项目的基本信息、资源使用状况、进度及成本监控、项目文档都还没有进行统一的收集和管理，很难了解历史和现时项目的情况。

(2)没有统一的设计协同流程，各专业人员的沟通协同还很不及时和畅通，设计工作所需的资料信息共享、阶段性设计成果流转、阶段性校审及其相关的批复意见，设计修改的往返历史记录都没有一个统一的流程进行管理。

(3)科研项目的立项、执行实施、验收、申报及相关成果收集的全过程等也没有统一的管理规范，每个项目的相关资料都集中在个人手里。

(4)作为设计院最重要的知识资产，各历史项目的电子(纸质)图纸档案、行业标准图库还没有得到统一的分类存储、检索查找困难，难以在全院的范围内得到有效的积累、复制和持续改进。

(5)项目市场需求信息、重点客户关系还没有进行统一的管理，项目投标流程和相关的投标文档还没有统一的知识库，对市场需求的反应速度很低。

(6)业务系统各自为政，信息不能完全共享，这为不同部门之间的协同合作带来了一定障碍，而很多业务必须依靠不同部门的合作才能完成。因此，如能实现不同部门间的信息交流共享，必将极大地提高工作效率，降低工作成本。

JSL-PORTAL 设计企业信息门户就是要针对上述问题而构建的企业统一的门户，帮助企业实现以下目标：

(1)员工、客户、合作伙伴可以在任何时间、任何地点迅速地获得个性化的内容、应用和服务，并提供统一的访问方式。

(2)及时、准确地传递各种企业运营数据和信息，提供高效获取知识、整合知识、积累知识和传播知识的有效途径。

(3)打通全企业业务流程过程，优化业务流程，提升业务协作能力，提高运营效率、增强业务灵活性和透明度。

(4)降低服务成本，提升快速适应市场的能力，应对端到端的新的服务模式。

3 信息门户的特点

设计企业信息门户提供了一个单一的入口，通过这个入口及时的向用户提供准确的信息，它更侧重于与企业现有的信息系统进行无缝的集成，基于角色的内容组织，最终实现用户的个性化。基于企业信息门户的应用系统的特点体现在以下几个方面。

(1)分级管理。分支机构、项目组可建立子级门户，自行采集数据，集中统一管理，有效地提高了信息采集效率，减少了管理成本。

(2)个性化的应用服务。信息门户的数据和应用可以根据每一个人的要求来设置和提供，定制出个性化的应用门户，提高了员工的工作效率，增强了亲和力和吸引力。

(3)与现有系统的集成。能将企业现有的数据和应用无缝地集成到一起，无需重新开发，保护了原有的投资。

(4)高度的可扩展性。能适应企业新的人员和部门的调整的变化，满足企业业务调整和扩展的要求，解决企业与 IT 部门短时间内无法解决的技术需求问题。

(5)安全可靠的保障。通过安全机制保证数据的机密性及完整性，保障企业业务的正常运转。JSL-PORTAL 可以提供的安全机制包括认证、角色分配、用户和组的特权、用户操作监督等。

(6)协作及共享。允许使用者存取或提供信息给特定的个人或群组。内部员工可以通过 JSL-PORTAL 系统分享信息；而客户及合作伙伴也可以通过互联网达到信息共享的目的。

4 信息门户的功能

企业信息门户在企业原有应用的基础上进行整合，通过整合企业现有 IT 资源，保护原有的投资，真正实现“以员工为中心”的统一工作支撑平台，同时实现企业内外网、应用系统、各类信息和流程的统一，为员工提供更好的应用体验。主要功能包括：

(1)强大的会员管理功能。完善的权限自定义功能，可为特定组或会员设置在各个栏目上所对应的权限。细分至小类别的权限授权，自由灵活地配置可满足对不同用户群的划分。

(2)个性化门户定制。门户的主要目标之一是定制终端用户的门户体验，为此，JSL-PORTAL产品为终端用户提供了定制内容和页面外观及版式的能力。更重要的是多个用户可以根据划分(按照项目组、部门)定制子门户，发布信息、通过审批管理员也可以把子门户级别的信息提至主门户。

(3)门户预置功能。为丰富企业门户应用，JSL-PORTAL提供了大量的预置应用功能可供客户选择，包括天气预报、常用资料、世界各地当前时间显示、WEB搜索等网络资源。

(4)单点登录(SSO)。门户必将涉及多种应用的整合，包括OA系统、业务系统、CRM系统等，JSL-PORTAL提供了灵活的用户认证管理、实现用户应用的单点登录(SSO)。

(5)与其他应用系统的集成。许多企业在信息化建设过程中，逐步实施了邮件系统、ERP、CRM、人力资源、项目管理、知识管理、资产管理等业务系统，JSL-PORTAL产品借助第三方接口实现与这些业务系统应用层面的集成，包括与SAP/Oracle的ERP系统集成，MS Exchange Server集成、RTX企业及时通讯集成等。

5 系统平台

(1)操作系统。要求支持主流的操作系统，如：Windows系列。

(2)运行环境。目前主要是基于企业内部局域网的运行环境，要求速度快，系统稳定，信息反映及时、准确，外部接入使用VPN虚拟网络方式。

(3)数据库平台。支持目前流行的数据库系统如：SQL Server、ORACLE、DB2、Informix等。

(4)开发工具。选择开发工具要兼顾系统效率和开发周期。采用组件技术后为开发工具的选择提供了广阔的空间：使用用Visual Studio等工具开发。

6 信息门户的优势

企业信息门户将存储在企业数据库中的信息转变为可利用的信息，通过互联网将这些信息传递到公司员工、合作伙伴和供应商面前；能够跟踪、整理和传送各种庞杂的信息，同时可以根据客户的业务需求和职务特点从中导入和过滤内容。通过企业信息门户最终可以帮助企业：

(1)提高响应速度企业员工、合作伙伴、供应商通过登陆不同的门户快速获取自己所需信息，及时处理各项业务，大大提升了员工与员工之间，员工与客户之间的响应速度。

(2)提升知识管理企业信息门户恰好可以成为企业获取知识、整合知识和积累知识的有效途径。通过网络帮助企业快速积累知识、利用知识和对知识进行创新。

(3)提高资源利用的效率企业信息门户采用高效网络作为信息传输的工具，将企业现有的资源整合在一个集中的平台上进行管理，减少了企业的成本和人员投入，是以最小的成本实现最大程度利用企业现有资源的最可行的途径。

(4)提升企业综合竞争力。企业信息门户能够把企业内的各个信息系统集成起来通过用户自己个性化的界面提供给用户。虽然界面不同，但入口是唯一的，都进入到了统一的企业信息系统之中。综上所述，基于企业信息门户的应用管理系统可以帮助企业降低业务运作成本，优化资源分配，提升企业的综合竞争优势。

7 企业信息化的发展方向

企业信息门户为企业员工、客户和供应商等各种不同类型的客户提供了一个统一的访问入口，和以前相比使用更加便捷，不用来回切换各种应用界面，但如果后台仍然是各种应用和数据库的简单堆积，即使用户看到了一个整合的前台，对用户信息及知识的利用并没有得到大的改变和提升。用户需要的是后台应用也能够整合在一起，这就是协同商务平台兴起的原因。

电子商务经历了四个阶段的发展：电子数据交换、基础电子商务阶段、商务社区、协同商务阶段。协同商务阶段是电子商务发展的最新阶段，它要求对电子商务进行应用集成。这就需要通过 Internet 或 Intranet实现企业内部、企业与企业之间、企业与客户之间端对端的业务集成，使企业可以为各种类型的客户提供个性化的信息搜索，访问和分析功能，帮助他们通过有效利用企业的信息资源作出最佳的业务分析和决策。

如何在互联网环境下构架一个企业的信息化架构呢？一般而言，它应当由数据服务、应用服务、接入服务和门户服务四个部分组成。而协同商务概念的提出，使这几部分浑然一体，构成企业的协同商务平台。

现在，整合已经成为信息化的发展趋势，“各自为政”的企业内各种业务系统将日益整合为一个统一综合的大平台，这对企业、用户及客户都是十分重要和有益的。信息资源“条块分割”的局面一旦被打破，信息共享将产生巨大效益。JSL-PORTAL 希望可以统一设计企业的经营和设计项目管理业务流程，使遍及各地的项目能以统一的步调协同工作，实现目标导向的流程管理和各专业人力资源的优化利用；提高企业知识积累、持续改进和共享能力，通过企业级的知识管理中心和统一的先进管理体系，构建企业核心竞争力。整合企业已有的各业务系统，采用统一入口的信息平台，可以实现不同部门间的信息共享、资源有效利用。

8 信息门户的实践

目前 JSL-PORTAL 已在部分设计企业得到成功应用。例如，我们在广西壮族自治区交通规划勘察设计研究院实施的“设计院信息门户项目”（图 1），主要内容实现了以下功能：

（1）院门户和各级部门子门户的信息交互。栏目权限下放到相关的职能部门，各职能部门与项目组又有各自的子门户，信息采集权责明确效率高。

图 1 设计院信息门户案例

（2）集成了 OA 办公自动化、档案管理、知识管理、后勤管理、电子期刊、在线计算等系统；

（3）实现用户多个系统应用的单点登录（SSO）。

系统的应用快速提升了广西壮族自治区交通规划勘察设计院信息化水平和普及面，用国际标准大力提升了企业信息化系统的管理与服务水平，从而支持全院业务的变化与发展，最终分享信息化给全院带来的变化。

9 结语

随着计算机系统和互联网应用的普及，很多企业先后都采用各种相互独立的网络系统、应用系统（文档管理，邮件管理，人事管理，销售管理等），在部分提高了效率的同时，这些系统的相互独立性也为企业的整体管理设置了障碍。由于各个业务应用系统缺乏一个统一的界面，没有相互连接的信息渠道，数据通常都被封存在企业的不同数据库、主机、文件服务器上，只有少数有特许访问权的用户能看到这些数据。为了查找一个问题，一般会要在各个系统中不停的切换，才能找到自己想要的信息，导致了信息孤岛的出现，不同部门、不同系统之间难以实现信息共享。这种分离式的信息系统也使企业客户难以从单一的界面了解企业的全面信息。建立一个完整高效的企业信息门户，给用户提供一个统一的信息服务功能入口，将不同的业务系统整合起来，实现信息数据的结构化和企业资源的充分共享，最大化的减少信息孤岛的存在。基于现代社会信息的大量膨胀和几何性的增长趋势，企业被大量的数据信息淹没很难找到或者需要花费大量的时间和精力才能找到有效的信息，导致了信息流通不畅，整体效率低下，企业业务难以提升等问题。

通过企业信息门户，企业领导、企业员工、客户、合作伙伴可以根据自己的关注重点获取相应的服务和信息，这种个性化体现在企业员工可以获取与公司有关的新闻、产品和服务信息，合作伙伴可以通过门户查看企业针对合作伙伴的计划、市场活动等信息。个性化信息和服务的提供使不同角色的人能在尽可能短的时间内获取他想要的信息，同时也使企业与客户、合作伙伴之间的交流与沟通变得更加高效和顺畅。改变了现有企业信息化系统千篇一律、被动式、大众化的信息提供方式，从而实现了个性化的信息存取。

基于 Web 服务的管理信息系统集成

项小强

（浙江省交通规划设计研究院　杭州　310006）

摘　要：Web 服务作为新一代分布式计算技术，它提供了 Internet 上优秀的应用通信和集成技术。本文先简单介绍 XML 和 Web 服务技术，然后着重讨论了基于 Web 服务的系统集成技术的特点和优势，以及通过实际的开发实例介绍了基于 Web 服务的系统集成技术在管理信息系统实现中的应用。

关键词：Web 服务　系统集成　管理信息系统

1　引言

管理信息系统的集成是企业信息化建设的一个重要研究领域。管理信息系统是一个有机的整体，但过去由于受到软件开发技术的限制，使各个系统处于分离的状态，不同操作系统和数据库平台上的系统很难交互和共享数据，系统的扩展性和伸缩性差。过去的管理信息系统开发方法是把整个业务流程用一个紧密耦合的信息系统进行实施，即使是分步实现，也是按功能分成几大模块。系统一旦完成，很难进行扩展或修改，而与其他已经完成的系统进行数据共享更难。因此灵活性、易变性极差。

随着 Microsoft. Net Framework 的推出，实现分布式处理有了新的技术，即 Web 服务（Web Service）。Web 服务能够为另一个应用程序而不仅仅是浏览器提供数据，还可以通过外置数据以允许其他的客户机使用在同样的端口和传输层都起作用的标准协议（如 HTTP）来执行操作。

Web 服务作为新一代分布式计算技术，它对 Web 进行了扩展，将功能展示在 Internet 和 Extranet 上。传统的分布式计算技术，如 EJB、DCOM 和 CORBA 等，它们的应用主要是集中在 Extranet；而 Web 服务已把集成和应用扩展到 Internet 之上，它采用性能稳定的、基于消息的异步技术，在异构平台上构筑了一层通用的、与平台无关的信息和服务交换设施，从而屏蔽了 Internet 中千差万别的差异，使信息和服务畅通无阻地在计算机之间传输与交换。

Web 服务建立在广泛接受的标准之上，Web 服务之间是松散耦合结构。基于 Web 服务的管理信息系统具有柔性、扩展性以及重构性。采用基于 Web 服务的系统集成技术，处理系统模块间控制和数据的集成，很大程度上提高了系统数据的通用性，降低了模块间的耦合程度，从而提高了管理信息系统的扩展性、伸缩性和兼容性，便于系统分担负载，提高管理信息系统的服务质量。

2　基于 Web 服务的系统集成技术

2.1　XML 及 Web 服务

XML（eXtensible Markup Language，可扩展标记语言）是 Internet 上数据表示和数据交换的新标准。它是 ISO 的 SGML（Standard for General Markup Language，通用标记语言标准）的一个简化子集。XML 关注信息本身，是 Web 上表示结构化信息的一种标准文本格式。与传统的注重页面信息显示的 HTML（Hypertext Markup Language，超文本标识语言）相比，XML 具有以下诸多优点[1]：良好的可扩展性，语言简单有效，可自行定义标记；内容与形式的分离，主要刻画数据内容，不考虑显示效果；有严格的语法要求，便于分析统一和与数据库信息转换；便于传输，为纯文本形式，可通过 HTTP（Hypertext Transfer Protocol，超文本传输协议）协议直接传输，可跨越防火墙等。XML 的出现和发展对于 Internet 和 Intranet 产生了巨大的影响。

在 XML 基础上发展起来的 Web 服务是一种革命性的分布式计算技术。它使用基于 XML 的消息处理作为基本的数据通信方式，消除使用不同组件模型、操作系统和编程语言的系统之间存在的差异，使异类系统能够作为计算网络的一部分协同运行。开发人员可以使用像过去创建分布式应用程序时使用组件的方式，创建由各种来源的Web服务组合在一起的应用程序。由于Web服务是建立在一些通用协议的基础上，如HTTP，SOAP(Simple Object Access Protocol，简单对象访问协议)，XML，WSDL(Web Services Description Language，Web服务描述语言)，UDDI(Universal Description，Discovery and Integration，通用描述发现和集成协议)等，这些协议在涉及到操作系统、对象模型和编程语言的选择时，没有任何倾向，因此Web服务将会有很强的生命力。两个应用程序通过Web服务进行远程通信时的服务体系[2]如图1所示。

各大厂商也逐步推出了相关的Web服务开发环境和解决方案；在目前主流的操作系统平台上都有相应的开发环境，如：Windows平台上的Microsoft Visual Studio. Net；Windows和Linux平台上的Sun One Studio，IBM的WebSphere Studio；以及BEA的WebLogic Workshop等。

2.2 基于Web服务的系统集成

在软件系统的开发过程中，系统集成主要实现系统的各部分(模块)之间的通信和整合，将相对分散的子系统组成一个统一的整体，实现子系统间的功能控制和信息交互与共享。基于网络的系统集成技术已有了很多，如：DCOM(Distributed Component Object Model，分布式组件对象模型)、CORBA(Common Object Request Broker Architecture，公用对象请求代理程序体系结构)和Java RMI(Java Remote Method Invocation，Java远端函数调用)等。但是这些传统的集成技术在很大程度上受到网络环境的限制，大多使用专有协议通过特别的端口进行远程通信，不能很好的支持客户段和服务器通过Internet进行通信。

Web服务是自描述、自包含的模块应用，由于其本身的与组件模型无关性、平台无关性、编程语言无关性等优良特性，使得Web服务可以用于系统集成。

基于Web服务的集成技术作为一种新的面向函数和方法的应用集成技术，在很大程度上解决了原有集成技术在Internet远程通信方面的问题。Web服务基于XML文档进行服务描述，服务请求和反馈结果，可以在Internet上通过HTTP协议进行传递，很容易的被访问和返回结果。同时，由于Web服务的相关标准都是W3C的开放协议，与平台和操作系统无关，不同的平台和操作系统上的Web服务的实现在很大程度上可以做到互操作，这就使异构平台上应用的集成变得很容易。此外，过去使用的基于RPC(Remote Procedure Call，远程过程调用)和API(Application Programming Interface，程序编程接口)的集成技术都是一种函数级的静态解决方案(即使它们在客户机和服务器通信时使用XML)；Web服务则是一种动态的集成方案，所有的服务都可以通过UDDI标准动态地被发现、绑定和使用，容易适应系统的变动，提高系统的灵活性和伸缩性。

使用Web服务技术进行系统集成和过去使用其他面向函数和方法的技术进行集成类似：在进行初始设计的时候主要考虑不同应用之间，系统不同模块之间消息及数据传递的需求；根据具体需求设置相应的接口，描述接口特性；针对不同应用的平台选择相应的Web服务组件，进行相应设置；实现不同应用的接口，进行相应调试；实际运行，应用程序间进行协同调试。使用Web服务进行系统集成的基本模式(不同应用之间)，如图2所示。

服务发现 UDDI、DISCO
服务描述 WSDL、XML、Schema、Docs
消息格式 SOAP
编码 XML
传输 HTTP、SMTP等

图1 Web服务体系

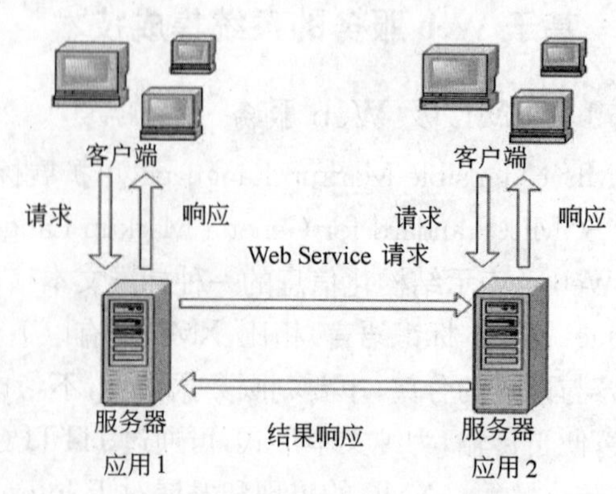

图2 Web服务应用架构(应用间集成)

3 基于 Web 服务的系统集成技术在管理信息系统中的应用

老式管理信息系统是完全基于 Windows 平台的。整个系统集中在一个服务器上,采用两层的网络开发架构,各个模块直接对数据库进行操作,通过 Form 提交数据,直接引用等方式进行消息传递。造成系统模块间的耦合过于紧密,系统的可移植性,扩展性和均衡负载等方面都较差。在新的管理信息系统开发中,为了提高系统的可扩展性,降低各个系统模块之间的耦合程度等方面的性能,在模块集成时主要使用应用层面上的基于 Web 服务系统集成技术,使用基于不同平台上的 Web 服务技术实现系统模块之间的消息和数据传递。

实现基于 Web 服务的管理信息系统,首先把管理信息系统要完成的各种功能分解,将有共同功能特征的模块合并形成新的最小粒度的模块,每一个模块用一个 Web 服务来完成,所有的 Web 服务建立后注册到 UDDI 中,然后根据用户对界面和功能的需求,通过引用相关 Web 服务实现集成,从而形成能完成用户各种功能需求的松散耦合的管理信息系统。基于 Web 服务构建信息系统的关键点是 Web 服务切分、Web 服务集成和系统安全。模块之间集成的具体实现过程以在微软的 Visual Studio. NET 平台上实现为例。

Visual Studio 和. NET 是微软公司推出的具有战略性发展的新一代开发平台。微软. NET 框架将所有编程语言的开发环境统一起来,并可以创建、配置和运行 Web 服务以及 Windows 平台的应用。在. NET 框架中,所有的编程语言,从高层的 JavaScript 到低层的 C++语言,一律是等同的,它们都将生成托管代码,并且可以一次编写,随处运行。微软. NET 框架可以使不同的语言之间进行交互,即一种语言可以使用另一种语言所编写的组件,还可以从另一种语言编写的类派生新类或创建实例,利用互联网和企业内部网,访问整个网络上的 Web 服务。

为了实现系统集成,. NET 框架提供了丰富的类库、对象及方法使得在不同层(物理上分离或仅仅是逻辑上分离)间的数据传输更为简单。它们是:

(1)支持远程数据传送的对象:ADO. NET DataSet 对象、ADO. NET Data Table 对象、XmlDocument 对象和 XmlDataDocument 对象。

(2)支持远程数据传送的类(方法):Serialization 类,描述了一个将数据转换为一种能复制到另一个过程的格式的对象的过程。可远程传输的对象具有串行化整个内容的能力,以便它可以通过一个通道来传送。这个通道可以直接通过 TCP/IP,或者通过 HTTP。它们也可以在另一端解除串行化,因此客户机就得到一个原对象的完整副本。System. Runtime. Remoting 类,这个类的命名空间提供的对象可用来为对象创建代理以实现远程数据传送。

Visual Studio. NET 集成开发中,Web 服务中使用 SOAP 等协议传输会话的机制大部分都已经被封装,对于一般开发者是透明的,在很大程度上提高了开发效率;但同时也造成开发人员对于系统的可控程度下降。使用 J2EE 平台实现的时候,需要定义 SOAP 消息头等 XML 脚本,以能够实现基本的 Web 服务功能。在不同平台开发的时候,需要注意采用 W3C 的 Web 服务标准和模式,尽量不使用具体实现平台的扩展功能,以免影响系统的兼容性。

在管理信息系统实现过程中,将与管理相关的各个应用封装成 Web 服务组件后发布到 UDDI 注册中心。针对部分已有的应用系统,将它们用类封装成 Web 服务组件,即生成描述该系统功能和调用方法的 WSDL 文件;然后生成服务器端基于 SOAP 的服务框架;并在此基础上开发适用于已有系统的适配器;最后将服务描述文件通过 UDDI API 发布到 UDDI 注册服务器中。

使用 WSDL 实用程序生成代理代码,发布 Web 服务程序;在统一的服务发布服务器上,通过 UDDI 服务实现发现 Web 服务功能,便于查询系统各模块提供的 Web 服务服务。同时使用 Web 服务的身份验证和授权技术,提高系统的安全性。

在用类封装成 Web 服务组件中,远程数据操作的最简便的方法是使用 ADO. NET DataSet 对象,因为它本身已具有串行化整个内容的能力。借助于 DataSet 对象和 SQL 语句,就可以完成极其复杂的数据操作任务。以 Visual Basic. NET 作为编程语言[3]为例,对 Access 数据库[4]操作有以下 3 个最重要的 Web 服务的方法模块(Web Method):

```
Imports System. Web. Services
Imports System. Data. OleDb
Imports Microsoft. VisualBasic. Compatibility

Dim strConn As String ="Microsoft. Jet. OLEDB. 4. 0; Persist Security Info=False; Data _ Source
                    ="& Server. MapPath("*. mdb")

<WebMethod(Description:="按 SQL 提取数据集")> _
Public Function GetDataSet(ByVal sql As String) As DataSet
    Dim conn As New OleDbConnection(strConn)
    Dim adapter As OleDbDataAdapter = New OleDbDataAdapter(sql, conn)
    Dim ds As New DataSet
    adapter. Fill(ds, tbName(sql))
    Return ds
End Function
<WebMethod(Description:="按 SQL 写回数据集")> _
Public Function PutDataSet(ByVal sql As String, ByVal ds As DataSet) As Boolean
    Dim conn As New OleDbConnection(strConn)
    Dim adapter As OleDbDataAdapter = New OleDbDataAdapter(sql, conn)
    Dim builder As New OleDbCommandBuilder(adapter)
    adapter. Update(ds, tbName(sql))
End Function
<WebMethod(Description:="按 ExecutSQL 操作数据集")> _
Public Function ExecuteSQL(ByVal sql As String) As DataSet'可插入、删除或更新数据
    Dim conn As New OleDbConnection(strConn)
    conn. Open()
    Dim objCmd As New OleDbCommand(sql, conn)
    objCmd. ExecuteNonQuery()
    conn. Close()
    conn. Dispose()
End Function
```

可见,使用 Web 服务进行系统集成是非常简捷、高效的。通过使用基于 Web 服务的系统集成技术,我们很容易的把基于不同操作系统平台和数据库平台的子应用集成在一起。

4 结语

采用基于 Web 服务的系统集成技术,处理系统模块间控制和数据的集成,很大程度上提高了系统数据的通用性,降低了模块间的耦合程度,从而提高了管理信息系统的扩展性、伸缩性和兼容性,便于系统分担负载,增强了管理信息系统的适应能力,提高管理信息系统的服务质量。基于 Web 服务的管理信息系统集成

是非常灵活、简捷和高效的。

参考文献

[1] 丘广华,等. XML 编程实例教程. 北京:科学出版社,2004.

[2] 戴荣,马方平,吴健,等. Short S. 构建 XML Web 服务——基于 Microsoft. Net 平台. 北京:清华大学出版社,2002.

[3] BillEvjen,BillyHollis 等著,杨浩翻译. VB. Net 高级编程(第 3 版). 北京:清华大学出版社,2005.

[4] 刘保顺. Visual Basic. Net 数据库开发. 北京:清华大学出版社,2004.

计重收费系统精度影响因素及容错分析

何仲祥

（宁夏交通信息监控中心 银川 750001）

摘 要:当前,计重收费已经成为了主流的通行费征收模式,从全国范围来看,存在的热点问题集中在动态称重设备的称量精度上,笔者结合宁夏实施计重收费的情况,对影响计重收费系统称量精度的因素进行了分析,并就如何保证系统稳定工作和充分发挥系统效能提出了建议。

关键词:计重收费 精度 影响因素 容错

1 引言

目前国内已经有19个省市(区)实行了计重收费,还有一些省份计划实施,甚至已经安装了设备,可以说,计重收费已经成为了主流的通行费征收模式。而实施计重收费以来暴露出的问题和大家关注的热点,普遍集中在系统准确度上,为了充分体现公平,要求提高称量精度的呼声很高。但是,一味的从提高设备技术标准入手,并不见得就是治病的良药。首先,性价比就是摆在运营管理者面前不能不说的痛,众所周知,即使不考虑成本增加,影响动态称重系统精度的因素也不胜枚举,再精密的仪器,都对工作环境等有不可或缺的依赖。因此,分析影响系统称量精度的主要因素,并采取相应对策,是现阶段保证计重收费系统设备称量精度和稳定运行的新课题。实际上,转换一个思路,从管理层面入手,采用必要的措施,确保在现有技术条件下,发挥计重收费系统最大的效能,可能会事半功倍。

2 动态称重系统精度影响因素

2.1 动态称重系统工作原理描述

以最常见的单秤台式称重设备为例,当车辆通过秤台时,秤台共采用四只高精度称重传感器,这四只传感器共同承担秤台上行驶车辆的重量。传感器受力后,传感器弹性体发生形变,导致传感器桥路电阻发生变化,从而在传感器桥路供桥电压一致的情况下,使传感器输出端电压发生变化。A/D部分把传感器的模拟信号转化为数字信号并传给重量处理模块,重量处理模块把采集到的数字信号按一定的数学模型进行计算处理,得出通过秤台车辆的轴重信息。一辆车的各单轴重量相加得到整车重量。根据相邻轴之间的距离符合一定的要求判断出轴组。根据轮胎判别器传感器受力状况及被压的点数判断出单双胎信息。

数学模型介绍:重量数据处理主要是根据采集到的过车数据波形进行处理,轴匀速通过秤台采集到的波形相对来说比较平滑,轴上称台时波形平稳上升,轴下秤台时波形平稳下降,波形有一定的规律性,通过波形得出的重量比较准确。

2.2 动态称重系统精度影响因素

动态称重系统精度是计重设备的关键技术指标。结合动态称重系统的工作原理,可以很直观的发现,诸如车速、车重、路面平整度、工作环境以及车辆行驶状态等,都会影响动态称重的精度。以上大部分影响因素呈规律变化,可以通过高速的数据采集,并结合后期算法处理以减小或消除影响,唯有车辆行驶状态对动态称重的影响最大且规律性不强。

(1)路面平整度响动态称重的精度

在实际施工现场中,受道路情况,地形、地势变化起伏等影响,轴重仪的安装不可能绝对的水平,也不可能与路面绝对的平齐。由于车辆行驶在不同的地形平面如上坡、下坡、左右倾斜等状态时,对路面产生的正压力是不同的，这样必然会产生称量误差，而轴重仪台面高于地面或低于地面时，可能会出现车辆冲击称重台面的现象，误差会更大。

(2)车辆行驶状态影响动态称重的精度

众所周知，理想的动态称重是在车辆匀速行驶状态下进行的。但实际远非如此，安装在收费车道的计重设备必须要考虑到车辆在车道内一些典型的行驶状态。如：加、减速行驶以及在称重台面上正常的起步、停车等，这就必然会产生误差。而部分车辆在通过秤台时，采用冲秤、压秤、压秤边、走S形、跳秤等违规行驶方法时，还可能造成对秤台、传感器等重要部件的非正常冲击，不但造成称重误差，还会导致计重设备使用寿命的大幅缩短。虽然通过采集大量的试验数据，采用曲线拟合的方式优化称重数据算法，在一定程度上能够将误差控制有效范围内，使动态称重具备其实用性，但是，不能否认，车辆行驶状态是影响动态称重精度的最大因素。

(3)车辆行驶速度响动态称重的精度

车辆行驶速度在0～10km/h以内时，动态称重系统的称量精度是能够保证的，当车速超过这一规定值后，就会产生误差，而且速度越大，误差也越大。

(4)工作环境响动态称重的精度

当前广泛使用的秤台式动态称重设备，必须有较大的力量传递装置，所以要开挖深度一般在0.5m左右的基坑，当钢筋混凝土基础制作不够精确时，就会产生误差；基坑内的尘土过多时，也会产生误差，在雨水较多的使用环境下，很快就会在称台下面留存较多的淤泥，这对称重设备的影响更大；收费站的环境一般比较恶劣，称重设备安装在收费大棚以外，车辆尾气、风、霜、雨、雾、污物、杂物等都会加速称重设备的腐蚀，进而影响态称量精度。

3 提高动态称重系统称量精度、确保计重收费工作正常开展的措施

如前所述，影响态称重系统精度的因素较多，一味提高设备的技术标准，除了导致成本大幅增长以外，并不能解决实际问题。从管理入手，加强工程建设和运营中的监管，可以说是现有条件下，提高动态称重系统称量精度、确保计重收费工作正常开展的不最有效的办法。

3.1 选择有全面经验厂商的设备

实际上，秤台式动态称重系统是基于静态秤的原理而工作的，系统对采集到的大量数据进行数值分析，对车速、车辆行驶状态等因素进行补偿，从而得出运动状态下通过秤台车辆的重量。如果没有大量的施工经验，无法采集到足够的经验数据，可能连正确的数据模型都建立不起来，又何谈保证称量精度？在各种复杂情况下解决问题的对策和能力，比如说，高温、严寒等天气情况下，数据如何补偿；上坡、下坡、轴重仪台面高于地面或低于地面时，数据又如何补偿等。只有具备了比较全面的经验，才能快速解决实际发生的问题，当然，从国内实施计重收费的情况来看，只要业主愿意提供一块试验田，并给予充足的时间，上述问题基本都能得到解决，因为各家厂商秤台本身能达到的精度是很相近的，问题的关键在于建模和数值分析。

3.2 加强施工现场管理、确保设备工作环境符合要求

系统工作环境，对动态称重精度的影响很大。从国内实施计重收费的情况来看，出现过基坑质量不过关，导致动态称重设备标定一个多月后，就出现明显称量误差的现象，后来重新制作基坑，问题得以解决；有称台边框密封不好，导致基坑短时间内就积满尘土，进而影响称量精度的现象(这在开放式收费站，运煤、沙石料车辆较多时尤其明显)；还有下雨后，出现轮胎识别大面积错误的现象，经检查，是用于轮胎识别的传感器的线缆绝缘层破裂造成的；笔者曾经遇到一套称重设备，轴重仪台面明显低于地面，只要车辆行驶速度超过5km/h，就会产生很大的误差，而且随着速度的增大，误差也相应增大，这显然是由于产生了冲击而造成的，对秤台两侧的路面进行打磨后，问题基本解决。以上案例充分说明，加强工程质量管理，对于保障动态称重系统稳定工作具有重要的意义，一定要密切注意工程建设的各个环节，确保基坑强度足够，密封良好，线缆、传感器要具备防水、防潮等功能(对多雨地区尤为重要)。

3.3 加强收费现场管理、严禁车辆违规行驶

理想的动态称重是在车辆匀速行驶状态下进行的，尽管实际工作中，由于收费现场环境十分复杂，大量车辆在收费车道上排队，车辆行驶相对随意，难以避免加、减速行驶以及在称重台面上正常的起步、停车等。但是，运营管理者应该采取必要手段，坚决杜绝冲秤、压秤、压秤边、走S形、跳秤等违规行驶方法，而不能放任自流。比如说，为了减少冲秤、跳秤等非正常过车对称量精度的影响，可以在计重车道前端安装减速设施，限制货车通过秤台的速度(为了不造成对轿车的影响，可以设置小车专用道)，因为即使从技术上解决了车辆作弊问题造成的误差，车辆违规行驶还会给秤台、传感器等重要部件带来非正常的冲击，并导致计重设备使用寿命大幅缩短。

4 容错设计

尽管采取以上措施，能够在一定程度上提高称重设备的精度，确保计重收费系统的稳定工作，但是，由于收费现场环境十分复杂，车辆通过秤台的状态千变万化，称重传感装置要经受反复的冲击，诸多的不确定因素，就导致了误差的存在。为了充分体现公平，避免系统误差影响运输业户的利益，容错设计十分必要。

4.1 在实际车货总重量基础上扣减一定比例的重量

在实际车货总重量基础上扣减一定比例(一般是动态称重系统的称量误差)后，再计算通行费，是当前通行的做法。扣减动态称重系统称量误差所对应的重量后，对于正常行驶的车辆，就能消除由于称量误差造成的通行费损失，虽然出现正、负误差的几率是随机的，但从统计学角度而言，是能够保证公平的。不过，笔者感到这种做法在细微处还有值得商榷的地方，那就是不论是在收费广场的显示屏上，还是在通行费票据上，车货总重都显示的是扣减后的重量，笔者也遇到过驾驶员以此来质疑设备精度的现象，尽管通过调阅后台数据，是可以查证该车的实际重量的，但由于缺乏第三方证明，加上计重收费标准计算起来比较复杂，无法让驾驶员确信自己已经得到了优惠。因此，笔者建议收费系统软件应该显示实际车货总重，并标明实施计重收费的重量，即使出现争议后也能一目了然。

4.2 收费系统软件在调用称重数据时，应采用“去尾”法取近似值

笔者曾遇到这样一种现象，一辆承载能力认定标准为40t的车辆，出示的通行费票据上显示的重量是40.00t，但收费额明显高于40t车辆应缴的费额。后经调阅后台数据，该车的收费重量是40.004t，由于多出了4kg，已经属于超限运输车辆，不能享受政策规定的优惠措施，通行费自然就高了。究其原因，是计重显示屏受位数限制，在取近似值时采用“四舍五入”法保留了两位小数，收费票据上为了保持一致，也保留两位，但在系统数据库中，却是按浮点数的实际位数存储和计算的。虽然这部分重量很轻，在费额计算过程中可以忽略，但在进行逻辑判断时，比如判断该车是否超限运输、是否超限运输30%以上时，其作用是显而易见的，这也给收费工作造成了不便。建议收费系统软件直接舍去尾数后再调用，这样就能减少不必要的矛盾。

4.3 适当放大称重系统的分度值

实际上，将称重系统的分度值适当放大，也能缓解上例中的矛盾。例如，当称重系统以10kg为分度值时，小数点后第三位是没有有效数字的，当然，收费系统软件在处理数据时，其结构应该保持与称重系统分度值一致。另外，放大了称量分度值，对于降低复秤过程中的重复性误差也是有帮助的，因为车辆每次通过秤台的行驶状态绝对有差别，如果系统足够灵敏，肯定每次称量的重量也有差别，而降低灵敏度，适当放大称量分度值，则有可能降低出现重复性误差的几率。

4.4 收费系统软件应具备手工修改轴型代码的功能

通过以上措施，称重误差对收费额的影响基本可以得到控制。但是，轮胎识别器的误判，经常会造成对收费额计算的重大错误，从国内实施计重收费的情况来看，当前轮胎识别器的精度普遍不高，有些地方为了杜绝这一矛盾，系统建设时省略了轮胎识别器，计算费额时默认车辆前轴为单轮胎，后轴均为双轮胎，这样做，笔者认为是为了收费而计重，恰恰违背了计重收费的初衷，忽略了通过经济杠杆调节，进行超限运输治理

的目的。同样的重量，对单、双轮胎车辆而言，对路面结构危害的差别，可能是几何级数的，收取相同的通行费，也有悖计重收费公平合理的原则。建议收费系统软件具备手工修改轴型代码的功能，尽管受轮胎磨损程度不一、充气压力不一等诸多因素影响，现阶段轮胎识别的误判率还很高，但对于人工而言判定，区分单、双轮胎是轻而易举的，通过人工判定并修改轴型代码的办法，是能够保证费额精确计算的，也更能体现公平原则并有助于超限治理工作的开展。

5 结语

可以预见，随着忽略车型认定环节、杜绝“大吨小标”、保证缴费公平、有效遏止超限运输等方面的优越性的充分体现，计重收费必然会得到更加广泛的应用，希望笔者几年来从事计重收费工作的体会和想法，能够给正在从事或即将从事计重收费的业内同行一些启示。

设计院知识库管理系统

卢　昶　吴　强

（武汉金思路科技发展有限公司　武汉　430056）

摘　要：设计院是典型的知识型企业，具有无形资产远大于有形资产的特点。能否有效地收集、管理和利用企业巨大的无形财富已成为现代管理的核心，成为企业发展成败的关键。设计院知识库管理系统能够实现企业、部门、个人知识的收集和管理，快速准确定位所需要的有效信息，提高了知识的管理和应用效率。

关键词：信息抽取　全文索引　自动升级　信息共享

1　知识对设计院的重要性

知识最大的特点之一就是它的"无形"特性，"无形资产"成为设计院愈来愈大的资产。由于知识在设计院的发展中占有的作用日趋重要，设计院的生产和发展依赖于企业的知识积累。

设计院具有无形资产远大于有形资产、设计院的生存和发展依赖核心产品、核心技术、核心服务、核心人才等特点。能否有效地测量、管理和利用企业巨大的无形财富已成为现代管理的核心，成为企业发展成败的关键。迄今为止成熟的管理理论和技术并不能有效地帮助设计院的管理人员从工业时代的管理模式转变到知识经济时代的管理模式，从而有效地管理设计院巨大的无形资产。知识管理的必要性体现在以下几个方面：

(1)控制企业知识的流失

在当今竞争日益激烈的知识经济时代，知识型员工作为掌握科学技术知识的人才，日益成为各企业争夺的对象。这种知识型员工的供需缺口，以及全球化和信息化的不断深入，为知识型员工的流动创造了需求并提供了可能。知识型员工的离职可能导致企业关键岗位的空缺。由于知识型员工掌握某种专门的技能，所以一旦他们离职，企业可能无法立刻找到可替代的人选，那么这一关键岗位在一定时期内会空缺出来，这势必影响企业的整体运作，甚至可能对企业形成严重的损害。

在设计行业内，设计人员是企业的第一生力，是企业的核心力量。对于以知识技术为主体的设计院来说，设计人员所掌握的各种资料和技能都是企业不小的无形资产。合理地利用和管理这些知识财富是每个企业都应该花工夫去做的一件事情。

(2)减少重复的知识收集

现在的社会是一个高度信息化的社会，在工作中，我们可以通过各种信息渠道来收集获取我们需要的相关知识。我们可以很容易获得知识，然而从繁多的信息中过滤出自己需要的知识也是一项费力的事情。很多时候，我们在查找的是相同的或者类似的资料，如果在某一知识领域方面已经有前人找到过相关的信息资料，其他人为什么不能直接拿来用呢？如果我们把每个人收集到的知识点集中起来进行管理是不是能更高的提高我们的工作效率呢？通过对知识进行合理有意识的管理，能让我们把更多的精力投入到更具体的工作中去，减少对知识的重复收集。

(3)提高员工素质

企业的发展与员工息息相关，优秀的员工必然带来优秀的企业。对企业进行知识管理，可以养成员工良好的工作习惯，能够帮助员工对自已所掌握的知识进行分类，整理。既能对他人提供参考和帮助，也能随时总结自身的发展，体现自我价值。

(4)知识的保留与复用

设计院对知识进行管理可以有效的保留企业的无形资产,对于以无形资产为主的设计企业尤为重要。安全的保留历史的资料与经验,对历史项目的结果进行有效的管理与分类,既保护了企业的无形资产也为以后的工程项目提供有价值的参考和借鉴。

(5)对新员工的培训

为了保证企业的活力与持续发展,任何企业都会不断有新的员工加入。让新员工更好更快的融入企业,适应工作也是一个优秀企业应有素质。对于初出茅庐的年轻员工进行培训和指导是每个企业都会进行的一项工作。如果在有知识管理的前提下,这项工作将变的尤为轻松,新员工完全可以通过知识管理系统查阅以前优秀的工程案例,经典设计来学习和提高自己的能力,同时减少企业的培训精力。

2 系统概述

2.1 系统架构

设计院知识库管理系统是金思路公司自主研发的、旨在提高设计企业知识采集、管理和利用效率的业务系统,该系统采用C/S结构与B/S结构相结合的模式,利用微软的C#语言进行开发,数据库采用Microsoft Sqlserver2005。该系统分为客户端和服务器两部分。客户端程序负责日常业务功能,服务器端程序负责系统内部消息接收和行动作处理。服务器通过文件信息服务实时的监控并入到知识库中的电子文件,自动对归档的电子文件进行文件内容抽取,为文件建立全文索引。客户端可以通过Socket通信的方式来访问和检索服务器上的文件信息服务,提供用户需要的信息,并将结果返回给用户。C/S和B/S是当今世界开发模式技术架构的两大主流结构,各有优劣。本系统采用C/S与B/S结构相结合的模式,兼具了两种模式的优越性。为了克服C/S模式升级维护麻烦的缺点,系统采用能智能升级的方式,当新版本发布后,系统将自动进行程序的升级,用户只需要按照升级向导的操作既可完成系统升级,保持应用程序的及时更新和系统的统一。(系统架构见图1)

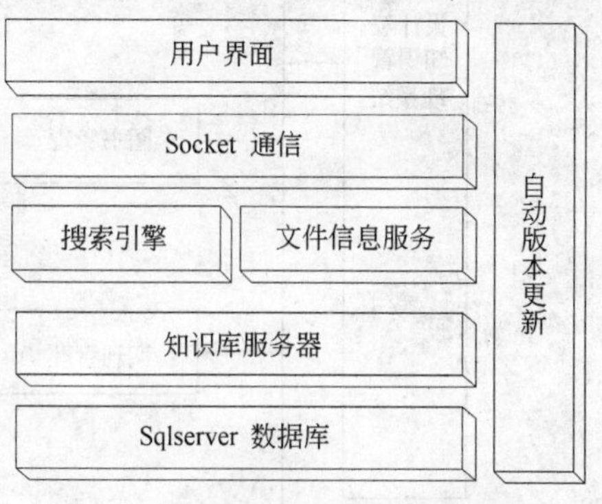

图1 设计院知识库管理系统系统架构

2.2 系统功能结构

知识库管理系统对个人和企业的知识进行全方位管理,两者相辅相成,将企业内部知识与员工个人知识有机灵活的结合在一起,达到整个企业知识的共享,兼顾保密与开放,按权限查阅知识库内的资源,系统由电子档案管理、科技档案管理、地形图管理、文书档案管理、图书管理、期刊管理、个人知识管理、系统配置8个功能模块构成,整个系统的结构见图2。

2.3 系统特点

(1)自动建立文件全文索引

在我们平时的工作中,会产生大量的电子文件,比如DWG图、WORD文档、EXCEL表格等。这些资料虽然分布于我们的硬盘,但是我们可能只能通过文件名字来大概的猜测文件内的内容资料。一些经常使用的资料,我们可能还记得文件内的相关内容,但是那些不经常使用的文件我们也许不得不将文件一一打开来查看其中的内容。有没法方法在不需要打开文件的情况下来查找自己所需的文件呢?答案是有的,通过知识库管理系统内建的全文索引功能就能很好的解决这个问题。

在本系统中,当您将电子文件正式归档以后或者将文件纳入到知识库系统进行管理后,后台服务会自动抽取归档文件中的文字信息,并对针对该文件内容建立全文索引。这一过程是完全自动化的,也就说当您提交DWG、或者OFFICE文件等电子文件的时候,系统就给整张图纸或文件的文字信息做了全文索引。并且当该文件做出修改或者其他属性变化时,系统都能自动将对应的索引进行更新。

(2)搜索文件内部信息

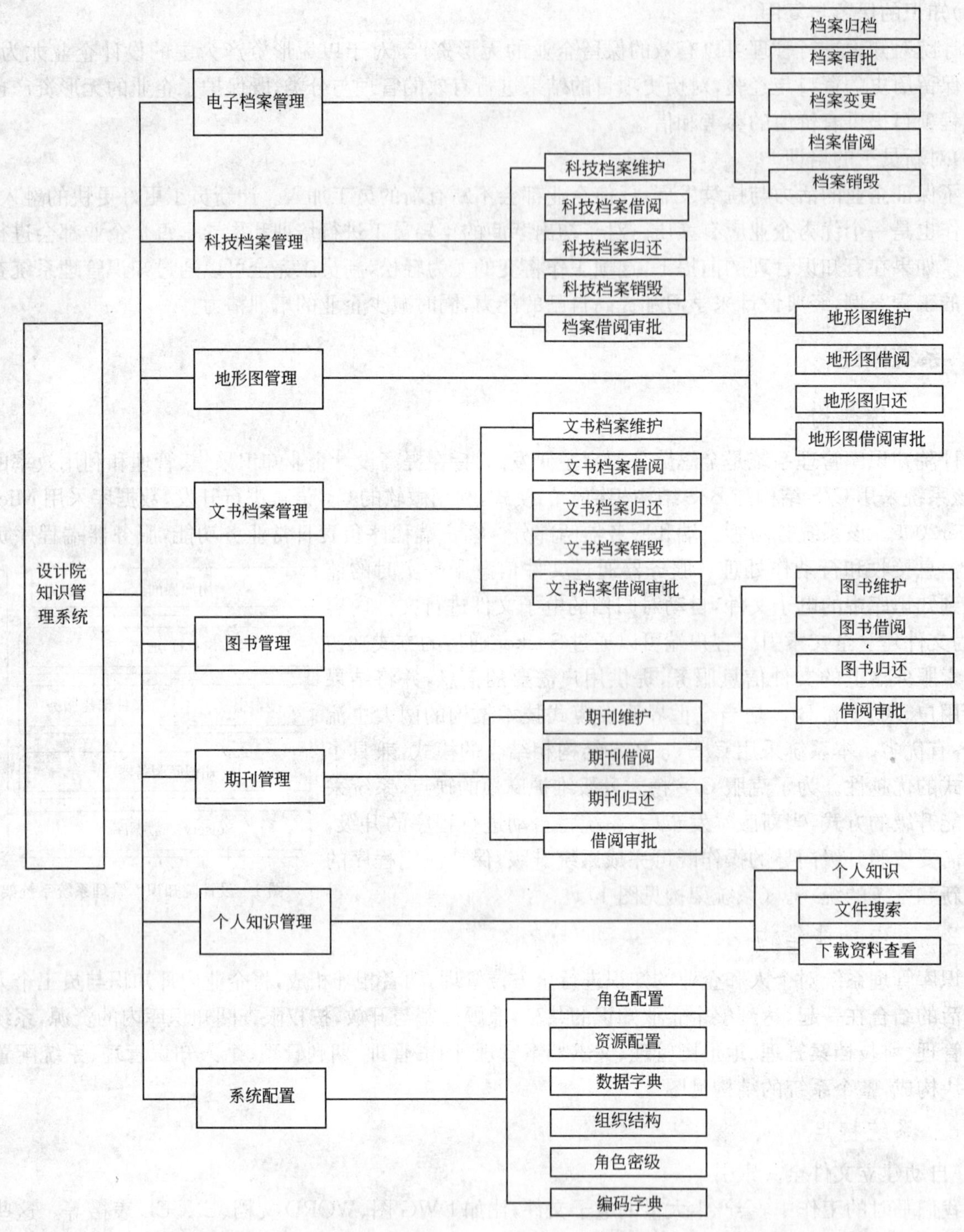

图2　知识库管理系统系统功能结构

在系统对文件进行全文索引的基础上，用户对电子文件的查询条件和深度大大增加。以前只能根据文件名、关键字、日期、分类等信息进行传统的搜索，现在我们可以根据文件中的关键字对文件来进行查找。查询的关键字可以遍及到DWG图、PDF文件、WORD文档的内部，只需要对文件有一点印象就能查找到相关的文件。也可以通过一些复合的条件，在浩如星海的文件中快速准确地定位到自己真正需要的内容，比如可以通过某张设计图中的某些文字来查找到这张设计图纸，从而能更大范围的准确查找资料，提高知识的利用率。

(3)程序自动升级

作为一个需要安装客户端的程序，系统升级一直是每个系统管理员都头疼的事情。每一次系统升级都会让系统管理员的工作量成倍增加,并且程序的手动更新也对使用人员造成了很多困扰。本系统通过自动升级完美地解决这一问题,管理人员所需要做的事情只是通过系统将程序的更新文件发布到程序更新服务器上。客户程序将在下次程序启动时自动从服务器上获取最新版本的文件来进行本机程序的升级。这样系统管理员的工作量就变得非常小了,而用户也是在比较人性化的向导下完成了程序版本的升级。

(4)分权限的网络搜索

前面已经介绍过,本系统可以实现对文件内容的全文检索。这种检索不仅可以用来搜索本机的知识文件和服务器上允许搜索的归档文件,还可以搜索网络内其他机器上获得授权的共享知识文件。在权限允许的情况下,用户可以以点对点的方式对局域网中安装有知识管理客户端的机器发出搜索请求,如果目标机器有符合条件的文件会将信息返还给该用户。这样我们在查找信息时就不仅仅是依赖于个人,而是可以利用整个企业的信息资源。当然这一切是建立在严格权限的基础上的。用户可以借此建立部门、项目组或其他组、群之内的信息共享。

(5)远程搜索文件预览

当我们运用检索条件查找到相关文件的时候,并不一定能确定该文件就是我们需要的文件。系统提供远程预览功能,用户可以在不用获取目标文件的情况下直接预览对方的电子文件。如果该文件是 DWG 文件系统会自动展示该文件的缩略图,如果是其他文档类文件系统会抽取该文件的摘要信息展示给用户,方便用户对搜索到的结果做进一步过滤。

2.4 系统主要功能概述

(1)电子档案管理

电子档案管理提供对电子文件的归档、归档信息的修改、电子文件的借阅、审批等操作。系统能对正式归档的电子文件系统自动进行文件全文索引。全文索引技术的应用,使得电子档案的归档简单至上传服务器即可,省略了索引录入维护等大量繁杂的工作。

电子档案管理能对企业内的电子文件进行归档,包括图档(如 DWG 文件)、文档、电子表格等资料。系统在归档过程中自动对相应的电子文件进行信息提取建立索引,为以后搜索电子档案文件提供良好的后台基础,节省档案录入人员的工作量。上传的电子文件以文件夹的形式分类进行管理,与平时在电脑中操作文件夹和文件无异,符合平时工作习惯。用户也可以用类似文件夹的方式来建立管理档案分类。

普通员工可以检索归档的电子资料及网络内允许共享的资料系统检索通过权限控制来限定搜索资料的范围,例如电子公文,只有具有权限的人员才能检索到公文内容,而其他人员则无法检索到公文的任何内容。有些限制性的资料需要审核人员进行审核才可以下载,所有的电子文件的下载都会有相应的痕迹记录和统计,方便企业进行统一管理。

(2)科技档案管理

对企业内部的科技档案进行集中管理、归档,提供科技档案的查询与借阅,以及档案的销毁,将案卷目录编辑成卷,提供各种人性化的查询方式和角度,方便档案管理人员查找编辑数据资料。同时普通用户也能通过系统提供的各种查询方式找到自己所需要的科技档案,并填写借阅登记卡交付相关人员审批来对科技资料进行借阅。科技档案可以上传到相应的附件,根据需要可以将带有附件的科技档案转变为系统内的电子档案。

(3)地形图管理

管理员以项目为基础,录入地形图的基本信息资料,对地形图资料进行分类保存。系统提供多种查询方式方便管理员对地形图资料进行维护,并可以从项目或省份等不同的视角来查看系统的地形图信息。同样用户也可以根据权限来查找自己需要的地形图资料,通过系统内的借阅功能完成地形图资料的借阅。系统为每个借阅都留下相应的借阅记录供日后查询。

(4)文书档案管理

文书档案管理按照企业内部的日常办公方式进行设计,能有效地将档案文件分卷分册进行归档,提供友善的查询方式。能对文书档案的阅读权限操作,文书档案的借阅及归还操作,并在需要的情况下将科技和文书档案转变为电子档案。

(5)图书管理

图书期刊管理对企业内部的图书期刊等实物进行管理,实现入库、查询借阅、归还等一系列功能,有效地对企业内部图书期刊资料进行登记分类等操作。

(6)期刊管理

期刊可以实现中英文期刊的录入,根据不通的属性可以展现不同的录入界面。期刊管理细致到期刊内目录级别,能根据作者姓名检索出相应的期刊。

(7)个人资料管理

用于管理用户本机设定的知识目录,对纳入知识库系统的本机目录进行管理,对目录中的文件进行全文索引。可以快速的根据关键字搜索文件内部信息对文件进行查找文件类型包括 OFFICE 文档、DWG 图形、下载或者收藏的网页等。系统采用人性化设计、WINDOWS 资源管理器的显示方式,用简单拖拽操作,设置系统与本机指定目录关系以后即可使用系统管理本机目录,并能在以后对目录内文件进行全文搜索。

系统能对员工的本机知识数据进行管理,员工可以在系统的辅助下对本机必要资料进行分类管理,建立全文索引等操作,合理有序管理好本机知识,或者与他人分享自己的知识。

(8)系统配置

系统配置是整个系统的核心,系统管理在这里可以通过各种配置来调整整个系统的运行。在这里管理员可以定义企业内部的组织结构人员,为每个人员规定不同的角色。当管理员将系统功能分配到各角色以后同时就配置好了每个用户的权限功能。

同时通过系统配置我们可以灵活管理各个模块之间产生的单据号、下拉框,包括系统内各菜单的名称功能,都可以根据具体需要进行配置,让系统适应实际的应用环境。

2.5 系统安全措施

(1)角色与资源

本系统所有的功能都与用户的角色挂钩,不同的角色会看到不同的功能菜单。用户是无法访问到不符合他角色的功能。

(2)文件阅读权限

本系统对纳入到知识库中的信息都进行了阅读权限的设置,并对阅读权限进行逐层分级。当用户的阅读权限不够目标文件级别时候,该文件不会显示给用户。并且在对文件进行全文搜索的时就算有符合的关键字,其搜索结果也不被展示给用户,包括搜索到的文件标题。整个系统的搜索和信息都在系统的控制之下。

(3)网络搜索与安全

本系统提供的网络范围的文件索引可以根据用户的需要进行自行调整。当用户不想把本机资料共享给其他人时,可以设置所管理的文件性质为私有,在这样的情况其他用户是不能对该用户的资料进行检索的。同样也可以设置文件的性质为需要口令才能访问到,这样能对针对部分用户实现文件的共享搜索。所有的文件搜索和获取这些东西都严格在知识管理系统的控制下运行,不会出现非法的文件访问与流失。

(4)用户密码

该系统的用户密码采用 MD5 方式加密。MD5 广泛用于加密和解密技术上,在很多操作系统中,用户的密码是以 MD5 值(或类似的其他算法)的方式保存的,用户 LOGIN 的时候,系统是把用户输入的密码计算成 MD5 值,然后再去和系统中保存的 MD5 值进行比较,而系统并不"知道"用户的密码是什么。所以在数据上层面上不用担心密码被盗用。

2.6 系统的应用情况及前景

目前本系统已经在中交第二公路勘察设计研究院得到初步应用,以目前的试用情况来看,系统基本能满足用户的日常业务工作。

作为以知识为主导力量的设计院，知识不管在什么时候都是企业的一笔宝贵财富。如何保护，利用这些知识是我们都应该深切关注的问题。如何让知识动起来，而不是沉淀在一座座信息孤岛上，这都是该系统要解决的问题。管理好我们的设计过程，同样也要管理好我们的设计结果，我们的经验，知识管理系统应该是设计院企业信息化不可或缺的一部分，是提高效率和质量的保证。因此，设计院知识库管理系统将有着广阔的应用前景。

参考文献

[1] 南方网教育频道.知识管理的作用及意义. http://www.southcn.com/edu/.

基于GIS的高速公路养护管理系统的研究与开发

李全文　谢　峰

（四川交通职业技术学院　成都　610030）

摘　要：本课题通过对高速公路养护管理进行调查与分析，设计了养护管理结构框架，运用动态分段等技术将公路空间地理信息和养护管理信息进行有效连接，并借助专家系统进行分析和辅助决策。该系统具有快速双向查询、综合分析和动态更新等功能。

关键词：GIS　高速公路　可视化　空间数据库　养护管理

1　概述

道路基础设施是决定道路运输生产力的关键因素，而道路设施的有效管理是道路基础设施发挥作用的基本保证。国内外公路路面管理的实践经验表明：路面管理系统作为一种科学的管理方式和辅助决策工具，其实施能够有效改变传统的经验决策模式，发挥有效资源的最佳效益，保证路面管理决策的系统化、科学化和现代化。

国内先后建立了三代路面管理系统。第一代是路面养护数据库信息管理系统，其功能和结构都很简单。第二代形成了路面养护管理系统（PMS）的构架。在第二代PMS中，系统的决策方法既有经验性的，如路面对策选择时的决策树法和项目确定时的简单排序法，也有一些数学规划方法。第三代对网级路面养护管理系统的结构体系已经基本成型，即路面性能评价、路面性能预测与养护决策三部分，但针对每一部分的模型大家还没形成一致的认识，还有一些基础性的理论尚需进一步深入研究，一些模型还需进一步标定和改进，而基于地理信息系统（GIS）的路面管理系统就是这种新一代管理系统的样式之一。

结合地理信息系统（GIS）的发展，运用地理信息系统实现对与地理有关联的高速公路设施信息的管理，尽而改变传统的养护管理方式，达到高速公路养护信息可视化，高速公路养护决策科学化，高速公路养护管理现代化的目的，更好地为交通运输提供服务是很有必要的。

2　系统结构设计

高速公路养护管理系统的设计，首先应该是一个GIS系统；其次应该是一个决策支持系统；另外还应该是一个具备网络功能的办公自动化系统。通过对国内外用于高速公路养护管理的业务软件开发及应用现状分析可以看出：GIS是公路设施管理系统开发、发展的方向；空间数据与属性数据的关联是数据库设计时应考虑的重点；数据模型和动态分段功能的实现是开发和应用GIS的关键技术；日常养护管理的需求分析是养护管理系统能否真正普及使用的重要支撑点。

本系统通过各信息收集子系统收集道路历史数据、基本资料、各种路面性能数据及其他诸如天气、交通量等资料；通过路面性能评价和预测子系统对已有资料进行分析统计，确定道路现在和未来的发展情况；最后利用专家系统进行分析和辅助决策，合理地分配有限的养护资金，确定最佳养护对策及实施时间等。

高速公路养护管理系统分为七大模块：数据采集模块、数据库模块、GIS模块、日常管理模块、养护决策模块、图表管理模块、接口访问模块，如图1所示。

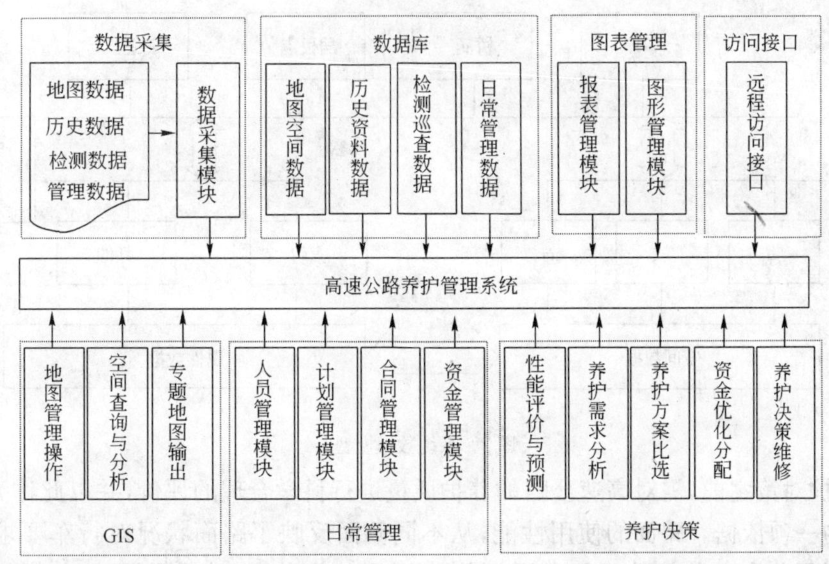

图 1 高速公路养护管理系统结构

3 系统主要模型构建

3.1 数据采集

高速公路管理信息系统决策的主要依据是精确的、规范的、完整的大量采集数据。数据采集模块包括外业病害数据的采集和内业数据的采集与入库。系统需要采集的数据主要包括地图空间数据、设计数据、检查数据、检测数据、管理数据等。

数据信息的取得依赖于长期的历史数据和准确的检测数据，因此利用高精度的检测仪器设备和科学的检测方法，可以为管理系统提供可靠的、更新的数据保障，还可以极大地减少开发投入。

3.2 数据库

高速公路养护管理系统既包括空间数据也包含属性数据。空间数据是指电子地图中所包含的各类信息，如路线、桥梁、管理部门等的地理信息，空间数据通过 GIS 软件进行管理和维护，以图层形式来体现。GIS 显示地理数据时，采用图层叠加的方法显示出所需的信息。GIS 软件的图层管理可以确定图层的覆盖顺序、显示条件、可编辑性等。属性数据主要是指描述公路的技术等级、道路和桥梁的基本资料、路面性能、养护管理状况、巡查数据信息、沿线设施等的公路管理业务数据，属性数据的管理一般通过公路里程桩号来进行。由于系统要求选择查询路段或桥梁等对象时，能够将属性信息和空间信息同时显示，因而必须解决公路、桥梁等对象的地理特征即空间数据及其属性的存储、显示、查询和分析之间的关系。

公路数据库的建立关键是实现大地坐标与里程桩系统相互转换，建立空间数据与属性数据的对应关系。通过采用动态分技术，根据属性数据所对应的里程桩号，动态地在路线实体上显示相关的事件，以达到空间数据与属性数据的双向查询的目的，并图文并茂地显示结果。在数据库设计时，从实际应用出发，着重考虑数据的灵活性、稳定性、易于更新维护和数据准确等问题，确定了两条基本原则：①数据共享原则，即数据库的逻辑划分应尽量有利于数据共享，为此应制定系统指标体系、统一编码、编制数据字典、规范数据项定义，避免数据的不一致性；②数据逻辑独立性原则，即当数据库模式发生变化，如增加新的记录类型，或原有记录类型之间增加新的联系和在某些记录类型中增加新的数据时，对原来的应用程序影响不大。

在该系统中，为将高速公路的各项要素与地理元素的空间属性联系起来，对于它们之间的连接问题，部分属性通过 ID 连接，更多的是通过动态分段技术来解决。图 2 为系统的数据模型。

3.3 辅助决策

GIS 具有强大的空间分析能力，但却不具备独立的决策管理功能，所以必须在空间分析的基础上建立辅助养护决策系统。

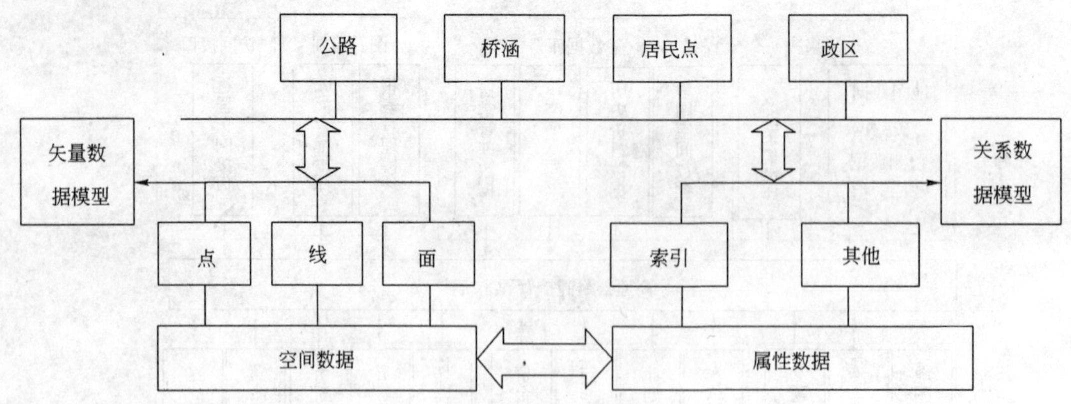

图 2　系统数据模型

在确定路面养护对策之前，需对高速公路的养护质量进行科学合理的评价，并以此作为了解路面服务水平、选择养护对策的一项依据。路面的使用性能，从不同侧面反映了路面状况对行车要求的满足或适应程度，其评价体系主要可分为 5 个方面：路面状况评价、结构强度评价、行驶质量评价、抗滑性能评价及综合评价。详细的评价方法和标准见《高速公路养护质量检评方法》。

作为人工智能一个分支的专家系统技术，则为将复杂的数学方法应用于实践提供了合适的工具。开发专家系统的基本思想在于收集大量的领域知识用程序来表示并储存，构成知识库，由推理程序访问知识库，经过规范化的推理策略进行推理、判断，然后得到问题的答案，专家系统结构设计如图 3 所示。通过模拟养护专家养护分析的过程，可以形成系统化的养护决策程序，保证养护决策的科学性和客观性，从而提高高速公路管理部门的管理水平。

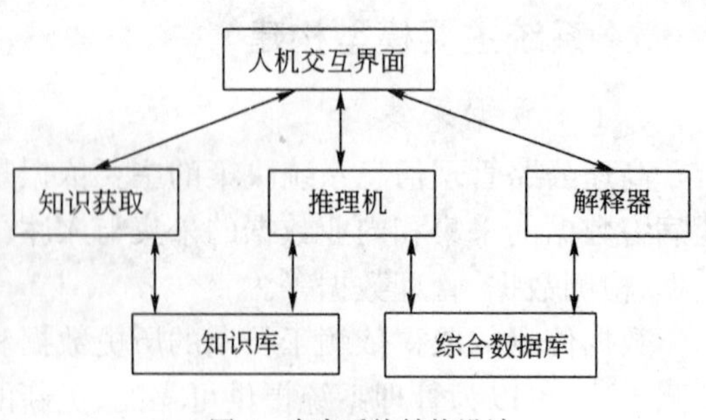

图 3　专家系统结构设计

4　系统开发设计

4.1　开发方式

目前，以地理信息系统为平台的专业应用型信息系统的开发大体上可以概括为以下三种方式：直接开发、单纯二次开发、集成二次开发。

集成二次开发的优点是既可以充分利用 GIS 工具软件对空间数据库的管理、分析功能，又可以利用其他可视化开发语言具有的高效、方便等编程优点，集二者之所长，不仅能大大提高应用系统的开发效率，而且使用可视化软件开发工具开发出来的应用程序具有更好的外观效果，更强大的数据库功能，而且可靠性好、易于移植、便于维护。本课题的开发选用了这种方式进行开发。

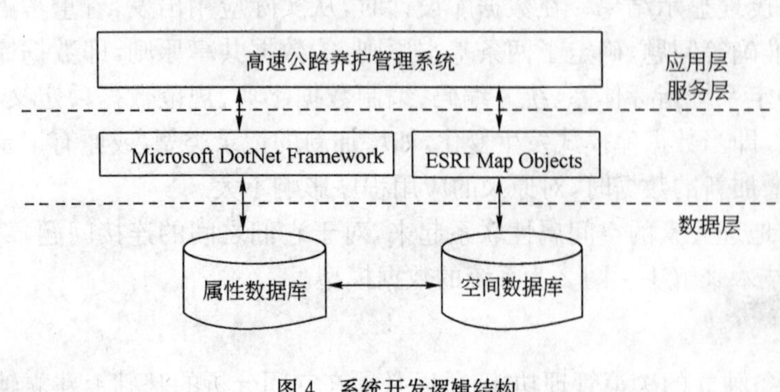

图 4　系统开发逻辑结构

4.2　系统开发逻辑结构

系统拟采用新一代的开发工具 Microsoft Visual Studio. Net，以 ESRI 的最新开发平台 Map Objects 为支撑进行开发，所有的分模块均采用 DotNet 组件来开发，最后组合形成基于 Windows 的应用程序。依据现代信息系统一般逻辑结构和本次开发系统类型的基本特点，系统按照如图 4 所示的层次来组织其总体的逻辑结构。

5 结语

本课题结合四川省内宜高速公路部分路段，开发的内宜高速公路养护管理系统，在GIS应用于高速公路养护管理系统做出了有益的尝试。该系统采用地理信息系统原理，将高速公路的走向、起讫地点、桥梁位置、涵洞位置、公路沿线设施、养护单位管养范围等在地图上显著的标注出来，展现在用户面前的是一张包含所有与高速公路养护管理有关信息的电子地图。用户可以直接在图上与系统进行交互，完成有关数据录入、查询、显示和输出。非常接近实际工作中在地图上选点、标图作业。与传统数据库管理信息系统中单纯、抽象的文字界面相比更贴切、直观，使用户在实际工作中始终能更现实地纵观全局。

这样既可以从地图上的路段、桥梁、涵洞等地理元素查询得到相应对象的数字、文档、图形、图像及视频、音频信息，也可以由路段编号、桥梁编号等标识信息查询得到其空间方面的信息。对于高速公路养护管理中的检测结果及调查得到的路面病害等动态信息，可运用可视化技术将数量庞大的数据拟合到地理元素上，得到直观的复合地图，一目了然地了解道路或桥梁的质量，为技术和管理人员制定养护管理方案提供了多方面的参考。

参考文献

[1] 潘玉利.路面管理系统原理.北京:人民交通出版社,1998.

[2] 《高速公路养护管理手册》编委会.高速公路养护管理手册.北京:人民交通出版社,2001.

[3] 李晔,姚祖康.基于地理信息系统的公路设施空间数据库概念模型.中国公路学报,2000.

[4] 孟晓林,姚连璧,朱照宏,等.公路地理信息系统中坐标与里程的转换.同济大学学报,1999,27(5).

[5] 熊辉,史其信,潘先榜.路面管理理论与方法的研究进展及趋势.土木工程学报,2004.1,vol.37No.1:65-69.

[6] 中华人民共和国交通部.高速公路养护质量检评方法(试行).北京:人民交通出版社,2002.

[7] AASHTO. *Pavement Management Guide: Executive Summary Report*. America Association of State Highway and Transportation Officials,2001.

[8] K. S. Venukanthan,P. Sebaly,R. Siddharthan. *Development of a Customized Pavement Management system software*. 5th International Conference on Pavement Management,Seattle,USA,2001.

公路勘察设计院人力资源管理系统

代　恩　吴　强

（武汉金思路科技发展有限公司　武汉　430056）

摘　要：人力资源管理系统包含了人力资源管理的各个方面，切实提高了人力资源管理的效率和水平，人力资源管理系统作为 EMP 企业管理信息平台的重要组成部分，与 EMP 平台中的其他业务系统如经营生产管理系统等形成集成应用，是 EMP 平台主要支持系统之一，同时也提供标准的人力资源接口可以与其他非 EMP 平台进行数据交换。

关键词：人力资源管理　信息化　公路设计院　EMP 系统

1　前言

就我国目前公路设计院人力资源管理的现状来看，或许并不缺乏人力资源管理、企业管理方面的理念、思想，但十分缺乏将这些理念、思想体现和外化出来的规范化技术以及结合规范化技术的一套行之有效的人力资源管理系统。因此，目前有必要就人力资源管理的核心技术规范化，并在此规范化要求下设计建造有效的人力资源管理系统。只有首先将人力资源软件化、信息化，并努力在企业实施，才有可能健全和完善原人力资源管理制度和技术。

根据公路勘察设计院的生产经营特点和战略目标进行职位评价，明确所有员工各自的职位职责，根据企业的职位评价结果，设计人力资源的工作绩效考核方案和工具，并用这些考核方案和工具对企业所有员工进行定期考核。并根据绩效考核结果，设计工资福利及其奖金发放方案和工具。职位评价系统、绩效评价系统与薪酬管理系统三者是有机联系的统一体。它们三者的有机联系，可以充分体现公正、合理、科学竞争的原则，强调个人努力与团结协作的统一性，工作报酬和工作奖惩的统一性，员工个人命运与公司命运一体化，不强调资历而看重现实的工作表现，定量评价与定性分析相结合，业绩考核与工资待遇、奖惩相互依存，考核是人事决策的客观依据，待遇奖惩是考核的结果。以现代化人力资源管理 3P 理论构成一个完整清晰易于操作的人力资源管理系统。

EMP 企业管理信息平台中的人力资源管理系统包含了人力资源管理的各个方面，是一套基于网络、功能强大、界面友好的人力资源管理软件，能够帮助设计院人力资源部门将复杂的人事、福利、保险、年金、薪资、考勤、培训、考核、后勤等工作化繁为简，大幅度提升人力资源部门的工作效率。它不仅能够实现快速的事务处理，而且融合了先进的管理理念和管理经验，提供完整的人事资料管理、自动或手工考勤、工资自动计算、工资分析、考勤分析等人事数据分析、自定义查询、人力资源决策分析等实用功能，使设计院管理者随时掌握人力资源最新动态，有助于进行人力资源优化管理。

2　人力资源管理系统的目的

在企业人力资源日常管理过程中，现代化人力资源管理 3P 理论与信息技术有机结合，使人力资源管理人员能够从繁冗的日常事务性工作中解脱出来，从而在复杂多变的环境中应对自如。实现人力资源管理信息化，可以达到以下三个方面的目的。

2.1　提高人力资源管理工作效率

工资管理、考勤管理、福利与年金管理、人事档案管理，以及工作调动和岗位轮换等日常事务，需要占用人力资源管理人员大量的时间，手工操作不仅效率低，而且容易出现错误。因此，人力资源管理信息系统首要解决的问题是如何提升工作效率。

2.2 人力资源全生命周期管理

从人员聘用到员工离职，人力资源信息系统涵盖了从岗位、绩效、薪酬、培训方案、继任者计划等一系列工作模块，运用互联网技术和信息化技术，将人力资源管理工作系统化、模式化和集成化。

2.3 为企业和员工提供增值服务

忠实服务于人力资源管理部门的客户——企业高级领导层、中级管理层和普通员工，是人力资源管理人员的主要任务。常规的事务性工作已经不能满足企业良性运转的需要，现时的状况是：一线经理们想要获取某一岗位任职者的最佳人选以及此职员的项目经历；部门主管希望了解哪些员工可以参与轮岗或轮班；而管理层渴望知道企业当前职员的组成结构，按职称、职务、入职年限，了解谁是企业最关键的职员，哪些员工需要哪种类型的专业培训，人力成本的构成和使用情况如何等。利用本人力资源管理系统，上述问题可以得到清晰、明确、及时的解答。

3 系统的特点与优势

3.1 快速适应性

方便快捷的操作，无需针对性的操作培训。

3.2 专业性

系统研发团队中不但有长年从事人力资源管理的资深管理者，还有多年从事企业信息化工作的研发人员，准确把握人力资源管理信息化领域的客户需求、行业特点、用户特点，使系统具有相当强的专业性质。

3.3 灵活、开放性的系统插件架构

系统插件架构设计，保证了各种层次信息化需求的企业，能够按照自己的实际管理需求设置、配置符合自身当前客观情况的人力资源系统。

3.4 完善性

完善的人事档案信息管理，职员信息卡片，支持在线职员照片，除一般档案管理外，还包括工作经历、学习经历、奖罚记录、家庭情况、项目经历、职员合同、社保信息、年金信息、其他信息、职务变动信息、职称变动信息、所获证书管理等，林林总总，将企业人力资源所需的所有信息基本上囊括在内，非常完善。

3.5 全方位的提醒功能

包括职工生日提醒、试用期提醒、退休提醒、合同到期提醒等多方位提醒功能。

3.6 图形仪表盘式的决策支持功能

图形仪表盘式的决策支持功能，不但更加直观的了解企业人力资源现状，还可以提高企业决策的科学性及有效性，图形统计分析功能，可视化仪表盘操作，简单易懂的综合查询功能，丰富多样的报表功能。帮助企业领导进行准确、科学的决策，提升组织的核心竞争力。

4 系统开发环境及运行环境

4.1 开发环境

系统采用BS架构，基于微软 VS2005 平台进行开发，开发语言为C#，数据库采用微软的 SqlServer，使用金思路设计企业二次开发平台为底层进行研发。

4.2 运行环境

服务器方面，操作系统为 Window 2003，WEB平台为 IIS6.0 及以上，内存不小于 4G 即可。客户端只要能运行 IE6.0 及其以上的微机均可。

5　系统架构及功能

5.1　系统架构

系统采用四层结构设计，数据及应用底层为金思路底层工作平台，协同业务层是金思路二次开发平台，第三层为设计院系统中间件平台，包括图文档信息自动抽取、图文档网络分布检索、知识产权信息保护技术、设计院工作流解决方案、企业级安全权限解决方案等，人力资源管理系统是最上层组件化业务层系统其中之一。图 1 是系统架构设计图。

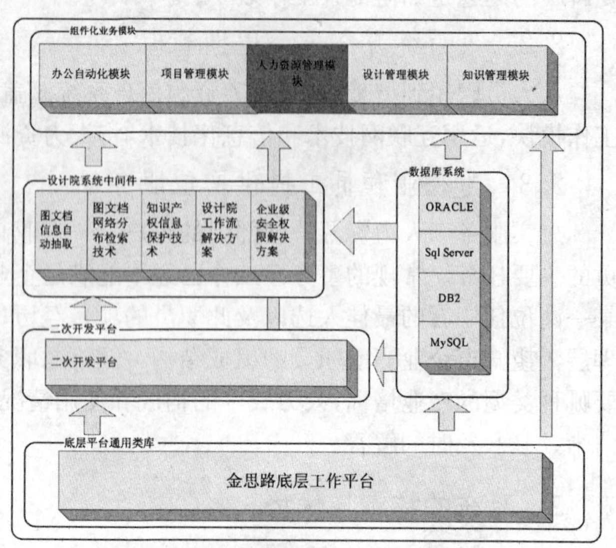

图 1　设计企业协同业务平台架构图

5.2　系统功能模块图

系统采用现代化人力资源管理 3P 理论构成涵盖人事档案、出差、请假、社保福利年金、工资、职称职务等全方位的人力资源管理系统，具体功能模块图见图 2。

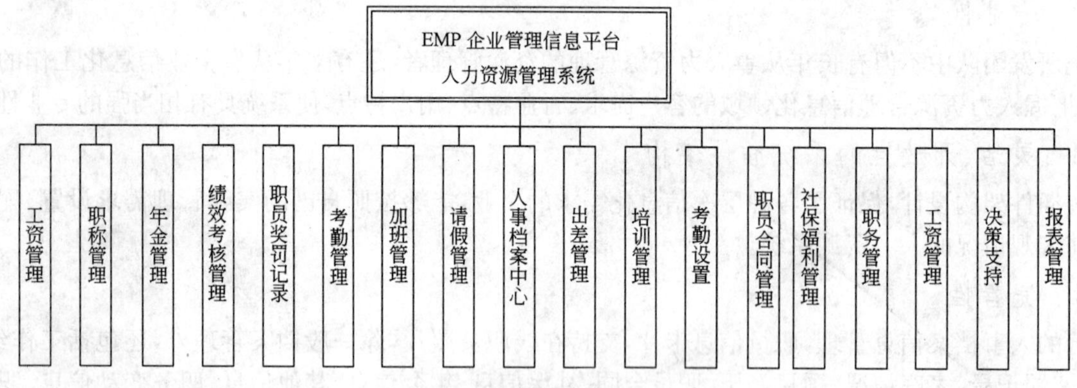

图 2　系统功能模块图

5.3　系统功能简介

5.3.1　人事档案中心

人事档案中心，是系统对人事档案业务过程进行综合管理的计算机信息处理中心，能实现人事档案的日常管理工作的自动化处理，建立人事电子档案，准确提供电子档案真实再现人事档案原貌，快捷完成人事档案信息录入、接收、导入、查询。

5.3.2　请假管理

请假管理是人力资源管理中对职员请假行为的一个规范，将职员以往口头请假或书面请假转变为信息化的电子请假，按照设定好的流程，对职员请假进行规范流程管理。

5.3.3　出差管理

出差管理是对职员出差行为的一个规范，记录职员出差的详细过程，从出差目的地、出差原因、出差日期、消差日期进行了完整记录，不但使中层管理层可以对职员的出差频率、出差行为进行控制之外，还可以为高层进行相应决策分析，提供第一手的资料。

5.3.4　加班管理

当前很多企业对加班都采用纸质记录的方式，但年终或项目总结时，却很少利用或者说无法利用这些纸质的记录对企业加班的情况进行分析，了解加班效率，加班频次。而加班管理，则利用电子化、信息化手段，将原来纸质的记录转化成电子记录，而且还可以针对这些记录，进行专业化分析，了解企业那个部门经常加班，是什么原因造成的，可以在决策时考虑如对加班频次多的部门进行人力资源调配或进行任务的重新分配。

5.3.5 培训管理

对职员的培训永远是企业投资回报率最高的选择，当然，如果有数据进行支持的话，将更好的理解这句话，系统中将记录职员接受培训的主题、培训的时间、培训的目的以及培训的成果，久而久之，可以从系统中发现，企业职员素质的整体提升，不是靠提高招聘门槛来硬性定义，而是由一个个小型、中型的培训，慢慢转化而来。

5.3.6 考勤管理

考勤是人力资源管理中最日常的活动之一，系统实现了员工考勤数据采集、数据统计和信息查询过程的自动化，完善人事管理现代化，方便员工上班报到，方便管理人员统计、考核员工出勤情况，方便管理部门查询、考核各部门出勤率；准确地掌握员工出勤情况，有效地管理、掌握人员流动情况。

5.3.7 考勤设置

对于一些大的集团企业，或者分布地域广的企业，不同子公司或部门可能对考勤时间、考勤的规定有所不同，因此本功能就是为了适应此情况，可以对指定子公司或部门设置考勤选项。

5.3.8 职员奖罚记录

记录职员在职期间，所获得奖励情况与处罚情况，借以全方位的了解该职员的情况。

5.3.9 职员合同管理

与新进职员在新劳动合同法的前提下签订合同，设置合同的年限、试用期期限、职员待遇、合同副本的电子版。与原合同到期的职员续签合同等操作。

5.3.10 绩效考核管理

对系统绩效考核管理进行设置、控制、记录与管理。绩效考核，当前比较热门的人力资源管理办法，定制绩效考核办法与方案。

5.3.11 社保福利管理

记录职员的社保福利情况，列出每个职员的社保福利缴交情况，以及职员社保福利号，人力资源管理人员可以从系统中得到企业职员的社保福利的水平及其他相关信息。

5.3.12 年金管理

设置企业的年金预设规则，记录职员的年金数据，为企业中级管理层提供相应的查询与报表功能。

5.3.13 职务管理

记录每个职员在企业中的职务变动历史情况，相应权限的管理人员，可以查询到指定职员的职务迁移轨迹，还可以查询到相对应的公文。

5.3.14 职称管理

记录每个职员的职称变迁情况，查询到职称变迁的具体时间等技术指标。

5.3.15 工资管理

系统中提供了灵活通用的职员工资管理，工资项目按公式计算，可以根据不同人员的职务、职称、岗龄等一系列条件对工资进行计算与汇总，能够出具相应的工资报表。

5.3.16 综合查询

可以对以上人力资源管理的所有细节进行任意条件组合查询，可以一对一的，按照所需显示的数据信息进行查询显示，并可以导入到Excel文件和打印出来，最大化的提供方便、快捷的操作。

5.3.17 决策支持

图形仪表盘式的决策支持功能，全方位多角度统计分析人力资源信息，不但更加直观的了解企业人力资源现状，而且可以提高企业决策的科学性及有效性。图形统计分析功能，可视化仪表盘操作，简单易懂的综合查询功能，丰富多样的报表功能，帮助企业领导进行准确、科学的决策，提升组织的核心竞争力。

5.3.18 报表管理

采用 Reporting Server 技术，实现了在线打印功能，报表可以按照实际管理的需求，重新定义与设置，预设符合人力资源管理的通用报表。

6　系统安全性、稳定性

6.1　安全性

采用基于角色的权限管理机制，让客户可轻松定义各种角色和权限，保证系统访问的安全性；全新的 RBAC 技术，增强了系统的独立性。RBAC 的好处是设置方便，添加和删除某个用户的权限都很方便也很直观。

6.2　稳定性

系统配合使用微软的 VS2005 平台、C＃语言，以及 SqlServer 数据库系统就是为了增强系统的稳定性，减少系统在操作系统级的不确定因素。

在软件研发过程中充分考虑了容错性因素，设定了威胁代码的安全级别，提供了相应的解决方案。

在硬件上，我们提供了相应的安全与稳定的硬件配置方案，按照我们提供的硬件方案，系统在安全与稳定上可以体现出其可靠的能力。

7　结语

以上我们简单介绍了 EMP 企业管理信息平台人力资源管理系统的功能、性能与工作流程。这套系统一是企业远景为目标、按照现代化人力资源管理 3P 理论建立完整清晰易于操作的人力资源管理系统，推动企业长期战略实现；二是促进企业近期经营业绩提升和管理成本的降低，而业绩提升又是以推动战略实现为方向的。这也是人力资源管理系统为企业贡献的价值所在。正因为每个公司都有自己的战略、文化、价值观，所以为构建理念的 EMP 企业管理信息平台人力资源管理系统是可以提高人力资源管理效率，实现人力资源全生命周期管理，为企业与职员双方都提供了增值服务。

工程地质信息管理系统研究开发

魏安辉

（四川省交通厅岩土分院　成都　610017）

摘　要：工程地质信息种类繁多、数据量大，仅靠人工处理非常困难，随着计算机技术的不断发展，人们开始使用文件管理的方式对工程地质信息进行管理和分析，但文件管理方式有其一系列固有的缺点，随着数据库技术的日趋完善，利用数据库技术来保存和管理工程地质信息已经成熟。本文就工程地质信息的特点、数据结构以及如何使用程序实现信息的录入、管理、处理、输出等环节进行了较深入的研究，并得到了成品程序。

关键词：地质　信息系统　开发

1　前言

工程地质信息的种类繁多、数据量极大，一直以来，对其进行完善、准确地录入、管理和输出都是工程技术人员面临的重大问题。在计算机未普及之前，我们的工程师们都是靠双手、铅笔、直尺等最简单的工具来对众多的信息进行处理的，这种处理方式效率十分低下，在大规模的基础建设面前极不适应，无法满足现代化建设的需要。随着计算机的普及，各类信息处理软件不断被研发出来，大大方便了信息的输出和修改灵活性，但是通用的软件仅仅是将在对象介质由纸变成了屏幕，而处理过程基本与纸笔式的处理方式一致，因此工作效率也比较低。

由于行业及习惯的不同，各行业对制图软件的要求也不尽相同，通用的信息处理软件虽使用灵活，但自动化程度较低，因此，各个行业、单位对通用信息处理软件进行了或多或少的二次开发工作，以期其适应本行业或本单位的需要。

目前我国最常用的工程信息处理软件为 Autodesk 公司的 AutoCAD 软件，该软件已从传入我国时的 R11 版本发展到目前的 2008 版本，其自身的功能不断完善，提供的二次开发工具也逐步完善，从最初的 AutoLisp 一直到目前的 VisaulLisp、VBA、ObjectARX、ObjectDBX 等，给用户提供了越来越宽的接口。

本文即在分析工程信息特点基础上，采用数据库技术，利用 VB 及 VBA 程序语言来搭建信息处理系统，并通过 Microsoft Window 平台的 Automation ActiveX 接口操作 AutoCAD 处理系统来输出工程地质信息。

2　问题提出

很长一段时间，基于文件管理模式的程序都占据了信息处理程序的主流，随着日益增加的数据量，信息之间关系越来越复杂，文件管理模式的缺点越来越突出，其集中表现为以下几个方面：

(1)信息录入困难；

(2)文件管理混乱，数据保密性差；

(3)程序集成度低；

(4)容错性差，错误通常为隐式错误，不易发现和修改；

(5)某些数据文件数量会随工程数量增加不断增加，也进一步造成了管理上的混乱和困难。

3　解决方案

随着计算机及数据库技术的不断发展，基于数据库的信息管理系统以其友好的操作界面、优越的性能，越来越受到用户的青睐。利用数据库管理信息主要有以下几个方面的优点：

(1)操作界面友好,操作简单,录入数据迅速;

(2)数据管理条理清楚、保密性好;

(3)程序紧凑,集成度高;

(4)容错性好,可设置容错等级;

(5)功能可扩展性强;

(6)数据库管理方式的数据量增加时,数据库文件不会增多,程序处理起来速度不会降低,适合于大量信息数据的管理和处理。

4　方案的实施

处理系统研究主要包括工程信息的特点分析、工程信息的分类研究、工程信息的数据库规范范式分析、数据录入方法的易用性、高效性、可靠性研究。

4.1　工程地质信息特点分析

工程地质信息虽然种类繁杂,但各条信息间也存在着或多或少的联系,一个项目的各类信息之间的关系如图1所示。

从图1中可以看出,一个项目的信息可以利用一个树形图来表示,项目为树根,工程为树干,钻孔为树枝,孔外试验、地质点表、分层、采获、原位测试、岩土试验、水文试验、物探测试等为树叶,如图2所示。

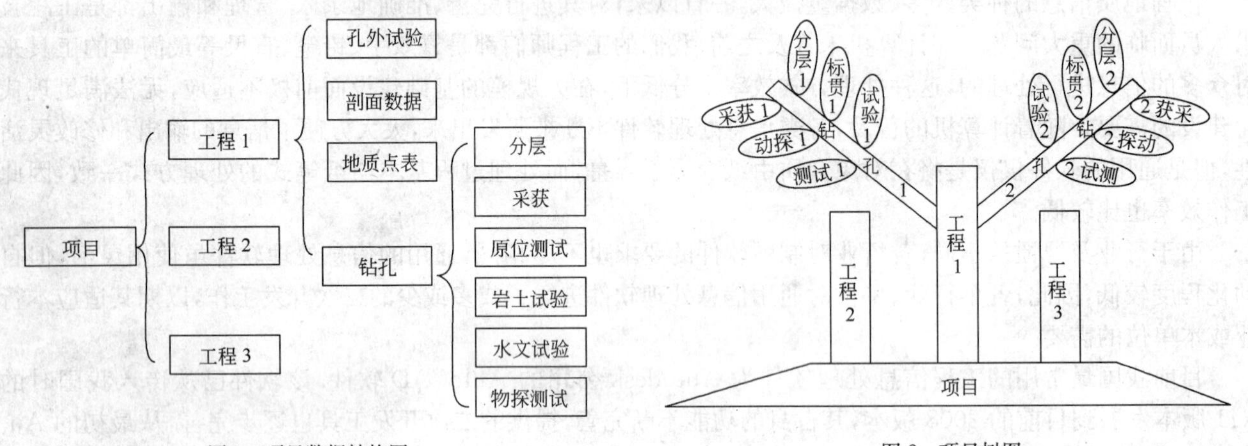

图1　项目数据结构图　　　　图2　项目树图

从图中分析,要想到达每个树叶,必须从树根开始逐级查找,最后才能找到树叶,这与实际项目中每个数据的查询类似,每一条分层信息,必须从项目→工程→钻孔→分层一级级的查找,不能跨过任何一级直接查找下一级,否则会引起混乱,这就是关系,建立信息系统的基本数据库时也必须遵守这个原则,否则数据的管理就会变得无章可循。

4.2　工程信息的分类研究

工程信息按其数据特点的关系建立了数据库框架后,需要进行每类信息的研究,如分层信息,我们不能每个钻孔的分层信息就建立一个表格来保存,这样当钻孔增加时,表的个数就会随之增加,这与文件管理是一个道理,会造成资源浪费与以后管理的困难,因此,我们把所有分层信息放在同一个表中,通过其中某个惟一的关键字来标示其属于哪个钻孔的分层信息就可以了。这样在钻孔增加时就不会增加表格,只会增加分层表中的行数,从而达到集中管理所有的分层信息的目的,当需要某个钻孔的分层信息时,只需要查找分层信息中关键字为该钻孔的那些分层信息就可以。

4.3　工程信息的数据库规范范式分析

数据冗余率是数据库存储数据中一个重要指标,指的是数据库中存储了多少重复、多余的数据。数据库规范范式是反映冗余率的一个规范,范式越高,冗余率越小,规范范式分为5级,从1至5级,范式越来越高。

冗余率并不是越小越好，因为我们在查询数据时有时需要进行连接计算，如果冗余率太小，也就是每条数据都不重复，那么我们在联合查询一些数据的时候就会耗费大量的资源来进行数据的连接计算，这会导致处理速度大幅降低，反而显示不出数据库的优越性。因此数据库设计时，根据实际情况及今后数据查询特点，采用不同的范式，一般采取第3范式居多，使数据库精简程度为中等，这样既可以方便的查询数据，又可以保证数据库中数据冗余不多。

4.4 数据录入方法的易用性、高效性、可靠性研究

现在的通用工程信息管理软件，如理正等，其信息录入方法主要有两种，一是对各种不同类型的数据分别进行表单式录入，二是采用数据文件接口的形式导入数据文件中的数据信息。二者各自有其优缺点，前者优点是对程序要求低，直接对数据表单进行操作，但缺点亦很明显，即录入数据不直观，且录入速度慢，容易遗漏和错录；后者优点是录入数据直观、全面，不易遗漏，缺点则是需要编制专门的数据导入程序，且数据文件必须按照固定的格式预先输入。

另外，对于试验仪器可以直接采集数据的，只要开发相应的接口程序，即可以将仪器自动记录的数据导入数据库，从而省去人工手动录入数据的繁琐，提高工作效率，降低出错率。

5 实际应用

管理系统开发完成后，通过测试，基本能达到预计目标，目前正处于推广试用阶段，除了必要的功能外，系统还提供了许多辅助功能，使用户在使用的过程中能更加轻松快捷的完成工作，从而提高工作的效率和可靠性。

6 结语

通过对工程地质信息的特点分析、分类研究、数据范式分析，建立工程地质信息数据库，并开发了数据接口及界面程序，测试并进行了初期使用，系统基本能满足实际工作需要，某些功能还正在完善过程中，虽仍有不尽如人意之处，但随着在实践中的不断检验及工程应用建议和意见的不断反馈和修改，管理系统将会越来越强壮，以适应当前繁重工作任务的需要。

参 考 文 献

[1] 卢毅. Visual Basic 6 数据库设计实例导航. 北京：科学出版社，2002.

[2] 张帆，郑立楷，卢择临，王成煌，等. AutoCAD VBA 二次开发教程. 北京：清华大学出版社，2006.

[3] 求实科技. Visual Basic 6.0 程序设计与开发技术大全. 北京：人民邮电出版社，2005.

基于全生命周期的资产管理系统

梅嘉宇

（武汉金思路科技发展有限公司　武汉　430056）

摘　要：本文介绍了自行研发的基于全生命周期的资产管理系统，帮助企业有效管理资产，提高资产利用效率，减轻管理方面的工作量。

关键词：资产管理　全生命周期

1　前言

随着我国公路事业的飞速发展，交通设计企业规模逐步扩大，勘察设计技术手段不断更新，新的软件、新的设备不断引进，企业资产投资规模不断扩大，以往设计院的资产管理体系已经不能适应时代的发展。目前我国交通设计企业资产管理手段还比较落后，长年累月累计下来的资产数量庞大，仅仅依靠人工手工管理，效率很难保障，错漏在所难免，资产利用率不高，资产流失经常发生。部分企业，借助于财务管理软件进行企业资产的管理，由于财务管理软件侧重于资产的价值管理，无法跟踪资产的流转过程，很容易产生账实不符，特别是当企业人员流动、机构调整频繁时，这一现象就更加凸出。公路设计院由于其行业特点，固定资产具有价值高，使用周期长，使用地点分散，可能需要大量的出租，调拨，这些也增加了资产管理的难度，相对来说，交通设计企业资产管理人员相对于较少，更严重影响了资产管理效率。如何用较少的管理人员，实现科学，规范的管理资产，如何对资产采购、验收、调拨、出租、维护、报废的全生命周期进行有效的管理，提高资产使用效率，减少资产流失，是目前交通设计企业十分关注的问题。针对企业的这一管理需求，我们研发了基于全生命周期的资产管理系统，该系统即可独立部署实施，实现系统的全部功能，方便的进行企业资产的申购、日常保养维护、调拨转移等管理，也可集成于企业管理信息平台 EMP 之上，实现资产信息的共享，便于企业决策。

2　系统目标

为了科学规范的管理好资产，系统设置了以下几个目标。

(1)实现全生命周期的管理：每一个资产从采购验收后进入系统，都会有详尽的记录，包括其使用公司、使用人员等。当资产出现异动时，比如维修、养护、调拨、报废时，都会有记录。资产管理人员通过系统不仅可以查询到资产现在的状态，还可以对资产的历史记录进行查询，比如查询过去的使用人员，资产维修状况等。无论时间的推移还是人员的变化，系统都可以对资产做到有迹可查。

(2)延长资产使用寿命：对于资产而言，养护是极其重要的，保养得当，可以延长资产的使用寿命。系统不仅能够记录资产养护历史，还能够依据资产特点设置维护保养提醒，便于管理员实时的掌握、督促使用人员进行资产养护；同时，系统还能够对设备使用中出现的问题进行分类统计，以便管理人员制定管理办法。

(3)提高资产管理效率：随着企业的发展，资产越来越多，资产管理员的工作量不断上升，系统能够大幅度地提高资产管理的效率和水平，原来需要多个人完成的工作量，现在只需要 1～2 人就可以轻松的完成，提高了工作效率，减少了企业的成本。

(4)严格的资产管理：系统对于资产的采购、报废等，系统提供严格的审批管理，实行逐级申请，逐级审批，避免了资产的浪费和流失。

(5)高效的分布式盘点：系统引进了条码技术，每个资产都有惟一的条形码，贴于资产上，当管理员对资产进行盘点时,只需要通过终端设备扫描条码,然后导入到系统,即可实现对资产的盘点,极大的提高了盘点效率,减少了管理人员的工作量,降低了企业的管理成本。

3 系统特点与优势

(1)B/S 架构:各部门通过互联网进行资产信息的维护和日常管理,数据集中到企业服务器。

(2)资产中心:企业资产的集中展现。提供组合查询定位功能,快速的查找到特定部门,特定类型的资产信息。可以了解到每个资产的购置信息、厂家、商家信息、服务信息以及资产的维修、养护、出租、调拨、报废等日常管理信息。

(3)决策支持:以列表和图形的形式,对资产进行多角度的宏观统计分析,方便企业领导进行资产计划和决策。

(4)全生命周期的管理:摆脱只注重数量与金额记录的单一静态管理功能,独立成为一套功能强大的资产生命周期管理系统,不仅记录了资产的数量与金额,而且贯穿了资产采购、验收、调拨、维修、养护、出租、盘点,到最终报废处理的方方面面,使资产管理各个阶段全面实现监管与控制的信息化,实现了资产的动态管理。

(5)规范化管理:系统遵循了国家及企业有关资产管理的规定,并结合交通设计企业的特点,对资产目录,管理方法进行了规范。资产的申购审批、验收权限集中于企业资产管理部门,确保资产信息的入库和跟踪管理。

(6)全程跟踪管理:利用条码技术,对资产利用、调拨、转移等进行全程跟踪管理,也可实时采集了解资产的厂家、商家、服务等详细信息,便于企业掌握资产状况,为新资产的采购提供参考。

(7)权限控制:采用分级的权限控制,权限及监控全部集中于资产主管部门,从而实现企业资产的集中管理;各下级单位具有自己部门的资产管理权限,并通过网络实现在线工作、在线查询等,使资产的管理高效化、统一化、制度化。

4 系统功能描述

4.1 系统功能结构

系统依据管理的需要,将功能和业务逻辑分为三个层次。

(1)基础层:包括数据库管理和权限管理,实现资产信息的集中管理,并可以依据企业特点,设置和调整企业组织结构,并依据管理需要,对相关人员设置不同级别的资产使用、查询、管理权限。

(2)业务层:从资产全生命周期管理的需要出发,实现资产的采购、采购审批、采购验收、领用、调拨、报废、盘点等业务管理,并对资产的借用、出租、维修、检验、事故处理等异动过程进行详细的记录和管理。

(3)管理层:实现对资产的综合管理,对各级的资产购置申请进行审批;可以根据需要设置任意组合条件,对资产进行检索、统计,并将统计结果输出到 Excel,输出要素可自行选择定义,以满足不同口径的统计要求。特有的决策支持模块,可以从资产的数量、价值、类型、分布、时限、状态等不同视角,帮助企业管理者从宏观上分析、掌握企业资产状况,为企业决策提供支持。图 1 为系统功能结构图。

4.2 系统主要功能介绍

4.2.1 资产中心

资产中心是企业资产的集中展现。根据不同的权限可以看到不同的资产信息,提供快速搜索通道:输入资产的编号可以模糊的查找到与输入的编号相匹配的资产信息。同时还提供组合查询定位功能,快速的查找到特定部门,特定类型的资产信息。例如,在中交二公院实施方案中,全企业采用统一的资产编号,资产编号中包含了资产类型、购置时间等信息,因而,简单地输入编号的部分信息,就可以查询统计到某个年份、某种类型的资产数量、价值、分布等情况。当然,管理者也可以根据管理需要用以设置资产筛选的组合条件,查询、管理、统计企业资产情况,例如,管理者可以设置条件了解企业拥有的某厂家某品牌设备数量购置时间使

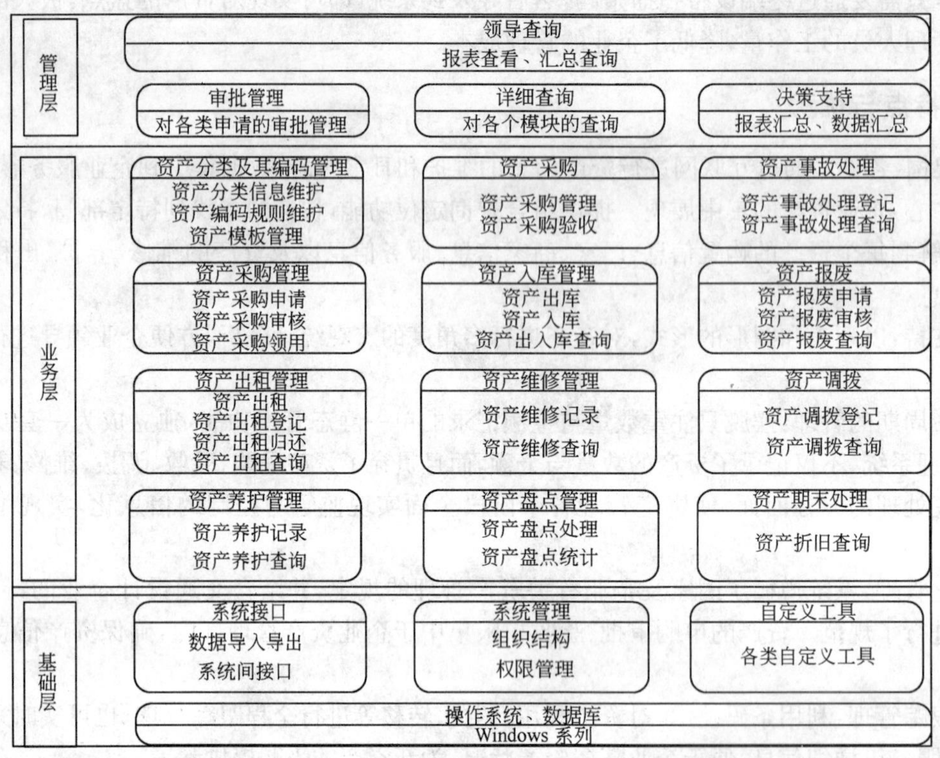

图1　系统功能结构图

用情况等，使资产管理深入到每一个细节。资产中心为用户提供资产信息显示列表，用户点击表头属性即可对资产信息进行排序，便于管理者进行分析。例如，点击“使用公司”，即可将查询到的资产信息按使用公司进行排序。

通过资产信息中心可以了解到每一个资产维修、养护、调拨、出租、借用的历史，也可以对资产进行日常维护的记录。

资产中心提供快捷的资产类型添加窗口，方便企业对资产类型进行增加和修改。独有的自动计提折旧功能根据资产的原值、折旧年限、开始计提日期、折旧方式等自动计算出资产的累计折旧和净值等数据，以便与财务账目核对。

资产中心提供了资产信息输出到Excel的功能，用户可以根据自行设定的查询条件、需要输出的结果形式，将查询结果输出到表格，实现非固定的任意统计报表。

4.2.2　资产采购验收

资产进入系统的“入口”，资产通过系统提出采购申请后，由相关人员审批，系统自动记录采购信息方便以后查询。资产验收通过后系统提供条码批量打印功能，对每个资产，系统自动给出唯一的条码，方便日后的管理和盘点。

4.2.3　资产调拨

当资产从一个部门调拨到另一个部门时，系统记录其调拨过程，并改变其相应的使用公司和使用人员。对于调拨时可能的资产价值重新评估，系统允许对资产价值进行变更，例如对于独立核算的二级单位，当发生汽车、房产等资产划拨时，就经常发生资产价值重新评估，系统会纪录资产价值变化过程，并分段进行资产折旧。

4.2.4　资产日常维护

对资产日常维修、养护、检验、报废等，进行详细的管理记录。可以对单个资产或批量的资产进行日常维护等操作。记录每次维修，养护，检验的相关负责人和金额，为日后资产信息查询提供详细的数据记录。对于资产的报废处理，有着严格的管理过程，只有申请通过后，才能对资产进行报废。

4.2.5 资产盘点

资产盘点是为了对财务账目和实物进行核实。采用传统的手工方式盘点时，需要首先制作各部门的资产清单，将相关特性和实物一一核对，这一工作耗时巨大，并且由于设计企业人员调动、出差等原因，每次盘点都很难全部完成，只能采用抽检的方式，盘点准确性差。系统引进了条形码管理技术，以实物管理为特点，化繁为简，为每一个资产设定唯一的条码，通过条码扫描器和资产数据库建立联系，只需要将条码枪对条码进行一次扫描，瞬间即完成了该资产的核对工作。当部门盘点工作结束，系统自动生成盘点清单，并完成盘赢盘亏统计，解决了固定资产管理过程中的实物管理的问题，快速高效的实现盘点工作。

4.2.6 决策支持

系统提供的资产决策支持，从不同视角来统计分析企业资产状况，并以饼图和列表的形式呈现，供领导决策。例如，可以查询整个企业或部门拥有的不同类型的资产的数量和价值，以了解企业资产分布情况；也可以按不同的时段了解企业资产购置情况以分析企业资产购置的重点和趋势；可以按折旧情况了解资产使用年限和分布，以便制订资产购置计划等。

5 结语

企业资产管理系统实现了资产全生命周期的管理，通过严格，规范的管理程序提高了资产的利用率，解决了以往资产管理不规范，工作量大等问题，改变了现存的管理模式，有效延长了资产的使用寿命，提高了企业管理水平。目前，该系统已在中交二公院得到实施，全院资产信息均已入库，各部门均配备了资产管理员，资产信息的变动均可得到及时更新。系统应用情况良好，得到了各方面的好评，对提高中交二公院资产管理水平起到了较好的作用，并且，随着应用的深入，其优越性将得到更好的体现。

微软 WSUS 3.0 在企业局域网中的应用

蔡宁生　罗　颖

(广西交通规划勘察设计研究院　南宁　530011)

摘　要:本文针对于企业级用户,就微软 SUS(Software Update Service,软件更新服务)在本单位的应用进行了详细的论述。

关键词:微软　Windows 2003　企业网络　补丁更新　服务

1　前言

当前企业网络的安全防护形势不容乐观,黑客猖狂,操作系统漏洞多,各式各样的安全威胁给用户带来的损失和隐患逐年上升。通常企业采用头痛医头,脚痛医脚的方式来防御网络威胁。为抵御病毒的入侵,构建防病毒系统;为了解决内外网访问防护问题购买防火墙;账户、口令屡屡被盗则采用数字证书和硬件身份认证产品;上网出口被垃圾信息充斥才开始用审计系统进行网络行为的跟踪和事后分析;遭受了网络攻击才开始考虑入侵检测系统等。针对层出不穷的网络安全问题,企业的投资不断加大,这种堆砌式的架构为企业带来的巨大的经济负担,并往往产生相互扯皮,效率低下的问题。问题不是一下子可以解决的,那如何减轻呢?因为目前绝大部分企业都是采用了微软的 Windows 系列操作系统,但是微软的升级服务器都架设在国外,国内用户下载补丁速度慢,效率低。那企业的 PC 机能够统一进行补丁升级吗?答案是肯定的,只有这样,网络才算是"管"好了。

2　网络基本情况

2.1　网络结构

交通设计院目前有两条广域网出口线路,带宽分别为 3M(ADSL)和 2M(光纤),两条线路分别连接安达通的 SGW25 BRPO 及 ADSL 路由器出公网。内网能上公网的用户的规模大约为 100 多台电脑,已安装网络杀毒软件,对内部局域网进行病毒防护。

网络拓扑示意图如图 1 所示。

目前,我院 Windows 系列产品的更新主要采用了以下两种方式。

(1)针对可以上互联网的计算机,我们将这部分计算机的系统设置为自动从微软官方网站定时下载、安装更新。

(2)我院绝大多数计算机是不能访问互联网的,这部分计算机的更新操作就要手动进行。我院的信息中心部门定期将 Windows 系列产品的补丁从互联网上下载到本地后,在院 FTP 站点进行发布,用户从院 FTP 站点下载后进行安装。

这样的处理方式存在以下问题:

(1)对于能上互联网的计算机,由于微软的升级服务器都架设在国外,导致用户下载补丁速度慢,效率低;

(2)由于我院能上互联网的计算机有 100 多台,每台计算机都需要从互联网上下载补丁,对本来就不宽裕的带宽造成了一定的压力,浪费宽带资源;

(3)手动更新的方式存在的问题则是更新不及时,下载的补丁不全面,用户需要定期从 FTP 站点下载补丁进行更新带来的额外工作,更主要的问题是如果用户的安全意识强,用户会从院 FTP 站点上下载补丁进

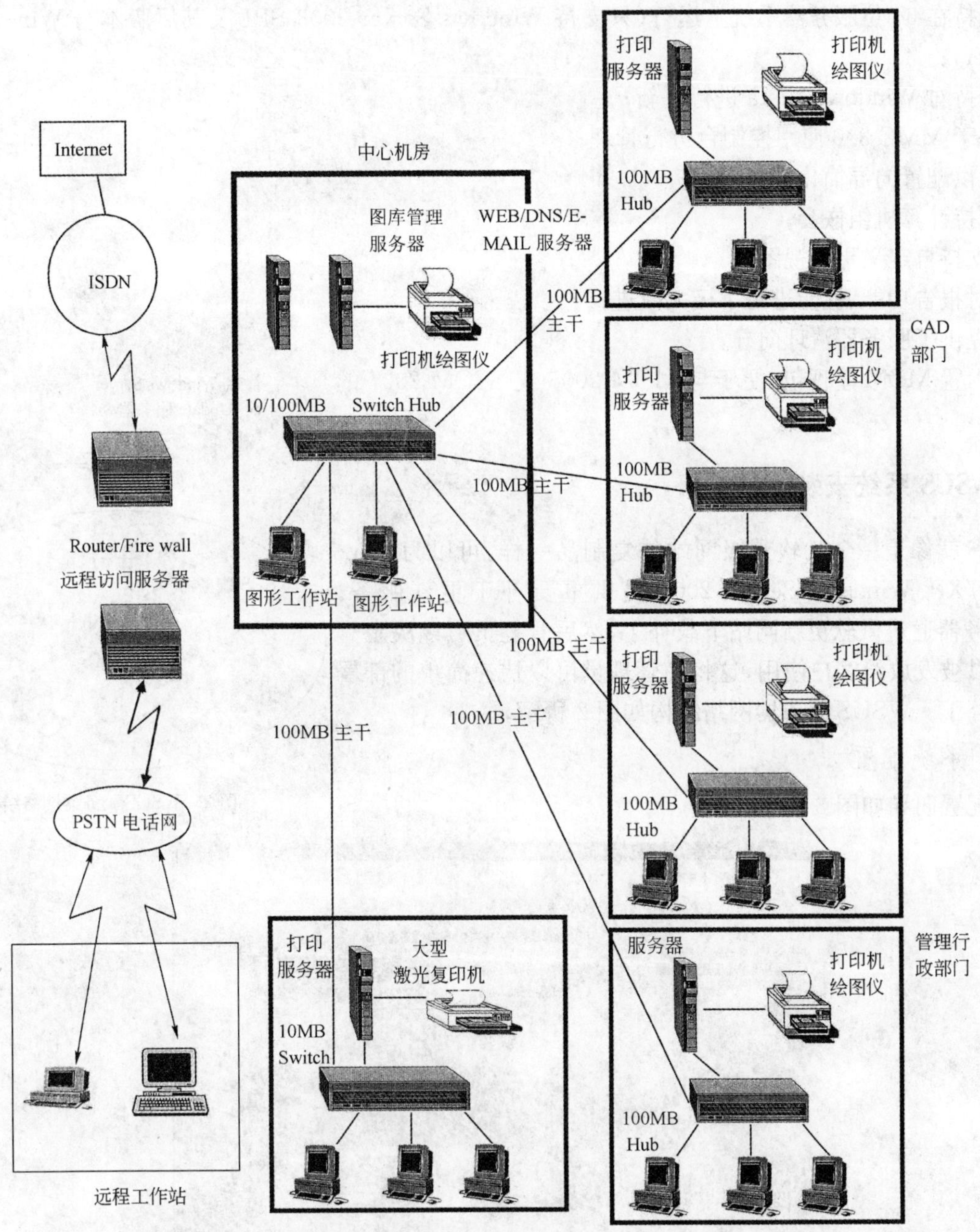

图 1 广西交通规划勘察设计院计算机网络拓扑图

行更新，若用户的安全意识淡薄，这部分用户就不会对系统进行补丁更新。

2.2 内部应用情况

为了解决上述问题，我院采用了微软推出的免费的网络化的补丁分发方案——WSUS。我院最初使用的 WSUS2.0 版本，在局域网内实现了 Windows 2000，Windows 2003，Windows XP，Office 2003，SQL Server，Exchange 产品的更新。2008 年 2 月 11 日，微软正式发布了 WSUS Server 3.0 SP1 版本，我院及时将 WSUS 更新为 3.0 SP1 版本，相对于 WSUS 2.0，主要具有以下新特性：

(1)支持 Windows Server 2008 和 SQL Server 2008；

(2)增强按批次更新批准功能；

(3)支持针对 SSL 传输和非 SSL 传输使用不同的代理服务器和端口；

(4)支持将报告输出到 Excel；

(5)支持在 64 位服务器系统上运行(只支持 Windows Server 2003 SP1 及其后版本与 Windows Longhorn Server)；

(6)支持对 Windows Vista 进行更新；

(7)基于 MMC 3.0 使用控制台进行管理；

(8)提供配置向导简化配置操作；

(9)支持计算机组嵌套；

(10)支持自定义更新视图；

(11)对报告功能、性能进行了极大改进；

(12)提供了服务器清理向导；

(13)内置 MOM 管理包，便于与 MOM 2005 或 SCOM 2007 的集成。

3 WSUS 系统安装

WSUS 就像是一个微软升级网站的复制品一样，可以为 Windows 2000/XP、Windows Server 2003 提供重要补丁更新服务。WSUS 服务器通过微软更新网站下载补丁，然后管理员可以决定哪些补丁可以被发放给客户使用，这将使管理员可以快速简单的部署重要更新补丁。WSUS 服务器网络结构如图 2 所示。

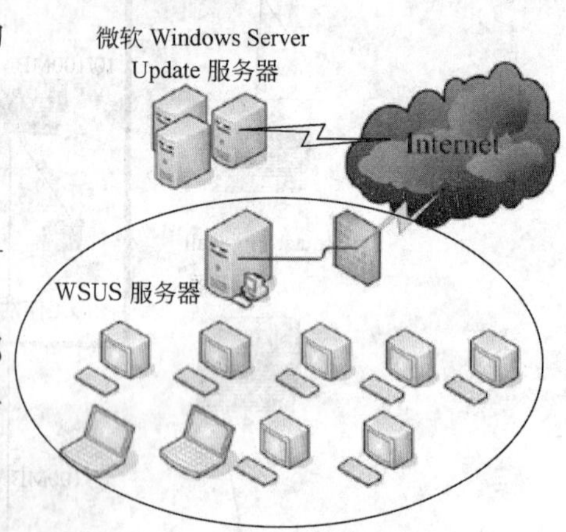

图 2 WSUS 服务器网络结构

3.1 系统配置

系统配置向导如图 3 所示。

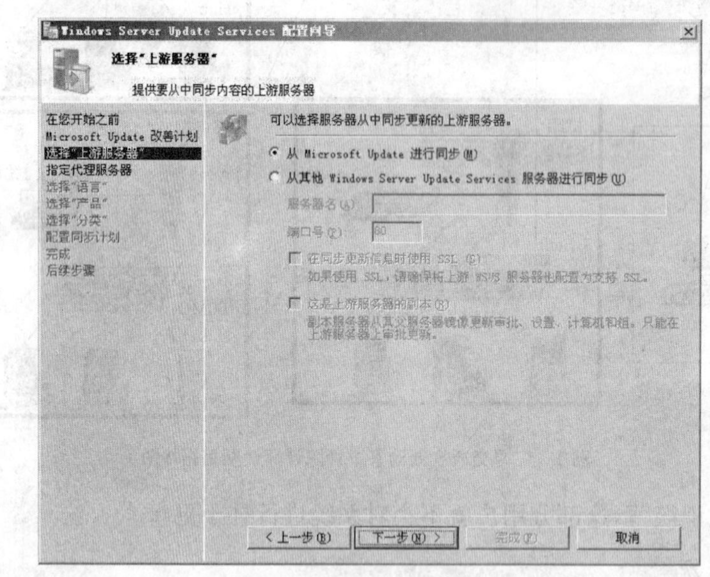

图 3 系统配置向导

在选择"上游服务器"页中，选择"从 Microsoft Update 进行同步"。

在选择"语言"页中，可根据公司使用的 Windows 系统产品的语言版本来进行选择，一般选择中文(简体)即可。

在选择"产品"页中，提供了 WSUS 支持的 Windows 产品列表，可根据需要进行选择。

在选择"分类"页中，可根据需要进行选择，一般选择"安全更新程序"、"关键更新程序"。

配置同步计划页中，可设置从 Microsoft Update 进行同步的时间。为保障网络资源的充分利用，建议设置在晚上。

3.2　客户端部署

可以采用以下两种方法来启用 Windows Update 自动更新服务。

(1)方法一:在每台客户端上配制

①单击“开始”→“运行”,输入 gpedit.msc,打开组策略窗口;

②选择“计算机配置”→“管理模板”→“Windows 组件”→“Windows Update”,并选择“配置自动更新”;

③在“配置自动更新”的属性窗口中,选择“启用”,并选择“确定”;

④在“指定 Intranet Microsoft 更新服务器位置”的属性窗口中,选择“启用”,并在“设置检测更新的 Intranet 更新服务:”框中输入 WSUS 服务器地址,在“设置 Intranet 统计服务器:”框中输入 WSUS 服务器地址后,并选择确定。

(2)方法二:修改客户机注册表文件

```
Windows Registry Editor Version5.00
[HKEY_LOCAL_MACHINE\SOFTWARE\Policies\Microsoft\Windows\WindowsUpdate]
"WUServer"="http://168.168.168.178"
"WUStatusServer"="http://168.168.168.178"
[HKEY_LOCAL_MACHINE\SOFTWARE\Policies\Microsoft\Windows\WindowsUpdate\AU]
"NoAutoUpdate"=dword:00000000
"AUOptions"=dword:00000003
"ScheduledInstallDay"=dword:00000000
"ScheduledInstallTime"=dword:00000009
"UseWUServer"=dword:00000001
```

因为方法一需要在每台客户端上进行配置,可行性比较差,我院采用了方法二,编辑一个注册表文件后,放在院 FTP 服务器上,用户从服务器上下载后运行注册表文件即可完成客户端的配置。

4　WSUS 系统的使用经验和评估

4.1　为更新创建计算机组

计算机组是 WSUS 部署的重要组成部分,可以使用计算机组将更新目标设置为特定计算机。WSUS 安装完成后生成两个默认计算机组:“所有计算机”和“未分配的计算机”。默认情况下,当每台客户端计算机最初联系 WSUS 服务器时,该服务器便会将该客户端计算机添加到其中的每个组中。管理员可以创建自定义计算机组。在实际应用过程中,管理员应先创建一个测试组,测试组中的计算机应安装了在企业中部署的 Windows 系统产品,这样可以在大范围部署更新之前对更新进行测试,防止企业在安装新的更新时与现有的软件发生冲突。如果测试进行顺利,便可将更新部署到企业中的所有计算机中。更新服务选项窗口如图 4 所示。

4.2　在 WSUS 3.0 中审批和部署更新

WSUS 服务器从微软 Windows Server Update 服务器上同步数据到本地后,需要管理员进行审批才能对客户端进行安装。在企业应用中,管理员为测试组计算机更新设置自动审批,设置为自动更新后,在接下来的 24 小时中,该组中的计算机将联系 WSUS 服务器进行更新安装。在这段时间之后,管理员可以使用 WSUS 报告功能来确定是否已将这些更新部署到计算机上,并查看更新是否顺利,是否和现有软件发送冲突,如果已将更新成功部署到测试组中,便可为企业中的其他计算机审批相同的更新。审批和部署更新如图 5 所示。

4.3　WSUS 3.0 备份与恢复的方法

随着 WSUS 服务器上更新文件的增加,磁盘分区空间不够用,可以用 WSUSUtil 工具来移动更新文件。WSUSUtil 命令通常位于 c:\program files\update services\tools 下。

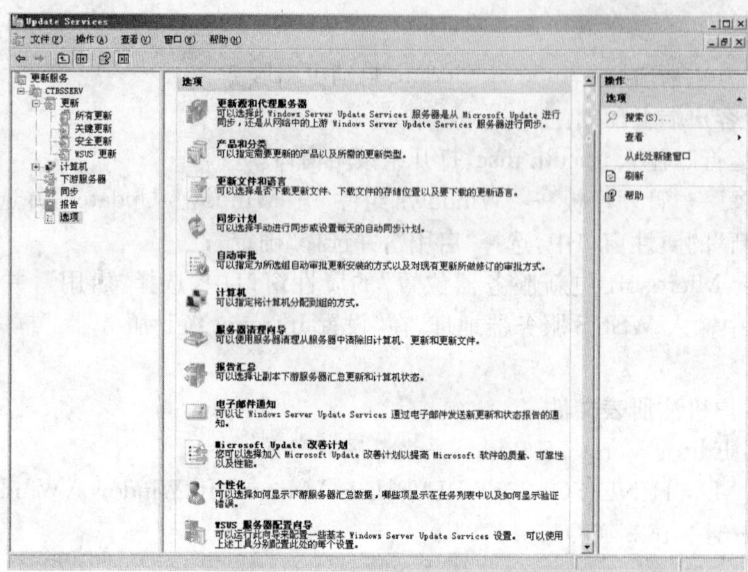

图4 更新服务选项窗口

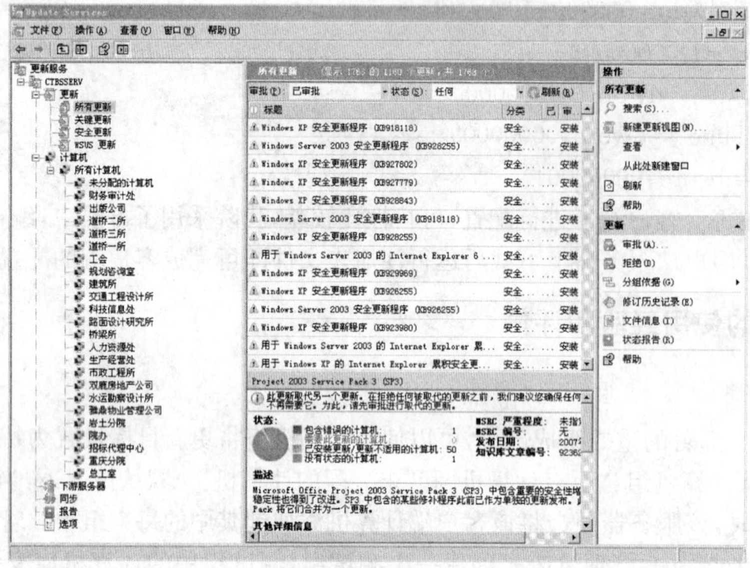

图5 审批和部署更新窗口

WSUSUtil. exe执行以下两步操作：

将更新文件从源位置复制到目的存储位置；

更新WSUS数据库中的本地存储位置以及IIS中的虚拟目录映射。

更新文件存放的目的存储位置必须是NTFS文件格式；如果目的存储位置中更新文件已经存在，则WSUSUtil. exe将不会复制相应的文件；并且WSUSUtil. exe将会设置目的存储位置的NTFS权限和源位置一致。此时可以使用其他方式，如xcopy或者备份工具来将更新文件复制到目的存储位置，然后在WSUSUtil. exe运行时指定skipcopy参数不复制更新文件。

运行的语法如下所示：

wsusutil movecontent contentpath logfile[-skipcopy]（其中参数定义）

contentpath（目的存储位置的路径，此路径必须存在）

logfile（创建的日志文件名，不含路径则为当前目录）

-skipcopy（可选，只更新WSUS数据库中的本地存储位置，不进行更新文件复制操作）

需要注意的是，即使新的存储位置成功创建了，原始目录内的文件仍然会被保留，您可以多观察一段时间确保 WSUS 没有出现问题后再将原始文件删除。

4.4 对于克隆系统的问题解决

如果所有的机器都使用同一个 ghost 文件的话，那么这些系统将只有一个 SID，碰到这种情况，那么在 WSUS 服务器上只能认到一台计算机。要解决该问题，只要在注册表里修改一下 SID，或者用软件生成一个新的 SID。

5 结语

WSUS 是 Windows 操作系统的升级服务，通过在内部网络中配置 WSUS 服务器，所有 Windows 的更新都能集中下载到这个服务器中，内部网络中的客户机就可以通过 WSUS 服务器得到更新。升级操作系统补丁的时间可以缩短到几分钟，效果十分明显，且只要一台 WSUS 服务器就可保证全网络内操作系统的自动升级。有效地避免了计算机病毒的入侵，有力地保障了系统和网络的安全。这既节省了资源避免了资源浪费，并且提高了效率。

投标数据库系统及其现实意义

张麦云[1] 丁加明[2]
(1. 中铁十二局集团有限公司 太原 030024;
2. 湖南省交通厅交通建设造价管理站 长沙 410011)

摘 要:描述了投标数据库系统的设计、内容、功能,指出建立投标数据库的现实意义。

关键词:投标 数据库

1 引言

自《中华人民共和国招投标法》从2000年1月1日起开始执行以来,为了遵循公开、公平、公正和诚实守信原则,防止滋生腐败,招标单位所做的标底的作用已经越来越淡化,招标的透明度也越来越大,按照《中华人民共和国招投标法》规定,评标标准应作为招标文件的一部分。在招标文件中,投标单位可以大致判断自己的得分。

但是,在投标时如何掌握竞争对手报价情况,正确分析竞争对手报价策略,做到知己知彼却不是一件容易的事情。随着市场经济的发展,加上我国建筑市场僧多粥少,很多施工单位在投标时经常遇到自己以前的老对手,收集竞争对手的投标资料,运用计算机进行科学管理,切实地进行加工和补充,无疑对投标资料的积累、竞争对手报价策略的分析、提高中标几率将起到重要作用。

2 投标数据库系统的设计

投标时需要记录的数据较多,首先要对原始数据进行收集、整理、记录、分类、存储,还要实现传送输出。现有的数据库软件如Foxpro等数据模型简单、数据处理功能强大,一般都能胜任,但是,投标数据库系统不仅仅是单纯地存储数据,还必须能完成比较复杂的数据计算和一定的逻辑运算以及简单的绘图功能。这些工作全凭Foxpro等软件来完成可能比较困难,其他高级语言如Visual Basic、Fortran等具有很强的数值计算和图形处理功能的语言,将二者有机地结合起来,取长补短,分工协作,能有效地实现各种语言间的通信和数据交换。

3 数据库系统的内容

投标开标时记录的数据并不多,无非是开标日期、哪个标段、各投标单位名称、各单位报价、中标情况等。但是,如果按如何确定标的的方法来分就有业主确定标的、业主委托中介机构确定标的和按复杂计算公式确定的复合标的等,这时应该一一标识其不同;另外还要根据是总价包干还是工程量清单报价等的不同报价格式加以区分。因此投标数据管理必须分门别类,条理清楚。就每一个标段投标而言,需要记录的资料很多,根据基本数据生成的图表也要分类归档。

一般来讲,投标数据库系统的内容有四大部分:开标记录、背景资料、图形绘制、决策参考。其中背景资料应该非常详细,由于在有些业主招标时对投标单位资质要求较高,有些投标单位会以上级单位的名义投标,这样作决策的并不是投标记录中的某单位,而是其下属单位,因此在背景资料中要对这种情况加以说明;另外,要考虑投标决策者是否想通过低价中标进入某一特定的建筑市场,对于这种情况下由于竞争对手投标策略的调整引起的报价偏差要尽量注意;还要考虑投标竞争对手的优势和劣势。根据开标记录和背景资料可以绘制某竞争对手的投标规律。对这些图形反映的规律加以分析,就可以获得各投标单位在一定时期、某工程领域的投标指导方针,尽量做到知己知彼。

4 数据库系统的功能

4.1 数据的输入与输出

尽管每一次投标都有一定的特殊性，但是仔细分析后，可以发现它的基本数据结构还是相同的，因此可以设计好数据库后按顺序输入。为了方便以后的检索，要对每一个数据文件根据其数据群的意义赋予一定的含义，严格按通用原则定名，要从各字段名就能了解该数据所包含的内容。还要根据要查找数据的性质定出每个文件的关键词，在使用过程中依据模糊检索手段迅速查到所要的数据。数据的输出应有表头和表格。输出操作采用人机对话的方式，选择性大，灵活方便。这些功能都可以通过 Foxpro 完成。

4.2 图形的生成、存取和输出

在数据输出时，有些数据反映一些规律用图形表示更加直观，也更容易跟踪其规律，用于指导实际操作。为此用高级语言编制的绘图功能是非常必要的。操作者可以发出各种指令，实现对图形的控制：图形纵横比例不同程度地放大或缩小，图形的存取和在打印机或绘图仪上输出等，操作灵活。

4.3 投标预测和模拟

找到其他单位投标的规律后，可以用一些数学模型加以定量分析，这些方法包含蒙特卡洛法、贝叶斯分析方法、随机模糊理论、神经网络理论、灰色系统理论等。当然，上述图形的绘制、报价的预测、投标的模拟等所需数据均从相应的数据库中获得。这些理论的应用可以帮助本单位模拟出在该次投标时其他单位可能的投标情况，从而有针对性的调整自己的投标策略。

5 现实意义

5.1 指导投标

随着建筑市场的不断发展和完善，招标采用复合标底的比较多。由于复合标底具有不可预知性和竞争性，看起来这些工程的投标具有较大的偶然性和随机性，但是实际上投标单位会在同一建筑领域的竞争中多次相遇。只要善于积累原始数据，大量掌握竞争对手有关的背景资料和以往成功的报价资料，分析其报价构成，判断其优势与弱点之所在，定量描述其施工能力、管理水平，选择先进、恰当的数学模型进行分析计算，那么在投标决策中就不至于凭经验确定报价，凭运气中标。

5.2 为入世作准备

我国已经加入 WTO，在今后几年，国外建筑企业不可避免的要进入我国的建筑市场。这时建立有关国外建筑企业的投标数据库尤其重要。国外建筑企业的组织结构比我国同类企业更加完善，是极少数大型企业与众多中小企业实行分工协作的分层竞争。大型企业大而强，中小型企业专而精。这种专业化的竞争使得我国建筑企业面对的都是熟悉的竞争对手，建立投标数据库尤其必要。当然，这时的投标数据库也应该随着我国建筑企业从大而全向专业化转变。我国建筑企业应当除去纷杂的其他建筑领域的投标数据，转而积累专业性更强的投标数据，以应对入世的冲击与挑战。

参 考 文 献

[1] 冷伍明. 试桩数据库系统及其现实意义. 西南交通大学学报，1993，(1)：84-87

[2] 王孟钧，杨承析. WTO与中国建筑业. 北京：中国建材出版社，2002.

[3] 朱仲毅，丁加明. 贝叶斯决策在某粮库投标中的应用. 建筑科学与工程. 长沙：国防科技大学出版社，2002.

基于B/S架构的科研项目管理系统

刘　璐

（武汉金思路科技发展有限公司　武汉　430056）

摘　要：设计院科研项目管理流程繁多、内容覆盖面广、数据统计要求较多，本系统采用B/S架构从科研项目的整个流程着手，通过简单易用的操作实现高效规范地管理科研项目信息、随时掌控项目进展、全面分析统计数据，为科研决策部门及时提供准确可靠的决策依据。

关键词：科研项目管理　B/S架构　规范管理　报表统计

1　系统简介

科研项目管理系统是针对设计院科研管理工作开发的专业信息系统，既可以独立实施也可以集成于我公司自行研发的EMP企业管理信息平台，实现企业信息的共享。本系统对项目申报、审批、立项、签订合同、实施控制、验收审核、成果申报等项目管理过程提供规范化的管理，具有项目信息记录、审核、查询、进度监督、计划预警提醒、经费统计、报表统计等功能。无论是项目管理人员还是审核人员都可以通过科研项目系统了解到所有项目的进展情况，不仅可以通过报表统计来分析所有项目的总体情况，也能够方便准确得到单个项目详细信息和相关资料，如合同、经费、成果等。这样就大大方便了管理人员，提高了工作效率，也能及时准确监督控制项目进展。该系统具有灵活的管理机制，既可实现企业内部科研项目全过程的管理，也可用于企业间合作项目的管理。能提供各种统计分析图表，供管理者分析使用，提高管理水平。

该系统可以实现科研工作的网络化管理，形成一个及时更新的科研数据中心和科研管理沟通平台，全面、实时、准确提供企业的有关科研信息，为企业领导有关科研决策提供辅助支持，为企业科研人员开展科研活动提供方便快捷的服务，为科研管理人员开展工作提供极大的便利。项目建设目标如下。

(1)全方位的科研管理：面对企业内所有科研项目，实现科研项目申报、立项、签订合同、实施控制、验收审核、成果申报等全程管理，可实现在线申报、查询项目信息，节省工作时间，提高工作效率。

(2)辅助科研管理部门进行日常科研管理：借助该系统，设计院领导及科研管理部门可以及时掌握、了解企业科研情况，了解科研项目的分类、进展、资金运用、取得成果、所获奖项等，也可以方便地完成有关的科研管理任务，如项目申报组织、项目中检等工作。

(3)系统可以将各种数据进行汇总分析：形成直观的分析图表，进行横向和纵向的比较，从而为领导提供企业各类科研信息，为科学决策提供支持。

(4)全面、实时、准确提供企业的有关科研信息：可对企业的科研项目、科研论文、科研著作、学术活动、科研成果等信息进行授权查询，使企业员工及时了解企业科研信息，提高员工科研活动的积极性。

2　系统结构

科研项目管理系统由项目中心、项目信息、合同管理、实施管理、验收管理、成果管理、经费管理、组织管理、报表管理9个部分组成，系统结构见图1。

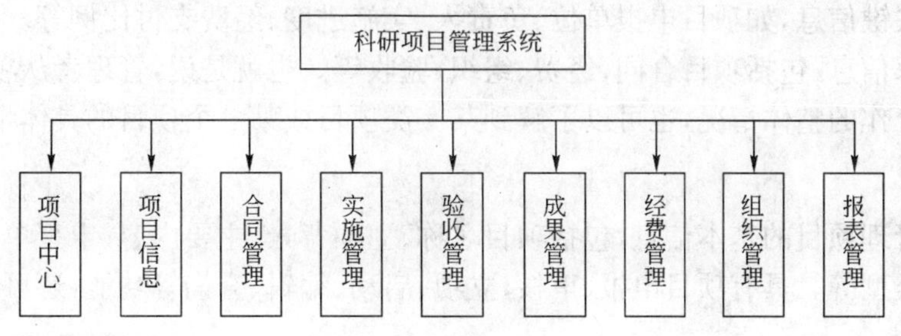

图1 系统结构图

3 系统特点

3.1 应用灵活

科研项目管理系统既可以作为独立项目实施，实现科研项目管理的各项功能，也可以集成到我公司研发的 EMP 企业信息平台，实现无缝整合、数据共享。

3.2 实施简单

B/S 架构的特点之一就是实施简单、维护容易。只要将本系统部署到服务器上用户通过 IE 访问即可，无需安装客户端，对于以后的维护更新同样简单易行。系统采用 Windows 风格编程，符合用户习惯，无需培训即可使用。

3.3 管理全面

系统涵盖科研项目从申报、审批、立项到签订合同、经费收支、制定计划、验收鉴定等全面环节，并通过图形化的项目总体情况分析和统计报表输出为科研项目监管部门提供数据支持。

4 系统功能介绍

科研项目管理系统共分 9 个功能模块，分别为：项目中心、项目信息、合同管理、实施管理、验收管理、成果管理、经费管理、组织管理、报表管理。下面是几个主要模块的简要介绍。

4.1 项目中心

项目中心主要由项目统计、项目明细、项目概要组成。通过查询筛选出项目数据并能够以图形的方式展示所有项目的统计结果，同时也能够查看每个项目的详细信息如总体进度、款项支付比例等。

在图 2 中用户可以在查询条件中设定起止时间、申报单位和实施单位等指定条件来筛选项目进行统计，同时还可以按项目来源、项目类型和项目阶段来分类统计，从多个视角展示统计结果。此外点击“详细信息”

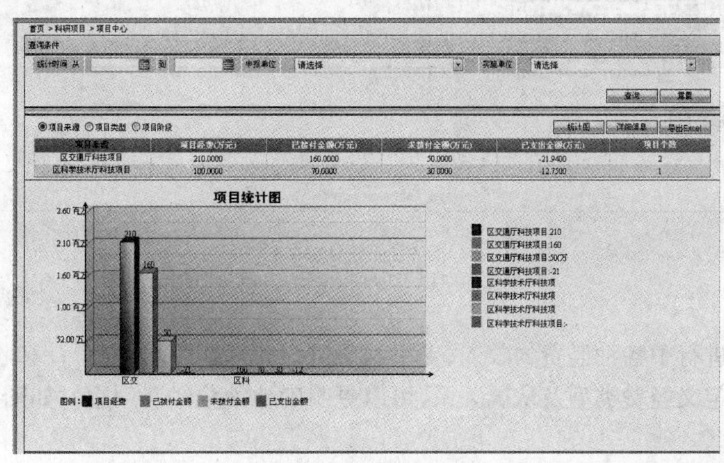

图2 项目中心查询界面

能够了解该类项目的关键信息，如项目申报单位、负责人、实施进度、经费支付比例等。点击“概要信息”就可以查看具体项目的全部信息，包括项目合同、经费、组织、验收等。也就是说，管理者从项目中心出发，既可以了解到整个企业科研工作的整体情况，也可以了解到某一类项目或某一个项目的具体情况，方便管理。

4.2　项目信息

项目信息是用于管理项目的基本信息，包括项目名称、立项背景、主要内容、申报单位、实施单位、项目负责人、项目来源、项目类型等。具有项目申报、审核、立项、启动、编辑、查询等功能，还可以通过项目关联到合同、经费等其他信息。

4.3　实施管理

实施管理分为项目计划、任务分解两部分，为项目制定实施计划并可以依据计划分解任务。

在图 3 中以甘特图方式显示项目计划进展情况，蓝色的条状表示计划的时间段，下面的彩色条状表示实际项目进度，红色表示计划进度滞后、绿色表示进度正常。

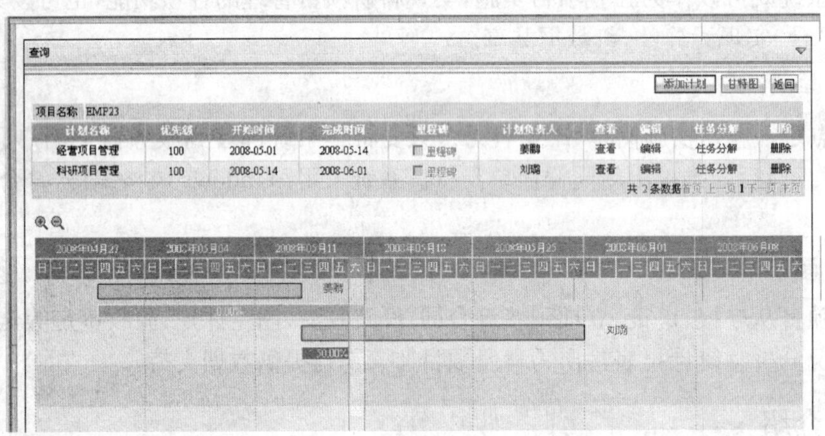

图 3　项目计划

将项目计划分解为多个任务分配给项目成员，成员在完成任务的过程中随时更新进度情况，这样项目管理人员就能及时掌握计划的完成进度乃至整个项目的进展情况。如图 4 所示。

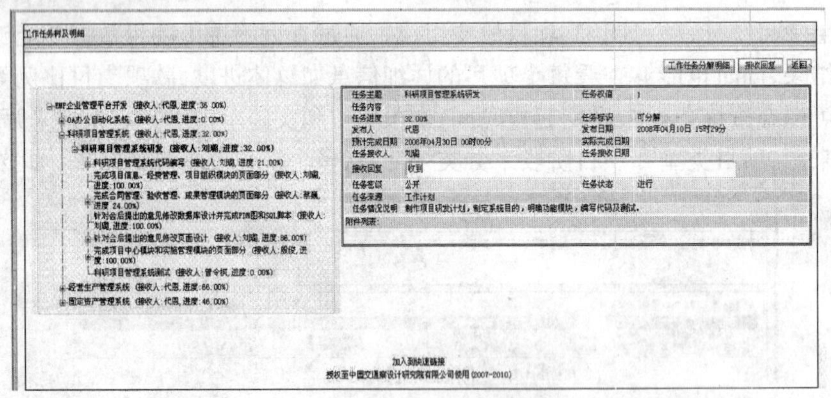

图 4　任务分解

4.4　经费管理

经费管理即对项目进行中各种经费的收入、支出款项进行管理，并以收支合计和收支明细反映经费使用情况。此外用户可以自定义经费类型及从属关系，可以更明确地细分经费用途。如图 5 所示。

4.5　报表管理

根据项目、年度、起止时间统计出项目成员工作量、课题情况合计与明细、经费使用情况合计与明细、申

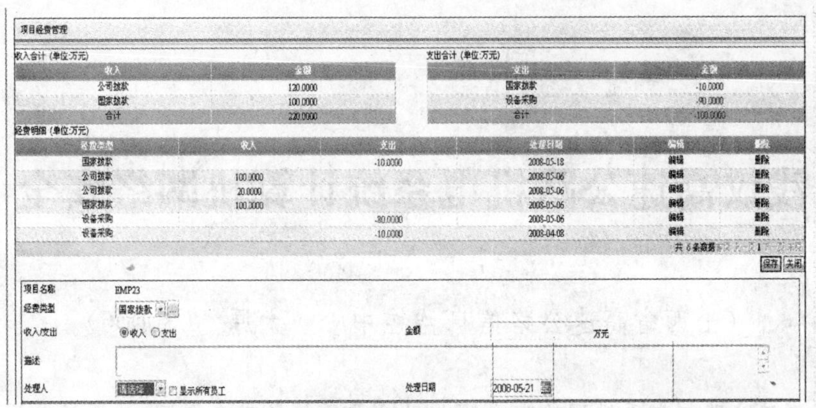

图5　经费管理

报项目简介等数据，为科研监管部门决策提供支持。如图6所示。

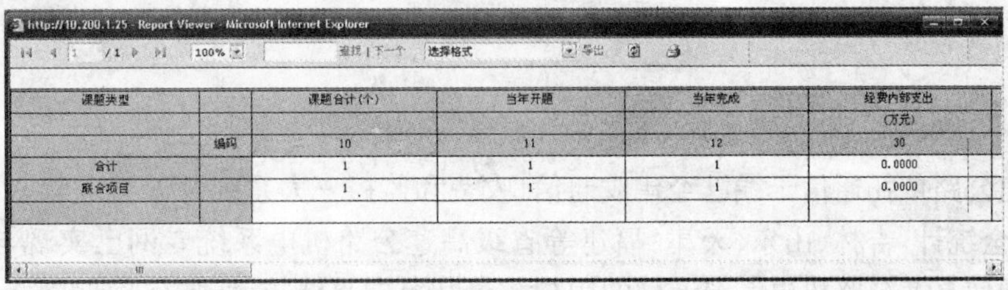

http://10.200.1.25 - Report Viewer - Microsoft Internet Explorer

课题类型		课题合计(个)	当年开题	当年完成	经费内部支出(万元)
	编码	10	11	12	30
合计		1	1	1	0.0000
联合项目		1	1	1	0.0000

图6　报表管理

5　结语

科研项目管理系统实现了对项目申报、立项、签订合同、实施控制、验收审核、成果申报等项目全过程的管理，可实现项目信息记录、审核、查询、进度监督、计划预警提醒、经费统计等功能，不仅方便企业对科研项目的管理，提高管理效能，也可实现企业科研项目信息的共享，其丰富的统计分析图表，为管理者进行科研管理决策提供了较好的支持。

本系统应用界面友好、使用简单、易于实施，且可以与前期实施的企业管理系统EMP企业管理信息平台无缝集成，实现资源共享。目前本系统已在中交二公院投入试用并取得了较好的反响，相信随着系统的全面实施必将对企业的信息化形成有力的推动，对企业科研管理水平有较大的提高，进而增强企业核心竞争力，为企业在市场竞争中赢得先机。

浅议高速公路机电系统计算机网络安全

梁　平

（山西省高速公路信息监控中心　太原　030006）

摘　要：本文介绍了高速公路机电系统网络安全现状及主要面临的安全漏洞，从高速公路收费网络的实际出发提出了机电系统网络安全防范的相关技术措施。

关键词：高速公路机电系统　网络安全　解决办法

1　现状

我国各省高速公路依托通信干线已经建成通信、收费和监控三大系统及供配电等辅助系统组成的机电体系专网，据不完全统计，吉林、山东、天津、福建等省级高速公路机电系统专网已实现与银行专网的连接。跨部门跨地区联网使高速公路机电系统专网的用户数量和范围不断扩大，如何确保网络的完整性、保密性，抵制各种不同的安全威胁，建立网络安全体系尤为重要。但是目前，已建设的高速公路机电系统专网多数处于简单的网络安全硬件产品和软件产品的叠加，缺乏统筹设计，存在以下不安全因素。

(1)网络安全

由于网络使用者众多且人员复杂，加上对病毒及入侵防护知识掌握不够，使用外部移动存储设备极易造成各种病毒入侵的机会，给网络安全造成威胁。

(2)管理不善

管理人员或员工图方便省事，不设置用户口令，或使用相同的用户名、口令，或设置口令过短和过于简单，造成口令被破解，信息泄密。

安全意识淡薄，机房重地任何人可以进进出出，来去自由，没有相应的访客登记制度，为入侵者提供入侵机会。

为个人方便私自以拨号方式、手机或无线上网卡等方式上网，这种接入方式极有可能使病毒或黑客绕过防火墙而在网络安全系统不知道的情况下入侵内部网络，造成数据丢失、泄露、感染病毒等一系列严重后果。

(3)病毒、恶意代码和间谍软件的攻击

从网上下载的游戏、程序、多媒体等软件中都有可能存在间谍软件或病毒，在用户不知情的情况下监控了用户的网络连接，收集并发送了用户密码、账户、IP等相关信息，病毒危害轻则占用系统资源，导致系统服务功能降低或拒绝提供服务，重则引起系统的崩溃及重要数据损坏，计算机病毒一直是计算机网络安全的主要威胁。

(4)黑客攻击

高速公路机电专网由于与外网物理隔离，主要注意内部人员的误操作破坏系统的数据。

(5)系统软件

常规的操作系统安装是以正常工作为目标，通常都是以缺省选项进行设置，提供了一些无关的进程服务，从安全角度考虑，这样的选项设置开放了很多不必开放的端口，其中可能隐含了安全风险。随着跨系统的网络规模不断增大，系统的安全漏洞和缺陷也不可避免的存在，而这些漏洞和缺陷恰恰是入侵者进行攻击的登陆点。

2 解决办法

(1)在网络安全方面,建立统一的安全网管平台,对整个网络系统实行全面的跟踪、监控和管理;对各个接入实体定义惟一身份 ID,建立一机一证、一人一证的网络认证体系和授权管理体系;进一步建立可靠、稳定的数据传输线路,保证拆账工作的顺利进行;依据网络架构及安全设计,维护与实际系统相符的网络拓扑图;按应用和业务的不同采用 VLAN 划分隔离各子网并确保 IP 控制和 VLAN 划分的有效性;设置有效运行的网络安全设备(如防火墙、入侵检测等设备);对边界和主要网络设备配置路由控制策略,建立安全的访问路径,制定统一的审计策略和带宽分配控制策略;制定相应的访问控制措施来实现禁止数据带通用协议通过,并对网络设备管理员登录地址进行限制。

(2)在主机系统安全方面,增强口令复杂度,增加电子证书认证方式;对主要服务器操作系统和主要数据库管理系统进行特权用户的权限分离(如分为系统管理员、安全管理员、安全审计员等);采用最小授权原则(如系统管理员只能对系统进行维护,安全管理员只能进行策略配置和安全设置,安全审计员只能维护审计信息等)对用户进行授权;对主要服务器操作系统和主要数据库管理系统进行必要的操作系统安全策略配置和安全加固,及时安装系统补丁;及时升级防毒软件系统和病毒库。统一部署安全审计设备,记录服务器的操作系统日志,对网络运行过程进行安全审计;采用入侵检测系统对系统内外部的网络访问行为进行监控,强制访问控制。定期对关键主机系统进行抽样漏洞检测,及时发现并修补主机系统中存在的安全漏洞。

(3)在数据安全方面,保证系统备份措施有效实施,本地系统级热备份功能有效运行;建立完善的数据备份机制,根据数据的重要等级,选择进行数据的全备份、增量备份或差分备份,对重要业务系统配备进行异地系统级热备份。关键数据可以采用存储加密技术、数据完整性鉴别等手段来保证数据信息的安全。

(4)在安全管理方面,制定统一的安全管理制度、规范的项目管理和验收制度;建立专门的信息安全管理部门,建立文档化的、统一安全策略,设置专职、专业的信息安全管理人员,实施自上而下统一的信息安全管理。可靠的网络是建立在明确的安全策略之上的,安全策略体现了使用者的网络安全需求,我们通过不断的自我调整,在安全与开放之间找到一个平衡点,建立真正动态的网络安全机制。

(5)安全评估方面,我们要将安全评测工作当作一项长期的工作来抓,因为它是信息系统安全管理工作的重要一环,必要时可以通过第三方安全测评机构,从管理和技术两个方面来检测信息系统的安全性,从而验证已经下发的管理制度及安全策略是否严格执行。经常性的参加系统安全管理新理念新方法的培训学习,完善已有的管理制度和测试方法。

(6)网络安全培训方面,不管组建多高级的网络安全系统,采用多先进的网络安全产品,都脱离不了人的干涉与操作,网络安全教育也是一个必要重要的环节,也是最容易被忽略的环节,让使用者掌握基本的网络安全知识,能够从一定程度上避免可能发生的网络安全事件,能够使整个网络安全系统充分地发挥作用。同时也方便了管理和服务的实施,从而大大地提高高速公路机电系统在整个系统中的作用。

3 结语

高速公路机电系统作为一个特殊的网络系统,应按照国家关于信息系统安全技术规范、指南要求建立信息安全系统,建立信息安全管理组织和信息安全策略,以保障信息系统安全。从维护的角度来讲,应对机电系统的网络集中管理,采取片区中心具体维护的模式进行安全工作,制定切实可行的应急预案,保障灾难备份与恢复系统的正常运行。

工程勘察设计收费计算系统的开发与应用

殷 俊 肖 晗

（武汉金思路科技发展有限公司 武汉 430056）

摘 要：本文介绍了集项目投标、单个勘察、设计项目计算为一体的工程勘察设计收费计算系统。

关键词：勘察 设计 收费标准 计算系统

1 引言

我国到现阶段实行的《工程勘察设计收费标准》有两种，一种是1992年国家物价局、建设部以价费字[1992] 375号文发布的我国现行的《勘察设计收费标准》，另一种是2002年国家发展计划委员会价格司、建设部勘察设计司联合发出《关于征求工程勘察设计收费标准工作方案意见函》。经反复修订，形成了《工程勘察设计管理规定》《工程勘察收费标准》和《工程设计收费标准》。

本系统主要以2002年《工程勘察设计收费标准》为基础，结合Visual Studio 2005可视化、快速开发的特点编写的。

2 系统概述

系统大致分为工程勘察收费和工程设计收费标准两大部分。其中工程勘察分别以实物工作量和项目综合二种模式取费；工程设计则采用建设项目单项工程概算投资额分档定额计费方法计费。工程勘察收费标准分为通用工程与专业工程勘察收费标准两大类。其中，通用工程勘察收费标准适用于工程测量、岩土工程勘察、岩土工程设计与检测监测、水文地质勘察、工程水文气象勘察、工程物探、室内试验等工程勘察的收费；专业工程勘察收费标准分别适用于煤炭、水利水电、电力、长输管道、铁路、公路、通信、海洋工程等工程勘察的收费。对于专业工程勘察中未包含的一些项目可以执行通用工程勘察收费标准；通用工程勘察收费由实物工作量计费和技术工作收费两部分组成。图1是工程勘察设计收费计算系统结构图。

3 系统特点

3.1 易用性

本系统采用C/S架构单机版模式开发，安装简单，适用于Windows平台下的Windows XP、Windows Server 2000、Windows Server 2003及以上系统。用户只需要输入几个简单参数即可实现工程勘察设计收费计算，避免了手工计算的繁琐工作。系统输入计算参数方式既可以采用方便直观的图表引导方式，点击选取即可；也可以根据行业和专业特点，设定模板，用导入的方式设定要输入的数据，用户只需要根据项目的差异修改这些参数即可；也可以利用编辑框直接手动输入，在一定程度上满足了各个层次用户的需求。

3.2 适应性

随着工程勘察设计行业的发展，收费标准也在不断地进行改变，系统只需要通过发布新的收费标准数据，即可给用户提供不同版本的收费标准选择。同时，考虑到市场竞争的因素，各单位在投标报价、费用结算时会根据需要对收费情况进行调整，系统可以按照项目整体或不同工作内容的收费基准进行折扣调整，大大地提高了系统的适应性。

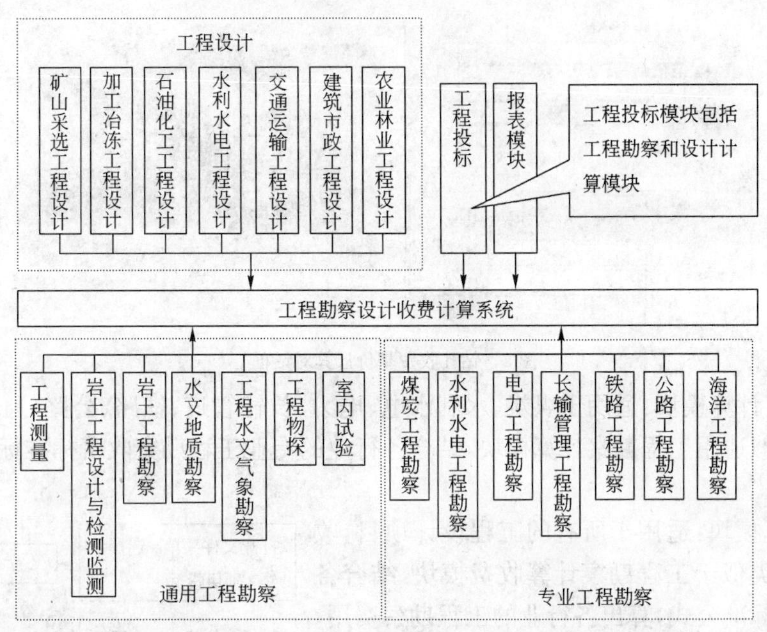

图1 工程勘察设计收费计算系统结构图

3.3 易移植

随着智能手机、PDA的普及，系统设计时充分考虑到系统的使用对象和使用环境，结合了经营生产人员移动办公频率较高的特性，系统将可非常方便的移植到PDA等移动办公设备中，便于生产经营人员携带和使用。

4 系统功能简介

4.1 应用目标

(1)系统界面符合Windows操作系统下应用程序的习惯；

(2)系统采用投标项目计算、单个项目计算模式；

(3)系统采用多手段的输入方式来引导用户，包括图表引导式输入和模板导入式；

(4)系统对输入数据存在的错误具有一定的检查能力；

(5)根据用户的不同需求快速生成相应报表，并可导出成Word、Excel、PDF等格式；

(6)用XML来管理工程计算数据，每一个工程存放在一个加密的XML文件中。

4.2 主要功能

系统主要功能包括收费基价计算模块、通用工程勘察计算模块、专业工程勘察计算模块、工程设计计算模块以及工程投标计算模块。

(1)收费基价计算模块：本系统根据各个行业采用的收费模式不同，吸收采用了一般基价计算、内插法基价计算、钻孔收费基价计算等方式，以适应不同行业、不同企业的收费计算要求。如钻孔收费基价计算，钻孔的基价计算方式是按照每一个孔深，分别乘以每一段基价然后相加得出的。手工计算时比价复杂和繁琐，系统中只需在收费基价计算模块中选择钻孔收费基价，输入参数值即可完成每一阶段的基价和总基价的计算。图2是钻孔收费基价计算对话框。

(2)通用工程勘察计算模块：适用于工程测量、岩土工程勘察、岩土工程设计与检测监测、水文地质勘察、工程水文气象勘察、工程物探、室内试验等。根据选择的行业，系统会自动从收费基价计算模块中找到适合该行业的收费基价计算标准和方式，结合该模块包含的通用工程勘察收费标准，用户给出基本的计算参数后，系统即可自动计算出符合该行业要求的工程勘察费用，根据报表模块生成相应的报表数据，从而替代了原来手工制表的重复性劳动，提高了数据的准确性。

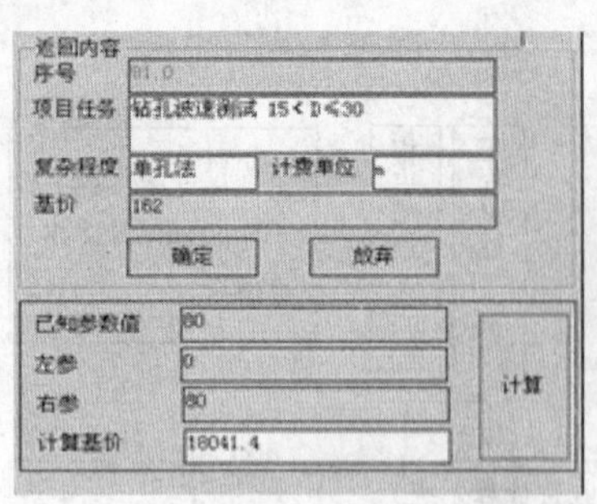

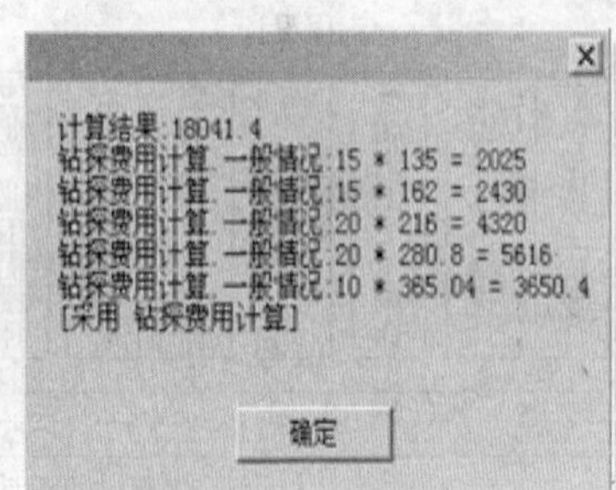

图 2 钻孔收费基价计算对话框

(3)专业工程勘察计算模块:适用于煤炭、水利水电、电力、长输管道、铁路、公路、通信、海洋工程等。收费基价的取值方法类似通用工程勘察计算模块,结合各行业的专业工程勘察收费标准标准,算出各行业的工程勘察费用。

(4)工程设计计算模块:适用于所有的工程设计项目,收费基价的取值方法也类似于工程勘察计算收费模块,结合各行业的工程设计收费标准公式,算出各行业的工程勘察费用。

(5)工程投标计算模块:实际上是结合工程勘察、工程设计为一体的综合计算方式。根据投标工程涉及到的行业,用户可以在系统提示下选择相应的工程勘察、设计中的行业。通过系统编译生成相应的层次结构,以便于对每个行业进行单独计数,综合统计,直到最后生成报表。图 3 是项目投标的操作流程图。

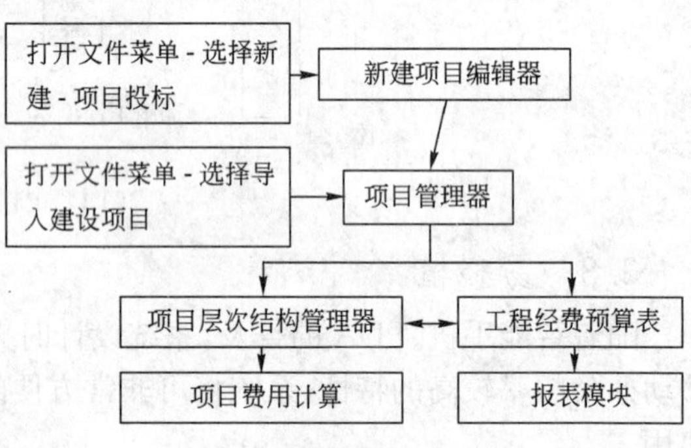

图 3 项目投标的操作流程图

5 结语

本系统的开发,减轻了生产经营管理人员的工作量,把他们从大量的工程勘察设计收费计算过程中解放出来,极大地提高了工作效率,使他们有更多的精力关注企业的生产和经营活动。应用实践表明,本系统具有良好的应用前景。

Reporting Services 报表在设计院管理系统中的应用

姜 鹏 蔡 巍

(武汉金思路科技发展有限公司 武汉 430056)

摘 要:随着设计院企业信息化的全面部署,报表服务也慢慢融入进信息化部分,本文介绍了通过对 Reporting Services报表的设计与部署,来提高开发质量,使报表与业务系统更好的融合。

关键词:报表 Reporting Services 应用

1 报表在工作生产中的重要性

在当今的商业运作中,必须每天或每周(而不是每月或每季度)就做出关键决策。许多强大的公司意识到若要提高企业的竞争响应速度即他们公司的敏捷性,需要将尽可能多的决策权下放到第一线员工手中。在如今要求更快地做出更好决策的商业气候下,实时竞价系统、反向拍卖、现货精确成本计算、按照订单生产、全球劳动力市场和全球化只是其中的一些发展趋势。为了在这个新模式中获得成功,员工们要尽可能地获取最优信息。信息要准确、及时和可靠,必须能够满足他们的需要。无论员工们通过聪明地开辟新市场来最大化收益,还是通过精明地采购来最小化支出,他们都必须掌握正确的信息。而这些信息可以通过可靠的报表系统才能提供详细、准确、及时的报表,从而推动企业的发展。

报表是应用系统和安全管理以及 IT 进程管理的主要组成部分,特别是在信息技术和业务目标方面以及企业规章要求更加详细化和职责化等方面。而在设计院的工作中,报表历来都是比较重要的,企业决策、业务统计以及分析、生产进度统计、项目统计等都离不开报表。可以说报表在设计院的发展中起到了不可磨灭的作用。在设计院与其他公司进行商业运作的时候,报表也是交互的一个重要手段,便于双方形象的进行沟通和互相了解。

2 Reporting Services 报表概述

2.1 Reporting Services 的特点

在设计院的很多管理系统应用程序中,报表一般都是最后添加的产物。设计人员在设计系统时,总是大量的时间花费在工作流,数据定义和界面上。而报表总是得不到重视,总是认为报表是一个简单的,相对容易完成的附属物。其实,好的报表同样需要对初始的应用程序作扎实的规划和设计,而设计院的报表大多属于复杂、涉及面广和统计率高的报表,这种报表开发起来难度大、耗费时间长,给开发人员和用户带来极大不便;为了避免报表开发者在应用程序中浪费过多的时间,Reporting Services 使用独特的方法让开发者直接面对 SQL Server 数据库,直接通过 SQL Server 数据源和 SQL 语句来控制报表的数据,采用拖拽式工具来自定义报表界面,展现了其良好的可扩展性和可伸缩性。Reporting Services 的这些特性,为快速解决复杂、易变的设计院报表提供了广阔的舞台。

2.2 Reporting Services 架构

Reporting Services 具有模块化的体系结构。平台基于一个报表服务器引擎,该引擎包含用于获取和处理数据的处理器和服务器。处理任务分发给可以扩展或集成到自定义解决方案中的多个组件。检索数据并将检索的数据从数据处理任务中分离后,即开始进行显示处理。此功能允许多个用户采用为不同设备设计的格式同时查看同一报表，或快速更改报表的查看格式。只需单击便可将 HTML 转换成 PDF、Microsoft Excel 或 XML 即完成导出。图 1 为 Reporting Services 架构图。

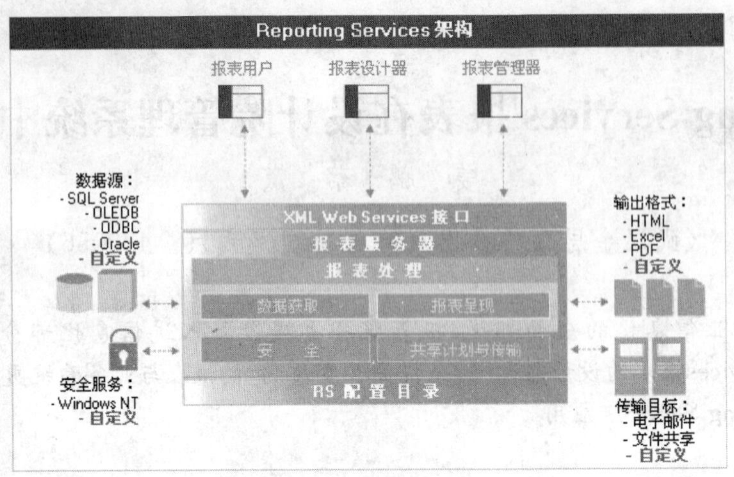

图 1 Reporting Services 架构图

毫无疑问，能够在适当的时间将适当的信息送达适当的人员具有巨大的价值。对于许多企业而言，这是一个挑战，因为这些需要访问信息的人员不但具有广泛的技术专业背景，而且还可能分散在整个传统组织内的不同位置，甚至于组织之外。Reporting Services 通过灵活的订阅和交付机制简化了传统报告与交互式报告的创建过程，并可将这些报告顺利地交付给广泛的人群。它还为处理复杂苛刻的商业环境提供了必要的安全性和可管理性。设计院内的报表，就是属于复杂性的报表，所以 Reporting Services 就能使报表开发者更快更准确地制作高复杂性的报表，达到用户满意的效果。

3 Reporting Services 报表功能实现

要使用 Reporting Services 工具，必须具备 2 个开发工具，Visual Studio 开发环境和 SQL Server 数据库，有了它们，就可以简单的生成报表了。

3.1 创建基本 Reporting Services 报表

Reporting Services 把报表开发界面分成了 3 个部分，分别为“数据”、“布局”和“预览”。数据部分负责处理用户制作的 SQL 语句，即为报表查询的基础，报表数据都是从这里查询到。布局部分是对报表界面的制作，就像我们熟悉的 Vs. net 界面制作一样，同样可以从工具箱里把控件拖到操作界面即可。而预览部分就是对做好的报表在部署之前的浏览检查。

3.2 Reporting Services 报表数据的形成

报表项目已经创建成功，那么现在还需要的就是数据源了，在“解决方案资源管理器”中右击共享数据源，选择新建即可，弹出的对话框是让用户输入链接服务器地址，用户名密码和链接数据库，测试成功后，数据源就创建成功了。

我们需要先建立数据集，在数据页面的数据集选择页面中选择“新增数据集”，弹出对话框输入数据集名称和查询 SQL 语句即可，也可以只新建一个新的数据集，建立完成后在数据界面来写 SQL 语句。

如果是个相对复杂的有参数的 SQL 语句，Reporting Services 同样很好地解决了这个问题。在 Vs. net 开发工具菜单上有一个“报表”菜单，选择“报表参数”就可以为 SQL 语句添加参数了，非常简单易懂。

3.3 Reporting Services 报表框架与数据的结合

有了数据，而剩下的就是框架界面了，框架的搭建和 Vs. net 里是一样的，将界面切换至“布局”，首先需要添加的就是表控件，表上清楚的描述了表头和表尾，这里也可以放置列名和合计等数据。要增加表标题就需要把页眉打开，在 Vs. net 菜单上点击“报表”菜单，选择“页眉”。页眉编辑界面出现，然后使用“文本框”控件，拖拽到页眉编辑界面即可。页脚使用方法与页眉一样。

而数据与表的结合，采用拖拽形式，Vs. net 左边同样会出现一个叫“数据集”的菜单，菜单上显示的是在数据层建立的数据集和数据字段，采用拖拽的方式直接拖拽到表的单元格内。这样，一个简单的报表就形成了，我们可以在“预览”部分预览一下这个报表的形成样式(图 2)，这就是一个简单的报表生成过程。

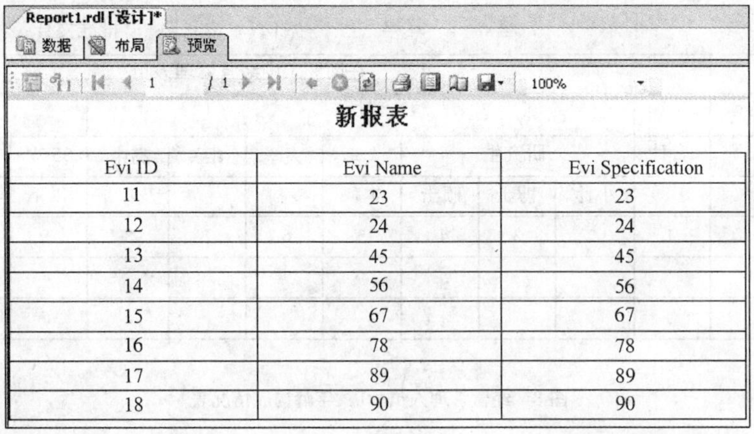

Report1.rdl [设计]*

数据　布局　预览

1　/1　100%

新报表

Evi ID	Evi Name	Evi Specification
11	23	23
12	24	24
13	45	45
14	56	56
15	67	67
16	78	78
17	89	89
18	90	90

图 2　报表的样式

3.4　Reporting Service 报表的部署和报表管理器的查看

如果需要把报表挂到服务器上，那么就需要使用报表的部署，在“解决方案资源管理器”上右键点击这个解决方案，选择“属性”，在 TargetServerURL 属性中填写地址 http://地址/reportserver。填写完成后，再右击这个解决方案选择部署，就部署在服务器了。在浏览器中打开这个地址 http://地址/reportserver 或者 http://地址/reports 就能看到刚部署的解决方案，包括数据源和表。

如果一个项目有多个表或者多个数据源，那么就可以使用报表管理器来操作表和数据源，选择表后单击“属性”，就可以查看表的详细信息，如参数、数据源等，也可以更改。这样，整个报表就生成和部署成功了。

4　Reporting Services 在 EMP 企业管理信息平台中的应用

EMP 企业管理信息平台是中交第二公路勘察设计研究院金思路公司自行研发的设计企业信息化管理平台，其中就集成了报表系统。由于设计院内各职能部门的不同，报表系统也分了很多种类，比如人力资源的综合年报，经营生产的经营报表，种类繁多且复杂，如何使这些报表能迅速的融入 EMP，并且被用户接受，这正是我们在 EMP 企业信息管理平台中应用 Reporting Services 解决方案所做到的。

4.1　设计院内部报表

企业报表是 EMP 系统中最常用的一类报表，如：内部经营指标汇总表；从业人员人数变动情况表；国有经济企业出资代表、经营管理人才、党群工作者参加培训情况表；经营管理人员学历、年龄构成情况表等，广泛应用于企业内部统计查询如图 3。在常规报表中对数据的展现上都是简单的显示在报表中，对一些需要复杂计算的数据需要进行很多工作。而 Reporting Services 本身就提供了各种计算函数，并且 Reporting Services 紧密的和 SQL Server 相结合，可以灵活的处理数据，大大的提高了数据处理能力。

4.2　设计院上报上级单位报表

上报上级单位的报表与普通报表最大的区别就是格式的要求，以及数据统计时限的要求。作为需要上报的报表对统计时限要求更为严格。比如生产经营月报表，该表要求统计出设计院各个子公司(独立部门)每个月的新签合同额、产值、净利润、完成营业额，并且统计当前年的新签合同额、产值、净利润、完成营业额等，如图 4。我们在经营决策支持系统中利用 Reporting Services 技术，快速实现了该类统计报表。随着管理部门工作的细化，报表的格式要求也会经常发生变化。在常规的报表处理程序中，一张表的样式基本是固定的，是不可变的，对一些需要灵活处理数据的报表就无能为力了。比如图 4 的生产经营月报表中的公司一

经营管理人员学历、年龄构成情况

表　　号：中交线劳 101 表附表五
制表机关：中交股份人力资源一部
批准机关：

填报单位：　　　　年　　计算单位：人　　批准文号：

	序号	在岗职工中经营管理人员											
		学历								年龄			
		合计	研究生			大学本科	大学专科	中专	高中及以下	35 岁以下	36 岁 45 岁	46 岁至 55 岁	56岁以上
			小计	博士	硕士								
甲	乙	1	2	3	4	5	6	7	8	9	10	11	12
总计	1												
其中公司(局、厂、院)本部	2												

图 3　经营管理人员学历、年龄构成情况表

栏，如果该公司在当前月没有新签合同的话就不统计，有就统计，这样就要求行不固定，在 Reporting Services 中应用列处理功能就可以很容易的实现这个需求。同样的在 Reporting Services 中也可以实现行的动态生成效果。这样就可以快速的解决生产部门的需要。并且 Reporting Services 有一个很实用的功能——将报表导出为其他形式的文件，包括 Word 文档、Excel 文件、Web 文件、CVS 文件、Acrobat(PDF)文件等，使报表可以在各种操作系统中使用，便于报表的存储和展现。

中交股份企业生产经营月报表

企业名称（盖章）：中交第二公路勘察设计研究院有限公司　　2007 年 1 月 －1 月　　表号：统计 1 表　单元：万元

业务类别	新签合同额			产值			完成营业额		利润总额		净利润		从业人数	
	本年新签项目累计个数	本期新签合同额	本年累计	在执行项目数	本期产值	本年累计	本期	本年累计	本期	本年累计	本期	本年累计	月均	期末
总计														
其中：境内														
境外（万美元）														
中交二公院														
金思路公司														
岩土公司														
检测加固公司														
交通工程公司														
咨询公司														
大通公司														
测绘公司														
厦门分院														
南京分院														
填表须知	1. 合同额、营业额、利润总额（或净收入）三项指标口径，应与下达的年度计划口径一致。 2. 备注：(1) 合同指直接与业主签定的合同，一经签署即计入统计报表，并与分包合同相对应。(2) 对未签订合同、即使履行的业务，按实现收入计入合同额。(3) 履行合同，产值、营业额与其他项目统计报表口径相一致，逐月上报。(4) 利润总额（或净收入），非独立核算的单位为净收入。(5) 从业人数；指在本企业工作并取得劳动报酬的全部人员。 3. 本表上报时间为次月 10 日前。 4. 人民币与美元汇率按 1:7.8 计算													

单位负责人（签章）：　　填报人：　　联系电话：　　报送日期：　2008-06-21

图 4　生产经营月报表

5 结语

在设计院的发展过程中，如何才能取得成功，就是让正确的人在正确的时间得到正确的信息，做出正确的判断。设计院中的各个员工，有着不同的技能和专业技术，他们需要访问的数据可能分布在整个企业，甚至在企业外部。而 Reporting Services 把这些问题很好的解决，无论是在生产、统筹、经营等各个方面，Reporting Services 都能轻而易举的生成令用户满意的报表，其高度的灵活性和兼容性一直都让 Reporting Services 能更加胜人一筹，导出不同的格式，打印报表也都能方便的做到。在信息化高速发展的今天，使用 Reporting Services的报表解决方案，可以更快更好地完成用户对报表的各种需求，使企业在激烈的商业竞争环境中处于领先地位。

参 考 文 献

[1] Paul Turley，等. SQL Server 2005 报表服务高级编程. 北京：清华大学出版社，2007.
[2] Robert Vieira，等. SQL Server 2005 编程入门经典. 北京：清华大学出版社，2007.

程序员计算机英语的特性与学习方法

高海平

（甘肃省交通规划勘察设计院有限责任公司　兰州　730030）

摘　要：本文简要介绍了计算机英语的特性和学习方法，并强调了掌握这些专业词汇对提高编程人员水平的重要性。

关键词：程序员　编程　英语

1　前言

做程序员工作是一项很辛苦的工作，要成为一个高水平的程序员尤为艰难。这是因为计算机软件技术更新的速度越来越快，而这些技术大多来源于英语国家，又由于英语是IT的行业语言，大多数IT信息的第一手传播渠道都是通过英语，我们在引进这些技术时往往受到语言障碍的制约，严重影响到对新技术的理解和消化。

2　计算机英语的特性

程序设计的关键首先是语言，语言的区别在于语言元素（词汇）、语言元素的组织（语法）、语言元素的表现（发音和字符）以及语言元素的处理（理解语言所采用的思维方式），也可以说是标识符与关键字、语法、程序设计语言与计算机的交流方式，由于这些元素的表现形式不同，导致同一语言在表达上产生差异。

随着网络在世界范围内的普及，必将有一个统一的通信和操作系统，英语将成为世界范围内的网络语言，成为“人”“机”对话的媒介，并通过这种语言在全球范围内传播信息和文化，并随着网络信息的延伸，不同的国家和民族原有的思想观念和文化内涵也将逐渐被这种统一的网络文化和思想所影响，这种语言的传播方式可以是数据库、图像、多媒体元素和互联网等，许多国家的软件业在国际上具有比我国更强的竞争力，这并不是说我们的程序员在编程和开发能力上不如别人，而是在使用计算机英语水平上有一定的差距。

编程本身就依赖于英语，虽然现在技术的发展，可以使得某些开发工具在变量名和字段名中支持中文，但还未发现能够完全使用中文的编程语句。其次，软件开发中的技术文档和资料大都是来自英文，即使有翻译好的，不是晦涩难懂，就是译法混乱。

3　计算机英语的学习方法

那么，一个程序员应该怎样去学习和掌握计算机英语呢？最关键的是要搞清5个W（为什么学why、学什么what、何时学when、何处学where、跟谁学who）和1个H（怎样学how）。

首先是为什么要学计算机英语？作为程序员学习计算机英语的根本目的是为了提高自己在英语环境中掌握计算机技术的能力，几乎所有的程序员都知道学习计算机英语的重要性，但并不是所有人都具有学习的主动性，这个问题的提出就是要让我们从自身的需求出发，掌握学习的主动性。

学什么？学习的内容应该是围绕本专业的领域展开，计算机英语的学习是一项系统工程，要制定一个适合自己的学习目标，从词汇、语法、阅读、写作多方面着手。学什么的问题本质上是一个确定系统边界的问题。因此，我们先要根据自己的实际英语水平和工作需要界定计算机英语学习的系统边界。计算机研发人员要掌握的计算机英语应该是最专业，要求最高的，但软件硬件各有侧重。

在明确学习目的和学习方向之后，还必须有一个好的学习方法，怎样学就是一个学习方法问题。

目前计算机英语教材主要分为按语法体系组织和按计算机体系组织的两种结构，一本好的计算机英语教材对系统地学习计算机英语帮助极大，因此要选择难易程度适合自己的教材。

有的计算机英语教材偏重于硬件，有的偏重于软件，还有的教材是信息电子类的计算机英语，侧重于通信电子方面，比如：汇编语言、单片机等。另外有的教材侧重于理论，如：数据结构、离散数学；而有的则侧重于应用，如：软件工程、数据库开发。

在选择了内容和体系后，还要注重教材的易用性，即教材的编排是否符合人们的学习习惯。虽然计算机英语是专业课程教材，但如果编排活泼、图文并茂、注解查阅方便肯定能调动学习的兴趣，降低阅读的难度。

教材的选择固然重要，掌握计算机英语的特点是我们提高学习效率、优化程序的捷径。由于电脑里的命令、高级语言的语句等在电脑中均需占一定的空间，从节约和简练的原则出发，为充分发挥其效能，电脑在存储和显示这些信息时，通常尽量采用缩略的形式，使其语句十分简洁，如：

(1)BCF(Boot Catalog File 启动目录文件)

(2)BIF(Boot Image File 启动映像文件)

(3)CDR(CD Recordable 可记录光盘)

(4)CD-ROM/XA(CD-ROM Extended Architecture 只读光盘增强形架构)

(5)CDRW(CD-Rewritable 可重复刻录光盘)

(6)CLV(Constant Linear Velocity 恒定线速度)

(7)DAE(Digital Audio Extraction 数据音频抓取)

(8)DDSS(Double Dynamic Suspension System 双悬浮动态减震系统)

(9)DDSS II(Double Dynamic Suspension System II 第二代双层动力悬吊系统)

(10)PCAV(Part Constant Angular Velocity 部分恒定角速度)

(11)VCD(Video CD 视频 CD)

计算机这一新兴学科的大量专业术语来源于日常英语词汇，既取其原有含义，又被计算机领域赋予了类似功能的专有词义。比如：Memory(存储器)、Instruction(指令)、Code(代码)、Program(程序)等。在计算机英语中，这样的词汇很多，都是我们熟悉的初、中级词汇，不过是含义略有不同罢了。所以，在某种意义上，学习计算机英语，词汇应该不是“记忆”、而是“转义”的问题。大部分单词是熟悉的，只需要在学习过程中，将它对应到计算机专业课程中已经熟知的专有词义中就可以了。

在单词的学习中，学习构词法是掌握计算机英语词汇的关键之一。在科技英语中派生词很多，例如较常用的由动词派生的名词短语等。只有既具备丰富的计算机知识，又精通英语中的构词法知识，才能根据上下文的意思，很快地猜出文章中生词的含义，从而提高阅读的速度和水平。

计算机英语的另一个重要特点是句式比较严谨、构词相对简单、词与词之间结合紧密，如：

(1)Quick Power on Self Feature　快速开机自检

(2)Advanced Chipset Feature　高级芯片组功能设定

(3)Load Fail-Safe Defaults(Y/N)　载入最安全的缺省值(是/否)

(4)Boot up Floppy Seek　引导时数字小键盘的锁定状态

(5)Beyond String　超过一个字符串的最大长度

以上这几个句子如按照正常的字面意义或语法规则去分析会感觉很别扭，但它的电脑英语的表达方式却是对的。因此，学好电脑英语，不但可以加快掌握电脑知识，做到既知其然又知其所以然，而且还可以大大降低学习电脑的难度。

在学习过程中还要有系统性，这里的系统性包括了计算机体系的系统性和英语语言的系统性，我们在学习时必须时刻牢记。除了借助计算机英语教材系统地了解计算机硬件软件、操作系统、软件工程、编程语言、网络通信、信息安全、应用系统等诸方面的英语表达和专业词汇外，还要对英语语言本身从听、说、读、写四个方面下工夫,以免出现偏废。

4　结语

对于有经验的程序员可以利用自己的专业背景知识和上下文进行大胆推测,这样有利于提高阅读速度。原版计算机书读多了,你会发现一些很有规律的东西和一些常用的词汇,这些来自实践的经验非常宝贵,并让你终生受益。读原版书的真正乐趣并非只是在于提高英语水平,而更是在于获得一种和西方人一致的思维方式,这种思维方式对学习计算机技术极为有益,因为计算机技术甚至现代科学体系都是建立在这种思维方式的基础之上的。坚持阅读英文计算机图书可以达到“品”的感觉,这种感觉是指在阅读时无需将英文转换为中文,而是直接用英文和作者在同一个水平线上进行思考和交流。至此,我们获得的不仅是英语水平的突破,更是计算机水平的突破。

高速公路视频监控系统低成本布设初探

孙　磊

（甘肃省交通规划勘察设计院有限责任公司　兰州　730030）

摘　要：本文主要针对基于2.75G无线通信技术的视频传输技术与设备部署进行探讨，以说明该项技术对高速公路全程动态监控低成本部署实施的意义。

关键词：公路　无线　监控　低成本　系统

1 前言

对于高速公路来说，监控系统是非常重要的一种监管手段，是高速公路机电系统建设中不可或缺的一环。因此在未来的公路建设中，尤其是在加强高速公路路面全程动态控制管理的要求下，它也必将发挥更加重要的作用。而如何实现全程动态监控的低成本实施，为构建资源节约型、环境友好型和谐社会节约更多的能源、原材料投入，成为高速公路建设者不得不面对的一个课题。本文将对现有高速公路全程动态监控实现方式和未来低成本动态监控实现方式作一比较，以期为实现这一目标作一试探性技术准备。

2 现有高速公路视频监控状况

监控系统从应用方案上主要分为两大类，一种为采用视频光端机的方式；另外一种为编解码器的方案，而在编解码上又分为MPEG2、MPEG4、H.261、H.264等。

视频光端机方案中，一般采用点对点连接方式。因为现有监控系统主要还是集中在路收费站、服务区的附近进行车辆的监控，距离较近易于采用这种连接方式。另外在一些高速公路视频全程监控的方案中，采用节点式视频光端机两两串联连接，到通信站汇聚的方式，实现整个路段的视频监控数据传输。这种视频光端机传输的监控方案应该说比较成熟，但是此种方案却存在天然的弊端。首先，光端机的协议私有性，各个厂家虽然采用PDH的传输方式进行模拟数据的传输，但是由于模拟信号各个厂家都有自己的一套做法，再加上PDH协议本身的非标性，导致不同厂家的设备无法互联。这意味着某路段采用监控方案只能使用一家的局面，建设初期这一问题也许还不是影响很大，但是，随着高速公路的进一步发展，监控信息的统一管理，监控系统分级结构的划分等等，采用此种方式必然无法保证将来的进一步应用。同时，只能采用点对点的监控。也就是说此方案无法实现一点出现问题，多个路段中心乃至省中心进行实时查询，协同处理的需求。另外，在全程监控当中，采用裸光纤串联的方式一旦出现某处设备损坏等问题，必然无法进行断点之外路段的监控。所以，“视频光端机这种方案只能用于一时，绝不能用于一世”。

视频编解码器方案和光端机方案的最大不同之处在于，采用非模拟信号的数字信号进行传输。在监控点将模拟视频数据通过模数转换后，基于某视频协议（如：MPEG2、H.264等），可采用IP的方式或可结合光端机方案实现数字信号传输。这种方案的优势是避免了模拟信号传输的不稳定，同时由于是采用数字信号传输，可以依赖于IP数据网、通信传输网络，实现了传统模拟视频光端机无法实现的一些特性，如组播，网络层的保护功能等。这样，对于整个监控系统分级建设，实现全程监控动态信息的汇聚等，都是非常有效的一种模式。

现在要考虑的问题是，采用哪种视频的编解码协议是最好的一种方式。从现有应用来说MPEG2、

MPEG4或者是H.261的方式是目前大部分编解码器厂家支持最为广泛的几种协议，但从编解码压缩效率以及未来的发展方向来说H.264无疑是第一的选择。首先从编码效率来说H.264在1M带宽的情况下可以实现1.5M MPEG4或者2M MPEG2的编解码效果，就是说H.264在更低带宽下可以实现同样的视频效果，在同样的带宽下实现更高的成像效果，真正实现了视频监控的“高清时代”。而且，H.264是3G网络与NGN等未来网络的视频统一标准，为监控系统下一步发展提供了更为广阔的空间。

3 视频全程监控系统的一些思路

为了加强高速公路进一步监管，实时动态地了解公路运行状况，视频全程监控系统方案被越来越多的人所关注，所谓视频全程监控，即通过视频监控设备可以查看到公路每个角落的实时状况，并能通过事件分析设备及时地统计各种数据以及分析事件等。视频全程监控系统的建设必然也带来一些以前所没有遇到过的问题以及如何解决这些问题带给我们的思考。高速公路视频全程监控系统的发展应该遵循系统稳定、持续发展、投资合理等几个方面。

在高速公路视频全程监控系统中，视频数据实时而稳定地被各级监控中心观看是最为重要的要求，而系统的稳定又分为设备稳定、网络可靠等几个方面。我国幅员辽阔，北到黑龙江，南到广东，地区温差较大，在黑龙江冬季最低气温可达零下40余度，而广东在夏季的最高温度可高达近40℃。“视频全程监控系统所处位置根本无法实现国标通信机房那样良好的环境，因此对外场监控点的设备适应性提出了苛刻的要求，保证外场监控点设备的稳定性是整个监控系统稳定的首要要求”。

其次是对于网络传输的保护措施。由于视频全程监控系统必然是基于数字信号的传输，那么基于IP以及光传输网络的所有保护措施，都应该是此系统的必要保护措施。当某一监控点出现问题，如中间设备故障或者传输断纤等情况，都可以实现保护机制，不影响正常的监控数据传输，这也是对于此系统的一个基本要求。

另外，视频全程监控的供电系统同样是需要考虑的重要问题。由于各个外场监控点的供电负荷不是非常大，现在主要的供电方式可分为两种，太阳能蓄电池和地埋式变压器供电的方式，这两种方案各有利弊。太阳能的方式主要受到当地平均日照的影响，而且对于温度、湿度等环境变化比较敏感，在对每个监控点提供不断的电力能量时，却存在着不同程度的稳定性隐患，如温度过高过低都可能无法充电的情况，这样就更不用谈供电的能力了，但是这种方式的投资相对低廉。而地埋式变压器方式采用全程埋地变压器串联的方式，采用高压供电到各个监控点变压，来满足外场监控设备的电力要求。这种方式供电稳定，不受气候影响，应用效果最好，但是相对太阳能方式成本略高。综合考虑各个方面，系统的稳定性依然是此方式的首要前提，在投资允许的情况下还是尽量采用变压器供电的方式更为合理。

最后，视频编码方式的实现是带宽节约的关键。监控系统的发展是高速公路行业发展的必然要求，在传统视频光端机以及MPEG系列编解码技术逐渐走向没落的时候，H.264如一面旗帜将引领着视频全程监控系统走向一个更明亮的未来。首先，基与数字压缩技术的H.264一如既往地能够实现数字编解码技术相对模拟技术的绝对优势；在和其他视频编解码相比较，H.264更加适合这种实时的视频数据流的传输，同时具有更高的编解码效率和成像质量，在3M处理能力下可以实现动态清晰的4CIF成像效果；在3G网、NGN、IPTV的统一标准以及未来发展中，视频全程监控系统甚至可以配合实现基于H.264的手机视频查看，监管领导在任何地点实时指挥事故处理等一系列更加强大的功能。因此我们可以看到，H.264技术的应用，必然给视频全程监控领域带来新的一片天空。

4 现有有线监控方式的局限性

虽然我们已经从编解码技术、方案的稳定性等几个方面探讨了视频全程监控系统的一些发展方向。但是如何进行视频全程监控的设置，怎么样的设置才是全程的监控，都需要根据高速公路以及对现有设备形态的初步理解来定义视频全程监控的概念。点到点监控距离间隔500m的监控、1 km的监控、2km甚至更长距离的监控是今后高速公路视频监控的几个选择点。每个相邻选择点方案的投资基本上也是成倍的增加。

因此，选择好视频全程监控的监控点距是整个系统投资的关键。从现有摄像机镜头成像来看，基本上500m左右是它的最佳成像范围，大于这个距离成像效果下降。因此，500m单个方向的监控肯定是最佳的方案，但是这个方案却是投资最大的方案。因此我们建议1km的双向监控，以隔离带为中心，采用15～18m的立杆（具体根据路面情况来计算高度）双向拍摄两个路向的情况。这样两个监控点相对的摄像头的交点正好是在监控点距的中间，都能实现比较好的成像效果。但是如果由于成本控制等方面考虑，2km的方式通过变焦镜头、云台控制等也可以实现视频全程监控，但是监控力度相较1km的方式有所下降。因此在进行全程视频监控方案设计时，监控力度与系统投资是成正比的，合理选择监控点距是平衡监控与投资的重要条件。

通过以上分析，我们可以清楚地看到，视频全程监控系统作为我国高速公路发展的一个必然要求，已经摆在我们眼前。在考虑系统稳定、持续发展、投资合理等几个方面的前提下，采用H.264编解码技术的全程监控系统必然是第一选择。

5 无线视频监控成为监控系统新的发展方向

随着无线通信技术的日益发展，传输带宽不断提高，通信终端的实时信息处理能力飞速增强，无线多媒体应用日渐成为业内关注的焦点，也成为人们的必然需求。其主流应用之一是便利、灵活的无线实时视频监控系统，如无线家庭防盗、汽车监控等。基于多种无线传输手段的移动视频监控以其特有的灵活性已成为视频监控新的发展方向。

无线化视频监控包括两方面内容：一是监控中心的移动。通常情况下，被监控对象或是摄像机往往是固定的，而作为监控系统的使用者（监控中心）则可以是动态的。二是视频监控网络的无线化。当监控点分散且与监控中心距离较远，或被监控对象不固定时，利用传统有线网络的视频监控技术，往往成本高且难以实现。

无线监控和传统的监控方案相比，能够避免大量的布线工作，节省施工费用，重定位能力强，灵活性高，具体地说有以下优点：综合成本低，无须挖沟埋管，特别适合室外距离较远及已装修好的场合，采用无线监控可以摆脱线缆的束缚，有安装周期短、维护方便的优点；组网灵活，可扩展性好，使用时能灵活挪动终端设备；改造方便，维护费用低。

6 无线视频监控系统涉及的关键技术

6.1 高效率、抗干扰的视频编解码机制

当今的视频压缩标准有MPEG和H.26X两大系列。MPEG-4目前已应用于Internet流媒体领域，为了尽量减轻MPEG-4视频流对误码的敏感性，以保证压缩视频解压后的恢复质量，MPEG-4提供了多种抗误码工具，承载流媒体业务的实时网络传输层及底层移动通信系统也可以进一步改善流媒体传输的抗误码性能。MPEG-7是针对存储形式或流形式的应用而制定的，不仅仅用于多媒体信息的检索，更能广泛地用于其他与多媒体信息内容管理相关的领域，并且可以在实时和非实时环境中操作。

ITU-T颁布的H.261标准，用于可视电话和会议电视。H.263标准是ITU组织为了满足码率低于64kb/s的应用而提出的一个低码率视频压缩编码建议；它能够在较低码率的情况下达到较好的图像质量，因此广泛应用于远程监控、电视会议以及可视电话等领域，尤其在视频监控领域，它已经可以在嵌入式系统中达到实时、稳定的压缩效果，是应用较多的视频压缩算法。目前大多数视频监控产品都支持MPEG-4和H.263标准。

作为目前最新的视频编码技术H.264，在安防行业的应用有着非常大的前景。H.264标准采用了高精度、多模式预测技术用来提高压缩比以降低码流。H.264标准针对网络传输的需要设计了视频编码层VCL和网络提取层NAL结构，网络抽象层是提供“网络友好”的界面，从而使视频编码层能够在各种系统中得到有效的应用。H.264标准针对网络传输的需要设计了差错消除的工具便于压缩视频在误码、丢包多发环境中传输，从而保证了视频传输的有效性。支持H.264标准的无线视频监控产品目前也已上市。

为了能在时变、带宽有限、误码率较高、缺乏QoS保证的无线信道上传输视频数据，视频编码算法必须

满足以下要求：(1)高效的视频压缩比；(2)较高的传输实时性，更短的传输时延，更快的编码速度；(3)较强的视频传输鲁棒性，更好地适应传输信道的误比特干扰。因此，研究在无线视频监控应用中的编解码机制，重点在于进一步提高编解码效率及抗干扰能力。

6.2 无线视频传输网络链路及组网技术

对于无线视频监控而言，无线网络传输链路的选取主要取决于用户需求和系统工作的具体环境，目前已投入使用的无线视频监控系统主要有基于移动通信网络的和基于无线局域网的两种类型。但在对音视频质量要求不高的应用中，也可以采用低端的无线数据传输网络。

在中国目前移动通信网络的两大运营商中，中国联通采用基于码分多址的CDMA2000 1x制式，最高下载速度可达153kb/s，现网实测可达100kb/s左右。中国移动采用GPRS技术，是基于GSM网络发展而来的新型分组交换数据应用业务，带宽理论最高可达171.2kb/s，中国移动现网测试也可达到35kb/s左右。在目前的网络带宽下，普通用户可以采用彩信传输视频文件，不少厂家也推出了基于2.75G移动公网的视频监控系统，作为对有线网络监控系统的有力补充。

基于无线局域网络(WLAN)的多媒体信息传输，是解决建筑物内灵活视频监控的主要手段，基于802.11协议族。IEEE802.11a规定的频点为5GHz，适合于室内及移动环境，传输速度为1到2Mbps。IEEE802.11b(Wi-Fi)工作于2.4GHz频点，当信噪比低于某个门限值时，其传输速率可从11Mb/s自动降至5.5Mb/s，或者再降至直接序列扩频技术的2Mb/s及1Mb/s速率。IEEE802.11e及IEEE802.11g是下一代无线LAN标准，被称为无线LAN标准方式IEEE802.11的扩展标准，是在现有的802.11b及802.11a的MAC层追加了QoS功能及安全功能的标准，为其上可靠的视频信息传输奠定了基础。

随着WIMAX技术和3G技术的日趋成熟，基于WIMax和3G的无线视频监控也成为研究热点。WIMAX(Worldwide Interoperability for Microwave Access)是近年来出现的一种无线宽带接入技术。WIMAX采用多载波调制技术，能够提供高速的数据业务，并且具有频谱资源利用率高，覆盖范围大(传输距离可达数十公里)等特点。无线城域网(WMAN)采用了WIMAX技术，组网采用的802.16协议族。与现有的移动通信技术相比，WIMAX技术可以提供更高的数据速率，更强的数据业务能力。

多媒体业务是3G数据业务的重点，其传输速率要求为：高速移动时能够达到144kbps，慢速移动时为384kbps，静止状态为2Mbps。3G的带宽非常适合无线视频监控的应用，相信随着3G的商用，无线视频监控必将蓬勃发展。

"CDMA或OFDM作为点到多点或点到点图像、视频信息传输的关键技术手段，其频谱利用率高、支持高速率的多媒体服务、系统容量、抗多径信道干扰能力强。CDMA技术是基于扩频通信理论的调制和多址连接技术，OFDM技术属于多载波调制技术"。预计第三代以后的移动通信的主流技术将是OFDM技术。

在无线实时视频监控系统中，控制协议决定了整个系统的效率、兼容性、安全性等诸多重要问题，是系统运转的指挥中心。控制协议尤其是无线实时监控系统的控制协议，不但要求能够快速稳定的建立连接，而且要求对该连接具有一定的控制能力。会话启动协议SIP(Session Initiation Protocol)是IETF的MMUSIC(Multiparty Multimedia Session Control)工作组制定的多媒体通信框架应用层信令协议，设计理念和协议结构完全符合NGN的特性和要求，得到了越来越多业内人士的认可，国内外许多知名企业都开始从事SIP的研究与开发工作。Nokia和Ericsson已经开发出了基于SIP的端到端的网络多媒体系统，3GPP和3GPP2分别在R5和Phase2阶段引入了基于SIP的IMS(IP多媒体子系统)。基于SIP的多媒体通信已经成为新的主流发展方向。

6.3 数据管理与数据安全

视频监控系统中保护数据不因偶然和恶意的原因而遭到破坏、更改和显露是非常必要的。通过无线网络或Internet传输的数据很有可能会遭到截取。这会给敏感数据带来巨大风险。对于一些网上黑客或恶意员工而言，为数据处理系统建立和采取技术和管理上的安全保护是不够的。对此，就很有必要对数据采取加密技术。

随着监控点的增多、应用行业的日益普遍化、监控时间周期的延长和视频清晰度的提升，视频数据容量也在飞速发展。即使按照一定的标准以压缩形式存储这些数据，仍然有成百 TB 直至上千 TB 的数据需要归档、存储，并且需要高速传输。针对这些情况，优化视频存储、归档解决方案及设备选择已经是很多用户的一个现实考虑。

一般来说，从应用需求来看，设计的系统必须具有以下的要求：保障具备长时间无故障运行的能力；能够远程实时传递高清晰图像，并实现回放；具备灵活存储图像资料的能力，存储保留时间达到一定要求；图像传输必须具备防窃取功能，图像资料具备防篡改功能；设备操作必须具有安全的管理和控制手段。

7 下一代无线视频监控技术展望

随着 3G 逐步的大规模应用，视频监控也逐渐看到新的应用和市场前景。

"视频监控是一种远距离实时的可视监控系统，通过电子眼对监控现场状况的视频采集，远端实时（低延时）获取监控现场的信息。视频监控的主要目的是通过机械监控来达到对人员财产的保护。我国每年投入巨额资金在视频监控系统。随着技术的不断发展，虽然传统的视频监控系统也有了长足的进步，但系统本身的特点却难以摆脱建设成本高，建设困难、建设周期长的困难"。特别是随着图像处理技术的发展，信号也逐渐往数字化发展，视频采集处理系统需要更加清晰的图像，更加智能有效的鉴别、识别算法，加剧了带宽的需求。这些障碍进一步地制约了视频监控系统在应用面上向更多的领域发展，特别是具有经济效应的民用领域发展。

8 两种监控技术之比较

8.1 视频监控系统的组成

传统视频监控系统由摄像头、编码器、传输设备、显示器组成。由于技术限制，传统视频监控系统具有如下的局限性：

(1)监视功能：功能单一，只对主要节点进行监视；

(2)控制功能：偶尔采用，采用时实施难度大；

(3)应用范围：使用范围窄，针对单个企业建设，使用人少；

(4)信息利用率：信息利用单一，信息利用率低，难于共享；

(5)网络体制：多种网络体制和技术存在于网络中；

(6)网络规模：单独建设网络，规模较小，网络成分级结构；

(7)建设投入：投入大，维护成本高。

由于传统视频监控系统采用有线的方式，使得视频监控地点受到了限制，进而监控的范围、网络的成本、信道的共享、网络的规模等都存在一定的局限性。如果采取无线替代有线，上述的大部分问题都能够得到很好的解决。

8.2 无线视频监控系统

无线监控系统采用无线网络传输信息，在摄像头端采集视频信息后，通过无线编码器后转换成无线信号发射。接收端接收到无线信号后经过解码器在监视显示器上播放。

采用无线网络作为视频监控系统的网络传输系统，具有如下特点：

(1)图像信号：数字为主，采用 MPEG、H.264 或者 AVS；

(2)图像质量：根据需要部署和升级高清晰度或低清晰度图像；

(3)网络特性：省局、市局、分局、汇接局（民网）、全程全网；

(4)交换特性：流媒体的 IP 包交换；

(5)存储特性：根据需求选择不同等级速率进行数字存储；

(6)控制特性：授权用户随时随地接入控制；

(7)信道来源:专网、租用专线、拨号接入、无线接入。

从上述特点可以看出来,伴随着数字技术的发展,视频监控系统也逐渐呈现出多种技术向纵深发展并融合使用的特点。但是考虑到2G无线网络的电路交换特性和带宽的不足,无线视频监控系统更应该采用宽带无线系统。随着3G无线网络的不断扩建,3G给视频监控系统提供了一个很好的网络基础。采用3G无线网络作传输的视频监控系统具有如下优点:

(1)监视功能:功能多样,可对多种多样的现场进行监视;

(2)控制功能:随时随地接入控制;

(3)应用范围:使用广泛,专网和公网授权用户按需使用;

(4)信息利用率:可以为专网和公网用户使用,可以深加工到每分价值;

(5)网络体制:网络体制统一,技术适应面广;

(6)网络规模:政府和企业的监控网络可以有机结合,形成全程全网;

(7)建设投入:投入效率高,可以在专网和公网使用中寻求投资平衡。

从上述优点可以看出,采用3G无线网络的视频监控系统,可以更好地提供线路的共享使用,进而将专网应用和公网应用很好地结合起来。在降低专网应用费用的同时,将视频监控市场推向民用,带来了巨大的商机。而3G网络覆盖特性也使得民用视频监控系统呈现低成本的特点。

9　通信技术推动无线视频监控的普遍应用

结合图像处理领域、3G无线通信系统,视频监控系统可以应用在家庭、护理、道路监控等方面,充分发挥投入成本低、建设速度快的特点,并使得无线视频监控成为3G通信系统的又一个闪亮特色业务。

3G技术的发展为视频监控系统走入家庭提供了机遇。采用低成本的家庭视频摄像头终端,通过3G无线网络,向在外办公的用户手持终端传输实时的视频信号。

无线监控系统利用无线的特点,在偏远地方或者难以铺设有线线路的地方建设无线监控端。在偏远山区或者高速公路上,如果采用有线系统,需要长距离铺设线缆,投入成本很高。而采用无线监控系统,由于此类地方话务量并不大,因此可以长期占用无线带宽来进行视频监控,投入成本低,并且降低了有线设备损坏、被盗的风险。

遇到灾情时,可以建设无线监控端。在一些无需长期建设视频监控系统的地方,当出现灾情时,需要临时建设监控系统辅助消防、公安人员工作,无线监控也是最好的选择。无线监控系统建设快,并且监控端可以受升降系统控制,避免了有线系统线缆长度、缠绕打结的限制。并且灾情过后,系统可以回收。

10　结语

随着监控技术、图像处理技术、通信技术的发展,监控系统也会向纵深发展,今后的无线监控系统将会更加智能地结合多种技术,使得视频监控更加及时,并伴随运动检测、模式识别、人脸识别技术、号码比对的发展、无线监控系统也会不断的降低无效视频警报,为国家国民的安全提供更加低成本、有效的监控手段。而高速公路因其线路长、环境复杂,对线路、供电等传统监控布设方式有着较高的成本要求,而使用专网无线通信视频监控技术进行部署虽然速度较快,但要求的成本投入更高,这就给基于2.75G及3G技术的手机无线通信网传输视频监控信号的无线监控布置带了契机。在可以预见的未来,基于3G的无线视频监控技术必将成为高速公路全部动态监控的主流监控传输方式。